Knaur

Für Christine

Über den Autor:

Michael Haase, Jahrgang 1960, studierte Mathematik und Astrophysik, arbeitet als Wissenschaftsjournalist und ist Herausgeber der archäologischen Fachzeitschrift *SOKAR*. Er veröffentlichte bereits zahlreiche Artikel und Bücher zum Thema Pyramidenbau und bereist Ägypten regelmäßig für seine Studien.

Michael Haase

Das Rätsel des Cheops

Die letzten Geheimnisse der großen Pyramide von Giza

Knaur

Bildnachweis

Fotos:
Michael Haase 2–5, 7–16, 18–21, 23–32, 34, 35, 38–50
Christine Mende 1, 6, 17, 22, 33, 36, 37
Tabellen und Grafiken:
Michael Haase

Besuchen Sie uns im Internet:
www.droemer-weltbild.de

INHALT

AUFTAKT

Im Reich
der Schatten

Man schrieb das letzte Jahr des großen Horus und befand sich auf einem hohen Plateau am Rande der »Weißen Mauern« von Memphis. Der entscheidene Akt der göttlichen Reise ins gesegnete Jenseits hatte soeben begonnen ...

Die Wehklagen und das Weinen der Menschen, die sich während des gesamten Tages vor dem Palast versammelt hatten, war endgültig verstummt. Kein Laut drang mehr von außen durch die dicken Mauern.

Langsam, durch spärliches Fackellicht flankiert, bewegte sich der Leichenzug innerhalb des engen, nur von kleinen Lichtschächten aufgehellten und leicht ansteigenden Korridors. Der eine oder andere am Ende der Prozession riskierte einen Blick zurück in den endlos wirkenden Tunnel, an dessen Beginn sich aber schon die Tore des Tempels am königlichen Hafen, wo die Jenseitsreise des toten Herrschers begann, geschlossen hatten. Vor ihnen lag ein mehrere hundert Meter langer Weg, an dessen Ende sich der heilige Verehrungstempel am Fuß des Grabmals befand.

Sechs kräftige Priester trugen den mit Gold verzierten Ebenholzsarg, in dem die sterblichen Überreste des großen Herrschers über Ober- und Unterägypten, des letzten Herren der Welt, lagen. Sie bildeten das Zentrum des Leichenzuges, an dessen Spitze andere heilige Männer leise ihre Ritualsprüche vorbeteten, deren magische Worte an den Wänden des langen Korridors widerhallten und dem Geschehen einen unwirklichen Charakter gaben. Hinter dem Sarg gingen nahe Familienangehörige, deren Blicke immer wieder auf die durch die Fackeln erhellten dekorativen Wandreliefs des Korridors gelenkt wurden. Szenen aus dem täglichen Leben des Königs, von seinen Schlachten und Tempelbauten wechselten sich ab, dokumentierten für alle Zeiten die göttliche Herrschaft des obersten Ägypters.

So vergingen die Minuten, schritten die Männer fast stereotyp Meter auf Meter ihrem Ziel entgegen. Raum und Zeit verloren endgültig ihre Bedeutung, wurden erst wieder real, als sich die schweren Flügeltüren zum Verehrungstempel öffneten. Jeder wusste, ohne es direkt sehen zu können, dass man nun auf dem, in der westlichen Wüste gelegenen, heiligen Plateau – im »Reich der Toten«

und unmittelbar vor dem Tor ins gesegnete Jenseits – angekommen war, nur wenige Meter vom Grabmal des Pharaos entfernt.

Der weitere Weg war vorgezeichnet. Im Verehrungstempel geleiteten weitere Totenpriester den Leichenzug über einen großen Hof in die heiligen Räume. Die Litaneien wurden nun anders – jenseitsorientierter –, priesen den toten Pharao und gaben ihm Mut für seine Himmelfahrt zu den Göttern. Vor den aus kostbaren Hartgesteinen gefertigten, lebensgroßen Statuen des Königs hielt der Leichenzug inne, postierte den Sarkophag auf einen mit heiligen Texten beschrifteten Sockel. Die letzten sakralen Handlungen an der Mumie des Gottes standen unmittelbar bevor.

Betend und in demütiger Haltung öffnete man den Sarkophag, bedeckten auserkorene Priester den bandagierten Kopf des Königs mit einer wertvollen Totenmaske, legten dem Leichnam die königlichen Insignien auf die Brust und fügten weitere Kostbarkeiten hinzu. Räuchernd und in religiöser Ekstase vollzog man anschließend das uralte Mundöffnungsritual, mit dem man der königlichen Mumie symbolisch für ihre Weiterexistenz im Jenseits Leben einhauchte.

»O höre deinen Namen, großer Pharao, rieche die köstlichen Düfte deiner Götter, schmecke die süßen Früchte deines Königreiches«, murmelten die Priester in geneigter Haltung und brachten dem magisch wiederbelebten König einen Opfertisch mit diversen ess- und trinkbaren Gaben dar. Parallel dazu vollzogen andere heilige Männer die symbolisch-rituellen Wiederbelebungszeremonien an den Königsstatuen, priesen die magischen Namen des Königs, räucherten zu seinen Ehren kostbare Harze.

Es war nun an der Zeit, den letzten weltlichen Gang des verklärten Toten zum Abschluss zu bringen.

Nach einer festen Rangordnung, jeden Handgriff einstudiert und stets durch heilige Sprüche begleitet, verließ man den Tempel durch einen schmalen Korridor und betrat den vom Sonnenlicht überfluteten Innenhof, der sich um die Pyramide erstreckte. Der Leichenzug wandte sich ohne zu zögern nach Norden und schritt bedächtig, durch eine hohe Mauer von der Außenwelt abgeschirmt, über den sorgsam mit Kalksteinen ausgelegten Hof bis zur Nordostecke der Pyramide, wo die leicht ansteigende Rampe begann, die zum hoch gelegenen Eingang ins Grab führte.

Die Übergabe des Sarkophages und der Grabbeigaben am Eingang erfolgte vollkommen laut- und reibungslos; hier endete der würdevolle Begräbniszug. Schon lange hatten ausgewählte Arbeiter und hoch dekorierte Diener im sehr beengten Inneren der Pyramide alles dafür vorbereitet, die sterblichen Überreste des Königs in der Sarkophagkammer aufzunehmen; jedes Manöver in Gedanken mehrfach geübt, um anschließend das Grabmal mit einem nie dagewesenen Verschlusssystem zu versiegeln.

Als der hölzerne Sarkophag schließlich im abwärts führenden Grabkorridor verschwand, verneigten sich alle anwesenden Priester nochmals in Ehrfurcht und wünschten dem Gottkönig eine gute Heimkehr ins Jenseitsreich, in der insgeheimen Hoffnung, dass er sich dort bei den Göttern seiner Jünger erinnerte.

Viele Stunden später wurde das Grabmal verschlossen, hatte der König endlich von der weltlichen Diesseitsebene Abschied genommen. Zurück blieb ein steinernes Abbild seiner ewigen Unsterblichkeit, ein monumentales Symbol für die Beherrschung der Elemente – das größte Grabmal, das je für einen ägyptischen Pharao gebaut wurde.

TEIL I

Die Geburt eines Weltwunders

»Eine Pyramide ist kein gewöhnliches Gebäude. (...) Durch die mathematische Genauigkeit ihrer mit Hilfe der Zahlen und Zahlenverhältnisse berechneten Formen ist sie Stein gewordene Darstellung abstrakter Probleme der reinen Wissenschaft.«[1]

Georges Goyon

Wie kaum eine andere frühzeitlich-antike Hochkultur unserer Erde errichteten die Ägypter in ihrer fast dreitausendjährigen pharaonischen Geschichte eine Unmenge von Gräbern, Denkmälern und Tempeln zu Ehren und zum Andenken ihrer Toten. Über 50 große königliche Grabkomplexe mit ihren vielen Tausend umliegenden Privatgräbern sowie die unzähligen Grabanlagen, die sich zwischen Kairo und Assuan, vor allem in der Region des ehemaligen Theben, dem heutigen Luxor, befinden, zeugen ebenso von diesem gigantischen Totenkult wie die vielen Sarkophage, die reich dekorierten Grabstelen und bunten Totenpapyri, denen wir in allen Museen rund um den Globus begegnen.

Im Zuge dieser Entwicklung entstand in der Frühphase des ägyptischen Imperiums auch das Grabmal von König Cheops. Eine Pyramide, so unvorstellbar groß und massiv gebaut, dass sie zu allen Zeiten Bewunderung, vor allem aber Erstaunen über die gigantische Bauleistung der alten Ägypter hervorrief; ein Gebäude, so sehr mit Rätseln behaftet, dass sich seit Generationen Forscher aus aller Welt mit ihm beschäftigen. Sie zählte in der römischen Epoche zu den Sieben Weltwundern und wurde zum Wahrzeichen eines ganzen Kulturkreises – zum Symbol der Unsterblichkeit, das die Zeit überdauern sollte.

So stehen selbst wir in unserer heutigen, von der Technik bestimmten Zeit – in der Robotersonden die Marsoberfläche erkunden und Satelliten nicht nur Nachrichten rund um den Globus verteilen, sondern auch jeden Quadratmeter unserer Erde überwachen können – fasziniert vor dem größten, aus Stein errichteten Grabmal unserer Erde: mehr als 146 Meter hoch und 230 Meter breit, mit einem Gewicht von etwa 6,5 Millionen Tonnen, bestehend aus über zwei Millionen Kalksteinen.

Auch wenn die heutigen Ägyptologen auf etwa zwei Jahrhunderte intensivster Forschung zurückblicken können, das allgemeine Wissen um die altägyptische Kultur unaufhörlich wächst und über die Architektur der Pyramiden unzählige Buchseiten verfasst wurden, bleiben noch immer viele Fragen unbeantwortet. So hat auch die Cheops-Pyramide noch nicht alle ihre Geheimnisse preisgegeben, gibt in einigen Bereichen Rätsel auf, die den Intellekt der Gelehrten herausfordern. Die Methoden und Hilfsmittel ihrer Errichtung sind nicht widerspruchsfrei nachgewiesen; noch immer bieten rätselhafte bauliche Details in ihrem massiven Leib Stoff für Spekulationen. Selbst in ihrer nahen Umgebung wie auch in einigen Museen stößt man immer wieder auf kleine, fast wie in einer Art Tiefschlaf schlummernde Hinweise, die nicht eindeutig geklärt sind und nur in Fachkreisen oberflächlich diskutiert werden, von denen aber die Öffentlichkeit nichts ahnt.

Verfällt man nicht dem Trugschluss, die Errichtung der ägyptischen Pyramiden nur durch eine moderne Brille hindurch rein rational und technisch erklären zu wollen, sondern berücksichtigt neben dem hohen Stand der Architektur, Bautechnik und Logistik auch die Einflüsse der Religion der Ägypter und die Abhängigkeitsverhältnisse zum König, so kann man nachvollziehen, wie es dazu kommen konnte, dass ein Volk Millionen von Steinen zu Pyramiden auftürmte und wie sich insbesondere die Cheops-Pyramide in die lange Pyramidenevolution Ägyptens integriert. Erst diese komplexe Sicht der Dinge ermöglicht es, länger und umfassender hinter die Kulissen der Cheops-Pyramide zu schauen, ohne sich dabei im Schleier des Mystischen zu verfangen, dessen vielschichtige Maschen aus Halb- und Unwahrheiten sie seit langem zu verhüllen versuchen. Dann und nur dann hält man einen weiteren Schlüssel in der Hand, der die Tür der Erkenntnis einen Spalt öffnet und den Blick auf die Lösungen der letzten Rätsel der Cheops-Pyramide zulässt – ein Bauwerk, das uns ein an den Ufern des Nil, jenseits unserer eigenen Geschichte lebendes Volk als eine Art zeitloses Vermächtnis hinterließ.

1 Zwischen Götterglaube und Mythos

Das berühmte Ägyptische Museum in Kairo beherbergt in seinen Mauern die mit Abstand größte und bedeutendste Sammlung altägyptischer Funde dieser Welt. Der alte Kolonialbau liegt im Zentrum der pulsierenden Millionenmetropole, nordwestlich vom Tahrir-Platz, und wurde auf eine ursprüngliche Initiative des französischen Ägyptologen Auguste Mariette im Jahr 1902 als Museum eröffnet. Es ist mit der Präsentation von über 40 000 Exponaten auf einer nur knapp 36 000 Quadratmeter großen Ausstellungsfläche schon seit langem an den Grenzen seiner Kapazität angelangt. Mit zum Teil verstaubten Vitrinen, mit unzureichender Beleuchtung, die nicht alle Winkel des Gebäudes zu erreichen vermag, und mit einer sehr oberflächlichen Beschreibung der Fundobjekte der langen Pharaonengeschichte ähnelt das Museum eher einem biederen Antiquitätenladen als einem Treffpunkt Ägyptenbegeisterter aller Nationen. Dem Museumsdirektor, Mohammed Salih, den ich 1996 bei Dreharbeiten zu einem Dokumentarfilm persönlich kennen lernte, ist diese Problematik durchaus bewusst. Zusammen mit der ägyptischen Antikenverwaltung wurden deshalb schon vor Jahren Pläne für ein neues, modernes Museum entwickelt, das auch den etwa 80 000 Objekten Platz in der Ausstellung bieten würde, die zur Zeit noch in den Kellern des Museums eingelagert sind. Welch wunderbare Schätze mögen wohl auf die zukünftigen Besucher warten, wie viele der in den letzten 200 Jahren ausgegrabenen Relikte der Pharaonen wurden seit Jahrzehnten von keinem Menschenauge mehr gesehen?

Der neue Museumsbau soll südwestlich des Kairoer Vorortes Giza und in Sichtweite der dort befindlichen Pyramiden errichtet werden. Ein etwa 270 000 Quadratmeter großes Gelände wurde von der ägyptischen Regierung schon vor Jahren in Aussicht gestellt. Ob die geplante Eröffnung im Jahr 2002 – zum 100-jährigen Bestehen des derzeitigen Ägyptischen Museums – allerdings wirklich stattfindet, steht noch in den ägyptischen Sternen. Bis dahin locken die »wunderbaren Dinge« im alten Museum weiterhin die Touristen in die altehrwürdigen Hallen. Zu den Hauptattraktionen zählen

hierbei u. a. der von Howard Carter 1922 im Tal der Könige entdeckte, umfangreiche Grabschatz des jungen Pharaos Tutanchamun
im Obergeschoss des Museums, aber auch die im Untergeschoss
befindlichen monumentalen Steinsarkophage und Kolossalstatuen
aus allen Zeitabschnitten Ägyptens. Im krassen Gegensatz dazu
befindet sich – von den meisten Touristen kaum wahrgenommen –
im vorderen Durchgangsbereich am Eingangsportal eine nur etwa
7,5 Zentimeter hohe Elfenbeinstatue des Königs Chufu,[2] den wir
heutzutage Cheops nennen. Diese Statuette ist das bislang einzige
sicher zugeordnete Abbild des Königs,[3] der vor etwa 46 Jahrhunderten das Land der Pharaonen über zwei Jahrzehnte lang regierte
und der sicherlich zu seinen Lebzeiten zahlreiche Plastiken von sich
hat anfertigen lassen. Mit dieser spärlichen Fundlage und den
nur wenigen erhaltenen authentischen Texten aus seiner Zeit wird
Cheops im Vergleich zu vielen anderen Pharaonen zu einer kaum
greifbaren historischen Persönlichkeit des Alten Ägypten. Nur
wenige Fragmente sind aus seinen landesweiten Tempeln erhalten
geblieben, spärliche Spuren seiner Existenz weisen in die Steinbrüche von Wadi Hammamat (Arabische Wüste), in die südägyptische
Stadt El Kab und nach Elephantine, der damaligen Südgrenze des
Reiches. Außerhalb von Ägypten tritt Cheops inschriftlich nur drei-
mal in Erscheinung: bei den Minen und Steinbrüchen im Wadi
Maghara auf dem Sinai und beim nubischen Abu Simbel sowie in
Byblos, im heutigen Libanon.
Die moderne Ägyptologie hat demnach ein verschwommenes, aber
durchaus erkennbares Bild von der Epoche des Cheops, als sich die
ersten Menschen anschickten, die Elemente zu beherrschen; als sich
eine intellektuelle Gilde – hauptsächlich Architekten, Mathematiker und fachkundige Steinmetze – im Auftrag ihrer Könige und
getragen durch eine religiöse Idee aufmachte, Berge zu versetzen.

Cheops – Abbild der Götter

Cheops war der klassische Prototyp jener titanenhaften Gottkönige, die seit der ersten Reichsgründung Ägyptens – der epoche-
bestimmenden Zwangsvereinigung von Ober- und Unterägypten,

Abb. 1: Das einzige bislang sicher zugeordnete Abbild von König Cheops.
Elfenbeinstatue im Ägyptischen Museum in Kairo.

die nach heutiger Lehrmeinung vor über 5000 Jahren stattfand[4] – dem ungemein effektiven, sorgsam über viele Generationen aufgebauten und glorifizierten Dogma einer autokratischen Königsideologie entsprangen.

Die Ägypter sahen in ihm – wie natürlich auch in jedem seiner »Amtskollegen« – während seiner weltlichen Herrschaft den Repräsentanten der Götter – genauer den »Nachkommen der Götter« –, der Kraft seiner durch das Geburtsrecht verliehenen gottgleichen Autorität für die »Einhaltung der Weltordnung« verantwortlich war. Als »Zentralfigur« in ihrem Weltbild war somit das gesamte Staatsgebilde zu Cheops' Lebzeiten speziell auf ihn ausgerichtet. »Mit seinem ältesten, auch später stets beibehaltenen Titel« erschien der Pharao »in der Rolle des Gottes Horus, doch ohne selbst vor seinem Tode zum Gott zu werden. Seine sterbliche Natur ist stets von der göttlichen seines Amtes unterschieden worden. (...) Das Selbst des Königs bleibt stets Mensch, der Amtsträger jedoch spielt die Rolle Gottes auf Erden, die ihm mit Hilfe des Krönungsrituals übertragen und durch das Erneuerungsritual bestätigt wird.«[5]

Man begegnet diesen Glaubensvorstellungen in allen Lebensbereichen, sie spiegeln sich in den Gebräuchen und im Gedankengut der alten Ägypter wider. Neben ihrem Glauben an eine unsterbliche, alles beherrschende »Göttergilde« und ihre königlichen Repräsentanten war es aber die Sorge um die eigene weltliche, vor allem nachtodliche ewige Existenz, die zum bestimmenden Dogma der ersten großen Hochkultur unserer Erde wurde.

Während die Ägypter in ihrer langen Geschichte die Vielzahl ihrer Götter in kein klares religiöses System einfügen konnten, ihre Glaubensvorstellungen durch die unterschiedlichen Ausprägungen von Reichs- und Lokalgottheiten verzerrt und spätestens nach den ersten Invasoren durch fremde Götter und Einflüsse verfremdet wurden, blieb jedoch ein besonderer Aspekt innerhalb ihrer komplex gestalteten Religion immer konstant: der Glaube an ein Leben nach dem Tod, an eine Art spirituell-physische Auferstehung nach dem Vorbild der Natur. So wie beispielsweise die Sonne jeden Abend am westlichen Horizont verschwand und »starb«, wurde sie am nächsten Morgen im Osten »wiedergeboren« und symbolisierte durch ihren Verlauf am Himmel den ewigen Kreislauf des Lebens. Für die naturbewussten Ägypter gehörten demnach das Diesseits und Jenseits untrennbar zusammen, bildeten eine Einheit innerhalb ihrer von den Göttern erschaffenen und geordneten Welt. Wie kaum ein anderes Volk dieser Welt glaubten sie infolgedessen, dass das Sterben nur eine notwendige und essentielle Zwischenphase ihres Daseins war, dass nach dem körperlichen Tod ein zweites ewiges Leben im Jenseits folgte. Dieses war für sie aber nur durch die Einhaltung festgelegter Regeln und Gesetze problemlos realisierbar. So mussten für ein ewiges Leben Vorkehrungen getroffen werden, die über das eigentliche Begräbnis hinausgingen. Hierbei kam es in erster Linie darauf an, den Leichnam des Verstorbenen vor dem Verfall zu schützen und mit den notwendigen Grabbeigaben für sein jenseitiges Leben auszustatten. Im Rahmen dieser durch die Jenseitsvorstellungen geprägten »Grabkultur« erkennt man seit Beginn des Alten Reiches die immer stärker werdende Konzentration bei der Behandlung des Leichnams. »Während die Leiche« in prädynastischen Zeiten »dem natürlichen Verfall preisgegeben wurde«, werden nachweislich seit der 2. Dynastie die umfangreichen »Bemühungen sichtbar, den toten Körper in seiner fleischlichen Konsistenz und in seiner äußeren Form zu schützen und zu erhalten.«[6] Die konkrete Umsetzung dieses geistig-religiösen Konzeptes verlangte letztlich die Errichtung eines sicheren, geschützten und vor allem beständigen Grabbaus, in dem die Seele des Verstorbenen ihr ewiges Leben in geordneten Bahnen und fernab aller weltlichen Gefahren weiterführen konnte. Das Grab wurde zu einer Art »Wohnhaus des Toten«, aber durch die speziellen Riten eines komplexen Toten- und Verehrungskultes auch zur Kontaktstelle zwischen den Welten, dem Diesseits und dem Jenseits.

Eine bevorzugte Stellung innerhalb dieses Totenkultes hatte der verstorbene König inne, der im Gegensatz zum normalen Ägypter das einmalige, den Göttern gleichgestellte Privileg der ewig währenden Unsterblichkeit besaß und dessen Seele nicht am weltlichen Grabbau gebunden war. Da er nach den damaligen Vorstellungen im Jenseits selbst zu einem Gott wurde, konnte er von dort aus eine Vermittlerrolle ausüben, wurde befähigt, als Fürsprecher seines Volkes vor den Göttern aufzutreten. Im diesem Sinne gab die auf die Könige zugeschnittene »Idee einer Erlösung vom Tode kraft Eingliederung in die Götterwelt« auch den Hoffnungen der normalen Ägypter auf ein ewiges Weiterleben im Jenseits »Form und Richtung«.[7] So war ein König wie Cheops durch seine zentrale Rolle im religiösen und weltlichen Leben der Ägypter »Garantor und Quelle eines sinnvollen Nachlebens«[8] seiner Untertanen. Durch diese Glaubensvorstellung wurde letztlich die Saat für die aus heutiger Sicht übermenschlichen, manchmal gar »unsinnig« wirkenden Bauprojekte in Ägypten gelegt, erhielten die königlichen Gräber eine Schlüsselposition innerhalb des staatlich-privaten Totenkultes.

Die Geburt einer Legende

Innerhalb der altägyptischen Zeitrechnung begannen die ersten Versuche im Pyramidenbau schon relativ früh, etwa um das Jahr 2680 v. Chr. zu Beginn der 3. Dynastie,[9] mit der auch das Alte Reich (3. bis 6. Dynastie, um 2700 v. Chr. bis 2160 v. Chr.) – Ägyptens »goldenes Zeitalter« – seinen Anfang nahm.

Ungefähr zu dieser Zeit entwickelte sich der Noblenfriedhof der damaligen, an der Grenze zwischen Ober- und Unterägypten gelegenen Reichshauptstadt Memphis zum Mittelpunkt der ägyptischen Jenseitswelt, wurden auf diesem Gelände die Weichen für den Bau der größten Grabmäler unserer Erde gelegt. Noch heute thront – etwa 20 Kilometer südlich von Kairo zwischen den Dörfern Abusir und Sakkara gelegen und für jeden weithin sichtbar – der Prototyp der späteren Weltwunder-Pyramiden von Giza über den umliegenden Kultstätten der Nekropole: das über 60 Meter hohe Grabmal des Königs Djoser; die erste vollständig aus Stein errichtete Stufen-Pyramide der Welt.

Abb. 2: Die Geschichte des Pyramidenbaus beginnt auf dem memphitischen Friedhof in Sakkara. Der erste monumentale Steinbau Ägyptens: die Stufen-Pyramide des Djoser.

Bis zu diesem Jahrhundertbauwerk, aber auch danach bis zur ersten geplanten und vollendeten Pyramide Ägyptens, war es ein langer, ein im wahrsten Sinne des Wortes steiniger Weg. Stagnation, Rückschläge und Erfolge hielten sich die Waage. Einerseits zeigten die nach den Sternen greifenden Architekten der Könige ihr Genie, mussten aber auch oftmals an den Grenzen ihres Könnens eine Niederlage einstecken.

Als Djoser seine Pyramide in Auftrag gab, konnten seine Architekten schon auf eine über 300-jährige Erfahrung im Grabbau zurückblicken. Aus heutiger Sicht begann diese Entwicklung irgendwann in der ägyptischen Frühzeit, schälte sich aus dem Dunkel der Vergangenheit und nahm kurz nach der Reichseinigung greifbare Formen an. Aufgrund der Grabungen der letzten 150 Jahre wissen die Ägyptologen, dass vornehmlich die nördlich von Sakkara liegenden Grabbauten der ersten beiden Dynastien (um 3050 v. Chr. bis 2700 v. Chr.) schon viele der charakteristischen Merkmale aufwiesen, aus denen sich später die Pyramidenkomplexe entwickelten.[10] Mit der Fertigstellung der Djoser-Pyramide um das Jahr 2660 v. Chr. ging eine Evolutionsepoche zu Ende, in der sich die Grabbauarchitektur stetig aus den ersten königlichen Ziegelgräbern entwickelte und der Startschuss für ein Zeitalter im Pyramidenbau gegeben wurde. Vom Standpunkt der Logistik, Technik und Materialwirtschaft aus betrachtet, waren zu Djosers Zeiten alle Voraussetzungen vorhanden, »um die Ära, das Erscheinen der Großen Pyramiden vorzubereiten, die für immer nicht nur die Kraft eines Volkes krönten, sondern auch einen Höhepunkt des großen menschlichen Abenteuers darstellen«.[11]

So sollte es auch nur noch knapp 70 Jahre dauern, bis die Ägypter die ideale Form der Grabmäler ihrer Könige fanden. Das goldene Pyramidenzeitalter – die 4. Dynastie (etwa ab 2620 v. Chr.) – begann infolgedessen mit einem Paukenschlag. Innerhalb von nicht einmal 30 Jahren gelang es den Architekten und Bauleitern, die Form der Stufen-Pyramide zu revolutionieren und die erste, im strengen mathematischen Sinne, echte Pyramide zu errichten. Hinter dieser architektonischen Revolution – jenem kleinen, aber entscheidenen Evolutionssprung von der Stufen-Pyramide zur richti-

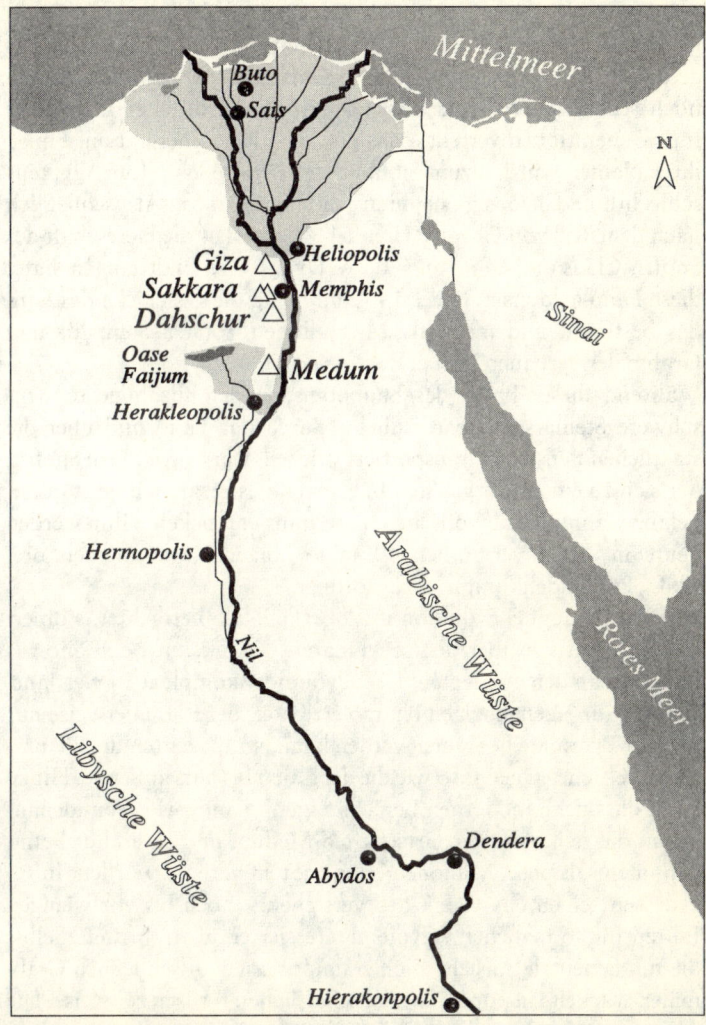

Grafik 1: Wichtige Orte und Pyramidenanlagen zu Beginn der 4. Dynastie.

gen Pyramide – stand eine viele Generationen andauernde Familiendynastie, deren Oberhäupter zu den bedeutendsten Königen des
gesamten Alten Reiches wurden. Nacheinander traten nach Snofru
noch sechs weitere seiner Nachkommen – in direkter Linie über
fünf Generationen verteilt – das göttliche Herrscheramt an. Einige
ihrer Namen wurden zum Sinnbild der Pyramidenkultur Ägyptens
schlechthin: Cheops, Chephren und Mykerinos. Als schließlich
nach dem Tod von Cheops' Urenkel Schepseskaf die Herrschaft des
Snofru-Clans und damit auch die 4. Dynastie zu Ende gingen, hatte
diese Familiendynastie über 140 Jahre lang die Geschicke des Landes bestimmt und mehr als 24 Millionen Tonnen Stein für ihre
Grabmäler verbauen lassen.

Während dieser Phase des Baubooms, in der unzählige tonnenschwere Steine scheinbar mühelos durch das Land und über die
staatlichen Baustellen transportiert wurden, war es vor allem Snofru,
der sich zu einem der größten Bauherren des gesamten, jahrtausen-
delang währenden ägyptischen Imperiums entwickelte: Ihm werden
heute in seiner vermutlich 40 Jahre langen Regierungszeit drei
große Pyramidenkomplexe zugeordnet.[12]

Wer die Pyramidenevolution nur oberflächlich betrachtet, stolpert
fast automatisch über den scheinbaren Gigantismus, den Snofrus
Bauleiter an den Tag legten. Drei Pyramidenkomplexe in vier Jahrzehnten für einen einzigen Pharao errichtet, der normalerweise nur
in einer Pyramide begraben werden kann, strapazierten die Phantasie der Gelehrten genauso wie die der Laien bis aufs äußerste. Hinzu
kam, dass nach modernen Berechnungen in Snofrus Pyramidenanlagen, die sich nahe der Ortschaften Medum und Dahschur befinden, mehr als neun Millionen Tonnen Stein verbaut wurden. Infolgedessen schien das »Maß des Verstehens« noch bis vor wenigen
Jahren für so manchen Ägypteninteressierten überschritten. Selbst
die fundamentale Ansicht, die Pyramiden seien ausschließlich Grabmäler, wackelte in populärwissenschaftlichen Kreisen zeitweise. Die
Ägyptologen haben aber mittlerweile ein relativ umfassendes Bild
über die Entstehungsgeschichte der drei Pyramiden Snofrus erar-
beitet, wenngleich ihre Forschungsergebnisse der breiten Öffentlichkeit weitgehend unbekannt blieben: Nach geläufiger Lehrmei-

Abb. 3: Die größte Bauruine der Pyramidenzeit: die Knick-Pyramide von Dahschur, gebaut für König Snofru. Blick von Nordwesten.

Abb. 4: Die rote Pyramide in Dahschur. Snofrus letzter Pyramidenbau ist der Vorläufer der Cheops-Pyramide.

nung wurde Snofru in seinem dritten Grabmal – der ersten planmäßig und geometrisch korrekt errichteten Pyramide Ägyptens
(Rote Pyramide) – im Norden von Dahschur beigesetzt, nachdem er
seinen ersten Grabbau in Medum aufgrund eines Residenzwechsels
aufgeben musste und seine zweite Pyramide – die so genannte
Knick-Pyramide in Dahschur – infolge eines falsch gewählten
Untergrundes den Belastungen nicht standhielt und als Bauruine
nicht mehr den Ansprüchen eines sicheren Königsgrabes genügte.[13]
Das Pyramidenfeld von Dahschur, an dem Snofrus Bauleiter Archi-
tekturgeschichte schrieben, war lange Zeit ein Ort der Einsamkeit.
Mit dem Taxi braucht man heute nur etwa 40 Minuten, um von
Kairo bis zum kleinen, etwa 30 Kilometer entfernten Ort Dahschur
zu gelangen. Viele Jahrzehnte innerhalb der Bannmeile einer militärischen Einrichtung gelegen, war dieses Pyramidenfeld für den Tourismus gesperrt. Selbst den Archäologen gelang es nur mit Mühe
und Sondergenehmigungen, die Erforschung voranzutreiben, worin
auch einer der Gründe zu suchen ist, warum diese einmaligen Bauwerke so lange nicht ins Blickfeld der Öffentlichkeit rückten. Ich
selbst durfte 1994 noch miterleben, wie aufwendig und spannend
es sein konnte, im Schutz der Sanddünen den etwa zwei Kilometer
langen Weg vom Fruchtlandstreifen bis zur Knick-Pyramide zu Fuß
zurückzulegen. Von unserem einheimischen Führer wurde uns damals nur die Ostseite des Grabmals gezeigt, die anderen Flanken
waren größtenteils tabu, da sie sich in Sichtweite der Militärposten
befanden. Seit 1996 hat sich die Situation entspannt. Das Militär
hat seine Basis ein wenig nach Norden verlagert, fast das gesamte
Plateau von Dahschur dem Tourismus zugänglich gemacht. Somit
hat heute jeder die Möglichkeit, den »Nabel der Pyramidenwelt« zu
besuchen, auf dem Feld zu wandern, auf dem die wohl intensivsten
Experimente in der Geschichte der Grabarchitektur des Alten Reiches durchgeführt wurden. Immerhin waren es gerade die beim Bau
der Dahschur-Pyramiden entwickelten Konzepte, die die äußere
Form, innere Architektur und umgebende Struktur der Pyramidenbauten der kommenden Jahrhunderte bestimmen sollten. Insbesondere zeigen die Detailstudien der drei Snofru-Pyramiden nach-
drücklich, dass die Arbeitermannschaften zu Beginn der 4. Dynastie

zu Höchstleistungen im Pyramidenbau imstande waren und der Errichtung des größten Grabmals Ägyptens nichts mehr im Weg stand.

Auf der Suche nach dem verbotenen Land

Nach Snofrus Tod kam sein Sohn Cheops – wohl kaum älter als 30 Jahre – etwa um das Jahr 2580 v. Chr. als rechtmäßiger Thronfolger an die Macht. Nachdem Cheops seinen Vater in der Roten Pyramide zu Grabe getragen hatte, sich in der Reichshauptstadt Memphis zum neuen Herrscher über Unter- und Oberägypten krönen ließ und durch die Annahme seiner göttlichen Titulatur – belegt sind Titel wie »Der (die Feinde) zerdrückt« oder »Goldener der zwei Falken«[14] – endgültig in die weltliche Rolle eines Gottkönigs schlüpfte, konnte ein neues Zeitalter, konnte eine neue Zeitrechnung in Ägypten beginnen.

Die Länge von Cheops' Regierungszeit ist heutzutage aufgrund unterschiedlicher altägyptischer Überlieferungen nicht eindeutig belegt, schwankt sogar um mehrere Jahrzehnte. Die vermutlich aus der Ramessidenzeit stammende und detaillierteste überlieferte ägyptische Königsliste – der so genannte Turiner Königspapyrus – nennt eine Regierungslänge von 23 Jahren. Moderne Grabungsergebnisse an den Umgebungsbauten der Cheops-Pyramide brachten – durchaus in Übereinstimmung mit der Turiner Königsliste – Inschriften mit »Jahresdaten« des »11. Males«,[15] womöglich noch eines »12. Males« der zu dieser Zeit alle zwei Jahre stattfindenden Steuerzählung ans Tageslicht.[16] Es gibt auch einen vagen Hinweis auf ein »17. Mal der Zählung«,[17] der allerdings in der Ägyptologie zwiespältig gesehen wird. Demnach hätte Cheops mindestens 22, vielleicht aber auch bis zu 34 Jahre regiert. Bei einigen Forschern ist seit Jahren die Tendenz erkennbar, zur Erstellung einer relativen Chronologie für das Alte Reich die Regierungszeiten der Könige indirekt, auf der Grundlage der Bauleistungen an ihren Grabmälern, zu bestimmen. Auf diese Weise wurde Cheops' Regierungszeit »künstlich« auf 32 bis 36 Jahre abgeschätzt, ohne dem wahren Problem damit näher gekommen zu sein.[18]

Wie durch einen religiösen Fluch getrieben – im Banne eines theologischen Dogmas, das sich durch die gesamte Epoche des Alten Reiches zog –, gehörte es zu Cheops' ersten Aufgaben, seine Priesterschaft und höheren Hofbeamten anzuweisen, einen geeigneten Platz für sein zukünftiges Begräbnis auszusuchen und den vielleicht damit verbundenen Wechsel der königlichen Residenz einzuleiten. Da die Steinbrüche in der Umgebung von Dahschur wohl für die neue Grabpyramide nicht mehr genügend Kapazitäten besaßen, entschloss man sich, entferntere Gebiete näher zu untersuchen. So begann die Suche nach einem relativ leicht zugänglichen Felsplateau, das die notwendige geologische Konsistenz besaß, d. h. einen stabilen Untergrund für die Pyramide gewährleistete, sowie ergiebige Steinbrüche in unmittelbarer Umgebung aufwies. In den damaligen staatlichen Katasterkarten führten die Ägypter sicherlich eine Reihe ausgewählter Areale, die nach und nach den königlichen Bauprojekten zugeordnet wurden. Doch zur Zeit des Cheops gab es keinen viel versprechenderen Baugrund als ein rund 20 Kilometer nördlich von Dahschur entfernt gelegenes, über 40 Meter hohes Felsmassiv, das in den Papyrusplänen vermutlich den Namen »Hir«, »das Hohe«,[19] bekommen hatte. Geographisch gehörte dieses bis zu diesem Zeitpunkt dünn besiedelte Gebiet noch zum ersten unterägyptischen Gau der alten Königsresidenz bei Memphis. Heutzutage wird dieses Felsplateau aufgrund seiner Lage südwestlich des Kairoer Vorortes Giza einfach nur das »Giza-Plateau« genannt.

Mit der Wahl dieses Geländes wurde es automatisch zum »verbotenen Land« für die Ägypter, hochherrschaftliche Sperrzone für die Ewigkeit. Niemand durfte von nun an ohne Genehmigung des Königs auf dem Plateau eine Grabanlage bauen oder das Gelände anderweitig nutzen. Trotz eines leichten Nordostgefälles wählte man nicht den höchsten Punkt des Felsmassivs für den Baugrund des zukünftigen Grabmals aus, sondern verlegte ihn an die Nordkante des Plateaus, wo sich in praktisch günstiger Lage zu den im Tal geplanten königlichen Bauwerken der Nekropole ein kompakter Felshügel erhob. So wie das Motiv des Urhügels im Schöpfungsmythos der Ägypter den Beginn ihrer Welt – den sie »Sep

Abb. 5: Im Dorf an den Pyramiden von Giza. Das Felsplateau mit den größten Pyramiden Ägyptens nahe der Millionenmetropole Kairo.

tepi«, »das Erste Mal«, nannten – symbolisierte, als er aus den Fluten des Urozeans emporstieg, so musste auch der Felsstumpf auf dem Giza-Plateau für Cheops' Architekten wie ein Geschenk ihrer Götter gewirkt haben. Diese Felserhöhung sollte als stabiler Unterbau der zukünftigen Pyramide mehr Standfestigkeit geben, vor allem aber die Arbeitsleistung im unteren Bereich des Grabmals drastisch reduzieren, infolgedessen die Bauzeit verkürzen. Meiner Meinung nach war es die Existenz und die günstige Plateaulage dieses Felshügels, der die Architekten des Königs schlussendlich veranlasste, die größte Pyramide Ägyptens genau dort zu errichten, wo sie noch heute steht. Einige hundert Meter südlich des Felshügels wählten die Bauleiter das Hauptsteinbruchareal, aus dem das Material für die Cheops-Pyramide gewonnen wurde und das aufgrund seiner Nähe zur Baustelle gewährleistete, dass die Transportwege und -zeiten gering blieben. Die Steinbrüche waren derart groß, der Abbau erwies sich aufgrund der horizontalen, durch dünne Tonschichten getrennte Schichtenlagen der Kalksteinbänke als so effektiv und einfach, dass in kürzester Zeit große Steinmengen über Tage abgebaut werden konnten. Somit bot sich das Plateau von Giza als Schauplatz weiterer königlicher Bauprojekte regelrecht an, bestimmte die Lage der Steinbrüche letztlich auch über die Ortswahl der späteren Pyramiden von Chephren und Mykerinos.

Der Kern der Pyramide

Gebannt durch die gigantische Steinmasse der Cheops-Pyramide, vernachlässigt der heutige Besucher des Giza-Plateaus oftmals die vielen kleinen Details, die ihr massiver Baukörper aufweist. Die auffälligsten Strukturen, die man heutzutage beispielsweise an der Außenwand der Pyramide feststellen kann, sind sicherlich ihre beiden Eingänge. Daneben gibt es aber noch eine weitere Stelle, die ungewöhnlich ist und die Aufmerksamkeit jedes Pyramidenforschers verdient: Nimmt man sich etwas Zeit, die Nordostecke einmal genauer zu betrachten, so stellt man schnell fest, dass sich die graugelblichen Kernmauerblöcke, die aus den Steinbrüchen südlich der Pyramide stammen, deutlich von dem dunkelgrauen Felsen abheben, der an dieser Stelle zum Vorschein kommt. Man erkennt hier deutlich den stehen gelassenen Felsstumpf, um den herum die Cheops-Pyramide errichtet wurde.

Aufgrund der Vermessungen des amerikanischen Pyramidenexperten Mark Lehner[20] und der italienischen Ingenieure Vito Maraglioglio und Celeste Rinaldi[21] sowie einem Hinweis des deutschen Ägyptologen Rainer Stadelmann wurden außerdem Spuren des Felskerns an der Westseite, vor allem aber an der Südostecke der Pyramide bis auf Höhe der zweiten Steinlage gefunden.[22] Auch an der westlichen Südseite der Pyramide ist das natürlich gewachsene Felsgestein gut von den Steinquadern zu unterscheiden – ein sicheres Zeichen dafür, dass die unteren Abmaße des Felsstumpfes etwa in der Größenordnung der Basisfläche der Cheops-Pyramide liegen. Innerhalb der Pyramide wurde der Felsstumpf noch an zwei weiteren, höher liegenden Stellen des Kammersystems nachgewiesen.

Dass die Cheops-Pyramide um einen Felshügel errichtet wurde, ist keine Erkenntnis der modernen Ägyptologie. Als einer der ersten

Abb. 6: Die Nordostecke der Cheops-Pyramide. An der Basis ist der Felskern zu erkennen.

berichtete der Engländer Richard Pococke im Jahr 1737 von seiner
Existenz. Pococke, der sich in seinen Beschreibungen über die Pyramiden im Wesentlichen auf die antiken Historiker stützte, vermutete, dass sie generell »ihren Ursprung der Sitte verdanken, dass man
Hügel verkleidete, um königliche Gräber zu errichten«.[23] Bezogen
auf die Cheops-Pyramide mutmaßte der Brite, dass sogar zwei Felshügel unter ihrer Verschalung existieren. Auf einem Hügel liege der
jetzige Eingang, auf dem anderen die eigentliche Grabkammer.[24]
Seitdem haben sich die Ägyptologen eher zögerlich zum Felskern,
wie der Felshügel an der Basis der Cheops-Pyramide auch oft genannt wird, geäußert. Der französische Gelehrte Georges Goyon
beispielsweise schreibt, man habe es mit einem etwa 5,70 Meter
hohen und »mehr oder weniger regelmäßigen, stufenförmigen Stein-
kern« zu tun, »um den herum die Pyramide errichtet werden
sollte«.[25] Bezug nehmend auf die Messergebnisse einiger seiner Kollegen liefert Goyon eine grobe Abschätzung des Felskerns, die in der
Größenordnung von fast 161 000 Kubikmetern liegt.[26] Das entspricht immerhin über sechs Prozent des Gesamtvolumens der Cheops-Pyramide. Andere ägyptenkundige Wissenschaftler vertreten
bislang ganz unterschiedliche Vorstellungen: Während der österreichische Ägyptologe Karl-Heinz Schüssler von einem sieben Meter
hohen Felskern ausgeht[27] und sein französischer Kollege Jean-
Philippe Lauer glaubt, dass der »Felsboden zur Pyramidenmitte hin
(...) nicht höher als etwa 10 Meter über der Grundlinie« ansteht,[28]
vermutet dagegen Rainer Stadelmann, dass vielleicht sogar eine der
Pyramidenkammern, die etwa 22 Meter über dem Plateauniveau
liegt, »mehr oder weniger direkt über dem Felskern aufgemauert
worden ist«[29]. Seiner Meinung nach könnte der terrassenförmig an-
gelegte Felsstumpf demnach eine Höhe von gut 19 Metern erreichen.
Die unterschiedlichen Ergebnisse der Fachwissenschaftler motivierten mich vor Jahren, eigene Berechnungen über den Felskern
anzustellen.[30] Aufgrund der von außen sichtbaren Befunde kam
ich bei meinen neuesten Berechnungen nunmehr zu dem Resultat,
dass der Felskern eine Grundfläche von knapp 49 300 Quadratmetern bedeckt und ein Volumen bis zur zweiten Steinlage von fast
134 000 Kubikmetern hat.

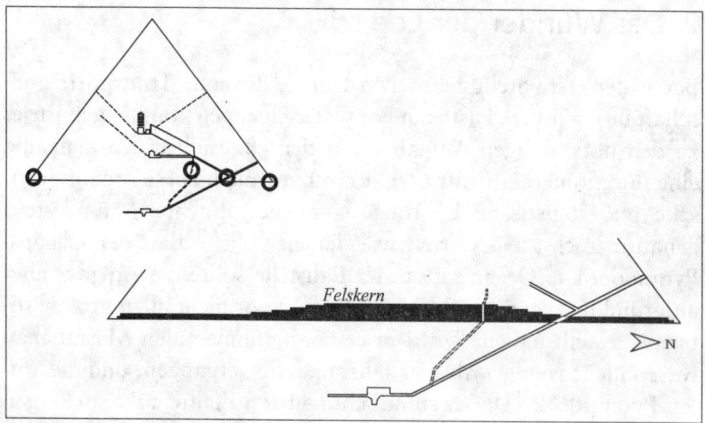

Grafik 2: Links oben: Nord-Süd-Schnitt durch die Cheops-Pyramide mit den Lokalisationen des Felskerns. Unten: Die möglichen Ausmaße des Felskerns unter der Cheops-Pyramide.

Die exakten Ausmaße des Felsstumpfes im Inneren der Cheops-Pyramide sind dagegen äußerst spekulativ und können nur grob eingegrenzt werden. Interessanterweise stimmt jedoch seine maximal nachgewiesene Höhe im Kammersystem fast genau mit der Gesamthöhe der unteren sieben Steinlagen (etwa 7,85 Meter) der Pyramide überein. Es ist demnach nicht auszuschließen, dass die Ägypter den Felsstumpf derart symmetrisch terrassierten, dass er mit den horizontal verlegten Steinlagen übereinstimmte. Auf der Grundlage dieser Annahme kann man berechnen, dass das Volumen des Felsstumpfes bis zur siebenten Steinlage in der Größenordnung von 203 000 Kubikmetern liegt. Diese Felsmasse entspricht etwa 51 Prozent des gesamten, knapp acht Meter hohen Pyramidenstumpfes und über 7,8 Prozent des Gesamtvolumens der Cheops-Pyramide. Der zum Inneren der Pyramide messbare Anstieg des Felskerns lässt mich vermuten, dass er auch über dem heute höchsten bekannten Messpunkt hinaus noch eine gewisse Höhe unbekannten Ausmaßes erreicht, über die sich ohne weiteres Datenmaterial aber nur spekulieren lässt.

2 Das Wunder der Logistik

Bevor der erste Stein gebrochen wurde, die erste Transportmannschaft ihre schwere Last zum Bauplatz schleppen konnte, gehörte es zu den notwendigen Aufgaben auf der »Baustelle Giza-Plateau«, eine funktionierende Infrastruktur aufzubauen. Diese organisatorische und logistische Leistung ist meines Erachtens mindestens genauso hoch zu bewerten wie der eigentliche Bau der Cheops-Pyramide. Die Organisation der Baustelle sollte die Ägypter aber aufgrund ihrer langen Grabbautradition vor nicht allzu große Probleme gestellt haben. Seit dem ersten monumentalen Mastababau waren nicht weniger als vier Jahrhunderte vergangen, und die Stufen-Pyramide des Djoser stand schon über 80 Jahre auf dem kargen Wüstenplateau westlich von Memphis. Seitdem Djosers Architektenstab der Geniestreich des ersten Stufen-Pyramidenbaus gelungen war, konnten die ägyptischen Baumeister an sechs großen Pyramiden und vermutlich Hunderten von kleineren Grabbauprojekten ihre Erfahrungen sammeln. Niemand kann angesichts dieses Wissensschatzes ernsthaft behaupten, dass die Ägypter zu Cheops' Zeiten naive Laien oder Anfänger auf dem Gebiet des Pyramidenbaus waren und die logistischen Probleme einer derartigen Großbaustelle nicht beherrschten. Trotz alledem waren die an die Bauorganisatoren gestellten Aufgaben äußerst umfangreich und weit verzweigt. Die Gilde der Architekten musste auf die volle Unterstützung eines eigens auf derartige Großprojekte spezialisierten Verwaltungsstabes zählen, um die landesweiten Aktionen von Giza aus zu koordinieren und direkt zum Bauplatz der Cheops-Pyramide steuern zu können. Man kann diese komplexen Aufgaben in drei infrastrukturelle Gebiete – *überregionale Beschaffungsmaßnahmen, Schnittstellensteuerung* und *Logistik* der Baustelle – unterteilen.

Grafik 3: Wichtige Steinbruchgebiete zur Zeit der 4. Dynastie nach Klemm & Klemm.

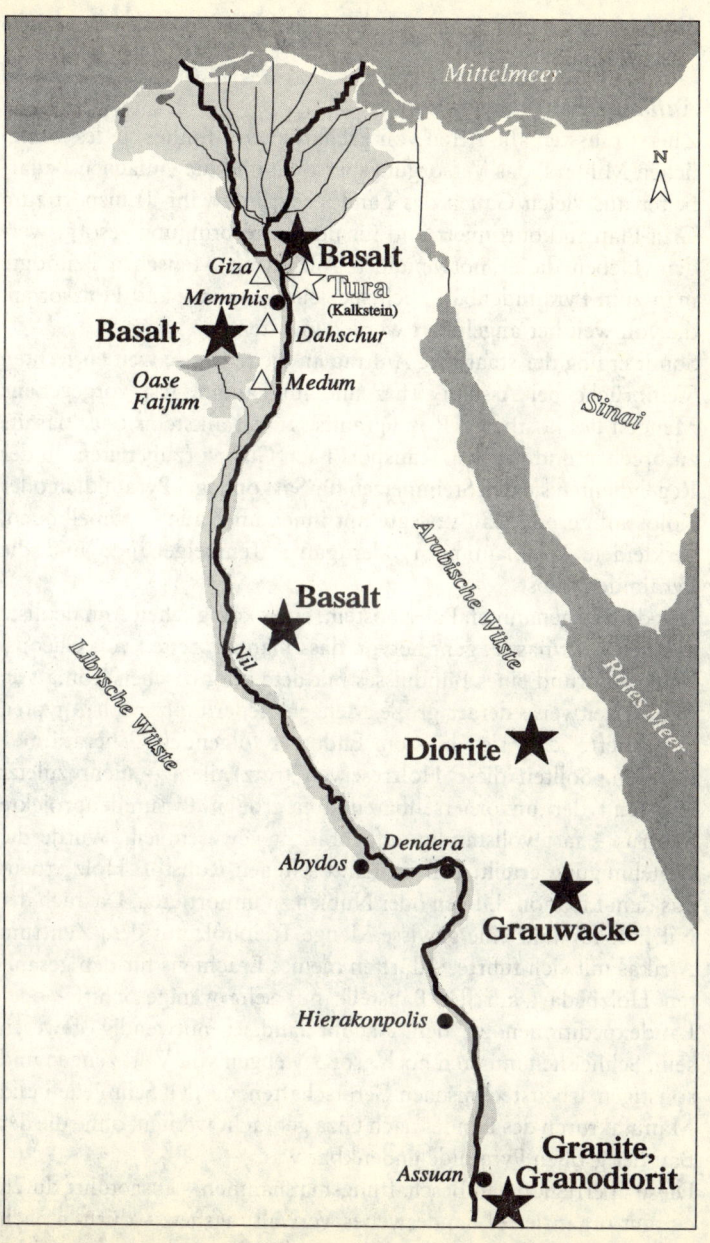

Aufbau einer Infrastruktur

Zuerst mussten alle Arten von Facharbeitern, Einheiten des königlichen Militärs, das Versorgungspersonal und die einfachen Bauarbeiter aus vielen Gauen des Landes rekrutiert, ihr Transport zum Giza-Plateau koordiniert und für ihre Unterbringung gesorgt werden. Neben dieser notwendigen Anzahl an Menschen benötigte man zum Pyramidenbau auch spezielle Gesteins- und Holzsorten, die von weit her angeliefert werden mussten.

Somit erging der staatliche Auftrag an die teilweise weit entfernten Steinbrüche bei Assuan, Tura und im Faijum, fest vorgegebene Mengen des kostbaren Rosengranits, Tura-Kalksteins oder Basalts zu brechen und für den Transport nach Giza vorzubereiten. In der Regel dienten sie den Steinmetzen für Sarkophage, Pyramidien oder Kolossalfiguren. Man verlegte mit ihnen aber auch Tempelböden, verkleidete Grabkammern oder ganze Tempelgebäude und die Pyramiden selbst.

Aus dem so genannten Palermostein, einer königlichen Annalenliste aus der 5. Dynastie, geht hervor, dass man zu Zeiten von Cheops' Vater aufgrund eines Bündnisses mit dem phönizischen König von Byblos zeitweise derart große Mengen Zedernholz nach Ägypten importierte, dass sie »bis zum Ende der folgenden Generation«[31] reichten. Sollten diese Holzreserven trotz allem – nicht zuletzt aufgrund der unvorhersehbaren drei großen Pyramidenprojekte Snofrus – fast vollständig aufgebraucht gewesen sein, wurde die Genehmigung erteilt, den im Land seltenen Rohstoff Holz erneut aus dem Libanon, Libyen oder Nubien zu importieren. Da auch der Nil Jahr für Jahr eine gewisse Menge Treibholz aus dem Zentrum Afrikas mit sich führte,[32] dürften meines Erachtens für den gesamten Holzbedarf auf der Baustelle nur sehr wenige Schiffs- oder Landexpeditionen zu den Nachbarländern notwendig gewesen sein. Schließlich mussten noch große Mengen von Werkzeugen und sonstigen arbeitstechnischen Gerätschaften aus den Schmieden und Manufakturen des Landes nach Giza gebracht werden, ohne die der Bau der großen Pyramide undenkbar war.

Diese überregionalen Beschaffungsmaßnahmen – ausgeführt durch ein gut organisiertes, landesweites Verwaltungsnetz – dürften nach meinen Schätzungen in kürzester Zeit auf Hochtouren gelaufen sein. Ich vermute, dass schon innerhalb der ersten Jahre der Sondierungs- und Bauarbeiten der Cheops-Pyramide die meisten Ferntransporte mit kostbaren Gütern die Baustelle erreichten. Diese Transporte wurden überwiegend auf dem Wasserweg durchgeführt. Infolgedessen musste östlich des Plateaurandes – in logistischer Anbindung an die Steinbrüche – eine große Hafenanlage errichtet werden, die das Manövrieren mehrerer Lastenschiffe zuließ. Hierfür hob man, ausgehend von einem schon bestehenden Seitenkanal des Nil, den die Araber heute »Bahr el-Lebeini« nennen,[33] einen Stichkanal bis zum Hafen aus, der tief und breit genug war, um auch bei einem Niedrigwasserstand des Nil die Schiffe noch treideln zu können.

Die wohl schwierigste logistische Aufgabe bestand jedoch in der zielgerechten Verteilung der angelieferten Rohstoffe, unabhängig davon, ob sie über die Kanäle aus den nahen Steinbrüchen bei Tura oder von weit her über den Nil aus Assuan kamen. An der »Schnittstelle« – einem zentral gelegenen Umschlagplatz in Hafennähe – mussten sie registriert, zwischengelagert und umverteilt werden. Somit wurde der Bau von Ent- und Umladedocks eingeleitet, die groß genug waren, auch über längere Zeit große Mengen von Material aufnehmen zu können. Dies stellte die Verwaltungsbeamten vermutlich vor ihr größtes Problem, sollte doch die effektive Weitergabe der benötigten Materialien arbeits- und zeitsparend erfolgen. Es erscheint plausibel, davon auszugehen, dass man die Umverteilung der ankommenden mit den vor Ort bereitgestellten Gütern auf engstem Raum koordinierte. Insbesondere mussten alle Aktivitäten in den lokalen Steinbrüchen – vor allem die Abtransporte der Steinmassen zur eigentlichen Baustelle – mit der speziellen, für den Umschlagplatz des Hafens konzipierten Infrastruktur verknüpft werden. Durch die günstige Lage des Hafens hatten die Wege von der Entladezone zur Baustelle eine direkte südostorientierte Anbindung an das Areal der Steinbrüche, so dass die logistische Koordinierung der ankommenden Rohstoffe mit den Steinen aus den Steinbrüchen problemlos erfolgen konnte.[34] Womöglich gab es aber noch eine oder zwei weitere, direkt auf die Pyramide

zuführende Transportstraßen, die vom Hafen aus in Richtung
Nordwesten über das Plateau liefen. So konnte die Produktivität
am Grabmal selbst durch die schnellere Zulieferung der importierten Steinmassen gesteigert werden.[35] Noch heute kann man sich
mit ein wenig Phantasie von dieser harmonischen infrastrukturellen
Komposition von Steinbrüchen, Hafen und Transportstraßen einen
Eindruck verschaffen, wenn man die südlich auf dem Giza-Plateau
gelegene, massive Felserhöhung erklimmt, unterhalb derer sich ein
großer islamischer Friedhof befindet. Es würde mich nicht wundern, wenn während des Baus der Cheops-Pyramide von dort oben
aus die ankommenden Schiffstransporte und die Übergabe ihrer
Güter überwacht wurden.

Letztlich blieb noch ein Punkt offen, musste die Infrastruktur
der eigentlichen Baustelle eingerichtet werden. Neben den wichtigen Transportwegen und -rampen, die gewisse Bereiche des Giza-

Abb. 7: Der südöstliche Bereich des Giza-Plateaus. Im Foto oben links
befanden sich einst der große Hafen und die Arbeitersiedlung, rechts die
Steinbrüche. Im Vordergrund Grabbauten aus der Zeit nach Cheops.

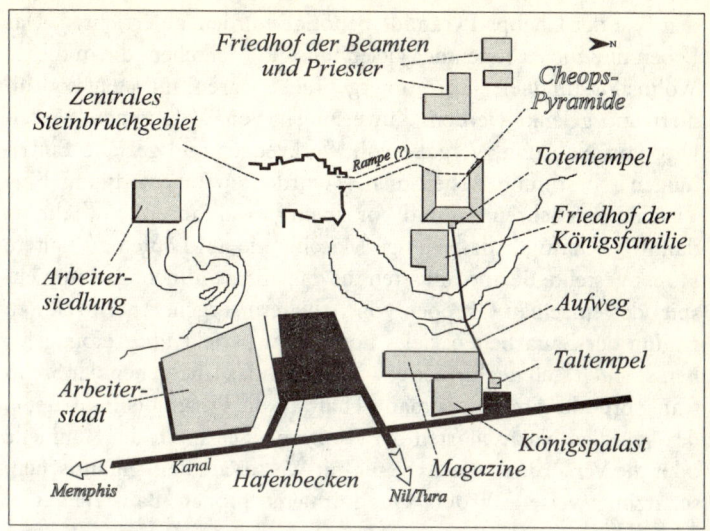

Grafik 4: Skizze des Giza-Plateaus und seiner Infrastruktur zur Bauzeit
der Cheops-Pyramide (nach einer Rekonstruktion von Lehner).

Plateaus vereinnahmten, stand vor allem der Bau von drei großen
Komplexen auf dem Plan.

– Der *Königspalast mit dem angeschlossenen zentralen Verwal-*
  tungs- und Magazintrakt, in dem Architekten, Schreiber und
  sonstige Beamte sowie Teile der Hofgarde nebst ihren Familien
  Unterkunft fanden.
– Die *Quartiere der auf den Pyramidenbau spezialisierten Hand-*
  werkergilden, womöglich auch ihrer Familien, falls es sich um fest
  angestellte Bedienstete handelte.
– Und schließlich die *Wohnblöcke der normalen, einfachen Bau-*
  arbeiter, die für die eher niedrigen Dienste wie zum Beispiel für die
  Steintransporte, Laufbotendienste oder für die Wasserversorgung
  auf der Baustelle benötigt wurden.

Angelehnt an diese drei Wohnkomplexe waren die notwendigen
Versorgungseinrichtungen, Magazinräume, Reparaturwerkstätten
und Lagerplätze für all die kleinen und großen Dinge, die für

den Bau der Cheops-Pyramide benötigt wurden, zu errichten. Das Leben und die Arbeiten der vielen tausend Menschen, die in diesen Wohnsilos für viele Jahre untergebracht waren, mussten koordiniert und gelenkt werden. Zuweisungen von Wohnungen, Verteilung von Nahrung, Vergabe von Werkzeugen und gezielte Einteilungen in bestimmte Arbeitsdienste wurden zur Tagesordnung. Eine Vielzahl von Schreibern und Vorarbeitern war jahrein und jahraus damit beschäftigt, diese riesige Maschinerie am Laufen zu halten. Höher gestellte Beamte mussten für das übergeordnete Zusammenspiel der einzelnen Gruppen von Arbeitern sorgen. Auch wenn zu Beginn der Bauarbeiten vieles noch nicht perfekt und reibungslos lief, spielten sich nach einer gewissen Zeit das Übergeben der Steintransporte der Steinbruchmannschaft an die Pyramidenbautruppe, das ständige Nachschärfen der Kupfermeißel durch die Schmiede oder die Versorgung der Arbeiter mit Wasser auf dem gigantischen, schätzungsweise 300 000 Quadratmeter großen Baustellenareal schnell ein.

Die Teilung des Sees

Das Ursprungsland der altägyptischen Kultur war und ist noch immer ein Ort der geographischen Gegensätze, an dem sich fast übergangslos die lebendige und die tote Natur berühren. Unwirklich und doch Leben spendend. Auf der einen Seite die unendliche Wüste, sonnenverbrannt, bedrohlich, manchmal tödlich, auf der anderen Seite blühende Felder, üppige Palmen und saftige Gräser, gespeist durch einen Millionen Jahre alten Fluss.

Ägypten war ein »Geschenk des Nil« und ist es bis heute geblieben. Ein schmaler Fruchtlandstreifen, einem Garten Eden gleich, umgeben von einer unwirtlichen Sand- und Gebirgslandschaft. »Kemet«, »schwarzes Land«, nannten die alten Ägypter dieses Paradies. Sie grenzten damit ihre Lebensoase von der umgebenden Wüste, die sie »Deschret«, »rote Erde«, nannten, ab: im Osten die mit bis zu 2000 Meter hohen Gebirgen durchzogene Arabische Wüste, die bis zum Roten Meer reicht; im Westen die Libysche Wüste, die fast 80 Prozent der gesamten Fläche Ägyptens bedeckt.

In diesem Land, in dem die Wüstenbewohner nur in unmittelbarer Nähe des Flussufers oder in kleinen, weit verstreuten Oasen genügend Lebensraum für ihre kulturelle Entfaltung finden konnten, stellte der Nil, neben einigen wenigen Wüstenpfaden, den einzigen Kommunikations- und Transportweg dar. Ohne diesen Strom gäbe es kein Ägypten, keine ägyptische Kultur und auch keine Pyramiden. Infolgedessen spielte zu allen Zeiten die Nilschifffahrt eine außerordentliche Rolle im Leben der Ägypter, wurde schon in frühdynastischer Zeit ein ausgeklügeltes Kanalsystem angelegt, das mit dem großen Seitenkanal »Bahr el-Lebeini«, den die Ägypter einfach »Mu-wer« (»Großer Kanal«) nannten,[36] in Verbindung stand. Über seinen geographischen Verlauf in der Pyramidenzeit sind sich die Ägyptologen weitgehend einig. Er zweigte in Mittelägypten bei Dairut südlich von El-Minya vom Nil ab und floss nordwärts, bis er in die westlichen Provinzen der Oase Faijum einschwenkte.[37] Von dort aus wurde er dann fast parallel zum Nil entlang der königlichen Nekropolen bis in die Deltaebene weitergeleitet. Der »Große Kanal« stand mit den antiken Binnenseen bei Memphis, Dahschur und Giza in direkter Verbindung und versorgte über Stichkanäle nicht nur alle altägyptischen Pyramidenanlagen, sondern auch die nördlichen Provinzen mit notwendigem Wasser und Rohstoffen aus dem Süden des Landes.

Neben diesem Kanal kennen die Ägyptologen noch eine zweite künstliche Wasserstraße, die einst bis nach Giza führte. Der etwa zehn Kilometer lange »Tamieh-Kanal« diente als Transportweg für die wertvollen Verkleidungssteine der Pyramidenanlagen. Er zweigte bei Maasara vom Nil ab, verlief parallel zum Fluss und bog dann nach Westen ab, um auf der Höhe des Giza-Plateaus in den »Bahr el-Lebeini« zu münden. Es ist sicherlich nicht übertrieben zu sagen, dass erst diese künstlich angelegten Wasserwege den reibungslosen und kontinuierlichen Ablauf der Bauarbeiten auf den Pyramidenfeldern und die Versorgung des jahrhundertelangen Kultbetriebes ermöglichten.

Aufgrund seiner wichtigen Bedeutung fand der »Große Kanal von Memphis« vermutlich auch Eingang in die zeitgenössische Literatur des Alten Ägypten. Einen Hinweis könnte man im so genannten

Papyrus Westcar finden. Diese Handschrift, die sich heute im Archiv der Papyrussammlung des Ägyptischen Museums in Berlin befindet, wurde etwa im 17. Jahrhundert v. Chr. abgefasst, geht aber auf eine Vorlage aus dem Mittleren Reich (um 2000 v. Chr.), womöglich sogar auf noch ältere volkstümliche Erzählungen aus der Zeit der 4. und 5. Dynastie zurück.

Die Geschichten im Papyrus Westcar werden heutzutage als Wunder- und Märchenerzählungen interpretiert, denen man aber durchaus eine gewisse historische Bedeutung beimisst. Der Schauplatz der Erzählungen ist der Königshof von Cheops, der sich von seinen Söhnen mit wundersamen Ereignissen aus Vergangenheit und Gegenwart die Langeweile vertreiben lässt. Eine dieser Geschichten berichtet von einer Begebenheit, die Cheops' Vater Snofru bei einer Bootspartie mit einer aus Frauen bestehenden Rudermannschaft auf einem See widerfahren ist:

»(...) Sie ruderten auf und ab, und dem Herzen Seiner Majestät tat es wohl, sie rudern zu sehen. Aber eine der Schlagführerinnen flocht an ihrem Zopf, und ein Fischanhänger aus neuem Türkis fiel ins Wasser. Da verstummte sie und hörte auf zu rudern, und ihre Reihe verstummte auch und hörte auf zu rudern. (...) Da sagte Seine Majestät zu ihr: ›Warum ruderst du nicht mehr?‹ Sie antwortete: ›Darum, weil ein Fischanhänger aus neuem Türkis ins Wasser gefallen ist.‹ Und Seine Majestät sagte zu ihr: ›Willst du, dass ich ihn dir ersetze?‹ Aber sie antwortete: ›Ich will lieber mein eigenes Stück als seinen Ersatz.‹

Da sprach Seine Majestät: ›Geht und holt mir den Obersten Vorlesepriester Djadja-em-anch.‹ Und er wurde ihm sofort geholt. (...) Da sprach der Oberste Vorlesepriester Djadja-em-anch irgendwelche Zauberworte, dann legte er eine Wasserhälfte des Sees auf die andere, und er fand das Fischgehänge auf einer Scherbe liegen. Er holte es, und so wurde es seiner Besitzerin gegeben. Das Wasser aber, das in seiner Mitte zwölf Ellen [über sechs Meter, d. V.] tief gewesen war, erreichte nunmehr vierundzwanzig Ellen, nachdem es aufeinandergeklappt war. Dann sprach er wieder irgendwelche Zauberworte und brachte das Wasser des Sees an seinen Platz zurück. (...)«[38]

Die Wundertat des Vorlesepriesters Djadja-em-anch, der wie viele seiner Kollegen in Ägypten zu den Herausragendsten unter den Zauberern zählte und in bestimmten Schriften als der Prototyp des guten und populären Wundertäters auftaucht, nimmt nahezu biblische Formen an. Die Teilung des Sees erinnert sehr stark an den wohl bekannten Bericht aus der Bibel über den Auszug der Israeliten aus Ägypten, bei dem sich ein Schilfmeer teilte, damit die Israeliten es durchqueren konnten, während die ägyptischen Verfolger in den wieder zusammenbrechenden Wassermassen umkamen.[39] Doch sicherlich steckt hinter dieser Geschichte kein göttliches Wunder. Meines Erachtens liegt des Rätsels Lösung in der Architektur und der Funktionsweise des »Großen Kanals« verborgen, der mit dem in der Geschichte nicht näher definierten See (womöglich der Binnensee bei Dahschur) in Verbindung stand. Vielleicht existierte ein ausgeklügeltes hydraulisches System – mit Schleusen und Bewässerungsvorrichtungen, Staudämmen und Auffangbecken ausgerüstet –, das es den Ägyptern erlaubte, fest definierte Wasserstände im See und in gewissen Abschnitten des Kanals zu kontrollieren. Womöglich war dieses System so einzigartig gewesen, dass es in späteren Epochen – zur Zeit der Entstehung der Wundergeschichten – schon zum Mythos, zu einer Legende geworden war. Denkbar, denn auch die Feldforschungen haben den hohen Stand der Bewässerungstechniken der Ägypter eindrucksvoll bestätigt.

Der große Hafen von Giza

Schon zu Zeiten von Cheops' Vater waren die Ägypter in der Lage, große Transportschiffe zu bauen. Wie uns der Turiner Königspapyrus überliefert, ließ Snofru zwei über 52 Meter große Schiffe zimmern, die er vermutlich für seine Libanonexpeditionen benutzte. Die Lastkähne, die man für die schweren Steintransporte von Assuan oder Tura nach Giza einsetzte, dürften dagegen kleinere Ausmaße besessen haben. Es gibt zwar keine zeitgenössischen, aus der Cheops-Ära stammenden Darstellungen dieser Boote, doch ein Relieffragment, das noch heute am rekonstruierten Aufweg der Unas-Pyramide in Sakkara zu bewundern ist, gibt nähere Auskunft darüber, wie diese Schiffe zu Zeiten der 5. Dynastie – etwa 180 Jahre nach Cheops – aussahen.

Auf dem Relief ist ein Teil eines Transportschiffes erkennbar, das mit auf großen Schlitten festgebundenen Papyrussäulen aus Granit und langen Holzbalken beladen ist. Die oberhalb der Darstellung angebrachten hieroglyphischen Inschriften besagen, dass die Ladung aus den Granitbrüchen bei Assuan für den Totentempel von König Unas bestimmt war. Die Archäologen konnten den Wahrheitsgehalt dieser Szene tatsächlich bestätigen. Die auf dem Relief erkennbaren Granitsäulen sind anscheinend mit jenen, mit königlichen Inschriften des Unas versehenen Säulen identisch, die sich noch heute entweder in den Ruinen des Taltempels der Unas-Pyramide in Sakkara oder in der ägyptischen Abteilung des Louvre in Paris befinden. Sie sind allesamt über sechs Meter hoch und wiegen zwischen elf und zwölf Tonnen.[40] Vorausgesetzt, dass die Proportionen des Lastschiffes und seiner Ladung auf dem Relief der Realität entsprechen, könnte seine Länge in der Größenordnung von 25 Metern liegen. Das durchschnittliche Ladevermögen dieser Schiffe schätze ich auf 40 bis maximal 50 Tonnen. Fazit: Mit einer genügend großen Armada derartiger Schiffe wären die Kalkstein- und Granittransporte zu Cheops' Zeiten kein Problem für die Ägypter gewesen.

Dies alles führt letztlich zur Frage, wo am Rand des Giza-Plateaus der große Hafen zum Umladen der Steine lag. Aufgrund der Rekonstruktionen des amerikanischen Ägyptologen Mark Lehner gab es zwei Hafenbecken, die zur Cheops-Nekropole gehörten. Ein etwa 125 Meter × 120 Meter großer Hafen befand sich nördlich des Königspalastes, dort wo später der Taltempel der Pyramide errichtet wurde. Er war einzig und allein den königlichen Barken vorbehalten, konnte aber auch zum Anliefern des Baumaterials für die dort in der Umgebung entstehenden Kultbauten gedient haben. Vom Hafen wie auch vom Taltempel und der Königsresidenz sind keine nennenswerten Spuren erhalten geblieben. Lediglich einzelne Mauerreste, die bei Straßenarbeiten im östlichen Dorf an den Pyramiden – das die Araber »Nazlet el-Samman« nennen – am Nordende der Street Sidi Hammed el-Westani eher zufällig gefunden

Abb. 8: Blick über das südöstliche Areal des Giza-Plateaus. Im Vordergrund die Sitzreihen der alltäglichen Sound-and-Light-Show, wo einst das große Hafenbecken der Pyramidenanlage lag. Rechts die Cheops-Pyramide.

wurden, deuten auf die einstigen Gebäude- und Hafenkomplexe hin.[41]

Ein zweites »Industriehafenbecken« lag südlich des Königspalastes, knapp 40 Meter von dem später aus dem Fels geschlagenen Sphinx und dem Taltempel der Chephren-Pyramide entfernt. Nach Lehners Schätzungen bedeckte das Hafenbecken eine Fläche von 210 Meter × 350 Meter,[42] bot demnach an seinen nördlichen und westlichen Molen bequem bis zu 14 Lastschiffen Platz zum Rangieren und zum gleichzeitigen Entladen ihrer schweren Fracht. Das Gesamtladevermögen dieser kleinen Flottille schätze ich auf maximal 700 Tonnen. Unter Berücksichtigung der südlichen Kaimauern, die gegebenenfalls auch zum Entladen der Schiffe gedient haben könnten, ließe sich die Anlegekapazität des Hafens sicherlich auf 17 Schiffe mit einem Ladegewicht von 850 Tonnen erhöhen.

Heute ist auch von dieser Hafenanlage kaum mehr etwas zu erkennen. Sie wurde unter Cheops' Sohn Chephren erheblich erweitert und erfuhr zur Zeit seines Enkels Mykerinos sowie der letzten Königin der 4. Dynastie, Chentkaus I., nochmals eine Veränderung. Spätestens als die Zufuhrkanäle am Ende der Pharaonenherrschaft versiegten, begann die langsame, aber stetige Versandung des Hafenbeckens, die mit der arabischen Kultivierung des Geländes fortgesetzt wurde. Heute kann man – neben dem Anlagesteg der königlichen Barken am Taltempel des Chephren, die vor wenigen Jahren vollständig ausgegraben wurden – nur noch südlich des für die tägliche »Sound-and-Light-Show« hergerichteten Geländes einige wenige erhaltene Überreste der ehemaligen Kaimauer sehen.[43]

Die Quartiere der Arbeiter

Nicht wenigen, die heute entlang des Nil reisen, wird aufgrund der erhaltenen antiken Bausubstanz oberflächlich der Eindruck vermittelt, im Zentrum der altägyptischen Zivilisation hätte lediglich ein Kult gestanden, der sich hauptsächlich mit dem Tod beschäftigt habe. Natürlich ist dies nur eingeschränkt richtig, resultiert dieser Eindruck aus dem Bedürfnis der alten Ägypter, die Sicherung ihrer sterblichen Überreste durch die Errichtung eines beständigen, aus haltbarem Material bestehenden Grabbaus zu gewährleisten. So war von Anbeginn der ägyptischen Zivilisation einzig und allein die sakrale Architektur darauf programmiert, den Königen und besser gestellten Ägyptern ein Stück »visueller Unsterblichkeit« in Form eines steinernen Monumentalgrabes zu hinterlassen. Nur derartige Bauwerke wurden fast vollständig aus Stein errichtet und befanden sich auf dem trockenen, dem Jenseits geweihten Wüstenboden. Beide Faktoren sorgten für eine die Zeiten überdauernde Beständigkeit, die die Profanbauten hingegen nicht zu bieten hatten. Die Häuser der Menschen in den Städten und Dörfern befanden sich hauptsächlich im feuchten Fruchtland und bestanden zum größten Teil aus Lehmziegeln und Holz, alles Materialien, die nur kurzlebig waren. Mit den Jahrhunderten zerfielen sie bis zur Unkenntlichkeit oder sind heute unterhalb des Grundwasserspiegels fast unerreichbar. Nur in seltenen Fällen, wie beispielsweise auf dem Giza-

Plateau, gelingt es Archäologen, in die normale Alltagswelt der Ägypter zur Zeit des Pyramidenbaus vorzudringen.

Seit Anfang der 90er Jahre finden am südöstlichen Rand des Giza-Plateaus ausgedehnte Grabungen der ägyptischen Antikenverwaltung mit Unterstützung amerikanischer Archäologen statt. Ziel dieser Grabungen sind die Überreste der Arbeitersiedlung, die kurz zuvor mehr durch Zufall unter dem Wüstensand entdeckt wurden. Die Archäologen konnten bislang nicht nur Strukturen von Häusern und Gräbern lokalisieren, sondern auch so manche Artefakte des alltäglichen Lebens ans Tageslicht bringen. Eine komplette Auflistung aller gefundenen Gegenstände existiert derzeit nicht, die offiziellen Fundberichte in den Fachzeitschriften lassen noch auf sich warten. Fragt man allerdings die Archäologen vor Ort, so geben sie bereitwillig Auskunft, erfährt man z. B., dass einige der gefundenen Skelette Knochenauswüchse aufweisen, die als sicheres Zeichen für chronische Schwerstarbeiten gelten. Das Durchschnittsalter der Arbeiter schätzt man auf 35 bis 40 Jahre. Bei einer durchschnittlichen Lebenserwartung der männlichen Bevölkerung Altägyptens von etwa 43 Jahren durchaus akzeptable Lebensdaten für die Pyramidenarbeiter.

Zu ihrer Ernährung zählte neben Brot, Fisch, Gemüse, Getreide, Kuchen und Obst nachweislich auch Bier. Sicherlich werden sie neben anderen vegetarischen Nahrungsmitteln auch kleine Fleischportionen zu sich genommen haben. Ihre Lebensmittelversorgung wurde ebenso wie die Kleider- und Sandalenausgabe vom Staat übernommen, teilweise auch als eine Art Entlohnung für ihre Arbeit. Genaue Zahlenwerte für die Versorgung sind aus dem Alten Reich nicht bekannt, das »Lexikon der Ägyptologie« weiß aber aus späteren Epochen zu berichten, dass beispielsweise täglich zehn Brote und 1/3 Krug Bier an die Arbeiter, 20 Brote und ein halber Krug Bier an die Facharbeiter ausgegeben wurden. Noch später – zu einer Zeit, als der Pyramidenbau längst eingestellt war – wurden Arbeiter im Dienste des Königs mit zehn Broten, drei Krügen Bier, zwei Einheiten Fleisch und drei Kuchen pro Tag versorgt.[44] Die gesamte Arbeitersiedlung auf dem Giza-Plateau, aus der sich später ein Teil einer Pyramidenstadt entwickelte, die noch bis ans

Abb. 9: Blick auf die aktuellen Ausgrabungen am Arbeitercamp und dessen Nekropole in Giza, die vor wenigen Jahren entdeckt wurden. Dort lebten einst die Facharbeiter und Steinmetzen, die für den Bau der Cheops-Pyramide verantwortlich waren.

Ende des Alten Reiches bestand, umfasste nach neuesten Schätzungen ein Gebiet von etwa 80 000 Quadratmetern. Ihre Einwohner – bis zu 8000 an der Zahl – zählten als Facharbeiter, Handwerker, Steinmetze und Poliere zur Elite der altägyptischen »Grabbauindustrie«.

Neben diesen fest eingestellten Spezialisten gab es noch eine andere große Gruppe von Bauarbeitern, die einfachen Steinbrecher, Materialträger und Tagelöhner, die teilweise nur »saisonbedingt« auf den Baustellen tätig waren. Die meisten wurden per Königsdekret für eine bestimmte Zeit aus der arbeitsfähigen Bevölkerung zum Pyramidenbau zwangsverpflichtet. Überwiegend aus der näheren Umgebung der Baustelle stammend, kehrten sie nach getaner Arbeit am Abend wieder in ihre Dörfer zurück. Jean-Philippe Lauer hat vermutet, dass sie aufgrund der damaligen organisatorischen und verkehrstechnischen Möglichkeiten aus einem maximalen Umkreis von 50 Kilometern um Memphis stammten.[45]

Andere, die von weiter her kamen, kampierten auf dem Giza-Plateau vermutlich südlich des Steinbruchareals in einer eigens für sie hergerichteten Siedlung. Dieses Arbeiterdorf – das auch aufgrund seiner Raumgestaltung und Lage von manchen Ägyptologen für eine Ansammlung von Magazinen gehalten wird – konnte etwa 3000 Personen Platz bieten. Sicherlich werden hier noch detaillierte Grabungen erforderlich sein, um den Charakter dieser Anlage genau zu bestimmen.

Noch eine Bemerkung zur Pyramidenstadt des Cheops, die den Namen »Nördliche Siedlung«[46] trug: Derartige »Kleinstädte« gruppierten sich meist im Umfeld der Taltempel und um die Paläste der Pharaonen oder entstanden nachträglich aus den großen Arbeitersiedlungen am Rand der Nekropolen, nachdem das Bauprojekt abgeschlossen war und die Arbeiterfamilien vor Ort ihren Lebensabend verbrachten. Durch die große Konzentration von Menschen an der Baustelle wuchsen auch in der Pyramidenstadt des Cheops viele Basare, Dienstleistungsbetriebe aller Art und weitere Wohnsiedlungen wie Pilze aus der Erde und formten sie mit den Jahren zu einer dauerhaften Metropole, deren Verwaltung in den Händen von hohen Würdenträgern der Regierung lag. Mit der Zeit und nach vielen Generationen wurden die ersten Besiedlungsschichten immer weiter überbaut, versanken mit den Jahrtausenden in der Tiefe der Vergangenheit, bis schließlich in unserer modernen Zeit die südwestlichen Außenbezirke von Giza – vornehmlich das »Dorf an den Pyramiden« – das alte Siedlungsgebiet und den Palast der Cheops-Stadt bedeckten.

Heute sind fast alle Spuren der Pyramidenstadt verschwunden. Ende der 80er und Anfang der 90er Jahre wurden bei Grabungen im Dorf an den Pyramiden Reste dieser Siedlungen, offenbar sogar Spuren des Königspalastes entdeckt. Jedoch stehen die Chancen schlecht, in derartigen Regionen gezielte Grabungen zu forcieren, hieße dies doch, bestehenden Wohnraum der Dorfbewohner und die angeschlossene Infrastruktur im Auftrag der Altertümerforschung zu entfernen. So bleibt vorerst nur ein nostalgischer Rückblick: Wie wir heute wissen, wurde die Pyramidensiedlung des Cheops zum kulturellen und intellektuellen Schmelztiegel während des gesamten

Alten Reiches: »Vielleicht ist es kein Zufall, dass selbst die Bau-meister der Pyramiden der 5. und 6. Dynastie (...) aus der Pyramidenstadt von Giza stammten, wo Organisation und Kenntnis vermutlich (...) innerhalb alter Familien vererbt wurden.«[47]

Wie viele bauen ein Weltwunder?

Die aktuellen Ausgrabungen an den Arbeitersiedlungen auf dem Giza-Plateau führen fast automatisch zu zwei wichtigen Fragestellungen, mit denen sich die Ägyptologie schon seit Jahrzehnten intensiv beschäftigt und die immer wieder ins Blickfeld des öffentlichen Interesses gerückt werden: Wann im Jahr wurde auf dem Giza-Plateau gearbeitet und wie viele Menschen benötigte man letztlich zum Bau der Cheops-Pyramide?

Die erste Frage lässt sich leicht beantworten. Entgegen der geläufigen populären Auffassung, die leider offiziell auch noch immer von einigen Ägyptologen vertreten wird,[48] wurde an den Pyramiden das ganze Jahr über gearbeitet, nicht nur wie vom griechischen Historiker Herodot im fünften vorchristlichen Jahrhundert überliefert, während der dreimonatigen Überschwemmungszeit. Eindeutig belegen lässt sich dies durch die jüngst durchgeführten Ausgrabungen an der Roten Pyramide in Dahschur. Hierbei wurden Datierungen an den Verkleidungsblöcken gefunden, die sich auf Monate des altägyptischen Winters und Sommers beziehen.[49] Auch an einer Pyramide aus dem Mittleren Reich, gut 70 Kilometer südlich von Kairo beim Dorf Lischt gelegen, wurden Graffiti gefunden, die bezeugen, dass während des gesamten Jahres am Grabmal gearbeitet wurde. Außerdem entdeckte man in den alten Steinbrüchen diverse Inschriften, die eindeutig darüber Auskunft geben, dass »die Jahreszeit, in der man diese Arbeiten ausführte, kaum eine Rolle spielte, dass diese vielmehr in allen Jahreszeiten vonstatten gingen«.[50]

Die Beantwortung der zweiten Frage ist in der Forschung wie auch in der Öffentlichkeit noch immer Gegenstand lebhafter Diskussionen. Eines, darüber sind sich aber fast alle Ägyptologen mittlerweile einig, zeichnet sich hierbei in den letzten Jahren immer mehr ab: 100 000 Leute, wie Herodot vermutete, können es wohl nicht gewesen sein.[51]

Die eigentliche Baustelle auf dem Giza-Plateau hatte nicht den notwendigen Platz, um derart viele Menschen gleichzeitig arbeiten zu lassen. Immerhin beanspruchte der zentrale Arbeitsbereich – der Pyramidenstumpf, die Steinbrüche, die Transportwege und Magazine, das Hafenareal und die sonstigen Versorgungswege – eine Fläche in der Größenordnung von ungefähr 200 000 Quadratmetern. Dies war aber zu wenig für die Arbeiterscharen Herodots, die sich hier schnell in die Quere gekommen wären, wenn man die Schlitten, Wasserkrüge, meterlangen Seile und Werkzeuge, die hier tausendfach benutzt wurden, mit berücksichtigt. Spätestens als die Rampen, Anschüttungen oder anderen Hilfsmittel ins Spiel kamen, mit denen die Ägypter ihre schweren Steinlasten Lage für Lage in die Schwindel erregenden Höhen der Cheops-Pyramide transportierten, minimierte sich der Platz für ein riesiges Arbeiterheer fast wie von selbst.

Viele Forscher gehen daher seit einigen Jahren von Werten in der Größenordnung von 36 000 Arbeitern aus,[52] eine Zahl, die mir – nicht nur aufgrund der Größe der Arbeitersiedlungen – noch immer als zu hoch erscheint. Ich persönlich schätze das Bau- und Versorgungspersonal auf etwa 15 000 Personen, die gleichzeitig auf dem Giza-Plateau im Einsatz waren. Zusammen mit den externen Zuliefermannschaften, die in den Steinbrüchen oder auf den Schiffen Dienst taten, komme ich bei meinen Berechnungen auf ein Arbeiterheer von maximal 20 000 Menschen. Diese Zahlenwerte lassen sich gut mit den Bauleistungen an den drei Snofru-Pyramiden, vor allem aber mit der Perfektion der ausgeführten Arbeiten an der Cheops-Pyramide, in Einklang bringen. Sie sprechen dafür, dass im Pyramidenbau dieser Epoche ein eingespieltes, sicherlich nicht allzu großes Team von absoluten Profis – keine einfachen Bauern oder Fellachen – am Werk war, das sich nicht zuletzt mit dem Grabbau seinen Lebensunterhalt verdiente.

Während diese Spezialisten bis heute weitgehend anonym geblieben sind, wissen die Ägyptologen aber einiges über die ausgewählten Transport- und Schlittenmannschaften. Inschriften und Graffiti bezeugen, dass man sie in bestimmte Gruppen unterteilte, die auf das alte System der Organisation der Mannschaften an Bord eines Nilschiffes zurückgingen. Nach dem »Lexikon der Ägyptologie« setzten sich diese Abteilungen aus fünf »Phylen« zusammen.[53] Diese waren wiederum in eine Vielzahl kleiner Unterabteilungen gegliedert, deren genaue Anzahl im Alten Reich stark variierte. Die Gruppen trugen Namen, die stets in Zusammenhang mit dem regierenden König standen. Hierbei »hat es den Anschein, als würden in den Benennungen der Unterabteilungen allgemeine Züge betont, wie beispielsweise die Aspekte von Qualität und Lob erheischender Arbeit (stark, gut dauernd, loben u. a.).«[54] Zu den Größen der Arbeitermannschaften und ihrer Phylen gibt es in der Ägyptologie keine exakten Angaben. Moderne Forscher gehen von 40 Mann für eine Phyle und 200 Mann für eine gesamte Arbeitermannschaft aus;[55] hier und da vertritt man jedoch auch die Ansicht, sie seien um den Faktor fünf größer. Interessanterweise glauben die Ägyptologen aufgrund inschriftlicher Hinweise, dass beim Bau der Cheops-Pyramide nicht mehr als drei dieser Spezialmannschaften für den Transport der schweren Lasten im Einsatz gewesen sind.[56] Also maximal 3000 Arbeiter. Eine Zahl, die in manchen Ohren fast unglaublich niedrig klingt.

Im Banne der Pharaonen

Eine immer wieder gestellte Frage bezieht sich auf den Einsatz von Sklaven jeglicher Art beim Bau der monumentalen Grabmäler. Wer sich je mit den Pyramidenbauten Ägyptens beschäftigt hat, kommt an diesem Problem nicht vorbei, muss versuchen, Stellung zu beziehen.

Betrachtet man diesen Problemkreis von seiner Notwendigkeit her, so muss man klar erkennen, dass es keiner unfreiwilligen Zwangsarbeiter bedurfte, um die Pyramiden zu errichten. Genügend hoch qualifizierte und einfache einheimische Arbeiter waren vorhanden. Außerdem war der Bau am Grabmal des Königs für die Ägypter des Alten Reiches religiös motiviert, wurde infolgedessen als »Pflicht gegenüber dem Staat und Gottkönig« verstanden. Alle Arbeiten und Aktivitäten im Dienste und zum Wohl des Königs standen für die Ägypter in direktem Zusammenhang mit ihrem eigenen Schicksal, letztlich auch mit der von ihnen gewünschten Erhaltung des mythisch-kosmischen Gleichgewichts ihrer Welt. Daher musste sie niemand zum Bau der Königsgräber wirklich zwingen, wurden sie für ihre Arbeit materiell wie auch ideell entlohnt. Jeder Ägypter, der mit den königlichen Gräbern produktiv in Berührung kam, konnte infolge seiner Tätigkeit darauf hoffen, durch die positive Fürsprache des verstorbenen Königs in der jenseitigen Götterwelt ebenfalls unbeschadet ins gesegnete Jenseits zu gelangen, um dort ewig weiter zu existieren.

Auch wenn gewisse Auswüchse im Staatssystem der alten Ägypter aus unserer heutigen Sicht den Eindruck einer Diktatur hinterlassen, in der die Macht in einer kleinen Clique um den König herum fokussiert war und die staatlichen Arbeitseinsätze per Königsdekret befohlen werden konnten, so ist meines Erachtens diese Form der »hierarchischen Dominanz«[57] gegenüber der Bevölkerung nur sehr eingeschränkt mit dem Begriff der Sklaverei vergleichbar. Ägyptologen sprechen in diesem Zusammenhang oftmals und gern von »Hörigkeit«, einem Begriff, der aufgrund der geistigen Grundlage, auf der das altägyptische Staatssystem aufgebaut war, viel besser zu passen scheint. Für mich waren die Ägypter – aus moderner Sicht betrachtet – »Sklaven im Geiste«, zu hörigen Staatsdienern erzogen und eingeschworen auf die Allmacht des Königs, »weil der Glaube dieser Zeit in ihm die Verkörperung des Weltengottes und damit das Unterpfand der Weltordnung sieht«;[58] sie waren aber nicht Sklaven im Sinne von »unfreiwilligen Zwangsarbeitern«. Kritiker hingegen, die hinter den Pyramiden lediglich Zeugnisse einer unmenschlichen Despotie sehen, bei denen die Kräfte des Volkes unfreiwillig in den Frondienst für das Grab des Königs gezwungen wurden, seien daran erinnert, dass diese Art der Dienstverpflichtung in nichts den Praktiken unseres Staates nachsteht, der seit Bestehen der Bundeswehr alle diensttauglichen Männer zu einem zeitlich fest definierten, vom Staat verordneten Wehrdienst einzieht. Die heutige Vorbereitung und Ausbildung zur hypothetischen Verteidigung des Landes wird von Politikern in gleichem Maße als

Bekenntnis zum Staat und zur Erhaltung der inneren Stabilität verstanden, wie im alten Ägypten der Pyramidenbau als Teil eines weltlichen Gleichgewichts zwischen den Göttern und Menschen gesehen wurde. Vor diesem Hintergrund scheint es fast so, als ob wir modernen Menschen uns nicht weit vom antiken Ägypten entfernt haben.

Aber natürlich gab es auch ein richtiges Sklaventum im alten Ägypten. Es entstand schon in frühen Dynastien infolge der kriegerischen Aktivitäten, bei denen eine große Anzahl von Kriegsgefangenen als Arbeitskräfte ins Land geholt wurden. So ließ z. B. Snofru zwei militärische Feldzüge in die Nachbarstaaten Libyen und Nubien durchführen. Von beiden Militäraktionen brachte sein Expeditionskorps reiche Beute mit: aus Nubien 7000, aus Libyen 1100 Gefangene.

Es stellt sich die Frage, ob derartige Kriegsgefangene beim Pyramidenbau eingesetzt wurden. Möglich, aber vor dem Hintergrund der religiösen Bedeutung des Pyramidenbaus nur sehr eingeschränkt denkbar. Es spricht allerdings nichts dagegen, Kriegsgefangene für niedrige und gut zu überwachende Arbeiten im Umfeld der Bauarbeiten zu verpflichten. Der Palermostein weiß beispielsweise von 70 ausländischen Frauen zu berichten, die – etwa 90 Jahre nach Cheops' Herrschaft – zur Zeit des Königs Userkaf (5. Dynastie, um 2470 v. Chr.), vermutlich zu Versorgungszwecken, zwangsweise im Pyramidenbezirk arbeiteten.[59] Es ist nicht auszuschließen, dass solche Arbeiten auch schon in der Mitte der 4. Dynastie ausgewählten Gefangenen »angeboten« wurden. Beweisen lässt sich diese Vermutung allerdings ohne neue archäologische Fakten nicht. Aus meiner Sicht ist es wahrscheinlicher, dass die Mehrzahl der Gefangenen zur Zeit des Cheops in den entfernten Steinbrüchen von Assuan oder im Wadi Hammamat bzw. als Treidelmannschaften beim Schiffsverkehr auf den Kanälen eingesetzt wurden. Mit dem heiligen Pyramidenplateau kamen sie kaum in Berührung, dieses Betätigungsfeld blieb ausschließlich den ägyptischen Arbeitern vorbehalten. Ob hingegen hoch qualifizierte Gastarbeiter aus den umliegenden, befreundeten Anrainerstaaten den Bau der Cheops-Pyramide unterstützten, muss offen bleiben. Infolgedessen erhoffe ich mir einiges

von den Ausgrabungen an den Arbeitersiedlungen auf dem Giza-
Plateau, wo im Schutt der Häuser vielleicht die Antworten auf das
Fremdarbeiterproblem beim Pyramidenbau verborgen liegen.

Menschliche Bedürfnisse

Eine intensive Besichtigung der zugänglichen Grabanlagen auf dem
Giza-Plateau dauert heutzutage etwa drei volle Tage, erfordert teilweise eine Reihe von offiziellen Genehmigungen, immer ein wenig
Glück und natürlich das nötige Kleingeld in Form von Bakschisch,
um so manche Grabtür zu öffnen. Wie auch in allen anderen ägyptischen Ausgrabungsstätten sollte man dabei einige Liter Wasser bei
sich führen, um vor allem in den Sommermonaten den immensen
Flüssigkeitsverlust zu kompensieren. Jeder, der schon einmal bei
dreißig Grad Celsius mehrere Stunden durch die Nekropolen auf
dem Giza-Plateau gewandert ist, kann ansatzweise nachvollziehen,
unter welchen Mühen und Qualen die Arbeiter vor Jahrtausenden
hier schwerste Arbeiten verrichteten. Dies führt automatisch zu
der Frage, wie damals die Versorgung der Arbeiter mit Wasser gere-
gelt war.
Wahrscheinlich wurde das Trinkwasser aus dem Hafenbecken
entnommen und in vielen kleinen Zwischenlagern auf der Baustelle
zur täglichen Versorgung der Arbeiter bereitgestellt. Doch auch
schon früh gab es in der Forschung Hypothesen, die davon ausgin-
gen, dass auf dem Plateau selbst ein Versorgungsbrunnen vorhanden gewesen sein muss, der entweder direkt bis zum Grundwasser-
niveau reichte oder aber, wie Georges Goyon vermutete, den
Wasserspiegel des Niltals mittels eines unterirdischen Kanals erreichte.[60] Im Auge hatte der Ägyptologe hierbei eine große, brun-
nenartige Ausschachtung, die etwa 280 Meter südöstlich der
Cheops-Pyramide liegt. Man nennt diese Struktur heute »Campbell-Grab«, weil die ersten Ausgräber im versandeten Schacht in
einer Tiefe von etwa 16 Metern die Reste mehrerer Begräbnisse aus
der 26. Dynastie (um 580 v. Chr.) fanden.[61] Es ist durchaus möglich, dass es sich bei der monumentalen Ausschachtung um ein
eigenständiges Schachtgrab aus der Spätzeit Ägyptens handelt. Es

ist aber auch nicht auszuschließen, dass hier ein längst versandeter Brunnen aus der Zeit der 4. Dynastie fast 2000 Jahre später umfunktioniert wurde, zumal seine Lage aus meiner Sicht logistisch bestens in das Konzept der Cheops-Baustelle passt. Da das »Campbell-Grab« bis heute weitgehend mit Flugsand gefüllt ist, kann nur eine tief gehende Grabung Klarheit über seine ursprüngliche Funktion bringen.

Die Wasserversorgung der Arbeiter während der Bauarbeiten führt mich noch zu einem anderen menschlichen Bedürfnis. Schon im Kindesalter fiel mir auf, dass in den meisten, vorwiegend älteren TV-Spielfilmen – egal, ob sie aus Hollywoods Traumfabrik oder den einheimischen Bavaria-Studios stammten – immer ein Aspekt des täglichen Lebens weitgehend ausgespart wurde: das normale menschliche Bedürfnis, auf die Toilette gehen zu müssen. Wie bei einem strengen Tabuthema vergeudete kein Westernheld oder Detektiv seine Zeit damit, seine Notdurft zu verrichten. Nun ist an diesem Umstand, derartige Szenen nicht auf Zelluloid zu bannen, im Grunde genommen nichts auszusetzen, auffällig bleibt es allemal. Dies alles wäre aber keine Zeile wert, wenn man bei der Behandlung des Pyramidenbaus nicht auf ein ähnliches Phänomen stoßen würde. In keiner Veröffentlichung, in keinem Lehr- oder Fachbuch wird die natürlichste und notwendigste Sache der Welt mit einem Wort erwähnt. Es ist deshalb an der Zeit, zumindest einmal kurz darüber nachzudenken.

Moderne Studien haben ergeben, dass ein Durchschnittseuropäer pro Tag etwa zwei Liter Flüssigkeit auf der Toilette ausscheidet. Nun ist dieser statistische Mittelwert sicherlich nicht auf die Menschen des 26. vorchristlichen Jahrhunderts übertragbar, die andere Essgewohnheiten kannten und durch die niedrige Luftfeuchtigkeit im heißen Wüstenklima Ägyptens eine große Menge der aufgenommenen Flüssigkeit einfach über die Haut transpirierten. Da aber im Gegenzug die Arbeiter durch ihre schweren körperlichen Tätigkeiten auch eine große Menge an Wasser aufnehmen mussten, schätze ich ihren gezielten Flüssigkeitsverlust auf ca. einen Liter pro Tag. Multipliziert mit der Gesamtanzahl der an den Bauarbeiten beteiligten Arbeiter ergibt das eine Menge von über 15 000 Litern

Abb. 10: Das so genannte Campbell-Grab, südlich der Cheops-Pyramide. Hierbei handelt es sich um einen alten Brunnen aus der Zeit Cheops', der in der Spätzeit Ägyptens zu einem Grab umfunktioniert wurde.

Urin, die jeden Tag irgendwo zwischen der Pyramide und der Arbeitersiedlung ausgeschieden wurde. Im Jahr käme man auf vier bis fünf Millionen Liter, während einer zwanzigjährigen Bauzeit schließlich auf die astronomisch große Menge von bis zu 100 Millionen Litern ausgeschiedener Körperflüssigkeit. Angesichts dieser Mengen frage ich mich, wo sich eigentlich die Toiletten der Arbeiter auf dem Plateau befunden haben.

Einfachste Toiletten hat es seit Beginn der Reichsvereinigung gegeben. Da bisher kaum Nilsiedlungen, Königspaläste und Pyramidenstädte des Alten und Mittleren Reiches archäologisch erforscht wurden, finden sich die ersten konkreten Angaben über Badezimmer und Toiletteneinrichtungen erst im Neuen Reich. In vornehmen Häusern enthielten die Toiletten gut ausgestattete Klosetts ohne Wasserspülung, von denen aber nur wenige erhalten geblieben sind. Oftmals findet man tragbare Toilettensitze in Form von Stühlen, die eine Öffnung in der Sitzfläche aufweisen und somit fest installierte Toilettenräume in den Häusern überflüssig machten. Die »meisten

Leute gingen nach Möglichkeit sicher in die Felder oder benutzten einfache Sandbehälter, die auf die Abfallhaufen geleert werden konnten, auf denen aller Haushaltsmüll landete.«[62]

Was sich im alltäglichen Leben plausibel anhört, sah auf einer Großbaustelle sicherlich ganz anders aus. Es wäre wohl unrealistisch anzunehmen, dass die Bauarbeiter ihre Toiletten in der Arbeitersiedlung nur morgens und abends aufsuchten, während der Arbeitszeit aber nicht benötigten. Nun werden viele behaupten, dass das karge Wüstenplateau südwestlich der Baustelle, wo später einmal die Chephren-Pyramide stehen sollte, genügend Platz für die Notdurft der Arbeiter bot und keine – wie auf modernen Baustellen üblichen – mobilen Toilettenhäuschen notwendig waren. Während ich mit der Platzwahl für die möglichen Großtoiletten auf dem Giza-Plateau keinerlei Probleme habe – anbieten würden sich tatsächlich das Areal südwestlich der Steinbrüche wie auch die Gebiete an der nördlichen und östlichen Plateaukante –, bin ich aber äußerst skeptisch, wenn es darum geht, die generelle Notwendigkeit von sanitären Anlagen in Zweifel zu ziehen. Ich kann mir nur schwerlich vorstellen, dass die Logistiker im Team der Pyramidenbauer es riskiert hätten, Tausende von Menschen Tag für Tag, Jahr für Jahr unkontrolliert in allen Ecken und Winkeln der Baustelle ihre Notdurft verrichten zu lassen. Ein fast undenkbares Szenario, bedenkt man, wie schnell sich aus ungenügenden sanitären Gegebenheiten auf der Baustelle Seuchen oder gar Epidemien hätten entwickeln können.

Was bleibt, ist ein Rätsel, das man wohl nie lösen wird, denn wie so viele andere Dinge des alltäglichen Lebens auf der Baustelle sind auch die Toiletten der Bauarbeiter im Dunkel der Zeit verloren gegangen.

3 Das Einmessen der Basis

Vor jeder Realisierung im Bauwesen steht die Planung, eine alte Binsenweisheit. Das war vermutlich zu allen Zeiten der Menschheitsgeschichte so, auch im Zeitalter des Pyramidenbaus in Ägypten. Sicherlich gab es bei einem komplexen Projekt wie der Errichtung der Cheops-Pyramide diverse Baupläne oder vergleichbare Aufzeichnungen auf Papyrus, die charakteristische Baudaten der Pyramide und ihrer umgebenen Nekropole – Gebäudepositionen, Seitenlängen, Höhenangaben und Böschungsverhältnisse – enthielten und für die Dauer der Bauarbeiten als Vorlage dienten. Diese Pläne werden vielschichtig gewesen sein, jede Bauphase abgebildet haben, womöglich sogar mehrfach während der Errichtung der Nekropole korrigiert worden sein.

Cheops' Architekten haben gegebenenfalls auch auf Vorlagen zurückgegriffen – vor allem auf die der Snofru-Pyramiden –, die sie aus den staatlichen Archiven holten und in modifizierter Form ihrem neuen Bauvorhaben anpassten.[63] Nach der Fertigstellung der Cheops-Pyramide verschwanden diese Pläne wieder im königlichen Palastarchiv und konnten infolgedessen auch späteren Architekten als Anregung für weitere Monumentalbauten dienen.

Erst dadurch konnte die Grundlage geschaffen werden, dass spätere Bauleitergenerationen in ihren Lehrjahren das Wissen der Vorfahren – die »Geheimnisse der Baukunst« – erlernten, wie der Titel »Meister der geheimen Dinge«, den die Chefkonstrukteure trugen, und die Tatsache, dass die Schutzgöttin der Architekten auch die der Schreiber und Archive war, andeuten.[64] Leider existieren nur sehr wenige Hinweise, die auf die Benutzung von Archiven in der Pyramidenzeit eingehen. In diesem Zusammenhang findet man im schon erwähnten Papyrus Westcar eine versteckte Bemerkung, die man durchaus in diese Richtung interpretieren könnte: »Siehe, die Majestät des Königs Cheops hatte schon viel Zeit damit verbracht, nach den Epet [des Heiligtums des Thot] zu suchen, [um sich etwas ihnen Gleiches für seinen ›Horizont‹ zu machen].«[65] Es ist ein reizvoller Gedanke, hinter dieser Textstelle das Bedürfnis der Architekten der Cheops-Pyramide zu vermuten, in memphitischen Archiven nach Bauplänen zu suchen, um sich Inspirationen für ihre eigene Arbeit zu holen. Doch leider sind die Angaben im Papyrus Westcar zu knapp – ihre Deutungen interpretativ und noch immer Gegenstand ägyptologischer Untersuchungen –,[66] so dass heute niemand zu sagen vermag, welche Bedeutung diese Textpassage wirklich hat. Insgesamt betrachtet, muss man heute ernüchternd resümieren, dass den Ägyptologen aus der Zeit des Alten Reiches keinerlei explizite Baupläne oder Gebäudezeichnungen auf Papyrus oder Stein überliefert wurden.[67] Es existieren aus dieser Epoche lediglich bautechnisch entstandene »Gebäudeplanungen in der naturbemessenen Maßstabsform 1:1«, vornehmlich als Vorritzungen auf den Fundamentplatten der Pyramiden. Nur eine kleine maßstäbliche, auf einer Kalksteintafel befindliche Detailskizze aus der 3. Dynastie, die in Sakkara gefunden wurde und eine bemaßte Gewölbelinie zeigt, muss heutzutage als Corpus delicti für die Existenz umfangreicher Bauzeichnungen herhalten.[68] Es bleibt zu hoffen, dass weitere Grabungen derartige Skizzen und Zeichnungen ans Tageslicht bringen.

Noch eine letzte Bemerkung: Neben den grundlegenden Bauzeichnungen benötigte man meines Erachtens beim Bau der Pyramide auch eine Art Zeitplan, der sicherstellte, dass der Baufortschritt überprüfbar blieb, die zur Verfügung stehenden Ressourcen an Werkzeugen und Materialien bestmöglich genutzt, die jeweiligen Arbeitsdienste geplant und aufeinander abgestimmt werden konnten. Er musste in seiner Form flexibel und modifizierbar gehalten sein, also auch über den notwendigen Spielraum bei unvorhersehbaren Notfällen verfügen, da üblicherweise von einer unbekannten Lebenserwartung des Königs auszugehen war. Es ist fast müßig zu erwähnen, dass auch diese Aufzeichnungen die Jahrtausende nicht überstanden oder noch irgendwo auf ihre Bergung warten.

Lagen den Architekten letztlich alle diese Pläne und Zeichnungen vor, konnte die zweite Phase des Baus der Cheops-Pyramide beginnen: die Nivellierung des Baugrundes und Einmessung der Pyramidenbasis.

Das »Einmaleins« des Pyramidenbaus

Die Ägypter der ersten Dynastien machten auf vielen kulturellen
Gebieten in relativ kurzer Zeit erstaunliche Fortschritte. Neben der
Einführung der Schrift und der Erfindung des Kalenders denke ich
vor allem an die Beherrschung gewisser rechentechnischer Methoden, die es den Nilbewohnern erst ermöglichten, ihre Grabmäler zu
bauen. Viele dieser mathematischen Grundlagen sind über die Jahrtausende verloren gegangen. Deshalb stehe ich der heute allgemein
akzeptierten Ansicht, dass große Teile unseres eigenen mathematischen Basiswissens auf die Gelehrten des antiken Griechenlands
zurückgehen, eher skeptisch gegenüber. Durch diese tradierte Lehrmeinung wird vordergründig der Eindruck erweckt, dass es vorwiegend die griechischen Denker waren, die die grundlegenden
Strukturen der antiken Mathematik prägten. Dies mag in einem
gewissen Maße korrekt sein, spiegelt aber nur die halbe Wahrheit
wider, denn auch die Griechen bezogen große Teile ihres Wissens
von ihren benachbarten, älteren Hochkulturen – insbesondere von
den Ägyptern. Hier ist meiner Meinung nach die Wiege der Mathematik zu suchen. Nun wäre es aber ebenso falsch, den Ägyptern ein
unbekanntes hochmathematisches Wissen anzudichten, das sie aufgrund ihrer fehlenden analytischen Denk- und Abstraktionsfähig-
keit nicht erlangen konnten. Eine gezielte Projektion moderner
mathematischer Erkenntnisse in die Pyramidenzeit halte ich demnach für unzulässig, anachronistisch und monokausal, jedenfalls
solange sich ihre Existenz nicht aus zeitgenössischen, authentischen
Quellen sicher nachweisen lässt. Will man dagegen wirklich etwas
über die Mathematik der alten Ägypter erfahren, muss man sich
u. a. eingehender mit ihren Rechentechniken beschäftigen. Die frü-
hesten uns bekannten mathematischen Quellen Ägyptens stammen
aus dem Mittleren Reich, dürften aber mit Sicherheit auf noch frü-
here Schriften zurückgehen. Es sind die in hieratischer Schrift abge-
fassten Papyri Rhind und Moskau. Die mathematischen Aufgabenstellungen in beiden Schriften erscheinen in erster Linie praktisch
orientiert, reichten zur Bewältigung der gestellten Probleme, die die
»quantitativen Verhältnisse und räumlichen Beziehungen in der ob-
jektiven Realität«[69] wiedergaben. Sie enthalten u. a. genaue Anlei-

tungen zur Bestimmung von Recht- und Dreiecksflächen sowie einige
Aufgaben, in denen man sich auch mit Berechnungen von Pyramiden beschäftigte. Als eine »unbestrittene Glanzleistung der ägyptischen Mathematik«[70] wird dabei die Aufgabe Nr. 14 des Moskauer
Papyrus angesehen: In drei Kolumnen werden hier die Problemstel-
lung, die schriftliche Lösung sowie die zeichnerische Umsetzung des
Ergebnisses wiedergegeben. Schaut man sich jeden einzelnen der –
für moderne Begriffe zwar kompliziert in Worte gefassten, aber
mathematisch völlig korrekt formulierten – Rechenschritte der Aufgabe aufmerksam an und fasst sie zu einer Formel zusammen, so
erhält man exakt diejenige Gleichung, die heutzutage an unseren
Schulen zur Berechnung eines quadratischen Pyramidenstumpfes
gelehrt wird: $V_{Pyr.stumpf} = \frac{1}{3} h \cdot (a^2 + a \cdot b + b^2)$ mit h: Höhe, a: Länge
der Grundkante und b: Länge der Kante der Deckfläche.
Über die empirische Herleitung dieser Berechnungsmethode rätseln
die Fachleute noch heute,[71] besaßen die Ägypter des 20. vorchristlichen Jahrhunderts erstaunlicherweise eine Formel zur Berechnung
ihrer Pyramidenstümpfe, deren Anwendung die Historiker bestenfalls den etwa 1500 Jahre später lebenden griechischen Mathematikern zugetraut hätten. Mittlerweile sind sie sich aber auch darüber einig, dass die Ägypter des Mittleren Reiches ebenfalls die
Formel zur Berechnung des gesamten Pyramidenvolumens gekannt
haben müssen. Dies ist eine vernünftige Annahme, der ich mich nur
anschließen kann, denn die ägyptischen Mathematiker brauchten
sicherlich nicht viel zusätzliche Intelligenz aufbringen, um auch den
Grenzfall b = 0 (d. h., die Kante der Deckfläche besitzt die Länge
Null, der Pyramidenstumpf ist zu einer echten Pyramide geworden)
der obigen Berechnungsformel in ihre Überlegungen mit einzubeziehen, woraus sich die wohlbekannte Formel $V = \frac{1}{3} h \cdot a^2$ für das
Gesamtvolumen einer Pyramide ableitet.
Da die Ägypter nachweislich in der Lage waren, den Rauminhalt
von Pyramidenstümpfen zu berechnen, sollte es auch niemanden
überraschen, dass sie ebenso alle anderen geometrischen Bezugs-
größen der Pyramide mathematisch beherrschten. Einer der wichtigsten Parameter im Pyramidenbau war hierbei der Steigungswinkel, den die Ägypter als eine Art Böschungsverhältnis angaben. Dies

lässt sich gut aus den Aufgaben Nr. 56 bis 59 des Papyrus Rhind nachvollziehen, in denen es darum geht, aus je zwei gegebenen Größen einer Pyramide – Höhe, Seitenlänge oder Böschung – die dritte zu ermitteln.[72]

Ein Beispiel: In der Aufgabenstellung Nr. 56 soll die Neigung einer 250 Ellen hohen Pyramide ermittelt werden, deren Seiten 360 Ellen lang sind.[73] Die dargestellte Berechnung des Böschungsverhältnisses ist im Prinzip einfach, wenn auch durch die komplizierte Rechnungsweise der Ägypter etwas maskiert: Zuerst halbiert man die Basislänge von 360 Ellen und dividiert dieses Ergebnis durch 250 Ellen, wodurch man einen – in der im Alten Ägypten üblichen normierten Bruchschreibweise – bestimmten Teil einer Elle erhält. Dieser Wert wird, da jede Elle aus sieben Händen besteht, letztlich mit sieben multipliziert, um auf die gesuchte Böschung von 5 $^1/_{25}$ Handbreiten zu kommen. Man hat es in dieser Aufgabe demnach mit einem Umrechnungsverfahren gemäß einem einfachen mathematischen Dreisatz – »Wenn die Höhe von 250 Ellen in einem Pyramidenmodell der Höhe einer Elle entspricht, wie viel Ellen entsprechen dann der halben Basislänge von 360 Ellen« – zu tun. Gesucht wird somit ein maßstabsgetreues Steigungsdreieck von einer Elle Höhe, dessen Basislänge 180/250 Ellen beträgt.

Diese spezielle Art der Berechnung des Böschungsverhältnisses entspricht auf den ersten Blick dem uns bekannten trigonometrischen Prinzip zur Ermittlung des Kotangens (oder auch Tangens) des an der halben Basiskante (a/2) anliegenden und gegenüber der senkrechten Mittelachse (Höhe h) befindlichen Winkels α (siehe auch Grafik 5). Die Ägypter konnten diesen Winkel – den wir heute per Tastendruck auf unserem Taschenrechner einfach bestimmen würden – nicht berechnen, da sie weder die uns heute geläufigen Winkelmaße in Graden oder Bogenminuten noch deren beschreibende analytische Funktionen kannten und bei ihren mathematischen Operationen durch die Einschränkungen ihres starren Bruchrechnungssystems zum Gebrauch von Stammbrüchen verdammt waren. Dies führte dazu, dass sie die Maße ihrer Pyramiden generell so wählten, dass die entsprechenden Neigungswinkel jeweils einem einfachen Böschungsverhältnis – einer Art »Bauraster« – entspra-

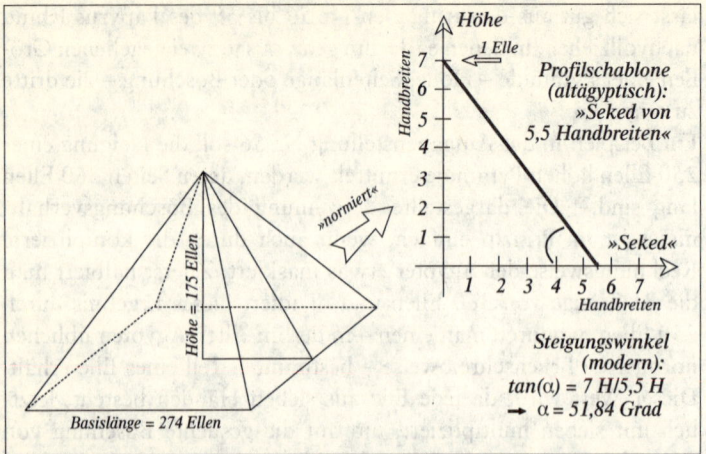

Grafik 5: Die Definition eines Sekeds am Beispiel der Medum-Pyramide über das Steigungsverhältnis S = h/(a/2): 175 E/137 E $\simeq$ 14 E/11 E = 1 Elle/5,5 Hände $\triangleq$ Seked von 5,5 Handbreiten. Den entsprechenden Steigungswinkel ermittelt man heute über tan(α) = h/(a/2).

chen, das sich in ihrem Maßsystem (mit 1 Elle = 7 Handbreiten = 28 Fingerbreiten, ca. 52,5 cm) als ganzzahliger Bruch darstellen ließ. Beispielsweise wurde Snofrus erstes Bauprojekt, die Pyramide von Medum, mit einem Böschungsverhältnis S = h/(a/2) von 14:11, d. h. mit einer Art rechtwinkligen »Dreiecksschablone« von einer Elle Höhe und einer Breite von 5 1/2 Handbreiten (= 22 Fingerbreiten), fertiggestellt, was sich mühelos aus ihren Maßen ableiten lässt. Ägyptologen sprechen hierbei von einem »Rücksprung von 5 1/2 Handbreiten auf eine Elle Höhe«[74] und bezeichnen ein derartiges, auf eine Elle höhennormiertes Steigungsverhältnis – auch aufgrund von Aufgabe 56 aus dem altägyptischen Sprachgebrauch heraus – als ein »Seked von 5 1/2 Handbreiten«. Ein Seked war demnach die »Anzahl Handbreiten, um welche die schiefe Ebene pro Elle Steigung von der Vertikalen abweicht«.[75]

Insgesamt betrachtet, belegen die hier dargestellten Aufgaben eindeutig, dass die Ägypter des Mittleren Reiches alle für den Pyramidenbau wesentlichen rechentechnischen Entdeckungen gemacht hatten und deren Formalismen – das notwendige Grundlagenwissen zur Berechnung der wichtigsten Pyramidenmaße – beherrschten. Insbesondere gehörten Problemstellungen wie die Berechnung der Neigung einer schiefen Ebene – die nichts anderes als eine Rampe oder Anschüttung ist – zum Alltag und bereiteten den Mathematikern kein Kopfzerbrechen. Bedenkt man, dass die wenigen erhaltenen mathematischen Texte nichts weiter als »reine Zufallsfunde sind, die durchaus nicht den Anforderungen ihrer Zeit zu entsprechen brauchen (…)«, kann man wohl mit Recht davon ausgehen, dass sich »in den ägyptischen Schreiberschulen (…) im Laufe der Jahrtausende weitere umfangreiche mathematische Kenntnisse aufgespeichert haben, die aber zusammen mit den großen Tempel- und Königsbibliotheken zum größten Teil für immer verloren sind«.[76] Aus meiner Sicht spricht demnach nichts dagegen, dass auch die Ägypter im Alten Reich auf das hier dargestellte mathematische und technische Wissen zurückgriffen, um ihre riesigen Pyramiden zu errichten.

Auf der Suche nach den Quellen

Bleiben wir noch einen Augenblick bei den mathematischen Aufgaben. Vielfach werden die Problemstellungen aus dem Papyrus Rhind in der Ägyptologie als »Rechenaufgaben für Schüler« interpretiert, wurde bislang kein realer Bezug auf eine tatsächlich errichtete Pyramide hergestellt. Dies erschien mir merkwürdig, zumal die Größenordnungen der in den Aufgaben angegebenen Maße schon auf den ersten Blick durchaus denen echter Pyramiden entsprechen konnten. So habe ich mir schon vor Jahren die Frage gestellt, ob diese Aufgabenstellungen von den frühen ägyptischen Mathematikern erfunden wurden oder ob die in ihnen vorkommenden Größen den Abmaßen real existierender Pyramiden entsprachen. Nach anfänglicher Skepsis bin ich mittlerweile zu der Überzeugung gekommen, dass es durchaus reale Vorlagen für eine Rechenaufgabe gegeben haben kann.

Als ich beispielsweise die aktuellen Messergebnisse der Knick-Pyramide in Dahschur studierte,[77] fiel mir sofort die Ähnlichkeit zu den

Angaben der Aufgabe Nr. 56 des Papyrus Rhind auf. Die nachge-
messene Basislänge der Knick-Pyramide von 362 Ellen, ihr Neigungswinkel im unteren Bereich von 55 Grad (ein Seked von etwa
fünf Handbreiten) und die sich daraus berechnende theoretische
Höhe von gut 258 Ellen stimmen bis auf einen kleinen Fehler mit
den Angaben der Aufgabe überein. Berücksichtigt man die chaoti-
sche Baugeschichte der Knick-Pyramide und die Tatsache, dass sie
letztlich nicht in ihrer idealen Form fertiggestellt wurde, kann diese
Übereinstimmung der Zahlenwerte nicht nur als purer Zufall gewertet werden. Es ist sicherlich nicht abwegig anzunehmen, dass
die Architekten und Schreiber die theoretischen Baumaße des größten Baudesasters der klassischen Pyramidenepoche als lehrendes,
vielleicht sogar mahnendes Beispiel für die späteren Generationen
auf Papyrus festzuhalten versuchten und diese Aufgabe somit Eingang in den mathematischen Papyrus Rhind fand.[78]

	Papyrus Rhind Nr. 56	Abmaße der Knick-Pyramide (nach Dorner)	Papyrus Rhind Nr. 57, 58	Abmaße der Userkaf-Pyramide (nach Lauer)
Basislänge (Ellen)	360	362	140	140
Böschung (Grad/Seked)	54,25	55	5 1/4	5 1/4
Höhe (Ellen)	250	ca. 258	93 1/3	93–94

Tab. 1: Vergleich der Aufgabenstellungen 56, 57 und 58 aus dem Papyrus
Rhind mit den Abmessungen der Knick- und Userkaf-Pyramide.

Ebenso hat sich im Laufe meiner Studien der Verdacht erhärtet,
dass für die Pyramidenmaße der Aufgaben 57 und 58 aus dem
Papyrus Rhind (140 Ellen Basislänge, Seked von 5 1/4 Handbreiten
und 93 1/3 Ellen Höhe) das Grabmal von Userkaf in Sakkara als
Vorbild diente. Auch hier stimmen alle Maßangaben im Papyrus
mit denen der Userkaf-Pyramide überein, worin ich ebenfalls keine
Zufälligkeit erkenne. Userkaf und sein Grabmal waren den Gelehrten des Mittleren Reiches sicherlich in bester Erinnerung, entstand doch unter seiner Regierung der Prototyp einer neuen Tem-

pelart – die so genannten Sonnenheiligtümer –, die fast 100 Jahre lang zum Standardbauprogramm der Pharaonen der 5. Dynastie gehörten.

Derzeit bin ich weiter auf der Suche nach zusätzlichen Übereinstimmungen der Problemstellungen in den mathematischen Papyri mit den ägyptischen Realbauten, die andeuten, dass auch diese Art der Überlieferungen durchaus einen gewissen archäologischen Forschungswert besitzen und nicht nur etwas über den kulturhistorischen Wissenshorizont der Ägypter aussagen.

Das magische Quadrat

Eine der grundlegenden vermessungstechnischen Aufgaben beim Bau der Cheops-Pyramide war die Einmessung der Grundfläche. Infolgedessen hatten die Bauleiter mehrere komplexe Aufgaben zu erfüllen. Das Areal um den Felskern musste zuerst vom Geröll und Sand befreit und relativ genau nivelliert werden. Hierfür setzten die Ägypter u. a. hölzerne Setzwaagen ein, von denen noch einige Exemplare z. B. im Ägyptischen Museum von Kairo zu bewundern sind. Sie bestehen zumeist aus rechtwinklig zueinander stehenden Holzleisten, die mit einem mit Markierungen versehenen Querholz verbunden sind und von deren Spitze ein Senklot herunterhängt. Ihre Anwendung ist denkbar einfach: Standen beide Holzleisten auf einer waagerechten Ebene, zeigte das Senklot in der Mitte der Querleiste auf eine vorgeritzte Markierung. Wies das Lot nach links oder rechts der Mittelmarkierung, wussten die Vermessungstechniker genau, auf welcher Seite der Setzwaage eine Unebenheit vorlag. Setzte man diese Waage auf lange Holzbretter, konnte man durch beliebige Wiederholung der Messungen auf der horizontalen Unterlage womöglich auch kleinere Strecken erfolgreich nivellieren.[79] Vermutlich benutzen die ägyptischen Vermessungsspezialisten auf großen Entfernungen zusätzlich Nivellierkreuze, wie wir sie noch heute – allerdings in elektronischer und computergestützter Form – einsetzen. Durch die Kombination beider Messmethoden sind die Feldmesser zur Zeit des Alten Reiches zu erstaunlich präzisen Ergebnissen gekommen, wobei auch nicht auszuschließen ist, dass die Ägypter ein Instrument besaßen, das auf dem Prinzip der Wasserwaage basierte.[80]

Nachdem die grobe Vormarkierung und Nivellierung der äußeren Pyramidengrundfläche erfolgt war, ging man daran, um den Felsstumpf herum präzise bearbeitete Turakalksteinplatten zu verlegen, die als eine Art stabiler und horizontaler »Fundamentrahmen« für die Pyramide dienen sollten. Hierbei wurden die einzelnen Steinplatten derart genau verlegt und eingepasst, dass kein Mörtel als Verbindungsmaterial erforderlich wurde.[81] Die Oberfläche dieser aufwendig justierten Fundamentplatten wurde anschließend nochmals nachnivelliert und damit endgültig eine ebene Grundlage für die Pyramidenkanten hergestellt. Die Genauigkeit, die die Ägypter dabei letztlich erreichten, ist selbst für moderne Vermessungstechniken unglaublich exakt. Die heute nachgemessenen Höhenunterschiede an der Pyramidenbasis weisen eine maximale Differenz von 2,1 Zentimeter »zwischen der Mitte der Nordseite, dem tiefsten Punkt, und der Südostecke, der höchsten Ungleichheit«[82] auf – und dies auf Messstrecken von mehreren hundert Metern. Erstaunlich.

Nach der perfekten Nivellierung des Fundamentes konnten die Ägypter an die exakte Einmessung der Seitenkanten gehen, von denen vorher eine Grundkante, auf die sich alle weiteren Messungen bezogen, sehr präzise nach Norden ausgerichtet wurde. Mittels Messstricken und -latten, Winkelloten, Peilgeräten und Markierungsstangen bestimmten die Ägypter dann die Umrisse der ersten Kalksteinlage der Pyramide, steckten sie ab und markierten sie auf den Fundamentplatten. Je genauer sie dabei die Nordorientierung, die Länge und die beiden rechten Winkel der Grundkante bestimmten, umso kleiner konnten sie die Fehler an den drei anderen Pyramidenseiten halten.

Noch heute findet man auf den Fundamentplatten der großen Pyramiden von Giza kleine Markierungslöcher, die im gleichen Abstand zueinander entlang der Seitenkanten eine gerade Linie bilden. Ver-

Abb. 11: Auf der Ostseite der Cheops-Pyramide existieren auf einer Geraden mit Steinen und Mörtel aufgefüllte Löcher, die vermutlich zur Einmessung des Bauwerkes dienten.

mutlich steckten in ihnen kleine hölzerne Stangen, die als Markierungen von den ägyptischen Feldmessern angepeilt wurden. Zwei
Peilinstrumente waren ihnen hierbei besonders dienlich: das »Merchet« – eine Art Winkellot, bestehend aus einem Holzgriff, an dessen Ende sich an einer Schnur ein Gewichtslot befindet – und das
»Bai«, eine an einem Ende leicht eingekerbte Palmrispe, mit dem
man wie mit einem Visierstab Gegenstände ankimmen konnte. Da
Lotgewicht und Schnur des Merchets immer der Schwerkraft fol-
gend eine perfekte Vertikale boten, war dieses Gerät zum Anpeilen
über größere Entfernungen geeignet. Man musste nur den Holzgriff
und damit »die Lotschnur so (...) halten, dass der haltende Arm
nirgends die Sichtbarkeit des Fadens beeinträchtigte«.[83]
Die jeweiligen Längen der Pyramidenkanten wurden von den Ägyptern mit Messstricken und -latten abgesteckt. Aufgrund der hohen
Messgenauigkeit, die die ägyptischen Grabmäler aufweisen, besaßen
die Ägypter sicherlich so etwas wie eine genormte »Standardelle«,
an der sie ihre beim Bau eingesetzten Messlatten stets abglichen.
Diese mit unserem bis zum Jahr 1960 als Maßstab dienenden
Urmeter vergleichbare »Urelle« lag entweder als Zeichnung auf
einem Papyrus oder als hölzernes – womöglich sogar als kupfer-
nes – Modell vor. Unter den extremen Witterungsbedingungen wird
dieses ägyptische Standardmaß vermutlich besonders anfällig gegen
Temperaturschwankungen und dem natürlichen Zerfallsprozess
des Materials ausgesetzt gewesen sein. Man lagerte es deshalb in
einem von widrigen Einflüssen abgeschirmten Archiv, fertigte regelmäßig Kopien an und verstreute sie über das ganze Land.
Die im Bau verwandten, in der Regel 100 Ellen langen Mess-
stricke – so genannte Knotenstricke, die nach jeder Ellenlänge
einen Knoten besaßen – waren ihrerseits stets Spannungen und
Temperatureinflüssen ausgesetzt, so dass sich ihre Längen geringfügig ändern konnten. Auch sie wurden regelmäßig durch eine
Standardelle nachgemessen und infolgedessen die zu messenden
Strecken an der Pyramidenbasis mehrfach überprüft. So gelang es
den ägyptischen Feldmessern, die auftretenden Fehler näherungsweise auszugleichen bzw. gering zu halten und mit ihren Mess- und
Peilgeräten auf dem Giza-Plateau ganz erstaunliche Resultate zu

erzielen. Auf dem um wenige Zentimeter geneigten Fundament differieren die vier Seitenlängen der Cheops-Pyramide nur geringfügig vom angestrebten Mittelwert, wie folgende Tabelle verdeutlicht:

Mittelwert: 440 Ellen bzw. 230,36 Meter	Moderner Messwert [in Meter]	Abweichung vom Mittelwert [in Zentimeter]	Abweichung vom Mittelwert [in Promille]
Ostseite	230,369	+0,9	0,39
Nordseite	230,328	−3,2	1,39
Westseite	230,372	+1,2	0,52
Südseite	230,372	+1,2	0,52

(Messwerte nach Stadelmann)

Tab. 2: Messwerte und Abweichungen der vier Seitenlängen der Cheops-Pyramide vom Idealmaß.

Die größte Abweichung der Messungen zum theoretischen Mittelwert der Seitenlänge liegt dabei in der Größenordnung von drei bis vier Zentimeter, nachgewiesen an der bauintensiven Nordkante. Die kleinste Abweichung wurde entlang der Ostkante der Cheops-Pyramide festgestellt – für mich ein wichtiges Indiz dafür, dass diese Strecke besonders genau vermessen wurde und als Grundkante für alle weiteren Vermessungen gedient hat. Ein reizvoller Gedanke, die noch heute an der Ostkante erkennbaren, mit Steinen und Mörtel aufgefüllten Vertiefungen im Fundament als Überbleibsel dieser grundlegenden Vermessungsaktion zu interpretieren.

Auf der Suche nach dem rechten Winkel

Der hohe Grad an Messgenauigkeit, mit dem man die Seiten der Cheops-Pyramide absteckte, wurde durch die ägyptischen Vermessungsingenieure bei der Fixierung der rechten Winkel der vier Ecken noch übertroffen, wie moderne Messungen gezeigt haben. Die größte Differenz zu einem rechten Winkel (90 Grad) beträgt an der Nordostecke nur 58 Bogensekunden.[84] Das ist knapp eine Bogenminute, der sechzigste Teil eines Grades. Der kleinste Fehler wurde dagegen an der Südostecke gemacht.

Sollwert: 90 Grad	Moderner Messwert [in Gradmaßen]	Abweichung vom Sollwert [in Bogenminuten]
Nordostecke	90° 00' 58"	+ 0,97
Nordwestecke	89° 59' 05"	– 0,92
Südwestecke	90° 00' 16"	+ 0,27
Südostecke	89° 59' 41"	– 0,21

(Messwerte nach Stadelmann)

Tab. 3: Messwerte und Abweichungen der Eckenwinkel der Cheops-Pyramide.

Diese Genauigkeit ist umso erstaunlicher, wenn man berücksichtigt, dass die Ägypter aufgrund der stehen gelassenen Felsterrasse nicht in der Lage waren, korrigierende Messungen über die Diagonalen durchzufahren. Natürlich stellt sich auch hier die Frage, wie sie es fertig brachten, derart genaue rechte Winkel zu produzieren. Bis heute gibt es keine Hinweise auf ein den Ägyptern bekanntes Verfahren, das in der Lage war, diese präzisen Messergebnisse hervorzubringen. Wie so oft in der Pyramidenforschung sind die Ägyptologen auch in dieser Fragestellung auf Mutmaßungen und Interpretationen angewiesen. Häufig wird dabei nach dem Motto »Wie würde das Problem (mit den bislang bekannten Hilfsmitteln der Ägypter) in unserer Zeit gelöst werden?« verfahren. Es ist nicht auszuschließen, dass die in jüngster Zeit von Ingenieuren und Ägyptologen vorgeschlagenen Messmethoden tatsächlich in einer ähnlichen Form im Alten Ägypten zur Anwendung gekommen sind. Genauso gut könnten die Ägypter aber auch auf Hilfsmittel zurückgegriffen oder Verfahren entwickelt haben, auf die es bis heute keinen Hinweis gibt, die einfach in Vergessenheit geraten sind. Dies gilt nicht nur bei der Einmessung der rechten Winkel, sondern dehnt sich auch auf andere messtechnische Verfahren im Pyramidenbau aus.
Im vorliegenden Fall werden in der Ägyptologie vor allem zwei Messverfahren diskutiert, die ich kurz vorstellen möchte.
Die einfachste Lösung zur Konstruktion präziser rechtwinkliger Ecken im Pyramidenbau wäre die Verwendung großer, hölzerner

und schon mit rechten Winkeln vorgefertigte Dreiecke gewesen, ähnlich denen, die Kinder früher in der Schule benutzten. Fertigungstechnisch konnten diese Werkzeuge vermutlich keine exakten rechten Winkel aufweisen und verzogen sich witterungsbedingt leicht, sodass ihre Anwendung mit Fehlern behaftet war. Ägyptolo-

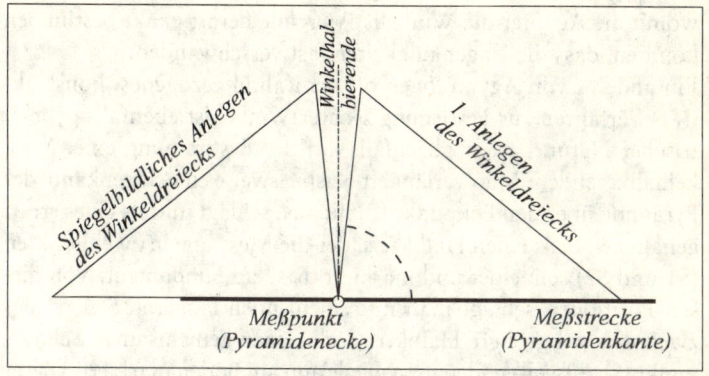

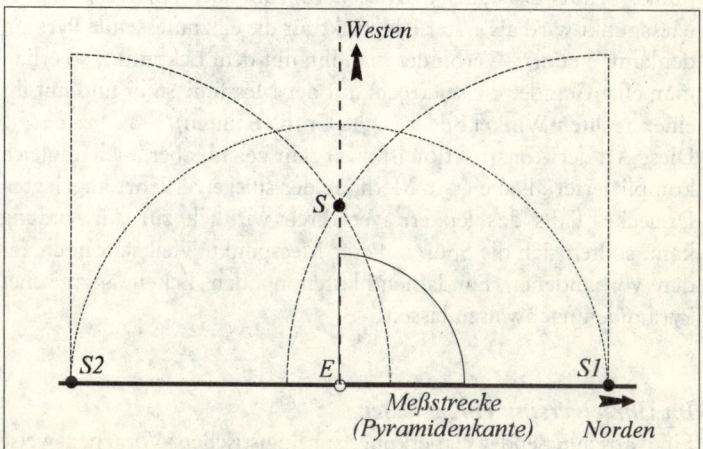

Grafik 6: Zwei konstruktive Verfahren zur Bestimmung eines rechten Winkels. Oben: Mittels eines Dreieckes, welches normal und spiegelverkehrt an der Messstrecke angelegt wird. Unten: Durch zwei verschieden lange Seile, die um drei Punkte Halbkreise schlagen.

gen glauben dieses Manko jedoch dadurch beheben zu können, dass man das Winkeldreieck am Messpunkt mehrfach – jeweils normal und spiegelverkehrt – anlegte, und somit den Fehler kompensierte. Hierfür »ritzte man die Linien der Schenkel ein, so konnte man durch die Winkelhalbierende wiederum einen genauen rechten Winkel konstruieren«,[85] wobei aber die Frage offen bleibt, wie und womit die Ägypter die Winkelhalbierende derart exakt bestimmen konnten, dass die Ungenauigkeiten fast verschwanden.

Ein anderes von Ägyptologen oft ins Kalkül gezogenes, konstruktives Verfahren zur Festlegung rechter Winkel ist ebenfalls geometrischer Natur, basiert gleichfalls auf der Bestimmung einer Winkelhalbierenden: Man verlängert beispielsweise eine Seitenkante der Pyramide über den Eckpunkt (E) hinaus, schlägt mittels eines straff gehaltenen Seils einen Halbkreis, der die Messlinie in zwei Punkten (S1 und S2) schneidet und markiert diese im Fundament. Von diesen Positionen schlägt man mit einem noch längeren Seil wieder zwei, diesmal größere Halbkreise, die einen gemeinsamen Schnittpunkt (S) aufweisen, den man wiederum am Boden markiert. Dieser Messpunkt wird als erster Peilpunkt für die einzumessende Pyramidenkante benutzt. Verbindet man ihn mit dem Eckpunkt, so erhält man eine Gerade, die senkrecht auf der Messlinie steht und mit ihr einen rechten Winkel bildet (siehe Grafik 6 unten).

Diese Art der Konstruktion ist zwar sehr genau, aber auch ungleich komplizierter als die erste Methode der spiegelverkehrt angelegten Dreiecke. Falls das letztere Verfahren wirklich zur Anwendung kam, sollten sich die Spuren dieser Messpunkte vielleicht noch auf den vorhandenen Fundamentplatten an den Ecken ägyptischer Pyramiden nachweisen lassen.

Im Uhrzeigersinn eingemessen

Eine abschließende Bemerkung zur logistischen Vorgehensweise beim Einmessen der Cheops-Pyramide. Merkwürdigerweise scheint es noch keinem Ägyptologen aufgefallen zu sein, dass die obigen Messergebnisse – gewichtet man sie nach ihrer Genauigkeit – eine interessante Orientierung aufweisen. Da von der Ostkante der

Cheops-Pyramide aus alle weiteren Seitenkanten und rechten Winkel abgetragen wurden, kann man erwarten, dass sich bei den aufeinander folgenden Messungen in der Regel auch die Fehler, die notwendigerweise auftraten, wie in einer Stafette aufsummierten. Betrachtet man nun die folgende Abbildung, stellt man tatsächlich fest, dass die Fehler sowohl in den Seitenlängen als auch in den Eckwinkeln von der Süd- über die West- bis zur Nordseite stetig zunehmen.

Dies kann meines Erachtens nur bedeuten, dass in dieser Reihenfolge – sozusagen im Uhrzeigersinn – die Vermessung der Pyramide

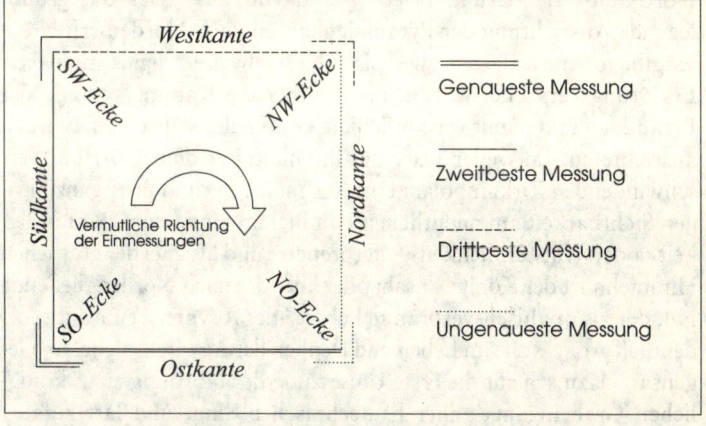

Grafik 7: Die Abbildung zeigt die Umrisse der Pyramidenkanten und -ecken, deren Genauigkeit – bezogen auf die Idealmaße – durch verschiedene Strichformate gekennzeichnet sind.

stattgefunden hat: Nachdem man die Ostkante einmaß, wurde der rechte Winkel der Südostecke konstruiert. Danach vermaß man die Südseite, konstruierte den rechten Winkel an der Südwestecke und ging an die Vermessung der Westseite, um letztlich über die Nordseite wieder an der Nordostecke auf die Ostkante zu treffen. Es würde mich interessieren, ob diese Vorgehensweise auch an anderen Pyramiden zu beobachten ist.

4 Die Orientierung der Seitenkanten

Zu der hohen Messgenauigkeit der Seitenlängen und der rechten Winkel an der Cheops-Pyramide gesellt sich noch eine weitere messtechnische Besonderheit, die dieses Bauwerk auszeichnet: ihre genauen Kantenorientierungen nach den Himmelsrichtungen. Hierbei erscheint es zunächst unerheblich, ob eine präzise Ostwestausrichtung der südlichen und nördlichen Pyramidenkanten die westlichen und östlichen beeinflusste oder ob der umgekehrte Fall zutraf. In der modernen Ägyptologie geht man heute – nicht zuletzt, weil die Kammersysteme der Pyramiden des Alten Reiches eine Nord-Süd-Orientierung besitzen – davon aus, dass die grundlegende Ausrichtung der Pyramidenkanten nach Norden erfolgte.

Es gibt für mich derzeit zwei plausible, teilweise religiös motivierte Erklärungsversuche, warum die Ägypter die Kammersysteme der Pyramiden und damit vermutlich die Grabmäler selbst nach Norden ausrichteten. Entweder waren es die nie unter dem Horizont verschwindenden Zirkumpolarsterne, die man aufgrund ihrer ganzjährigen Sichtbarkeit am nächtlichen Himmel im Sinne von »Beständigkeit« oder »Unsterblichkeit« interpretierte und als Ziel der göttlichen Himmelfahrt der Könige ansah, oder aber der nach Norden fließende Nil, der als mythisch-verbrämte Lebensader Ägyptens eine außerordentlich große Rolle im Leben und Denken der Ägypter spielte. Im Gegensatz dazu scheint die erste Umsetzung der Nordung eines königlichen Grabeinganges eher bautechnisch bedingt und fast zufällig aufgetreten zu sein. Im großen, vermutlich König Qa (1. Dynastie, um 2900 v. Chr.) zugeordneten Grabkomplex Nr. 3505 in Sakkara baute man die Sarkophagkammer derart tief in den Felsen, dass die Architekten gezwungen waren, den Grabkorridor nach Norden umzulenken, um eine verträgliche Steigung und zugleich eine Anbindung an den nördlichen Tempelbereich zu erzielen. So wurde – wenn auch eher unbewusst – erstmals die Richtung des Grabganges nach Norden orientiert, eine Sitte, die von da an bis zum Ende des Alten Reiches ein Hauptmerkmal der Kammersysteme der Pyramiden blieb.

Verfolgt man die Entwicklung der nordorientierten Pyramidenausrichtungen im Alten Reich, stellt sich heraus, dass der höchste Grad der Genauigkeit an den Grabmälern von Snofru und Cheops erreicht wurde. Im Fall der Cheops-Pyramide wurde die Ausrichtung über eine Bezugslinie – die Ostkante der Pyramide – eingeleitet und vermutlich mit einigen Gegenmessungen an der Westkante korreliert. Modernste Vermessungsmethoden haben ergeben, dass die Nordausrichtung dabei derart präzise ist, dass sie bis heute zu den größten Leistungen der altägyptischen Messtechniker zählt: Die nach Westen orientierten Abweichungen von der exakten Nordrichtung betragen im Mittel an der Westkante 2,78, an der Ostkante 3,43, an der Nordkante 2,47 und an der Südkante 2,52 Bogenminuten.[86] Die größte Abweichung liegt somit in der Größenordnung von »ungefähr 1/9 der Vollmondscheibe«.[87]

Wie schon bei der Winkelbestimmung und Längenmessung stellt sich auch hier die Frage, wie und mit welchen Hilfsmitteln die Ägypter in der Lage waren, vor über 4500 Jahren so unwahrscheinlich präzise Messungen durchzuführen. Da die Nordausrichtung der Cheops-Pyramide eine himmelsorientierte Einprägung ist, beziehen sich alle bisher diskutierten Messmethoden auf astronomische Aspekte, d. h. auf stellare oder solare Beobachtungen wie z. B. den Schattenwurf der Sonne oder die Bestimmung verschiedener Sternkonstellationen am nördlichen Himmel. Schauen wir uns die ägyptologischen Erklärungsversuche einmal näher an.

Im Zeichen der Sterne

Basierend auf der Idee des deutschen Ägyptologen Ludwig Borchard – die Ausrichtung der Nord-Süd-Achse der Cheops-Pyramide beruhe auf der Bestimmung der Mitte zwischen dem Auf- und Untergangspunkt eines am Nordhimmel befindlichen Sterns – hat der bekannte englische Pyramidenforscher I. E. S. Edwards 1961 ein Messverfahren vorgeschlagen, das sich im Wesentlichen auf die Beobachtung der Bewegungen eines Sterns bezog.[88] Edwards glaubt, dass die Ägypter einen »künstlichen Horizont« – eine präzise gebaute, halbkreisförmige Mauer mit einem absolut waagerechten, oberen Mauerrand – für ihre Messungen benutzten. Das Messverfahren, das durch zwei Architekten ausgeführt werden konnte, kann man sich folgendermaßen vorstellen: Einer der Feldmesser nahm im Mittelpunkt (B) des Mauerhalbkreises mit einem Visierinstrument Aufstellung und beobachtete von dort aus den Auf- und Untergang eines horizontnahen Sterns. Der zweite, vermutlich mit einem Merchet ausgerüstete Feldmesser hatte die Aufgabe, die Auf- und Untergangspunkte des beobachteten Sterns (S1, S2) am »künstlichen Horizont« auf dem oberen Rand der Mauer zu markieren. Damit entstanden drei Messpunkte, die man miteinander verbinden konnte. Anschließend konstruierte man die Winkelhalbierende zwischen dem Beobachtungspunkt (B) und den beiden markierten Punkten an der Mauer (S1, S2) und erhielt eine Näherung für die Nordrichtung.

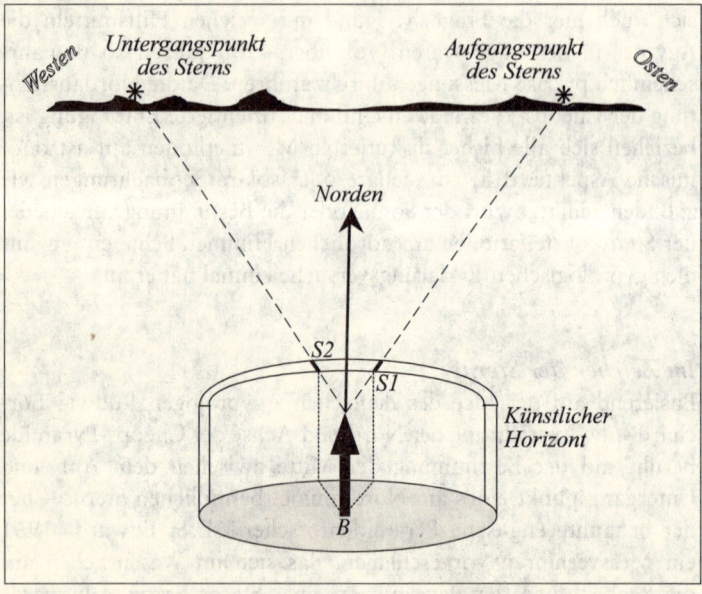

Grafik 8: Konstruktion und Messmethode zur Bestimmung der Nordrichtung über einen künstlichen Horizont nach Edwards. Oftmals war es zeitmäßig günstiger, zuerst den Unter- und dann den Aufgang eines Sterns am Nordhimmel anzupeilen. In der Praxis lässt sich diese Messmethode jedoch besser zur Bestimmung der Südrichtung anwenden.

So einfach diese Methode auch klingen mag, so unpraktikabel stellen sich ihre notwendigen Randbedingungen dar. Da durch die Unebenheit des natürlichen Horizontes keine Bezugsebene für die Auf- und Untergangspunkte des beobachteten Sterns gegeben war, musste eine künstliche, absolut waagerechte Visierebene zwischen den Augen des Beobachters und der Mauer hergestellt werden, auf der die Zeitpunkte des Auf- und Untergangs des Sterns festgehalten wurden. Jede vertikale Bewegung des Beobachters hätte zu unterschiedlichen Auf- und Untergangszeiten geführt und infolgedessen die Nordung verfälscht. Möglicherweise hätte man den Fehler durch oftmaliges Wiederholen der Messung in aufeinander folgenden Nächten minimieren können, doch noch zwei weitere Probleme tauchen bei genereller Anwendung dieses Verfahrens auf.

Wie der Berliner Ägyptologe und Astronomieexperte Rolf Krauss im Jahr 1996 auf einem Vortrag im Planetarium von Mannheim richtigerweise bemerkte, gehen »die Sterne in ägyptischen Breiten nicht senkrecht auf und unter«. Die ungleichen Höhenlinien des Ost- und Westhorizonts bewirken demnach, dass ein Stern nach Süden versetzt über dem Horizont auftaucht bzw. wieder verschwindet, sodass »durch diese verschiedenen Horizontprofile die Winkelhalbierende östlich nach Norden zeigen würde«. Dies ist jedoch ein Widerspruch zu den Messergebnissen der Ost- und Westkante der Cheops-Pyramide, die eine Abweichung nach Westen aufweisen. »Infolgedessen funktioniert die Methode, die Nordrichtung als Winkelhalbierende von Auf- und Untergangsstelle eines Sterns zu bestimmen, im Niltal nicht mit der bei den Pyramiden belegten Genauigkeit.«[89]

Zu Krauss' kritischer Analyse gesellt sich noch ein ganz anderes Hindernis, das Edwards' »Horizontmethode« erschwerte. Unabhängig davon, welche Pyramidenkante der Cheops-Pyramide – die östliche oder die westliche – die Ägypter zuerst auf die Nordrichtung einmaßen, sie standen immer vor dem Problem, dass sich auf einer der Kantenseiten ein meterhoher Felsstumpf befand, der das Sichtfeld beträchtlich einschränkte. Abgesehen von den nördlichen Eckpunkten wäre es den Ägyptern demnach von keiner Stelle der Ost- bzw. Westkante aus möglich gewesen, den Auf- und Unter-

gangszeitpunkt des Sterns auf einer waagerechten Bezugsebene zu
sehen und infolgedessen zu markieren. Denkbar wäre hierbei nur,
die Mauer nördlich der Nordost- oder Nordwestecke aufzubauen
und dort die Messungen durchzuführen, was aber die eigentliche
Einmessung der Ostkante unnötigerweise verkomplizierte.

Im Jahr 1981 schlug der österreichische Ingenieur Josef Dorner eine
andere astronomisch orientierte Variante vor. Diese geht von der
Beobachtung der schon erwähnten Zirkumpolarsterne aus. Derartige Sterne besitzen bekanntlich weder Auf- noch Untergangszeit-
punkte, da sie bei ihrem täglichen Lauf um den Himmelspol nicht
unter dem Horizont verschwinden und somit für den Beobachter
das ganze Jahr über am nächtlichen Himmel sichtbar sind. Dorners
Vorschlag zielt darauf ab, dass die Ägypter mittels Fluchtstangen
die größte Digression eines beliebigen Zirkumpolarsterns – also die
Zeitpunkte, an denen seine Bahn die weiteste östliche und westliche
Entfernung seines Meridians durchläuft – messen konnten. Praktisch hat man sich das Verfahren im Fall der Cheops-Pyramide folgendermaßen vorzustellen: Ein Ägypter postierte sich auf einem
festen Bezugspunkt – die Südostecke der Cheops-Pyramide (B) –
und wählte zur Beobachtung einen leuchtstarken, relativ hoch am
Himmel stehenden Zirkumpolarstern aus. Begann die Beobachtung
früh und waren die Nächte lang genug, konnte der Feldmesser
sehen, wie der Stern sich in einer Aufwärtsbewegung am Himmel
nach Osten bewegte, zum Stillstand kam, anschließend nach Westen weiterwanderte und dort kurzzeitig innehielt. Laut Rolf Krauss
lassen sich die »östlichen und westlichen Stillstände eines Zirkumpolarsterns einigermaßen leicht anvisieren, weil es sich dabei um
›vertikale‹ Bewegungen handelt. Man kann solche ›vertikalen‹ Bewegungen eines Sterns mit Hilfe einer aufgehängten Lotschnur verhältnismäßig leicht beobachten.«[90] Ein zweiter Ägypter markierte
die Positionen der Stillstände im Osten (S1) und im Westen (S2)
mittels der Lotschnur am Boden, wodurch wieder drei Messpunkte
entstanden. Die Strecken zwischen dem Beobachtungsposten (B)
und den Markierungen (S1, S2) konnte man über Fluchtstäbe oder
ähnliche Peilstangen verbinden, um schließlich über deren Winkelhalbierende wiederum die Nordrichtung zu finden.

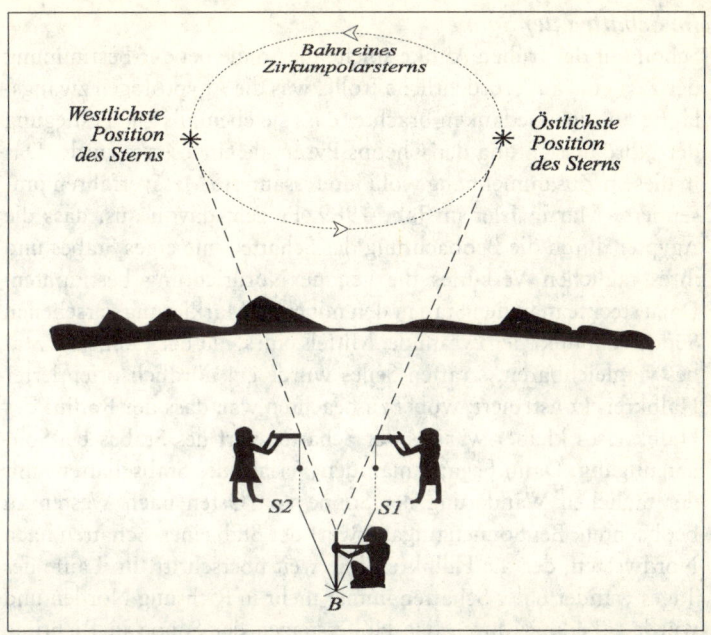

Grafik 9: Die Bestimmung der Nordrichtung über die Beobachtung der Bahn eines Zirkumpolarsterns (hier horizontal verzerrt dargestellt) nach Dorner.

Interessanterweise kam Josef Dorner in seinen Feldversuchen, in denen er sein Messverfahren realitätstreu mittels Fluchtstäben, Lotschnüren und Visiergeräten nachstellte, zu dem Resultat, dass seine Methode bis auf eine Bogenminute genau war. Dieses Ergebnis ist aber um mehr als den Faktor zwei besser als alles, was die Ägypter jemals in der gesamten Pyramidenzeit erreichten, weshalb man wohl annehmen muss, dass sie insbesondere bei der Nordung der Cheops-Pyramide ein anderes Verfahren angewendet haben.

Im Schatten der Sonne

Schon seit der frühen Antike spielte die Sonne bei der Bestimmung der Zeit eine außerordentliche Rolle, was die Ägyptologen zwangsläufig auf den Gedanken brachte, dass sie ebenfalls zur Festlegung der Nordausrichtung der Cheops-Pyramide eingesetzt wurde. Das in diesem Zusammenhang wohl interessanteste Messverfahren präsentierte Martin Isler im Jahr 1989. Er geht davon aus, dass die Ägypter durch die Beobachtung der Schattenlinie eines Stabes und ihres täglichen Verlaufes die genaue Nordrichtung bestimmten. Dazu steckte man den Stab in den mit einer Markierung versehenen Südosteckpunkt der Pyramide. Mittels eines, mit der Länge des Stabes vergleichbaren, straffen Seiles wurde ein nördlich orientierter Halbkreis konstruiert, wobei zu beachten war, dass der Radius des Halbkreises kleiner war als der Schattenwurf des Stabes bei Sonnenaufgang. Dann begann man den Verlauf des Stabschattens mit der täglichen Wanderung der Sonne von Osten nach Westen zu beobachten: Bei Sonnenaufgang warf der Stab einen Schatten nach Nordwesten, der die Halbkreislinie weit überschritt. Im Laufe des Tages wanderte der Schatten immer mehr in Richtung Norden und wurde – bedingt durch das Höhersteigen der Sonne in Richtung Zenit – kürzer, bis er erstmalig den Halbkreisbogen schnitt (S1). Von dort aus wurde die Schattenlinie immer kleiner, erreichte ihr Minimum, als die Sonne im Zenit stand, und vergrößerte sich danach wieder langsam, wobei die Schattenrichtung nun nach Nordosten zeigte. Durch das stetige Sinken der Sonne am Nachmittag wurde die Halbkreislinie abermals geschnitten (S2). Nun besaß man zwei Punkte, die man mit dem Standort des Schattenstabes verbinden konnte, um die Winkelhalbierende und damit die Nordrichtung zu bestimmen. Vermutlich zeichnete man hierfür eine gerade Verbindungslinie zwischen den Schnittpunkten (S1, S2), halbierte diese und bekam so den Mittelpunkt dieser Strecke. Durch das Anvisieren dieses Punktes vom Standort des Stabes aus erhielt man eine genaue Nordausrichtung.

Nach einem ganz ähnlichen Prinzip funktionierte auch der Vorschlag von Otto Neugebauer, mittels des Verlaufes des Sonnenschattens eines Pyramidions die genaue Nord-Süd-Richtung zu

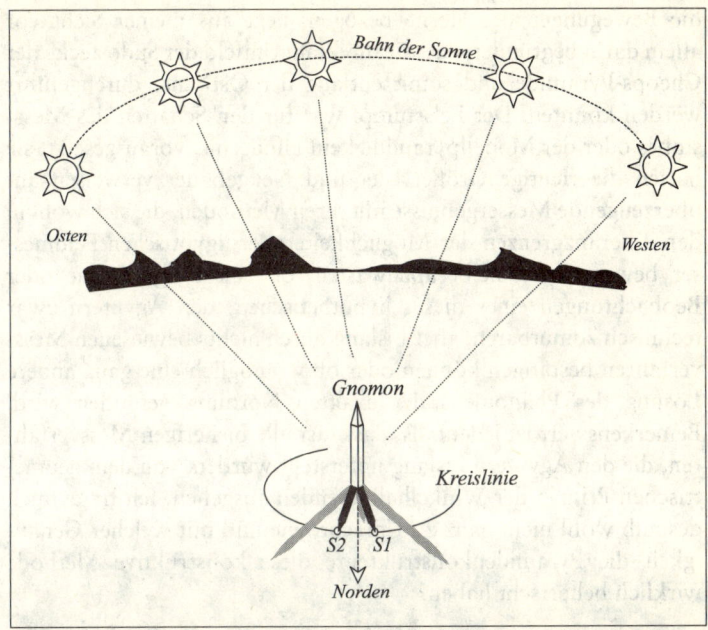

Grafik 10: Bestimmung der Nordrichtung mittels eines Gnomons nach Isler.

konstruieren.[91] Hierbei richtete man eine präzise bearbeitete, kleine Modellpyramide zunächst näherungsweise nach Norden aus, verlängerte ihre Ost- und Westkanten auf dem Boden durch Ritzungen und beobachtete während einer mehrtägigen Messkampagne den Schattenwurf der Pyramide. Ziel der Aktion war es, das Pyramidenmodell so in Ost-West-Richtung zu drehen, dass seine Schattenspitze die Verlängerungslinien im gleichen Abstand zu seinen nördlichen Eckpunkten schnitt. War dies der Fall, zeigten die Ost- und Westkante des Pyramidions genau nach Norden.

Eine abschließende Beurteilung der Messverfahren zur Nordung der Cheops-Pyramide fällt schwer. Der Vorteil der beiden am Tage durchzuführenden Verfahren gegenüber Messungen, die sich auf die Bewegungen der Sterne bezogen, liegt aus meiner Sicht vor allem darin begründet, dass sie direkt im Umfeld der Südostecke der Cheops-Pyramide und somit entlang der Ostkante durchgeführt werden konnten. Der Felsstumpf war für den Schatten des Messstabes oder der Modellpyramide kein Hindernis, vorausgesetzt, sie hatten die richtige Größe. Isler und Neugebauer verweisen auf überzeugende Messergebnisse mit ihren Methoden, die sich wohl in den Toleranzgrenzen der Möglichkeiten der ägyptischen Feldmesser bewegen. Es bleibt abzuwarten, ob zukünftige Funde oder Beobachtungen eines dieser hypothetischen, den Ägyptern zwar technisch zumutbaren, aber bislang durch nichts bewiesenen Messverfahren bestätigen können oder ob womöglich eine ganz andere Lösung des Phänomens der exakten Nordung gefunden wird. Bemerkenswert ist jedenfalls, dass fast alle bisherigen Messverfahren, die den Ägyptern bislang unterstellt wurden, von dem geometrischen Prinzip der Winkelhalbierenden ausgehen. Ich frage mich deshalb wohl nicht ganz zu Unrecht, wie und mit welcher Genauigkeit die Pyramidenkonstrukteure diese konstruktive Methode wirklich beherrscht haben?

Die Grundsteinlegung

Bevor die ersten Bauarbeiten am Grabmal beginnen konnten, wurde ein heiliger Gründungsritus, der auch so etwas wie eine moderne Grundsteinlegung beinhaltete, vollzogen.

Die allgemeinen Erkenntnisse, die die Ägyptologen heute über diese Zeremonie im alten Ägypten besitzen, haben sie aus der Spätzeit des Pharaonenstaates gesammelt, vornehmlich aus Überlieferungen, die sich auf die Gründung von Göttertempeln beziehen. Wie beispielsweise Inschriften und bildliche Darstellungen auf der Umfassungsmauer des Horus-Tempels von Edfu belegen, wurden bei der Tempelgründung fest vorgegebene Handlungsabläufe durchgeführt. Auch wenn ihre genaue Reihenfolge noch umstritten ist, gehörten Prozeduren wie die Bestimmung des Bauplatzes, die Festlegung der Nord-Süd-Achse, das symbolische »Spannen des Strickes«, »Aufhacken des Erdbodens« und das »Sandschütten« zur Zeremonie.

Beim »Spannen des Strickes« beispielsweise wurden die Abmaße des Tempels auf dem Baugrund festgelegt: »Ähnlich den mesopotamischen Kulturen war in Ägypten die Planung offizieller und sakraler Bauten von kultisch-religiösen Vorstellungen und Traditionen beeinflusst. Die königliche Bautätigkeit wurde nach ägyptischer Auffassung von den Göttern überwacht. Vom Plan bis zur Ausführung begleiteten sie die Entstehung eines neuen Bauwerkes.«[92] In den Darstellungen von Edfu erkennt man den König, wie er zusammen mit der Schreibergöttin Seschat symbolisch Pflöcke in den Boden steckt, die von einem Strick umspannt sind. In der Realität wurde diese Handlung nicht immer vom König selbst, mit Sicherheit aber von Priestern der Schreibergöttin und hohen Staatsbeamten durchgeführt. Nach dem anschließenden Übertragen des Tempelgrundrisses auf das nivellierte Gelände kamen das »Aufhacken des Erdbodens« und das »Sandschütten« an die Reihe. Hierbei ging es um das Ausheben des Fundamentgrabens der äußeren Tempelmauer und der dazugehörigen Fundamentierung. In diesem Zusammenhang sah das Ritual »auch die Vorbereitung von Gründungsgruben und das Hineinlegen von Beigaben vor«[93], die »zur magischen Absicherung von Bestand und Funktion des Tempels«[94] dienten. Es folgten das erste Aufmauern der Ziegel und Setzen der Ecksteine als eigentlicher Beginn der Bauarbeiten. Abgeschlossen wurde der Gründungsritus durch eine Reinigung und Weihung des Bauwerkes und der anschließenden Übergabe an den Tempelherren. Der Ritus soll bis zu 15 Tage angedauert haben, die abschließende Weihezeremonie konnte einen ganzen Monat in Anspruch nehmen.[95]

Auch wenn man die einzelnen Kulthandlungen einer Tempelgründung durchaus auf die Pyramiden übertragen kann, lässt sich nicht mehr eindeutig nachvollziehen, zu welchem Zeitpunkt die Grundsteinlegung stattfand. Die an einigen Pyramiden vorgefundenen Gründungsgraben deuten aber wie bei den Tempelbauten darauf hin, dass die Grundsteinlegung mit der Fundamentierung der Basisfläche oder kurz vor der Verlegung der ersten Steinlage durchgeführt wurde. Im Rahmen einer feierlichen Zeremonie legte man in diese Gruben vermutlich Opfergaben, rituelle Gegenstände wie

Amulette oder auch verkleinerte Modelle von Werkzeugen, füllte sie mit Sand auf und verschloss sie mit einer Steinplatte. Ähnlich wie heute wählten die Ägypter für ihre Gründungsgruben besondere Stellen aus, etwa an den Ecken der Pyramiden. An der Roten Pyramide wurde beispielsweise an ihrer stark beschädigten Nordostecke eine »rechteckige Vertiefung (…) mit sauber bearbeiteten Seitenflächen« im Wüstenboden gefunden, »die mit reinem Flugsand gefüllt war und mit Ausnahme eines größeren Keramikbruchstückes der gröberen Ware keine Beigaben enthielt. Möglicherweise saß darüber (…) ein Eckstein, der für die Nivellierung und Einmessung beim Baubeginn mit Sicherheit vorauszusetzen ist.«[96]

Bis heute wurden nur wenige bruchstückhafte Beigaben in derartigen Fundamentaushöhlungen entdeckt, doch es ist nicht auszuschließen, dass so manche Gründungsgrube die Jahrtausende im Verborgenen überstanden hat. Hierbei denke ich insbesondere an die für immer unerreichbaren Gründungsgruben der ersten Bauphasen der Medum- und Knick-Pyramide, die sich unter ihren erweiterten Verkleidungsmänteln verbergen.

Im Fall der Cheops-Pyramide geht weder aus der Fachliteratur noch durch Beobachtungen vor Ort hervor, ob die Gründungsgrube bislang lokalisiert werden konnte. Falls sie sich womöglich noch irgendwo unter den Fundamentplatten im südöstlichen Bereich der Pyramide verbergen sollte, enthält sie mit Sicherheit hochinteressante und schier unbezahlbare Relikte aus der Cheops-Ära. Vor Ort erkennt man an der vom Bodenpflaster und der Verkleidung entblößten Südostecke der Pyramide lediglich eine mit Sand gefüllte, symmetrisch geschnittene Vertiefung. War dies die Gründungsgrube der Cheops-Pyramide?

Abb. 12: Die Südostecke der Cheops-Pyramide. Die mit Sand gefüllte, rechteckige Vertiefung im Fundament könnte der Überrest der Gründungsgrube der Pyramide sein.

TEIL II

Zwischen Himmel
und Hölle

»Jeder Versuch, baugeschichtliche Vorgänge zu verstehen, muss von den Baudenkmälern selbst ausgehen, doch hängt die Gültigkeit des Ereignisses nicht davon ab, wie vollständig er den Gesamtbereich der Baukunst einzubeziehen vermag, sondern vielmehr von der Möglichkeit, die Vegetationspunkte architektonischer Formbildung aufzufinden und an ihnen das Wesen der schöpferischen Kräfte zu erkennen, die ideellen Forderungen sichtbare Gestalt verleihen und sie so erfüllen.«[1]

Herbert Ricke

Nachdem die Infrastruktur auf dem Giza-Plateau installiert war, die Vermessungen der Grundbasis der zu errichtenden Pyramide kurz vor dem Abschluss standen und die Planungschefs die Transportwege zur Baustelle inspiziert hatten, konnten die ersten Verlegearbeiten der Steine am Grabmal ihren Lauf nehmen, das Wagnis Cheops-Pyramide beginnen.

Hierfür war es notwendig, dass die Arbeiten in den Steinbrüchen auf Hochtouren liefen, alle notwendigen Maßnahmen getroffen wurden, das benötigte Baumaterial innerhalb eines festen Zeitplanes zu beschaffen. Auf dem Giza-Plateau, im nahen Tura sowie in den fernen Provinzen bei Assuan und im Wadi Hammamat trieben die Vorarbeiter ihre Bergleute nun unermüdlich an, die Steine zu brechen, aus denen das Grabmal Cheops' »modelliert« werden sollte.

Mit den Steinbrucharbeiten, dem Transport der Steine durch das verfügbare arbeitstechnische Equipment zum Baugrund und den ersten präzisen Verlegearbeiten der unteren Verkleidungsschicht um den Felsstumpf begann auch die Errichtung des Kammersystems der Pyramide, das sich tief in den Fels bohren sollte. So schwierig, wie sich dieses Vorhaben praktisch über viele Monate hinzog und immer wieder zu Arbeitsunterbrechungen und endlosen Diskussionen über seine Machbarkeit unter den Bauleitern führte, so undurchführbar stellte es sich in letzter Instanz auch dar. Die Arbeiten am unterirdischen Kammerbereich der Cheops-Pyramide wurden schließlich eingestellt, waren für die Bauarbeiter tief im Giza-Plateau unzumutbar geworden.

Unabhängig davon, dass die Verantwortlichen auf diesen Extremfall schnell und effektiv reagierten, ihre Baupläne änderten und sich der Errichtung des oberirdischen Kammerbereichs zuwandten, mussten sie auf dem Giza-Plateau ein besonderes logistisches Transportmodell entwickeln, das es ihnen erlaubte, die Pyramide Lage für Lage in die Höhe zu ziehen. Durch das Zusammenspiel zwischen den vor Ort liegenden Steinbrüchen und den möglichen Steigungen der einfachen Baurampen gelang es ihnen mit ihren Hilfsmitteln, das Grabmal relativ problemlos bis in die Höhe eines 21-stöckigen Hochhauses zu bauen – eine Höhengrenze, unter der sich auch das komplexe, oberirdische Kammersystem befindet. So gestaltete sich der Bau des unteren Bereichs der Cheops-Pyramide entgegen allen Legendenbildungen aus heutiger Sicht als durchaus nachvollziehbar, zeigen gewisse Randbedingungen des Transportproblems klar auf, dass dieses Unterfangen leichter zu realisieren war, als man allgemein annimmt.

5 Der Bau beginnt

Wie die Feldforschungen zeigen, bestehen die Hauptmassen der Pyramiden sowie die Tempel, Aufwege und Mastabas hauptsächlich aus einfachen Kalksteinen, die in Steinbrüchen in unmittelbarer Umgebung der Baustelle gewonnen wurden. Im Fall der Cheops-Pyramide befand sich das Steinbruchgebiet, aus dem etwa 90 Prozent aller Steine der Pyramide stammen, gut einen halben Kilometer südlich von ihr entfernt.[2] Die wenigen Touristen, die sich bis in diesen Bereich des Giza-Plateaus vorwagen, erhalten einen Eindruck von den einstigen Aktivitäten der Steinbrucharbeiter, erkennen glatt behauene, bis zu zehn Meter hohe Felswände vom Abbau der Steinblöcke. Dies kann aber nicht darüber hinwegtäuschen, dass die Archäologen keine Vorstellung mehr darüber haben, wie das Steinbruchgebiet zu Zeiten des Cheops wirklich aussah. Da das Giza-Plateau genügend qualitativ hochwertigen Kalkstein besaß, erfreute sich dieser Baugrund auch bei Cheops' Nachfolgern großer Beliebtheit, erfuhren die Steinbrüche mannigfaltige Veränderungen und wurden nach und nach ausgebeutet. Selbst im Neuen Reich – gut 1300 Jahre nach Cheops – dienten sie den Ramessiden noch als Steinlieferanten für die Restaurierungsarbeiten an den Pyramiden. Noch so mancher halb herausgebrochene Steinblock thront als stummer Zeuge aus jener Zeit an den steilen Steinbruchwänden. Als schließlich Griechen und Römer für ihre Tempelbauten nicht nur Steinblöcke aus den Pyramiden brachen und die der Umgebungsbauten plünderten, sondern auch gelegentlich Bereiche der Steinbrüche wieder in Betrieb nahmen, wurden viele Spuren der altägyptischen Steinmetze endgültig verwischt.

Die ersten Verlegearbeiten
Aufgrund der intensiven Forschungen in den Steinbrüchen Ägyptens sind die grundlegenden Praktiken der Abbautechniken heute bekannt, lassen sich in einigen Bereichen des Giza-Plateaus die Verfahren der Steingewinnung nachvollziehen.[3] »In aller Regel konzentrierte sich die Ausbeute auf besonders gute, verwitterungsresis-

tente Lagen. Dabei wurden die Steinbrüche häufig im bergmännischen Galeriebau angelegt« oder – wie auf dem Giza-Plateau – aufgrund der »spezifischen Lage der abzubauenden Kalksteinschicht« als offene Steinbrüche benutzt, in denen man »die Blöcke durch Herausschlagen von Trennfugen, die so breit waren, dass darin ein Mensch sitzen konnte«, brach.[4] Waren die Arbeiter mit ihren relativ einfachen Werkzeugen – Steinhämmern, Holzschlägeln und Kupfermeißeln – dabei so tief in das Gestein eingedrungen, dass der bearbeitete Stein von allen vier Seiten freigelegt war, brachen sie ihn mit Hilfe von starken hölzernen oder gehärteten kupfernen Hebeln heraus. So einfach diese Abbautechnik auch klingen mag, so material-, womöglich auch zeitintensiv war sie aber. Auf dem Giza-Plateau gingen durch das Ausheben der teilweise 50 Zentimeter breiten Trennfugen bis zu 30 Prozent Material verloren. Vermutlich mussten bei größeren Steinquadern sogar noch breitere Fugen geschlagen werden.[5] Es ist zwar vorstellbar, dass der lockere, aufgehackte Kalksteinschutt als Füllmaterial zwischen den verlegten Steinquadern in der Pyramide benutzt wurde, unökonomisch bleibt diese Abbautechnik allemal.

Warum benutzten die Ägypter dieses Verfahren? Die einzige plausible Erklärung liegt in der Abbautechnik der freigelegten Steinblöcke mittels ihrer Hebel. Um die Brechwerkzeuge optimal ansetzen und eine effiziente Hebelwirkung erzielen zu können, benötigten die Ägypter schlicht und einfach Platz in den Arbeitskanälen. So gesehen lassen die Größen der Arbeitsrinnen womöglich noch Rückschlüsse auf die Höhe der herausgebrochenen Steinquader zu, ein Forschungsansatz, der bislang kaum beachtet wurde. Ob die Ägypter noch eine andere Technik zum Brechen und Bearbeiten der Steine anwandten, bleibt Spekulation. Das Absprengen von Steinblöcken »durch Eintreiben von Eisenkeilen in vorgeschlagenen Fugen«[6] wird von Ägyptologen erst in die römische Zeit – über 2000 Jahre nach Cheops – datiert.

Abb. 13: Blick auf das Steinbruchgebiet nördlich der Chentkaus-Pyramide, aus dem auch Cheops' Bauarbeiter schöpften. Hier wurden in späteren Zeiten Felsengräber angelegt. Im Hintergrund die Cheops-Pyramide.

Wie die Technik der Steingewinnung musste auch die Logistik in den Steinbrüchen stimmen, mussten vom ersten Meißelschlag an alle Arbeitsgänge genau aufeinander abgestimmt werden, um eine effektive Vorgehensweise zu gewährleisten. Die Bearbeitung und der Versand der Hunderttausende und gar Millionen halbfertiger Steinblöcke erforderte daher eine systematische Koordinierung im Steinbruch, die den ägyptischen Mathematikern, Logistikern und den Steinbrechern Höchstleistungen abverlangte. Infolgedessen ist davon auszugehen, dass die Ausschachtungen regelmäßig und sehr genau überwacht und kontrolliert wurden. Die Arbeitsfortschritte der einzelnen Steinbrecherteams konnten mittels Markierungszeichen an den Steinbruchwänden bei jedem Schichtwechsel schriftlich festgehalten und ständig mit dem Tagessoll verglichen werden. Um die Bauzeit an der Pyramide zu optimieren, war es unter der Vorgabe eines fest definierten Zeitplanes zudem äußerst wichtig, die gewonnenen Steinblöcke direkt und ohne große Verzögerungen abzutransportieren, somit auch längere Lagerungszeiten im Umfeld des Steinbruches zu vermeiden. Sie wurden nach ihrer Bereitstellung registriert, womöglich für den genauen Bestimmungsort an der Pyramide markiert und per Schlitten die etwa 400 Meter zur Baustelle gebracht. So zogen die Steintransporte in einem festgelegten und genau überprüfbaren Arbeitstakt vom Hafen und aus den lokalen Steinbrüchen zum Bauplatz. Wie ein Blick auf den Lageplan des Giza-Plateaus unzweideutig zeigt, bestimmte dabei die Lage der Steinbrüche auch die Richtung der Transportwege: Sie verliefen in der Regel alle von Süden nach Norden.[7]

Die aufwendige verwaltungstechnische Erfassung und Registrierung der Steinblöcke in den Steinbrüchen deutet an, dass die Ägypter einerseits mittels ihres komplexen Projektzeitplans in der Lage waren, eine enge Verzahnung zwischen den einzelnen Baustellenzentren herzustellen, andererseits aber auch über ein ausgeklügeltes Verteilersystem verfügten, durch das die an der Baustelle ankommenden Steine ohne große Zeitverzögerung nachbearbeitet und nach einem bestimmten Konzept ganz gezielt an ihrem Bestimmungsort in der Pyramide verlegt wurden. Dieses »Just in time«-Prinzip zwischen Steinbruch, Hafen und Cheops-Pyramide – also die Umge-

hung von größeren Zwischenlagerungen an der Baustelle selbst –
ergab sich fast zwangsläufig aus den logistischen Überlegungen heraus, da es nicht nur sinnlos, sondern auch aus Platzgründen nicht
durchführbar erschien, in einem fortgeschrittenen Stadium der Bauarbeiten Tausende von Kalksteinblöcken lange Zeit am Ende einer
in die Höhe steigenden Transportrampe oder direkt auf der Arbeitsplattform – dem Pyramidenstumpf – zwischenzulagern. Einfacher
sah die Situation natürlich an der Basis der Pyramide aus, an der die
ersten Schleppmannschaften ihre Steinquader noch problemlos und
ohne Zeitdruck ablieferten.

Die ersten Verlegearbeiten auf dem horizontalen Fundamentrahmen rund um den Felskern wurden an den Ecksteinen begonnen
und mit der präzisen Verlegung der Verkleidungssteine fortgesetzt,
ehe man sie mit dem Kernmauerwerk oder manchmal sogar direkt
mit dem Felskern verzahnte. Hierbei mussten die Verkleidungssteine genauestens bearbeitet und verlegt werden, wie man noch

Abb. 14: An der Nordseite der Cheops-Pyramide befinden sich noch
Reste der Verkleidungssteine und des Originalpflasters, mit dem der
Pyramidenhof ausgelegt war.

heute beispielsweise an der Knick-Pyramide erkennen kann. Um zu erreichen, dass die Verkleidung derart »dicht« war, dass weder feiner Flugsand noch Regenwasser ins äußere Mauerwerk der Pyramide eindringen konnte, wurden die einzelnen Steine eng zusammengeschoben und die aneinander liegenden Stoßflächen gesondert bearbeitet, sodass die Fugen eine minimale Breite aufwiesen. Um dies zu bewerkstelligen, benutzten die Ägypter große Kupfersägen, die sie jeweils zwischen zwei nebeneinander liegenden Verkleidungsblöcken so lange hindurchzogen, bis die Stoßflächen so glatt und eben waren, dass die Steine genau aneinander passten. Noch heute lassen sich die Spuren dieser Sägearbeiten an erhaltenen Verkleidungsblöcken der beiden südlichen Nebenpyramiden der Cheops-Nekropole und an den Granitverkleidungssteinen der Mykerinos-Pyramide nachweisen.[8] Weitere Sägespuren finden sich am Bodenbelag des Totentempels der Cheops-Pyramide.[9]

Zum leichteren Einpassen und Bewegen der Blöcke verwendeten die Ägypter eine dünne Schicht aus Gipsmörtel, die auf die unterliegenden Flächen gegossen wurde. Im Gegensatz zum hohen Verbrauch dieses Mörtels beim normalen Kernmauerwerk erkennt man heute die millimeterdünne Schicht an den Verkleidungsblöcken kaum noch, sodass der falsche Eindruck entsteht, sie seien mörtelfrei eingesetzt worden.

Nachdem die erste Lage der Verkleidungssteine passgenau und entlang der abgesteckten Kantenlinien verlegt und die Hohlräume bis zum Felskern mit gut behauenen Kalksteinen aufgefüllt wurden, nahm man die zweite Steinlage in Angriff. Spätestens ab diesem Zeitpunkt – die Höhendifferenz, die es hierbei zu bewältigen galt, lag bei 1,50 Meter – kam das Transportkonzept zum Tragen, welches in der ersten Bauphase den Materialfluss in Richtung Pyramidenspitze bestimmen sollte. Vorher musste aber noch ein anderes Problem gelöst werden.

Die Wahl des Böschungsverhältnisses

Das, was den Pyramiden letztlich Form und Gestalt gibt, ist ihr Neigungswinkel. Als die Arbeiten die erste Steinlage der Cheops-Pyra-

mide überschritten, musste man sich von nun an auch um die bautechnische Realisierung und Einhaltung des Neigungswinkels küm-
mern, mit dem die Pyramide in die Höhe wachsen sollte.

Für die Festlegung eines Böschungsverhältnisses hatten Cheops'
Architekten vor allem die drei großen Pyramidenprojekte von Snofru vor Augen. Hierbei blieben ihnen allerdings keine großen Aus-
wahlmöglichkeiten. Das als reine Notlösung konzipierte untere
Böschungsverhältnis der Knick-Pyramide von S = 10:7 (Seked von
fast fünf Handbreiten) dürfte wohl so kurz nach der Baukatastrophe von Dahschur nicht zur Diskussion gestanden haben. Die
Maße der Roten Pyramide – insbesondere ihre Höhe – sollten dagegen mit Sicherheit übertroffen werden, sodass auch ihr Böschungsverhältnis von S = 20:21 (Seked von 7 1/3 Handbreiten) von den Stra-
tegen des Cheops als zu klein angesehen wurde. Deshalb blieb aus
ihrem Erfahrungsschatz heraus lediglich der Neigungswinkel der
umgebauten Medum-Pyramide übrig, der mit S = 14:11 (Konstruk-
tionsraster: 14 Handbreiten Höhengewinn auf 11 Handbreiten
Länge; Seked von 5 1/2 Handbreiten) auf der gewählten Grundfläche mit den Seitenlängen von über 230 Metern einen neuen Höhen-
rekord im Pyramidenbau in Aussicht stellte. In der modernen, uns
geläufigen Schreibweise entspricht ein Seked von 5 1/2 Handbreiten
einem Winkelmaß von 51,84 Grad oder 51 Grad und 50,4 Bogenminuten.

	Medum-Pyramide	Knick-Pyramide	Rote-Pyramide	Cheops-Pyramide
Böschungsverhältnis	14:11	10:7	20:21	14:11
Seked [Handbreiten]	5 1/2	ca. 5	7 1/3	5 1/2
Neigungswinkel [Grad]	51,84	55	43,6	51,84

Tab. 4: Die Böschungsverhältnisse der Pyramiden von Snofru und Cheops
im Überblick.

Wie Jean-Philippe Lauer im Jahr 1974 nachweisen konnte, beruhte
die spezielle Wahl des Böschungsverhältnisses S = 14:11 bei der
Medum-Pyramide nicht auf einem Zufall. Es wurde konstruktiv
und fast unausweichlich aus den Verhältnissen der Stufenkanten

der ersten fertig gestellten Bauphase dieser Pyramide hergeleitet. Damit war für Lauer »der Beweis erbracht, dass das viel diskutierte Böschungsverhältnis der Cheopspyramide direkt aus den Proportionen der Profile der großen Stufenpyramiden der 3. Dynastie abgeleitet«[10] wurde.

Vergleicht man die Neigungswinkel der Pyramiden des Alten Reiches miteinander, stellt man fest, dass neben der Pyramide von Medum auch noch die des Niuserre, einem König der 5. Dynastie, der in Abusir begraben wurde, dieses Böschungsverhältnis aufweist. Da zudem viele Pyramiden der 4. bis 6. Dynastie einen Neigungswinkel zwischen 50 Grad und 55 Grad besitzen, könnte man unweigerlich auf den Gedanken kommen, man habe es hierbei mit einem ungeschriebenen Baugesetz der ägyptischen Architektur zu tun.

Eine folgenschwere Näherung

In der Geometrie werden der Umfang und der Flächeninhalt eines Kreises mittels der so genannten Kreiszahl π = 3,14159… (Pi) bestimmt. Man erhält die Formel für den Umfang eines beliebigen Kreises, wenn man seinen Durchmesser mit dem Faktor Pi multipliziert: Umfang = Durchmesser x Pi[11]. Daran ist an sich nichts Ungewöhnliches – weiß doch jedes Schulkind in der 8. Klasse von dieser Gesetzmäßigkeit –, gäbe es da nicht die Möglichkeit, zwischen Pi und dem Böschungsverhältnis der Cheops-Pyramide eine Verbindung zu konstruieren. Beide Größen lassen sich über eine ungefähre Näherung in einen Zusammenhang bringen, wenn man lediglich das reziproke Verhältnis von S = 14:11 mit dem Faktor 4 multipliziert:

$$\frac{4}{S} = \frac{4 \cdot 11}{14} = \frac{22}{7} \simeq 3,1429 \simeq \pi.$$

Da sich das Böschungsverhältnis S definitionsgemäß aus den geometrischen Größen Basislänge und Höhe einer Pyramide zusammensetzt, kann man somit über den Quotienten 4/S auch die

Abmaße der Cheops-Pyramide mit der Zahl Pi in näherungsweise Übereinstimmung bringen:

$$\pi \simeq \frac{4}{S} = \frac{4a/2}{h} = \frac{U/2}{h} = \frac{\text{Halber Umfang}}{\text{Höhe}} \text{ (der Cheops-Pyramide)}$$

Setzt man die heute akzeptierten Werte für die Basislänge (230,36 Meter) und Höhe (146,59 Meter) der Cheops-Pyramide in die Gleichung ein, so ist die Abweichung des Verhältnisses Halber Umfang/ Höhe ($\simeq$ 3,1429) zum bis auf vier Nachkommastellen gerundeten, exakten Pi-Wert (3,1416) messtechnisch betrachtet erstaunlich gering, fast vernachlässigbar. Zufall oder Berechnung? Ist die »Zuordnung« künstlich, die näherungsweise Übereinstimmung vom Verhältnis Halber Umfang/Höhe der Cheops-Pyramide mit der Zahl Pi nur rein zufällig?
Streng mathematisch betrachtet und auf der Grundlage der bisherigen Erkenntnisse über den Stand der ägyptischen Mathematik: ja. Es gibt keinen einzigen Hinweis, anzunehmen, dass die Ägypter des Alten Reiches die Zahl Pi kannten. Sie verfügten weder über den erst vor wenigen Jahrhunderten entwickelten mathematischen Apparat, der notwendig war, um diese Zahl mit der uns heute bekannten Genauigkeit zu bestimmen, noch gab es vom Standpunkt der Konstruktionstechnik im Pyramidenbau die Notwendigkeit, mit der Zahl Pi zu operieren. Nur die Böschungsverhältnisse waren nachweislich diejenigen leistungsstarken Parameter, die den Pyramiden Größe und Gestalt gaben. Mit dem Böschungsverhältnis konnten die Ägypter ihre Bauschablonen herstellen, mit denen sie die Neigung in jeder Phase ihrer Arbeit kontrollierten. Das Verhältnis 4/S hatte dagegen keinen konstruktiven Sinn bei der Errichtung der Cheops-Pyramide. Hätte Pi wirklich eine bedeutende Rolle im Pyramidenbau gespielt, so wäre den Ägyptologen diese Zahl sicherlich an mehr Bauwerken als nur an den drei Grabbauten von Snofru, Cheops und Niuserre aufgefallen. Man kann demzufolge die Ähnlichkeit zwischen der Kreiszahl und einem Verhältnis vom Umfang zur Höhe nur als eine Art Zufall betrachten.

Der Ursprung von Pi

So wie die Gesetze der Physik, die im Prinzip die Welt zusammen-
halten, deterministisch sind, hat auch der Zufall sein System. Also
sei die Frage erlaubt, ob die Ägypter womöglich unbewusst einen
Wert, der der modernen Zahl Pi sehr nahe kam, in die Dimensionen
der Cheops-Pyramide »einprägten«? War Pi den Ägyptern vielleicht
nicht als konstante Zahl bekannt, sondern wurde eventuell erst aus
den bekannten altägyptischen Rechentechniken und -verfahren
»erzeugt«?

Verfolgt man die historische Entwicklung der Kreiszahl Pi, stellt
man fest, dass die Mathematiker der Juden, Chinesen und mesopotamischen Staaten bis in die ersten Jahrhunderte der Neuzeit an
dem sehr ungenauen Wert Pi $\simeq$ 3 kategorisch festhielten. Lediglich
um 150 n. Chr. versuchte ein jüdischer Rabbi – leider erfolglos – die
verbesserte Näherung Pi $\simeq$ 3 $^1/_7$ einzuführen.[12] Dieser modifizierte
Näherungswert brachte mich vor Jahren auf den Gedanken, die
rechentechnische Erzeugung einer Näherung von Pi aus den Bau-
steinen des ägyptischen Maßsystems zu vermuten: Mit den Grund-
einheiten der ägyptischen Längenmaße – bekanntermaßen hat eine
Elle sieben Hände, eine Handbreite vier Finger – stellt die Wegstrecke von drei Ellen und einer Handbreite (= 3 $^1/_7$ Ellen) eine sehr
genaue Näherung für den Wert »Pi mal eine Elle« dar, da 3 $^1/_7$ etwa
dem Wert 3,1429 entspricht.

Dies scheint mir die einfachste Erklärung zu sein, wie die Kreiszahl
unbewussterweise – wie im Fall der Medum- und Cheops-Pyramide – in die altägyptischen Berechnungen mit eingeflossen ist, insbesondere da sich der Quotient 4/S mit S = 14:11 als 22/7 = 3 $^1/_7$
darstellen lässt. D. h., praktisch immer dort, wo die Wegstrecke
»3 $^1/_7$ Ellen« in der Berechnung der Pyramidenmaße auftaucht,
wurde – ohne es zu wissen – die Zahl Pi in guter Näherung mit
verbaut. Damit hat sich der Kreis geschlossen.

Ein kleines Geheimnis bleibt dennoch: Ein erneuter Exkurs in die
Welt der ägyptischen Mathematik lässt vermuten, dass die Rechen-
künstler des Mittleren Reiches zumindest eine vage Vorstellung von
der geometrischen Bedeutung von Pi besaßen: In der Aufgabe
Nr. 48 aus dem Papyrus Rhind wird eine Methode für die Berech-

nung einer Kreisfläche beschrieben, die ansatzweise Rückschlüsse auf die Zahl Pi zulässt.[13] »Um den Flächeninhalt des Kreises auszurechnen, heben die Ägypter 8/9 des Durchmessers ins Quadrat. Das entspricht [mit dem Faktor 4, d. V.] dem sehr guten Näherungswert $\pi \sim 4 \cdot (8/9)^2 = 3{,}16049...$. Die Güte dieser Näherung ist den Ägyptern hoch anzurechnen, denn die sonst mathematisch viel weiter entwickelten Babylonier begnügten sich mit dem Wert $\pi = 3$.«[14]
Wie die Ägypter zu der Formel für die Kreisfläche kamen und ob sie sich in vollem Umfang der Bedeutung dieser etwas versteckten Pi-Näherung bewusst waren, lässt sich anhand des bekannten Textmaterials nicht sagen, muss also spekulativ bleiben. Es sollte aber zu denken geben, dass das reziproke Böschungsverhältnis der Cheops-Pyramide $1/S = 11/14 = 0{,}7857$ mit dem Wert $(8/9)^2 = 0{,}7901$ aus der Aufgabe 48 relativ genau übereinstimmt. Besteht auch hier eine Verbindung zwischen dem realen königlichen Pyramidenbau des Alten und gewissen Rechengrößen in den mathematischen Papyri des Mittleren Reiches? Ich habe so das Gefühl, dass hinter dieser Geschichte mehr steckt als nur eine bloße Ähnlichkeit.

Was Pyramiden zusammenhält

Wann immer ich in Sakkara bin, führt mich mein Weg an die Südostecke des Grabbezirkes der Djoser-Pyramide. Dort gibt es eine kleine Anhöhe, von der aus man nach Norden blickend die Pyramiden des Djoser, Userkaf und Teti (6. Dynastie, um 2340 v. Chr.) gut überblicken kann. Während die Stufenpyramide des Djoser relativ gut erhalten in der Landschaft steht, ist der ruinöse Zustand der Userkaf-Pyramide unübersehbar. Das Grabmal des Teti weist kaum noch pyramidale Züge auf und ähnelt eher einem gewöhnlichen Sandhügel. Zwischen der Errichtung der Djoser- und Teti-Pyramide liegen etwa drei Jahrhunderte und man kann sich des Eindrucks nicht erwehren, dass die Pyramiden der 5. und 6. Dynastie immer schlechter ausgeführt wurden, je jünger sie werden. Vielfach wurde in der Öffentlichkeit deshalb die Vermutung geäußert, dass mit Beginn der 5. Dynastie ein Verfall im Pyramidenbau – ein bautechnischer Rückschritt – eintrat. Dass dies

jedoch nicht der Fall ist, erkennt man schnell, wenn man sich ein-
mal die Mühe macht, das gesamte Spektrum der intellektuellen
Leistungen im Pyramidenbau zu untersuchen, alle Bauepochen des
Alten Reiches als zusammenhängenden Verbund einer Evolution zu
betrachten. Hierbei muss vor allem die Rolle der Verkleidungen der
Pyramiden differenzierter betrachtet werden, lösen sie doch das
Problem des Erscheinungsbildes der jüngeren Pyramiden.

Das äußere Bild der monumentalen Grabbauten wurde in erster
Linie durch ihre Verkleidungsmäntel geprägt, auf deren präzise Verlegung und extraordinäre Materialbeschaffenheit die Ägypter stets
großen Wert legten. Im Alten Reich wurden vor allem die Tura-
oder Maasara-Kalksteine aufgrund ihres gleichfarbigen, feinsandigen Äußeren und ihrer hohen Verwitterungsresistenz zu einem
bevorzugten Verkleidungs- und Dekorationsstein. Millionen von
Kubikmetern dieser Kalksteine verbauten die Ägypter in den Verkleidungen der Pyramiden, unzählige Grab- und Gedenkstelen wurden aus diesem edlen Material gefertigt. Selbst heute noch werden
in den gleichnamigen Ortschaften südlich von Kairo diese Kalksteine gebrochen und verarbeitet.

Studiert man die Grabungsberichte aufmerksam, stellt man fest,
dass bei der Errichtung der Pyramiden der 5. und 6. Dynastie den
Verkleidungen vor allem eine stabilisierende Aufgabe im Gegensatz
zu den großen Vorläuferbauten der 4. Dynastie – die durch eine Art
»Lego-Bausystem« Steinblock an Steinblock in die Höhe gezogen
wurden – zukam. Bei den Pyramiden von Snofru und Cheops hatte
die Verkleidung in erster Linie eine messtechnische, wohl aber keine
primäre statische Funktion. Dagegen erkenne ich bei den späteren
Pyramiden das gewachsene bautechnische, mathematisch-konstruk-
tive und statische Wissen ihrer Architektengenerationen, die königlichen Gräber nicht mehr nur massiv, sondern vor allem material-
und arbeitssparend zu errichten. Anstelle der überaus kompakten
Kernmauerwerke der großen Pyramiden der 4. Dynastie wurden
infolgedessen oftmals grob behauene Steine minderer Qualität oder
kleineren Ausmaßes sowie Sand und Schutt in den Pyramiden der
5. und 6. Dynastie verbaut. Bei diesen Bauwerken übernahm die
Verkleidung die wichtige, wenn nicht sogar die ausschlaggebende

Abb. 15: Der obere Bereich der Chephren-Pyramide vermittelt noch einen guten Eindruck von der Verkleidung der großen Pyramiden von Giza.

stabilisierende Rolle, sie hielt die Pyramiden sozusagen zusammen. Besäßen diese Grabmäler noch ihre glatt polierte Tura-Verkleidung, so könnte man sie nur aufgrund ihrer Größenverhältnisse von den Giza-Pyramiden unterscheiden. Erst mit dem Verlust ihrer Verkleidungen wurde den Pyramiden der 5. und 6. Dynastie ein Teil ihrer inneren Stabilität genommen, sodass sie mehr oder weniger in sich zusammenbrachen. Etwas Derartiges konnte dagegen der Cheops-Pyramide – wenngleich man auch in ihr viele unbearbeitete Quader und Bruchsteine verbaute – aufgrund ihrer Bauweise und Monumentalität der Steinblöcke nicht geschehen. Sie hat zwar heute fast vollständig ihre kostbare Kalksteinverkleidung verloren, liegt wie eine geschälte Apfelsine auf dem Giza-Plateau, hat aber die Jahrtausende in Form und Gestalt relativ unbeschadet überstanden. Weder Naturgewalten noch Steinräuber konnten sie derart entstellen, dass sie ihre Grundstruktur einbüßte.

Die Entfernung der Verkleidungssteine war sicherlich ein technisch schwieriges, aber auch sehr gefährliches Unternehmen. Wie die Chephren-Pyramide beweist, wurden die Verkleidungsblöcke von unten nach oben abgerissen; eine Technik, bei der den Arabern und sonstigen Steinräubern mit Sicherheit hier und da so mancher Stein unfreiwillig entgegenkam, vermutlich etliche Todesopfer forderte. Doch wie in der Geschichte der Menschheit üblich, haben sich derartige Einzelschicksale nicht überliefert, wie auch niemand heute zu ermessen vermag, wie viele Arbeiter beim Bau der gigantischen Pyramiden ihr Leben verloren.

Der Abriss der Verkleidung war im Fall der Cheops-Pyramide so perfekt, dass nur noch verschwindend geringe Reste von ihr erhalten sind. Die wenigen originalen Verkleidungssteine befinden sich u. a. an der Nordkante unterhalb des Eingangs. Sie haben die Jahrtausende nur deshalb überstanden, weil sie die meiste Zeit unter der Anschüttung verborgen lagen, auf der die Menschen früher zum hohen Eingang ins Grabmal gelangten. Die spärlichen Verkleidungsblöcke lassen erkennen, dass sie – wie auch die aktuellen Grabungen am Vorläuferbau, der Roten Pyramide in Dahschur, gezeigt haben – mit dem Kernmauerwerk gleichzeitig verlegt wurden.[15] Der eigentliche Verkleidungsbereich besteht dabei nicht nur aus einzelnen, an den Außenseiten polierten Steinen, sondern setzt sich aus zwei mächtigen, insgesamt bis zu fünf Meter tiefen Blöcken zusammen, die selbst fest ineinander verzahnt wurden: dem äußeren angeschrägten Verkleidungsblock und einem so genannten *backing stone,* die zweite Lage der Verkleidungsschicht. Diese sorgsam behauenen Steinquader wurden dabei in horizontalen Lagen verlegt und zum Teil tief mit dem äußeren Bereich des Kernmauerwerks verkeilt. Dieser Umstand und die in der fast neun Meter tiefen Bresche der Südwand erkennbaren Steinlagen lassen darauf schließen, dass die Cheops-Pyramide durchweg in horizontalen Lagen und nicht in einer Art Schalenbauweise errichtet wurde. Das war auch schon bei der Roten Pyramide der Fall. Es würde mich nicht wundern, wenn diese Konstruktionsmethode als unmittelbare Folge der Baukatastrophe der Knick-Pyramide zur Anwendung kam.

Abb. 16: An der Nordwestecke der Chephren-Pyramide, die ebenfalls um einen Felsstumpf herum errichtet wurde, erkennt man gut die terrassenförmige Abarbeitung des Felsgesteins zur besseren Anpassung der Verkleidungssteine.

Die Umbauung des Felskerns

Die ersten Verlegearbeiten an der Basis der Pyramide erwiesen sich als überschaubar. Das von weitem schon sichtbare Ziel der Schleppmannschaften war der sorgsam terrassierte Felsstumpf, den es schnell zu umbauen galt. In diesem Zusammenhang stellt sich folgende Frage: Welche Auswirkungen hatte der in Teil I berechnete Felskern im unteren Bereich der Cheops-Pyramide auf die effektive Bauleistung der ersten Steinlagen?[16]

Vergleicht man die errechnete Felskerngrundfläche von knapp 49 300 Quadratmetern mit der theoretischen Basisfläche der Pyramide von über 53 000 Quadratmetern, so folgt, dass die Ägypter beim Verlegen der ersten, 1,50 Meter hohen Steinlage nur etwa sieben Prozent der gesamten Basisfläche verbauen mussten. Setzt man eine durchschnittliche Grundfläche der Steinblöcke von etwa zwei Quadratmetern voraus, benötigte man für den Ring um den Felskern ungefähr 1900 Steinblöcke. Würde der Felskern nicht existieren, wären es gut 14-mal so viel gewesen. Betrachtet man zusätzlich die zweite, 1,24 Meter hohe Steinlage und vergleicht ihr theoretisches Volumen mit den Werten für den Felskern, ergibt sich, dass die Ägypter bis zur Pyramidenhöhe von 2,74 Meter nur knapp 9000 Kubikmeter Stein verlegten. Der Felskern nahm bis zu dieser Höhe etwa 94 Prozent des Volumens des Pyramidenstumpfes ein. Selbst noch in der siebenten Steinlage, also in einer Höhe von fast acht Metern, beträgt das Felskernvolumen 51 Prozent des gleich hohen Pyramidenstumpfes.

Eine enorme Arbeitsersparnis, die sich vor allem auch auf die Baugeschwindigkeit im unteren Pyramidenbereich auswirkte. Einen Eindruck, wie schnell ägyptische Pyramidenbauer zu Zeiten der 4. Dynastie arbeiten konnten, vermitteln die aktuellen Forschungsergebnisse der Roten Pyramide.

Akkordarbeit am Nil

Die archäologischen Forschungen an der Roten Pyramide, die seit 1980 vom Deutschen Archäologischen Institut geleitet werden, sind noch lange nicht abgeschlossen, die Auswertungen der wichtigsten Ergebnisse bisher nur in Fachmagazinen veröffentlicht worden. Der breiten Öffentlichkeit sind die Resultate der Ausgräber nahezu unbekannt. Bislang wurde nur der zentrale Bereich – etwa 30 bis 35 Meter – der Ostflanke der Pyramide von Flugsand und Geröll befreit. Zum Vorschein kamen mehrere Lagen der Verkleidungssteine in originaler Position und – zur Überraschung der Archäologen – die Fragmente des fast zwei Tonnen schweren Kalkstein-Pyramidions, des Abschlusssteins der Roten Pyramide. Heute steht dieses einmalige Stück – das einzige seiner Art aus dem Alten Reich – wieder zusammengesetzt und auf einem Sockel aufgemauert vor der Ostseite der Pyramide. Wenn die Rekonstruktion korrekt durchgeführt wurde, dann zeigen die vier Seiten des Pyramidions leichte Abweichungen von der durchschnittlichen 44-Grad-Steigung der Pyramide. Hierin kann man die Folge des stetigen Nachkorrigierens kleinerer Unregelmäßigkeiten im Neigungswinkel erkennen, die beim Bau der Pyramide vermutlich auftraten.

Einen anderen, fast unschätzbaren Fund machten die Archäologen
auf etlichen backing stones. Auf etwa jedem zehnten im Mittelab-
schnitt der Ostseite gefundenen Stein fand man Markierungszeichen, die den Zeitpunkt ihres Transports von den nahen Steinbrüchen oder ihrer Verlegung im Pyramidenmassiv angeben.[17] Sie
geben den Ägyptologen wertvolle Hinweise auf den Fortschritt der
Arbeiten am Grabmal. So wurden z. B. Blöcke »unmittelbar über«
der etwa neun Meter hoch gelegenen 12. Steinlage mit der Aufschrift
eines Datums des »15. Males« (genauer: Jahr des »15. Males der
Zählung«, 2. Monat der Shemu-Jahreszeit, Tag 14; vermutlich
29. Regierungsjahr Snofrus) und in der 16./17. Lage mit dem des
»16. Males der Zählung« gefunden.[18] Da die Höhendifferenz von
der 16. Steinlage bis zum Bodenniveau etwa 12 Meter beträgt und
die Verlegung des westlichen Ecksteins am Fundament der Roten
Pyramide nachweislich auch im Jahr des »15. Males der Zählung«
stattfand, bedeutet dies, dass Snofrus Bauarbeiter in nur ca. zwei bis
drei Jahren überschlägig schon 30 Prozent – umgerechnet ungefähr
500 000 Kubikmeter Stein – des gesamten Pyramidenvolumens verlegt hatten.

Der Ägyptologe Rolf Krauss berechnete sogar, dass in den aus
den Inschriften rekonstruierbaren »maximal 284 Tagen« zwischen
dem Zeitpunkt des Baubeginns der Roten Pyramide und dem
Datum, welches man am backing stone an der 12. Steinlage fand,
»mindestens 402 000 Kubikmeter« aufgeschichtet wurden. Daraus
folgerte er eine durchschnittliche tägliche Leistung von etwa 1415
Kubikmetern. Für die Verbauung der ersten Steinlage, die immerhin
auf einer Grundfläche von etwa 48 400 Quadratmetern verlegt
werden musste und deren Quader im Mittel ein Volumen von
0,4 Kubikmetern besitzen, veranschlagt Krauss eine Arbeitszeit von
14,25 Tagen, schätzt die gesamte Bauzeit der Roten Pyramide auf
10,6 Jahre.[19]

Insgesamt betrachtet eine enorme Arbeitsleistung, wenn man vor-
aussetzt, dass die obigen Beschriftungen der Kalksteinblöcke tatsächlich beim Verlegen stattgefunden oder – falls die Steinbrucharbeiter diese Markierungen hinterließen – keine langen Wartezeiten
zwischen dem Abbau und dem Einbau in die Pyramide bestanden

haben. Wie Rainer Stadelmann jedoch bei seinen Ausgrabungen feststellte, wurde an der Roten Pyramide anfänglich »wohl mit Rampen oder Anschüttungen von allen Seiten her gearbeitet«,[20] sodass man davon ausgehen kann, dass die Verlegearbeiten ohne große Zwischenlagerungen der Steine vonstatten gingen.

Zusammenfassend lassen sich diese speziellen, an der Roten Pyramide gewonnenen Ergebnisse nur eingeschränkt auf die Cheops-Pyramide übertragen. Immerhin waren die verbauten Steine der Roten Pyramide im Schnitt kleiner als die der Cheops-Pyramide, wodurch die zu leistende Hubarbeit nicht vergleichbar ist. Trotz alledem deuten sie sehr eindrucksvoll an, wie schnell die Bauarbeiter imstande waren, die ersten Steinlagen einer Pyramide zu verlegen. Nimmt man die Baugeschwindigkeit an der Basis der Roten Pyramide zumindest als groben Richtwert, ergibt sich für die Cheops-Pyramide, dass die Ägypter in der Lage waren, den etwa 190 000 Kubikmeter umfassenden und acht Meter hohen Pyramidenstumpf bis zur Oberkante des Felskerns innerhalb der ersten sechs Monate zu umbauen. Mit dieser Ummantelung des Felsstumpfes wurde endgültig der Startschuss zum Bau des Grabmals gegeben, begann das eigentliche Abenteuer Cheops-Pyramide seinen Lauf zu nehmen. Hierbei arbeiteten die Ägypter an zwei Fronten, drangen einerseits tief ins Giza-Plateau ein und zogen anderseits die Pyramide langsam, aber stetig in die Höhe. Alle diese Arbeiten waren jedoch vom Baufortschritt im unterirdischen Kammersystem abhängig, dessen Gestaltung sich schwieriger erwies, als es den Bauleitern lieb war.

6 Untertagearbeiten

Parallel zu den ersten Verlegearbeiten um den Felskern – als die ersten Steintransporte ihre schweren Lasten für die unteren Steinlagen der Pyramide ablieferten – begann ein Team ausgewählter und erfahrener Bergarbeiter mit den Ausschachtungsarbeiten am unterirdischen Kammer- und Gangsystem im Untergrund des Giza-Plateaus. Wer es einmal geschafft hat, den mühsamen und langen Weg bis in die untere so genannte Felsenkammer hinunterzusteigen, stellt schnell fest, dass die Arbeiten in diesem Raum – am tiefsten Punkt des Kammersystems der Cheops-Pyramide – nicht beendet wurden, dieser Komplex in seiner Ausführung unvollendet blieb. Insbesondere der westliche Bereich der Felsenkammer wurde nicht fertiggestellt, nicht zu einem rechteckigen Raum aus dem Fels gemeißelt. Ähnlich wie in den Steinbrüchen erkennt man noch die Arbeitsrinnen, von denen aus die Ägypter versuchten, das Felsgestein abzuschlagen. Insofern ist die Felsenkammer eine Momentaufnahme aus der Bergbaugeschichte des alten Ägypten und gibt den Forschern wichtige Aufschlüsse über die Methoden und Vorgehensweisen der ägyptischen Bergleute.

Somit steht man heute aber auch vor dem Problem, nicht genau zu wissen, wie weit dieser Bereich ausgearbeitet werden, wie die Endform des unteren Kammerbereiches aussehen sollte. Obwohl sich die Aufteilungen der einzelnen Innenräume der Pyramiden aus der 3. und 4. Dynastie kaum gleichen, reiht sich jedoch der grundlegende Aufbau des unterirdischen Kammersystems der Cheops-Pyramide fast nahtlos in die architektonische Evolution des Pyramidenbaus im Alten Reich ein.

Den Einstieg ins heilige, unterirdische Reich des Cheops planten und berechneten die Architekten mit äußerster Sorgfalt auf dem Felsstumpf. Da – wie schon bei den Grabbauten von Snofru – der spätere Eingang in die Pyramide hoch in der Nordwand liegen sollte, setzte man etwa 40 Meter entfernt von der Nordseite der Pyramide auf der Oberkante des Felsstumpfes die Stein- und Kupfermeißel an. Hierbei wählten die Bauleiter aber nicht genau die Mitte der Nordkante, positionierten den Einstieg nicht auf die

Abb. 17: Der westliche Bereich der unfertigen Felsenkammer.

nordsüdliche Mittellinie der Pyramidenbasis, sondern verlegten ihn – wie bei fast allen Pyramiden des Alten Reiches – über sieben Meter von der Mittelachse weg nach Osten. Von hier aus wollte man tief ins Giza-Plateau eindringen, sollte der schräg nach oben führende Grabkorridor in Richtung Norden durch das Kernmauerwerk bis zum Eingang aufgebaut werden. Als sie schließlich die Umrisse des auszuhebenden Korridors auf den Felsuntergrund zeichneten, begann eine der schwierigsten und unmenschlichsten Arbeiten des gesamten Bauprojektes. Niemand konnte zu diesem Zeitpunkt auch nur im Entferntesten ahnen, dass dieses Projekt fast in einem Desaster enden sollte.

Der Korridor im Felsen

Ebenso sorgsam wie die Position festgelegt wurde, an der sich die Arbeiter in den felsigen Untergrund des Giza-Plateaus bohren wollten, wählte man auch die geometrischen Größen des in den Fels führenden Korridors aus. Er ist nach heutigen Messungen

1,20 Meter hoch und 1,09 Meter breit; für die Ägypter waren es
zwei Ellen und zwei Handbreiten bzw. zwei Ellen und zwei Fingerbreiten.[21] Sein Neigungswinkel wird in der Ägyptologie mit 26,5
Grad angegeben. Diese Unsitte in der modernen Literatur, die Neigungen bzw. Böschungen ägyptischer Bauwerke und architektonische Strukturen generell in Winkelgraden anzugeben, verdeckt
leider die Tatsache, dass die Ägypter stets versuchten, bei ihren Bauprojekten eine Schräge immer durch ein möglichst einfaches Verhältnis auszudrücken. Sie haben derartige Winkel innerhalb ihres
Maßsystems – ähnlich wie die Böschungsverhältnisse der Pyramiden – in der Regel auf ganzzahlige Seked-Werte gebracht. Im vorliegenden Fall des absteigenden Korridors entspricht der Winkel
von 26,5 Grad fast genau einem Seked von 14 Handbreiten. Die
Wahl dieses Neigungswinkels entsprach den bautechnischen Erfahrungen, die die Ägypter bei den Snofru-Pyramiden gewannen, und
wurde bei fast allen Pyramiden des Alten Reiches innerhalb einer
gewissen Toleranzgrenze auffallend konstant beibehalten.

	Neigung der Grabkorridore [Grad]	Seked [Hände (H), Finger (F)]	Umfang der Grabkorridore (Höhe, Breite) [Ellen (E), Hände (H), Finger (F)]
Knick-Pyramide	25,4	14H 3F	2E 3F/2E
Rote Pyramide	27,9	13H 1F	2E 1H 2F/2E
Cheops-Pyramide	26,5	14H	2E 2H/2E 2F

Tab. 5: Neigungen und Abmaße der absteigenden Grabkorridore der
Knick-, Roten und Cheops-Pyramide.

Ich bin schon in früheren Publikationen näher auf die Umstände
eingegangen, wie es die ägyptischen Steinbrecher und Bergarbeiter
fertig gebracht haben, das unterirdische Kammersystem aus dem
Fels zu meißeln. Gleichzeitig habe ich aber auch auf die Probleme
hingewiesen, die diese Arbeiten mit sich brachten.[22] Deshalb hier
nur so viel: Zu Cheops' Zeiten war die Errichtung eines engen
unterirdischen Korridorsystems eine lösbare Aufgabe für die Ägypter, die auf eine lange Tradition im Bergbau und auf die Erfahrung

beim Ausmeißeln unzähliger Felsengräber zurückblicken konnten. Sie glaubten, für die bevorstehenden Ausschachtungsarbeiten im »Felsen von Giza« bestens gerüstet zu sein. Nur so kann man sich heute erklären, dass es nur schichtweise jeweils zwei, parallel arbeitende Männer fertig brachten, den engen Korridor über 80 Meter schräg im Felsboden auszuheben, ehe sie an seinem Ende – knapp 30 Meter unter dem Bodenniveau – noch damit begannen, eine Kammer aus dem Gestein zu schlagen. Doch trotz ihrer umfangreichen Erfahrungen, trotz ihres Fortschrittes beim Ausschachten, hatten die Ägypter wohl schon früh bei ihren Arbeiten in diesem Abschnitt mit erheblichen Problemen zu kämpfen: Mit jedem Meter, den sie tiefer ins Giza-Plateau eindrangen, wurde auch ihre Atemluft weniger, näherte sich langsam, aber stetig einer bedrohlichen Knappheit. Die Staub- und Rußentwicklung – hervorgerufen durch die Bearbeitung der Kalksteinwände und durch die zur Beleuchtung notwendigen Öllampen – nahm nach einer bestimmten Länge des Korridors derart zu, dass die Bergleute ihrer Arbeit kaum mehr ordnungsgemäß nachgehen konnten. Ein derartiges Problem war den Ägyptern nicht unbekannt, kam in dieser Situation vermutlich auch nicht überraschend und hatte sie in der Vergangenheit schon mehrfach angeregt, Sicherheitsmaßnahmen zu treffen. In den Kammersystemen der Djoser- und Sechemchet-Pyramide aus der 3. Dynastie, deren Grabkammern ähnlich tief wie die der Cheops-Pyramide im Felsen gebaut wurden, stießen die Archäologen auf vertikale Schächte, über die während der unterirdischen Ausschachtungsarbeiten genügend Frischluft zugeführt werden konnte. Ein derartiger Belüftungsschacht war sicherlich auch in den ersten Konstruktionsplänen der Cheops-Pyramide enthalten, seine Ausschachtung wurde infolgedessen irgendwann eingeleitet. Zu welchem genauen Zeitpunkt man sich jedoch entschloss, ihn zu bauen – ob schon parallel zur Errichtung des absteigenden Korridors oder erst als die mangelnde Luftzufuhr im Herzen des Giza-Plateaus zu einem ernsthaften Problem wurde –, kann heute nicht mehr schlüssig rekonstruiert werden. Auf jeden Fall muss man davon ausgehen, dass es den Untertagearbeitern nur unter äußersten Anstrengungen gelang, im Anschluss an die Errichtung des absteigenden Korridors noch ein fast neun Meter langes horizontales Gangstück aus dem Felsen zu schlagen und weite Teile der Felsenkammer auszuschachten, bevor die Arbeiten endgültig eingestellt wurden.

Der rettende Luftschacht

Nach dem heutigen Stand der Forschung war das Giza-Plateau kein jungfräuliches Areal, als Cheops seine Bauarbeiter aufmarschieren ließ. »Mastabagräber der 1. bis 3. Dynastie säumten die Abhänge, unter ihnen Prinzen- oder Fürstengräber der 1. Dynastie auf den beherrschenden Hügeln. Sie wurden bei den Steinbrucharbeiten im nordöstlichen Bereich rücksichtslos beseitigt, darunter vielleicht auch ein Grab, dessen Schacht unter der Pyramide selbst gelegen war und dabei aufgefüllt wurde, falls es nicht eine natürliche Felsgrotte gewesen ist.«[23]

Was der deutsche Pyramidenexperte Rainer Stadelmann hier anspricht, ist ein etwa drei bis vier Meter langer, senkrechter und mit »18×20 cm großen, gut behauenen Steinen«[24] verkleideter Schacht, an dessen südlichem Ende sich im Felsstumpf – ungefähr drei Meter über dem Bodenniveau – ein unförmiger Hohlraum befindet. In der Fachliteratur gab man Schacht und Hohlraum wider besseres Wissen die Bezeichnungen »Brunnenschacht« und »Grotte«. Laut Georges Goyon kann das solide verarbeitete Mauerwerk nicht von Plünderern stammen; er glaubt aber auch nicht, dass die Erbauer der Cheops-Pyramide hier ihre Finger mit im Spiel hatten. Demzufolge hält er – im Gegensatz zu Stadelmann, der den Hohlraum »wohl eher« für »ein uraltes Karstloch« hält, »das auf jeden Fall beim Bau vermauert«[25] werden musste – Schacht und Hohlraum für Teile einer »alten, verlassenen Mastaba«.[26]

Ich persönlich bin in dieser Frage zwiegespalten und kann ohne einen eigenen Eindruck von der Situation vor Ort keine verbindliche Bewertung abgeben. Ob dies überhaupt jemals möglich sein wird, ist außerdem zweifelhaft. Wer die zur Verfügung stehenden Schnittzeichnungen dieser geheimnisvollen Struktur näher studiert, wird feststellen, dass der Hohlraum in den letzten Jahrtausenden seine ursprüngliche Form und Gestalt aufgrund der Aktivitäten unzähliger Schatzräuber weitgehend eingebüßt hat. Nur noch ein mysteriöser, sorgsam behauener Granitblock, der inmitten des Hohlraumes liegt, deutet auf seine bewegte und geheimnisvolle Vergangenheit hin. Ich verstehe ihn als einen kleinen Wink, als eine Art Herausforderung an die moderne Archäologie, dort ihre High-Tech-Instrumente zu installieren und nach bislang übersehenen Spuren zu fahnden, um diesem Geheimnis der Cheops-Pyramide endlich auf die Spur zu kommen.

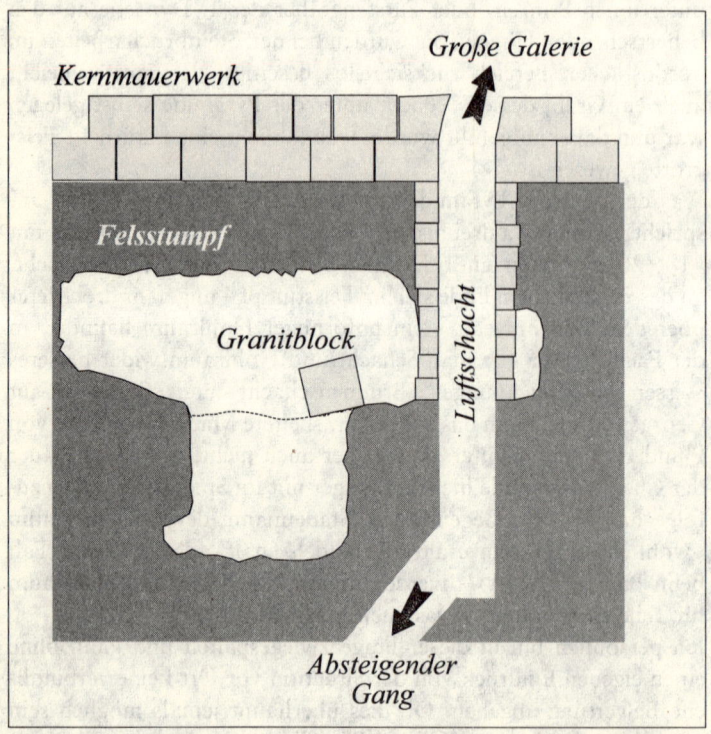

Grafik 11: Die Situation an der so genannten Grotte, an der nördlich der Luftschacht vorbeiführt. Die Passage des Schachtes wurde bis zum Kernmauerwerk der Pyramide gemauert. (Skizze nach Maraglioglio und Rinaldi)

Doch zurück zu den Bauarbeiten an der Cheops-Pyramide, zum Problem der erschwerten Untertagetätigkeiten: Hinsichtlich des zu konstruierenden Luftschachtes für Cheops' nach Luft schnappenden Arbeitern im absteigenden Korridor ist es aus heutiger Sicht eher unerheblich, die kausale Frage der Errichtung dieser Hohlraumstrukturen (»Grotte« und Schacht) zu erörtern, entscheidend sind nur ihre Existenz, Lage und Funktion.

Es kann hierbei nicht als Zufall gewertet werden, dass diese etwa 78 Meter von der nördlichen Pyramidenkante entfernten und noch im Felskern befindlichen Ausschachtungen fast auf einer Nord-Süd-Linie mit dem absteigenden Korridor liegen, sozusagen parallel und bis auf wenige Meter Abstand auf einer Fluchtlinie in den Felsen gebaut wurden. Ganz im Gegenteil. Nach meiner Auffassung bekam der senkrechte, nur 68×68 Zentimeter große Schacht eine Schlüsselrolle im Kampf um das unterirdische Kammersystem zugedacht, wurde unabhängig von seiner ursprünglichen Aufgabe lebensnotwendig für die Untertagearbeiter: Falls der Schacht tatsächlich schon vor dem Bau des Kammersystems existierte, bot er einen idealen Ausgangspunkt für einen auf den absteigenden Korridor zuführenden Luftkanal und wurde infolgedessen schon frühzeitig in die Baupläne der Architekten integriert. Gab es dagegen kein Mastabagrab an dieser Stelle, wurden Hohlraum und Schacht von Cheops' Arbeitern als erster Teilabschnitt des Luftkanals konzipiert, wobei man sich hierbei allerdings die generelle Frage stellen muss, warum dieser Bereich senkrecht und nicht wie alle späteren Passagen mit einer gewissen Neigung errichtet wurde. Wie dem auch sei, das Resultat bliebe das gleiche: Der senkrechte Schacht im Felskern wurde zu einem festen Bestandteil des Luftkanals.

Die Struktur des Luftschachtes ist heute bestens bekannt. Wie die archäologischen Forschungen gezeigt haben, wurde der gemauerte Schachtabschnitt um über vier Meter nach unten im Felskern verlängert und von dort aus unter einem Winkel von etwa 55 Grad (Seked von fünf Handbreiten) in südlicher Richtung in die Tiefe geführt. Dabei – und dies ist das wirklich Erstaunliche an diesem Schacht – konstruierten die Architekten ihn auf dem Reißbrett ursprünglich derart präzise, dass er nach etwa 43 Meter Länge genau dort auf den absteigenden Korridor stoßen sollte, wo dieser in die Horizontale übergeht. Diese mit einer hohen Perfektion geplante und fast ausgeführte Annäherung von zwei winzigen Schächten im massiven Felsen zeugt meines Erachtens vom hohen Stand der damaligen Konstruktionslehre und zeigt zum wiederholten Male, zu welchen Taten die ägyptischen Bauarbeiter vor über 4500 Jahren fähig waren. Und nicht zuletzt ist dies wiederum ein sicheres Zeichen dafür, dass die Ägypter über ausgeklügelte Baupläne verfügten, ohne die eine derartige Ausführung wohl undenkbar gewesen wäre.

Nicht unerwähnt darf an dieser Stelle auch die unglaubliche Kraftleistung, diese unmenschlich wirkende Aufgabe der einzelnen Arbeiter bleiben, die sich in dem winzigen Tunnel, der jeweils nur einem Mann Platz bot, durch den Felsen bohrten. Speziell diese Tätigkeit – ungleich schwieriger als die im absteigenden Korridor – verdient höchste Anerkennung, aber auch tiefes Mitleid, zumal die Arbeiter im Luftschacht unter immensem Zeitdruck gestanden haben müssen.

Die Lage und Struktur des unteren Bereichs des Luftschachtes deuten es an: Die Situation der Ausschachtungsarbeiten in der Felsenkammer wurde von Tag zu Tag dramatischer, die Luft kaum noch atembar, die einzelnen Arbeitsschichten immer kürzer.[27] Ein weiterer Rückschlag in der langen Baugeschichte der Pyramiden bahnte sich an, falls der Luftschacht nicht rechtzeitig fertig werden würde. So änderten die Architekten ihre Konstruktionspläne. Um die Arbeiten im Luftversorgungsschacht schneller voranzutreiben, um ihn schon früher auf den absteigenden Schacht treffen zu lassen, entschlossen sie sich, seinen Weg abzukürzen. Als sein schräger, auf den Schnittpunkt mit dem absteigenden Korridor zuführender Teilabschnitt eine Länge von etwa 26 Metern erreicht hatte, änderte man seinen Neigungswinkel drastisch auf 75 Grad (Seked von ungefähr zwei Handbreiten) ab und baute den Schacht in aller Eile weiter. Infolgedessen erreichte er schon nach fast zehn Metern den absteigenden Korridor; die Bauarbeiter ersparten sich sieben zusätzliche Meter und damit viele harte Arbeitstage. Den nur etwa einen Meter hohen Durchbruch zum absteigenden Korridor, den

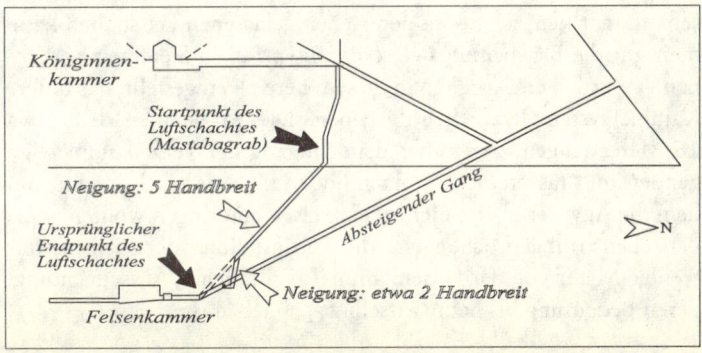

Abb. 18: Das untere Ende des Luftschachtes im absteigenden Korridor.

der Italiener Giovanni Caviglia im Jahr 1817 bei Freilegungsarbeiten wiederentdeckte, kann man noch heute – falls die Pyramidenwächter den Abstieg in die Felsenkammer erlauben – nach etwa 98 Metern Wegstrecke auf der rechten Seite des Ganges sehen.

Königinnen-
kammer

Startpunkt des
Luftschachtes
(Mastabagrab)

Neigung: 5 Handbreit

Absteigender Gang

N

Ursprünglicher
Endpunkt des
Luftschachtes

Neigung: etwa 2 Handbreit

Felsenkammer

Grafik 12: Die Konstruktion des Luftschachtes und seine Planänderung.

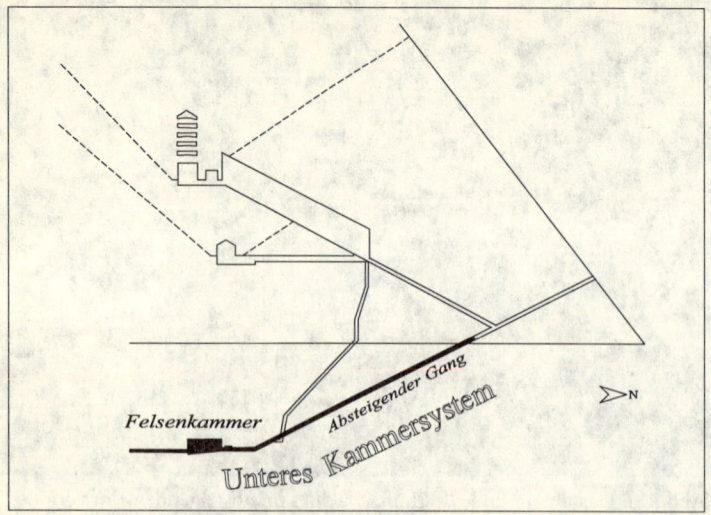

Grafik 13: Das gesamte bislang bekannte Kammer-, Gang- und Schacht-system der Cheops-Pyramide. Der schwarz hervorgehobene Bereich markiert die erste Bauphase des Kammersystems.

Doch wie das Schicksal es wollte, kam die Rettungsaktion entwe-der zu spät oder hatte auf längere Sicht nicht den gewünschten Erfolg. Wie der nur teilweise bearbeitete westliche Bereich der Fel-senkammer klar zeigt – an den stehen gelassenen Felsspalten kann man gut die Bearbeitungsweise der ägyptischen Steinmetze erken-nen –, wurden die Arbeiten in diesem Bereich eingestellt, das untere Kammersystem letztlich aufgegeben. Die Arbeiten in dem etwa 16 Meter langen, gegenüber dem Eingang der Felsenkammer lie-genden und fast geradlinig nach Süden orientierten Korridor, mit dem die Ägypter noch tiefer in den Felsen eindringen wollten, wur-den ebenso abgebrochen wie die Fertigstellung der kleinen, nur wenige Meter von der Felsenkammer befindlichen Ausschachtung, deren Bedeutung bis heute rätselhaft geblieben ist.

Abb. 19: Blick in den blind endenden Korridor, der an der Südostecke der Felsenkammer nach Süden führt. Er gehörte zur ersten Bauphase und sollte den unterirdischen Kammerbereich noch tiefer in den Felsen führen.

Konstruktionsdaten des ersten Bauabschnittes:

	Neigungs-winkel [Seked]	Länge [Ellen]	Breite [E, H, F]	Höhe [E, H, F]
Absteigender Korridor	14 Handbreit	140	2E 2F	2E 2H
Felsenkammer	–	16	26 3/4 E	ca. 8 1/2 E
Verlängerungsschacht	–	ca. 31 1/2	2E	2 1/4 E

Damit war das Unternehmen »Luftschacht« aber noch nicht abgeschlossen, zwang doch die Aufgabe des unteren Kammersystems die Ägypter zu einer Planänderung der Grabräume und ihrer Sicherung in der Pyramide, die auch den Luftschacht betraf: Mit dem Aufbau des unteren Pyramidenstumpfes wurde nun die Errichtung eines zweiten, oberirdischen Kammerbereichs eingeleitet. Infolge dieser Baumaßnahmen verlängerte man den ursprünglichen Luftschacht durch das Kernmauerwerk der Pyramide um etwa 15 Meter nach oben, wo er schließlich in einer Höhe von 22 Metern über der Pyramidenbasis im oberen Korridorsystem endet. Die Architekten hatten für ihn in Zusammenhang mit der Blockierung des oberen Kammersystems eine besondere Aufgabe parat, auf die ich aber erst in Teil III näher eingehen werde. Bis zur endgültigen Fertigstellung des Schachtes war es nämlich noch ein weiter Weg, musste noch eine beachtliche Hürde genommen werden.

7 Die natürliche Höhengrenze

Wir leben in einer begrenzten Welt, und zwar in jeder Hinsicht. Bestimmt durch die innere Struktur unseres Universums sind allen erkennbaren Objekten natürliche Grenzen gesetzt. Das Licht kann sich z. B. nicht schneller als mit knapp 300 000 Kilometer pro Sekunde fortbewegen, Sterne können nur unter eingeschränkten Bedingungen geboren werden, existieren und wieder vergehen. Allen bekannten Spezies auf unserer Erde ist genetisch ein relativ kleines Lebensintervall gegeben, Berge können eine bestimmte Höhe niemals überschreiten, weil die Gravitation sie genauso in Schach hält und ihr Wachstum diktiert, wie sie auch die für uns so lebenswichtige Atmosphäre am Planeten bindet.

Selbst die als unverwüstlich geltenden Schwarzen Löcher, jene in Raum und Zeit versteckten, hyperschweren Überreste einst kollabierter Sterne, die jegliche Materie in ihren Bannmeilen absorbieren, lösen sich nach Äonen auf und geben ihre Innereien in Form von Energie wieder frei. Und so wie unser gesamtes Weltall – glaubt man der modernen Kosmologie – vielleicht auf Endlichkeit programmiert ist, schrumpfen und einem Kollaps erliegen wird, hat auch jeder von uns nur eine kleine Zeitspanne zur Verfügung, in der unsere Handlungen wiederum in der Regel nur begrenzte Wirkungen zeigen können.

Ebenso wie wir wurden auch die alten Ägypter, auch wenn sie im Geiste auf eine ewig während Fortdauer und Unsterblichkeit ihrer Seele im Jenseits hofften, zu allen Zeiten mit der Beschränktheit ihrer Möglichkeiten konfrontiert. Daran hat sich bis heute nichts geändert. Auch wenn wir Astronauten auf den Mond geschickt haben und unsere Ärzte nunmehr in der Lage sind, Krankheiten zu heilen, die noch vor Jahrhunderten Millionen dahinrafften, ist unsere Welt, sind unsere Möglichkeiten scheinbar noch immer ebenso begrenzt wie die unserer archaischen Vorfahren: So wie moderne Architekten ihre Hochhäuser zwar bis an die Wolken zu bauen scheinen, aber auch sie an gewissen Höhengrenzen kapitulieren, haben die ägyptischen Pyramiden eine bestimmte Höhe nie überschritten.

Die Materialien und Arbeitstechniken mögen sich in den Jahrtausenden auf den Baustellen dieser Welt geändert haben, die grundsätzlichen Probleme sind aber geblieben. Vor über 4500 Jahren waren beispielsweise die Möglichkeiten beim Bau der Cheops-Pyramide, die schweren Steine zu bewegen, begrenzt. Es gibt bislang leider keinerlei authentische oder später aufgezeichnete antike Berichte darüber, wie die Ägypter es praktisch fertig brachten, die Pyramiden zu errichten, wie die Steine Lage für Lage nach oben transportiert wurden. Keiner der in den letzten Jahrzehnten innerhalb der modernen Ägyptologie vorgelegten Lösungsansätze für dieses Problem konnte durch aussagekräftige Befunde an den Pyramiden erhärtet oder widerlegt werden. Dieser »Status quo« beherrscht nach wie vor die Pyramidenforschung, lähmt sie regelrecht und vermittelt den Laien teilweise ein verzerrtes Bild von der aktuellen Forschungslage. Aufgrund einer einseitigen und unzureichenden Veröffentlichungspolitik – viele Diskussionen zu diesem Thema werden nur auf der Ebene der Fachmagazine geführt, ihre Aussagen und Erkenntnisse erreichen kaum die Öffentlichkeit – gewinnen immer mehr Nichtägyptologen den Eindruck, dass die Ägyptologen in Sachen Pyramidenbau größtenteils noch im Dunkeln tappen. Dies ist jedoch nicht der Fall, wenn man sich die Mühe macht, tiefer in die Materie einzudringen, das Problem vor allem differenzierter zu untersuchen. Während sich das Rätselraten um das Transportproblem im Pyramidenbau ausschließlich auf den oberen Bereich des Bauwerks beschränkt, lässt sich die Fragestellung aufgrund der um die Baustelle vorherrschenden topographischen Bedingungen, der Lage der Steinbrüche und unter Verwendung einfachster Rampenmodelle zumindest bis zu einer bestimmten Höhe der Cheops-Pyramide lösen.

Die Theorie kommt vor der Praxis

Durch ihre lange Bauerfahrung haben sich die mathematisch versierten ägyptischen Bauleiter sicherlich auch auf theoretischer Basis eingehender mit dem Transportproblem beim Pyramidenbau auseinander gesetzt, haben sich mit der Massenverteilung in einer

Pyramide beschäftigt, bevor sie diese riesigen Steinbauten errichteten. Dabei dürfte ihnen – bedenkt man, dass sie immerhin in der Lage waren, einen beliebig hohen Pyramidenstumpf rechnerisch exakt zu bestimmen – die aus moderner Sicht fast trivial wirkende Erkenntnis nicht entgangen sein, dass sich das Volumen einer Pyramide aufgrund ihrer Form alles andere als gleichmäßig verteilt.[28]

Um sich einen Eindruck zu verschaffen, wie sich das Wachstum einer Pyramide von der untersten Plattform über jede Phase des Pyramidenstumpfes bis hin zur Spitze verändert, benötigten sie – wie wir heute auch – eine »Relation« der korrespondierenden Größen, letztlich eine Grafik, die bildlich machte, wie der Pyramidenkörper mit steigender Höhe zunahm.

Diese Zuwachsrate des Volumens eines Pyramidenstumpfes in Abhängigkeit zu seiner Höhe kann im Zeitalter der Computer als Formel wie auch als Funktionsgrafik folgendermaßen dargestellt werden:

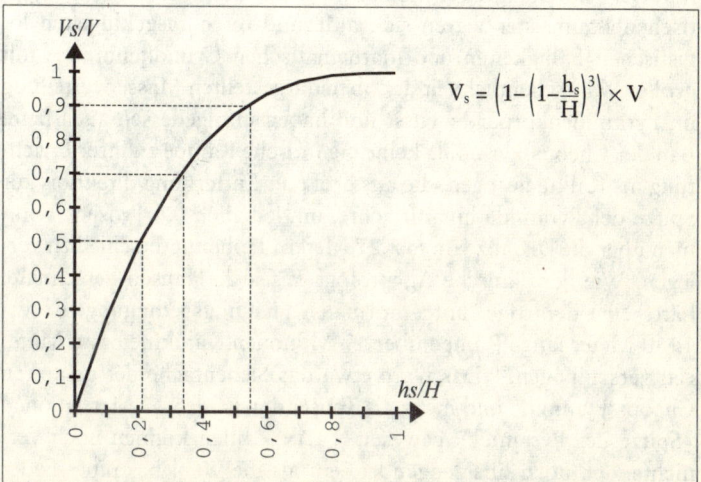

$$V_s = \left(1 - \left(1 - \frac{h_s}{H}\right)^3\right) \times V$$

Grafik 14: *Vertikale Achse:* Verhältnis des Volumens eines Pyramidenstumpfes V_s (bis zur Stumpfhöhe h_s) zum Pyramiden-Gesamtvolumen V. *Horizontale Achse:* Verhältnis der Höhe des Pyramidenstumpfes h_s zur Pyramiden-Gesamthöhe H.

Die Abbildung zeigt eindeutig, dass der theoretische Bau- und Arbeitsverlauf nicht linear vor sich ging. Am Anfang eines jeden Bauprojektes mussten demnach große Steinmassen bewegt werden, gegen Ende der Bauphase dagegen nur noch wenige, unabhängig davon, dass die Transportschwierigkeiten zunahmen, je höher man die Steine verlegen musste.

Wendet man die Ergebnisse dieser Massenverteilung konkret auf die Cheops-Pyramide an, erkennt man, dass ihr weitaus größter Teil schon bis zu einer Höhe von 50 Metern verbaut wurde. Hatten die ägyptischen Bauarbeiter damals eine Höhe von 120 Metern erreicht, waren bereits fast 99,4 Prozent des gesamten Pyramidenvolumens verlegt. Das Restvolumen der verbleibenden, etwa 27 Meter hohen »Pyramidenspitze« liegt folglich in der Größenordnung von unter einem Prozent.[29]

Dieses Ergebnis hat einen interessanten und weitreichenden Nebeneffekt, schließt es doch die Verwendung eines speziellen Rampenmodells beim Bau großer Pyramiden fast kategorisch aus: Die ägyptischen Baumeister waren sich aufgrund ihrer ausgeklügelten logistischen Fähigkeiten und mathematischen Grundkenntnisse mit großer Wahrscheinlichkeit der oben dargestellten Massenverteilung im Pyramidenkörper bewusst und haben infolgedessen auch beim Bau der Cheops-Pyramide keine gigantische Rampe zu ihrer Errichtung ins Kalkül gezogen, die aus größerer Entfernung direkt bis zur Spitze der Pyramide hinaufreichte, um lediglich 0,6 Prozent Volumen über die Distanz von fast 27 Metern Höhenunterschied zu verlegen. Wie der dänische Ägyptologe P. Garde-Hansen berechnete, hätte eine derartige, unter normalen Steigungsbedingungen etwa 1460 Meter lange Rampe über 17 Millionen Kubikmeter an Material verschlungen.[30] Das wäre etwa das Siebenfache der gesamten Cheops-Pyramide und mehr als Tausendfache der 27 Meter hohen »Spitze der Pyramide« gewesen. Fazit: Zahlen können noch vernichtender, noch überzeugender sein als die wohl bekannte Feder eines Schreibers.

Während die Ausschachtungsarbeiten im Felsen auf Hochtouren liefen, begannen die Ägypter mit Hilfskonstruktionen aus Steinen, Sand, Ziegeln und Mörtel die Pyramide in die Höhe zu ziehen.

Spätestens ab diesem Zeitpunkt standen sie ständig vor dem Problem, die Steigungen und stabilisierenden Faktoren der Rampen oder sonstigen Transportwege konstant zu halten, sie gegebenenfalls durch schnelle Modifikationen der wachsenden Höhe der Pyramide anzupassen. Dies führt uns zwangsläufig zu der Frage, wie steil die Ägypter ihre Rampen auf dem Giza-Plateau konstruieren konnten, um einen »reibungslosen« Steintransport im unteren Pyramidenbereich zu gewährleisten. Heutzutage billigen die Ägyptologen in ihren Berechnungsmodellen den Baurampen Steigungen zwischen fünf und 16 Prozent zu, doch es existiert bei Abydos eine pyramidale Ruine, an der die Reste von kleinen Transportrampen entdeckt wurden, die noch höhere Steigungsverhältnisse aufweisen.

Die Stufen-Pyramide von Abydos

Jedem Ägyptenreisenden, der schon einmal auf einer ausgedehnten Rundreise durch das Land der Pharaonen war, ist die alte oberägyptische Stadt Abydos sicherlich noch in guter Erinnerung. Dort, etwa 90 Kilometer nordwestlich von Luxor nahe dem Dorf El-Araba, liegt am westlichen Ufer des Nil einer der ältesten Kultplätze Ägyptens. Schon zu Beginn des dritten vorchristlichen Jahrtausends nahm dieser Ort neben dem damaligen Landeszentrum Memphis eine herausragende Stellung im pharaonischen Toten- und Verehrungskult ein. Bis in die letzte ägyptische Blütezeit – das so genannte Neue Reich (18. Dynastie – 20. Dynastie, um 1570–1070 v. Chr.) – hinein entstanden in der näheren Umgebung der abydenischen Nekropole eine Reihe königlicher Tempelanlagen, deren monumentale Ruinen noch heute zu bewundern sind. Vor allem der Tempel Sethos' I. gilt als Paradebau einer neuen ägyptischen Architektur des 2. vorchristlichen Jahrtausends, als Lehrstück pharaonischer Baukunst.

Keiner der unzähligen Rundreisetouristen, die Abydos in Richtung Luxor/Theben verlassen, ahnt aber auch nur im Entferntesten etwas davon, dass sich knapp sechs Kilometer südlich der Stadt die Reste einer kleinen Stufen-Pyramide aus dem Alten Reich befinden. In der Nähe des kleinen Dorfes Naga Ahmed Khalia, keine 300 Meter

vom Rand des Fruchtlandstreifens entfernt, erhebt sich die Ruine
der etwa vier Meter hohen Pyramide; ein Überbleibsel aus einer bisher nur wenig beleuchteten Epoche des Pyramidenbaus. Dieses
Bauwerk – von dem schon der Ägyptologe James Edward Quibell
Anfang dieses Jahrhunderts zu berichten weiß[31] – wurde erst in den
70er Jahren wiederentdeckt und zwischen 1980 und 1981 durch
das Deutsche Archäologische Institut unter der Leitung von Günter
Dreyer systematisch untersucht.[32]
Die Pyramide, deren mittlere Basislänge die Ägyptologen mit knapp
19 Metern angeben, besteht aus grob behauenen Kalksteinblöcken
und wurde in der für die Frühzeit des Altes Reiches typischen Schalenbauweise errichtet. Sie blieb unvollendet, worauf neben dem
Fehlen jeglicher Verkleidungssteine vor allem die Reste ihrer Baurampen hindeuten, die die Ausgräber in der Mitte aller vier Seiten
der Pyramide freilegten. Ein bisher einmaliger Fall im Pyramidenbau und ein Befund mit wohl weitreichenden Folgen.
Wie man dem Grabungsbericht entnehmen kann, bestehen die
Rampen »aus einer Kiesschüttung, die seitlich mit Ziegelmauern
bzw. einer Steinpackung und Ziegelmauern darüber befestigt sind.
Am besten erhalten ist die Rampe auf der Ostseite, die mit einer
Höhe von 1,35 m noch bis zur 6. Steinlage ansteht und sich über
eine Länge von 12 m verfolgen lässt.« Die Steigungswinkel der
Rampen geben die Ausgräber mit bis zu 16 Grad (ca. 29 Prozent)
an und verweisen darauf, dass sie sicher »für den Stein- und Mör-
teltransport im Zuge der gleichzeitigen Anlage von Kernbau, 1. und
2. Schale« benutzt wurden. Im Verlauf der Grabungen wurde
weiterhin festgestellt, dass sich die Steine auf den Rampen »ohne
besondere Hilfsmittel durch Rollen oder Schleifen mit einem umge-
legten Zugseil gut transportieren« ließen.[33]
Dies sind überaus bemerkenswerte Aussagen, die mich vermuten
lassen, dass bei niedrigen Höhen derartig steile Rampen generell im
Pyramidenbau im Einsatz gewesen sein können. Beispielsweise im
Fall der Roten Pyramide könnte man somit auch den raschen Baufortschritt der ersten neun Meter erklären.
Bleiben wir aber noch einen kleinen Augenblick in Abydos, denn
die Stufen-Pyramide birgt noch ein ganz anderes Geheimnis, das ich

niemandem vorenthalten möchte. Lassen Sie uns einen kleinen Seitenblick auf den »Mythos Pyramide« werfen, der auch ein anderes Gesicht des Pyramidenbaus zeigen wird.

Monumente der Macht?

Im Allgemeinen ist das Funktionsbild der ägyptischen Pyramiden – egal in welcher Größe und Form sie sich präsentieren – in der Öffentlichkeit klar umrissen. Sie dienten in der klassischen Pyramidenepoche den Königen und ihren Gemahlinnen als Grabmäler, als »Tore in die Ewigkeit«. Ausgestattet mit zum Teil überaus komplexen Kammersystemen, sollten diese überdimensionalen steinernen Grüfte ihre sterblichen Überreste und eine Reihe unverzichtbarer Grabbeigaben für alle Zeiten – und für ein unsterbliches Leben im Reich der Götter – schützen. Dieses Bild scheint aber unvollständig zu sein. Wie die kleine Pyramide von Abydos vermuten lässt, hatten zumindest einige dieser Bauwerke noch eine ganz andere Aufgabe.

Die Erforschung der Abydos-Pyramide und ihrer Umgebung führte zu dem überraschenden Resultat, dass sie weder ein Kammersystem noch irgendwelche – sonst für Grabmäler und den damit zusammenhängenden Totenkult notwendige – Umgebungsbauten besitzt. Diese Stufen-Pyramide ist demnach ein durch und durch kompaktes Gebilde. Lediglich zwei »Grabräuberstollen« aus der Spätzeit wurden durch das Mauerwerk getrieben. Sie enden blind im Stein, und die Grabräuber mussten sich wohl eingestehen, ihr Glück am falschen Objekt versucht zu haben. Auch die von den Forschern im näheren Umfeld der Pyramide lokalisierten 14 Bestattungen – deren zeitliche Datierung vom Alten Reich bis in die Neuzeit reicht – werden aufgrund ihrer räumlichen Verteilung in keinem direkten Bezug zur Pyramide gesehen.[34] Dies kann nur bedeuten, dass die Stufen-Pyramide von Abydos nicht als Grabpyramide konzipiert und gebaut wurde. Sie war ursprünglich keine Begräbnisstelle, der Ort bot sich wohl für spätere Grablegungen in ihrer Umgebung »in erster Linie wegen des Herausragens der Ruine in der flachen Wüstenlandschaft«[35] an.

Dieser ungewöhnliche Befund in der Pyramidenarchitektur ist kein Einzelfall. Den Ägyptologen sind heute sechs weitere, massiv gebaute und nicht als Grabmäler konzipierte Stufen-Pyramiden bekannt. Sie befinden sich in der Nähe der Ortschaften Seila, Zawjet el-Meitin[36], Ombos, Hierakonpolis, Edfu und Elephantine, also entlang des Nil zwischen der Oase Faijum und dem ersten Katarakt bei Assuan. Auffällig ist hierbei, dass alle sieben Stufen-Pyramiden offenbar entlang der Flussrichtung orientiert wurden und einen quadratischen Grundriss aufweisen. So wie in keiner dieser Pyramiden bisher der kleinste Hinweis auf die Existenz eines Kammersystems gefunden wurde, blieb auch die Suche nach Resten irgendwelcher Umgebungsbauten meist erfolglos. Zu dieser Übereinstimmung gesellt sich zudem der Umstand, dass alle sieben Pyramiden durch ihre Bauausführung die Vermutung nahelegen, dass sie zu ein und derselben Zeitepoche gehören. Die deutschen Ägyptologen Günter Dreyer und Werner Kaiser glauben sogar, dass die meisten von ihnen »nach einem gemeinsamen Grundplan errichtet worden sind und damit in einem sehr eng begrenzten Zeitraum, eventuell sogar auf Anordnung ein und desselben Königs«.[37] Diesen König glauben sie schließlich in Huni, jenem bislang nicht greifbaren letzten Pharao der 3. Dynastie, gefunden zu haben. Falls Huni, dessen Grabanlage die Ägyptologen noch nicht lokalisieren konnten, wirklich diese kleinen Pyramiden in Auftrag gegeben hat, stellt sich die Frage, zu welchem Zweck?

Heute vermutet man, dass die massiven Stufen-Pyramiden womöglich Machtsymbole waren, die sich in Sichtweite königlicher Wohnsitze – immerhin waren Edfu, Ombos, Hierakonpolis, Abydos und Elephantine wichtige Kultplätze in Oberägypten – entlang des Nil befanden. Eine Bestätigung dafür, dass die Errichtung derartiger pyramidaler Wahrzeichen auf die Existenz nahe liegender königlicher Wohnsitze zurückzuführen ist, dürfte »am ehesten in Elephantine möglich sein, wo diesbezügliche Bauten einerseits nicht im Fruchtland verloren wären, sondern grundsätzlich noch erhalten sein können«[38], und andererseits sich tatsächlich in der Nähe der Stufen-Pyramide Reste von Wohnanlagen aus dem Alten Reich befinden. In diesem Zusammenhang spielt ein im Jahr 1909 nahe der Pyramide entdeckter Rosengranitkonus eine große Rolle, auf dem eine Inschrift existiert, die mit »Palast: (Stirn-)binde des Huni« übersetzt wird. Da sich Günter Dreyer und Werner Kaiser so gut wie sicher sind, dass der Granitkonus »seinen ursprünglichen Platz nur in einer der Außenfronten der Pyramide gehabt haben kann«,[39] sehen die Ägyptologen erstmals einen greifbaren Zusammenhang zwischen einem königlichen Wohnsitz und einer massiven Kultpyramide.[40] Da die Forschungen auf dem Grabungsareal der Nilinsel Elephantine bislang nicht abgeschlossen sind, kann man noch so manche Überraschung erwarten, die womöglich auch endgültige Sicherheit über die Bestimmung der kleinen Stufen-Pyramiden bringt.

Der maximale Höhengewinn

Zurück zu den Bauarbeiten an der Cheops-Pyramide.
Die Zuwachsrate eines Pyramidenstumpfes und die Erkenntnisse aus Dahschur haben uns einen ersten Eindruck von der Baugeschwindigkeit gegeben, womit auch die Fragestellung nach der Methode und der Technik des Höhengewinns im unteren Bereich der Cheops-Pyramide – ähnlich wie bei einer Aufgabenstellung eines mathematischen Lehrsatzes – klar umrissen ist: Auf der einen Seite existieren die Steinbrüche, aus denen das Hauptmaterial für das Kernmauerwerk stammt, auf der anderen Seite die Baustelle der zukünftigen Pyramide. Dazwischen liegt eine Wegstrecke von etwa 400 Metern. Wie hoch würde eine Rampe mit verträglichen Konstruktionsdaten die Cheops-Pyramide hinaufragen und wie viel Volumen könnte man mit ihr verbauen?
Zwei theoretische Fälle will ich kurz vorstellen: Unter Berücksichtigung des Nordsüdgefälles zwischen den Steinbrüchen und dem Grabmal – ungefähr 15 Meter Höhendifferenz (ca. zwei Grad Steigung) – könnten etwa 350 Meter lange Rampen, die im Umfeld des Steinbruches beginnen und direkt auf die Südflanke der Pyramide zulaufen, bei einer in der Fachliteratur oftmals angegebenen zwölfprozentigen Steigung (6,8 Grad) eine Pyramidenstumpfhöhe von ungefähr 27 Metern erreichen. In diesem Stumpf wären etwa 46 Prozent des Gesamtvolumens der Cheops-Pyramide enthalten.

Mit einer aus meiner Sicht noch praktikablen 16 Prozent (9,1 Grad) steilen Rampe wäre es sogar möglich, die Rampe auf eine Stumpfhöhe von 41 Metern zu bauen, in dem schon fast 63 Prozent des Gesamtvolumens enthalten sind.

Den größten Höhengewinn erzielt man allerdings, wenn eine Rampe an eine der Flanken der Pyramide angelegt wird.[41] Diese Variante wurde schon des Öfteren in verschiedenen Ausprägungen in der Pyramidenforschung erörtert und stellt für mich derzeit – nicht zuletzt aufgrund eines bemerkenswerten Befundes auf dem Giza-Plateau – eines der signifikantesten Rampenmodelle für die Errichtung des unteren Pyramidenbereichs dar. Beispiele derartiger Rampen sind indirekt belegbar. So führt beispielsweise eine der beiden Transportstraßen, die von den südwestlich gelegenen Steinbrüchen auf die Rote Pyramide in Dahschur zulaufen, nicht direkt auf das Bauwerk zu, sondern scheint an ihm vorbeizuzeigen. Auch in Giza gibt es Hinweise: Wie man aus detaillierten Lageplänen des östlichen Areals der Cheops-Nekropole und von der heute besteigbaren Plattform ihrer südlichen Satellitenpyramide gut erkennen kann, führen zwei parallel verlaufende, bis zu 50 Meter lange, mauerartige Strukturen von Süden auf die kleine Pyramide zu. Hierbei handelt es sich vermutlich um Reste von Stützmauern einer Baurampe, mit der womöglich alle drei Satellitenpyramiden, zumindest aber die südliche, errichtet wurden. Interessanterweise laufen die Mauern aber nicht direkt auf die Südseite der Pyramide zu, sondern – würde man sie in Gedanken verlängern – tangieren sie östlich. Dieser Befund wird sicherlich noch für Gesprächsstoff sorgen. Der Vorteil einer solchen Konstruktion war, dass eine Pyramidenseite stabilisierend und »materialsparend« als eine Flanke der Rampe fungierte und die drei anderen Seiten der Pyramide für die Vermessungen freigehalten werden konnten. Im Fall der Cheops-Pyramide bot sich aufgrund der topografischen und bautechnischen Lage automatisch die Westflanke für eine derartige tangierende Rampe an. Diese Rampe zwischen Steinbruch und Arbeitsplattform könnte unter Ausnutzung der Pyramidenflanke und eines sinnvollen Rangierbereichs eine Länge von ca. 500 Metern erreicht haben. Wie man leicht nachrechnen kann, wäre es mit einer derart langen

und 9,1 Grad steilen Rampe möglich gewesen, eine Pyramidenhöhe
von etwa 65 Metern zu erreichen und somit über 82 Prozent ihres
Volumens zu verbauen.

Hier aber liegt die Grenze, die Schallmauer derartiger Rampenmodelle im unteren Pyramidenbereich. Mit zentral an die Cheops-
Pyramide herangeführten oder an einer Flanke anliegenden Rampen lässt sich keine größere Höhe mehr gewinnen, ohne sie in
Richtung und Steigungswinkel umzulenken. Für die obere Hälfte
der Pyramide mussten die Ägypter ihre Rampen umbauen, modifizieren oder ganz andere Transportmöglichkeiten finden.

Steigung [Prozent]	Steigung [Grad]	(350 Meter Rampe) Pyramidenstumpf		(500 Meter tang. Rampe) Pyramidenstumpf	
		Höhe [Meter]	Volumen [Prozent]	Höhe [Meter]	Volumen [Prozent]
5,6	3,2	4,60	9,2	13	24,3
10	5,7	20	35,6	35	55,9
12	6,8	27	45,7	45	66,7
16	9,1	41	62,6	65	82,8

Tab. 6: Die Höhen und relativen Volumina des Pyramidenstumpfes
zweier Rampenmodelle bei unterschiedlichen Steigungen und Rampen-
längen.

Noch eine abschließende Bemerkung zu den Transportleistungen
auf derartigen Baurampen, die einen ungefähren Eindruck vom
Arbeits- und Menschenaufwand beim Ziehen der schweren Steinlasten geben.

Gewöhnlich wird in der Ägyptologie die Zugkraft auf schiefen
Ebenen über eine Formel berechnet, die das Gewicht der zu trans-
portierenden Last, den Steigungswinkel der Rampe und den Rei-
bungskoeffizienten berücksichtigt.[42] In der Literatur finden sich
diverse Rechenbeispiele, in denen diese drei Grundgrößen beliebig
variiert werden, die aber meines Erachtens allesamt nur untere
Grenzwerte darstellen, da sich die Berechnungen fast ausschließlich
auf eine mittlere Zugkraft von zwölf Kilogramm pro Mann bezie-

hen. Dieser aus dem Bau- und Transportwesen für das durch Menschenkraft bewerkstelligte Ziehen einer Last auf einer Ebene gewonnene Wert erscheint mir bei steigenden Rampenwinkeln als zu hoch, müsste eigentlich mit zunehmender Steigung immer kleiner werden. Doch als unterer Richtwert ist er hinsichtlich der beiden vorliegenden Rampenmodelle durchaus geeignet, lässt ungefähr erahnen, welchen Aufwand der Transport der Schwerlasten erforderte. So lässt sich beispielsweise ermitteln, dass für den Transport einer drei Tonnen schweren Last (Steinblock, Schlitten und Halteseile) auf einer zwölf Prozent steilen Rampe eine Zugkraft von etwa 950 Kilogramm (bei einer verträglichen Gleitreibung auf der Rampe)[43] erforderlich ist. Die Schleppmannschaft besteht dabei aus mindestens 79 Mann. Unter den gleichen Bedingungen lässt sich für eine 16 Prozent steile Rampe schließen, dass 89 Schlepper notwendig sind. Zum Vergleich: Geht man wohl etwas realistischer von einer durchschnittlichen Zugkraft von etwa sieben Kilogramm pro Schlepper auf der zwölf Prozent steilen Rampe aus, so waren schon 136 Mann für den Transport eines beladenen Schlittens vonnöten. Dies lässt vermuten, dass hier zusätzliche Hilfestellungen wie beispielsweise Seilrollen oder flaschenzugartige Konstruktionen eine gewisse Rolle gespielt haben. Ich werde auf diesen Punkt in Teil IV nochmals zurückkommen.

Eine Sache der Seitenwahl

Beide hier dargestellten Rampenmodelle motivieren noch eine ganz andere Fragestellung. Die Position der Steinbrüche südlich der Baustelle und die daraus folgende Orientierung der Transportwege legte meines Erachtens auch indirekt die Richtung der Verlegearbeiten an den einzelnen Steinschichten der Cheops-Pyramide fest. Das heißt, endete eine Rampe oder ein Transportweg an der Westflanke, kann man davon ausgehen, dass die antransportierten Steine zuerst an den anderen drei Seitenrändern verbaut wurden und die Bauarbeiten sich in Richtung Westen orientierten. Endete der Materialtransport dagegen an der Südflanke der Pyramide, begann die Verlegung an der Nordseite und verlief südwärts dem Transportweg entgegen.[44]

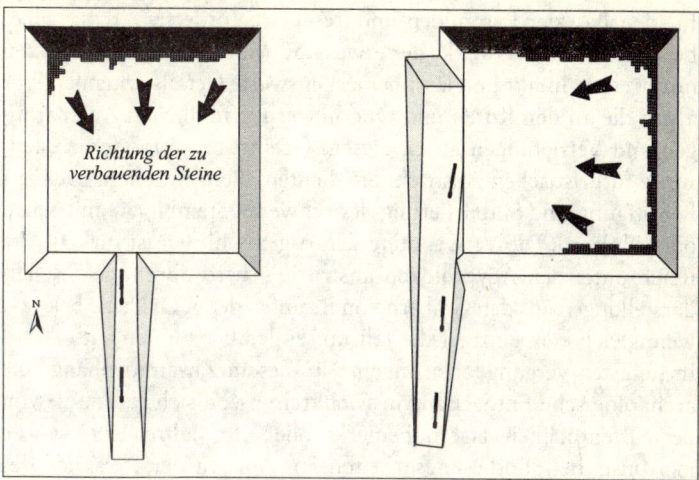

Richtung der zu
verbauenden Steine

Grafik 15: Theoretische Rampenmodelle für den Bau der Cheops-Pyramide und die resultierende Verlegung der Steinblöcke auf der Arbeitsplattform. Links: Zentral auf die Pyramide zugeführte Rampe. Rechts: Rampe an einer Flanke angelehnt.

Ließe sich eines dieser Konstruktionsschemata am Baukörper der Cheops-Pyramide direkt nachweisen, wären die Pyramidenforscher zumindest in der durchaus berechtigten Frage »Von welcher ›Seite‹ wurde die Cheops-Pyramide gebaut?« ein großes Stück vorangekommen. Hierbei versteht es sich fast von selbst, dass auch die Rampenproblematik einen entscheidenden Lösungshinweis erhalten würde. Doch leider gibt es darüber noch keine wissenschaftlichen Erkenntnisse. Etwas anders sieht aber die Situation im Fall der Transportmittel aus.

Die Maschinen des Cheops
Unscheinbar an eine Wand gelehnt und von den Besuchern kaum wahrgenommen, steht in einem Raum des Obergeschosses des Ägyptischen Museums von Kairo eine der »Transportmaschinen«, mit denen die Bauarbeiter des Mittleren Reiches die schweren Lasten

für den Bau der Pyramiden und Tempel beförderten. Trotz seines beachtlichen Alters wirkt der etwa 4,50 Meter lange Holzschlitten noch relativ intakt und lässt bemerkenswerte Details erkennen. Vor allem die an den Kufen und Querhölzern befindlichen Aussparungen und Vertiefungen geben diesem Gefährt einen modernen, teilweise futuristischen Anstrich. Sie dienten allem Anschein nach zur Befestigung und Stabilisierung der schweren Steinblöcke mit Seilen oder Hölzern. Die Verwendung derartiger Schlitten ist für das Alte Reich unter den Ägyptologen unstrittig – wird durch viele Reliefdarstellungen aus den Gräbern von Beamten der 5. Dynastie belegt –, wenngleich kein einziger die Jahrtausende überstanden hat.

In jüngster Vergangenheit machte in diesem Zusammenhang eine archäologische Entdeckung in Fachkreisen von sich reden, die von der Öffentlichkeit fast unbemerkt blieb. Im Jahre 1993 wurde in Abusir bei Sondierungsarbeiten am Aufweg der Pyramide des Sahure, einem König der 5. Dynastie, das Fragment eines Reliefs entdeckt, auf dem 15 Männer mit Seilen in den Händen zu erkennen sind, die – wie eine nicht ganz vollständige Inschrift oberhalb der Darstellung verrät – das Pyramidion der königlichen Pyramide, vermutlich mittels eines Schlittens, ziehen:[45] »... (heranschaffen) des Pyramidion – belegt mit feinem Gold – zur Pyramide ›Die Seele des Sahure erscheint‹ durch die beiden Schiffsmannschaften«.[46]

Hierbei dürfte das einige Tonnen schwere, vermutlich aus Hartgestein bestehende Pyramidion noch zu den Leichtgewichten gehört haben, die mit derartigen Schlitten transportiert werden konnten. War genügend Muskelkraft vorhanden, womöglich auch Zugtiere wie Ochsen oder Esel, und die Schlitten entsprechend groß, robust und belastbar – Eigenschaften, die man den Ägyptern aufgrund ihrer hervorragenden Fähigkeiten beim hölzernen Schiffsbau zubilligen kann –, konnten die bewegten Massen leicht zehn, 20 oder mehr Tonnen wiegen. Das berühmteste Beispiel für einen derartigen Schwertransport im alten Ägypten wurde aus dem Mittleren Reich überliefert. Im Grab des Gaufürsten Djehutihetep in El Bersheh (12. Dynastie, um 1800 v. Chr.) befindet sich ein Relief, auf dem 172 Männer eine fast sieben Meter hohe und knapp 60 Tonnen schwere Alabasterstatue des Grabherrn ziehen. Die Statue steht auf einem riesigen Holzschlitten und ist mit dicken Seilen befestigt. Ein Mann befindet sich auf dem Vorderteil des Schlittens und gießt eine Flüssigkeit vor die Kufen, damit die Reibung erträglicher wird. Jeweils drei weitere tragen Wasserkrüge und einen länglichen »Bremsblock«, »den man horizontal und quer zum Schlitten unter die Schrägflächen der Schlittenkufen«[47] legen konnte.

Diese Darstellung zeigt, dass die Bewältigung extrem großer Gewichte durchaus noch mit Schlitten zu bewerkstelligen war, wenn die Logistik stimmte. Wie allerdings die bis zu 200 Tonnen schweren Steinblöcke, die man in den Pyramidenarealen der 4. und 5. Dynastie findet, bewegt wurden, mit welchen Hilfsmitteln man sie anhob und anschließend passgenau verlegte, lässt sich noch nicht eindeutig sagen. Sicherlich werden hier keine gewöhnlichen Schlitten mehr im Spiel gewesen sein.

In diesem Zusammenhang werde ich des Öfteren auf die Zugseile der Schlitten angesprochen. Viele vermuten, sie waren die schwächsten Glieder in der Kette dieser Massentransporte, konnten den Spannungen und Zugkräften nicht lange standhalten. Dem ist jedoch nicht so. Zugseile – meist aus Papyrus oder Palmfasern hergestellt – besaßen einen Durchmesser von bis zu sechs Zentimetern und bestanden meist aus drei Strängen mit bis zu sieben Fasern.[48] Derartig massive und ineinander verwundene Stränge waren hervorragend für die schweren Transporte der überlebensgroßen Statuen und Steinblöcke geeignet.

Rollend über die Baustelle?

Bleiben wir noch einen Augenblick bei den Transportmitteln der Ägypter. Im letzten Jahr wurde in einigen großen Berliner Tageszeitungen wieder ein in der Ägyptologie schon lange bekanntes, aber kaum beachtetes »Gerät« ins Gespräch gebracht, das seitdem von nicht wenigen als der »Stein der Weisen im Pyramidenbau« angesehen wird. Die Rede ist von dem, einer Wippe nicht unähnlichen, so genannten Kippschlitten. »Hierbei handelt es sich um eine Art Schlitten mit gebogenen Kufen bzw. kreissegmentförmigen Wangen«,[49] die durch eine Anzahl von kleinen Querstäben miteinander verbunden sind. Die wenigen erhaltenen Exemplare, die sich heute in den Museen von Kairo, Florenz und Paris befinden, sind knapp 24 Zentimeter große Modelle und ausschließlich Fundamentbeigaben aus Gräbern des Neuen Reiches.

Wie der letztjährigen Tagespresse zu entnehmen war, hatte ein englischer Ingenieur aus Cambridge die, allerdings nicht ganz neue, Idee, jeweils vier etwa 80 Zentimeter lange Wippen zu einem radförmigen Verbund zu integrieren, um somit einen 2,5 Tonnen schweren, mit Seilen befestigten Steinblock zu rollen. Auf einer 15 Meter langen Rampe wurde dieses Verfahren anscheinend mit einem vorgefertigten Steinquader getestet und für gut befunden.[50]

Dazu gibt es einiges anzumerken. Schon Jean-Philippe Lauer gab im Jahr 1972 zu bedenken, dass die gefundenen Kippschlitten-Modelle sehr klein sind, »sodass man sich die originale Größe eines solchen Gerätes schwer vorstellen kann, und obendrein fragt es sich, ob die Querhölzer als tragendes Element wohl Blöcke vom Format und Gewicht der Quader, wie sie für den Pyramidenbau verwendet wurden, hätten befördern können«.[51]

Ergänzend sei noch bemerkt, dass die beim Bau verwendeten Steinquader in der Regel keine Standardmaße aufweisen. Die Herstellung gleich großer, präzise vorgefertigter Bausteine war im Pyramidenbau nicht üblich, wie die regelrecht verzahnten Steinlagen der Pyramiden heute erkennen lassen. Die Steinblöcke wurden unregelmäßig und roh behauen von den Steinbrüchen ausgeliefert, wobei vermutlich nur die Transportunterseiten angeglättet waren. Somit konnten die Steinquader niemals passgenau an die Kippschlitten montiert, die Unebenheiten an ihren Oberflächen nicht ausgeglichen werden. Wie infolgedessen der Transport der tonnenschweren, unförmigen Quader vonstatten ging, ohne dass die dabei mit Sicherheit auftretende Unwucht das Gespann aus Stein, Kippschlitten und Seilen aufbrach, bleibt ein Rätsel. Außerdem konnte bislang niemand schlüssig erklären, wie die Befestigungen zwischen den acht Kippschlitten und dem zu bewegenden Steinblock im Einzelnen ausgesehen haben sollen. Insgesamt betrachtet, bleiben die rollenden Kippschlitten nur eine vage Spekulation, eine Spielerei alternativer Pyramidenforscher.

Wie sieht es aber mit der separaten Verwendung einzelner Kippschlitten im Pyramidenbau aus? Man hat in der Ägyptologie schon
früh vermutet, dass die Kippschlitten zumindest zum »Aneinander-
passen der Blöcke« verwendet wurden, bevor sie an ihrer endgültigen Lageposition »genauestens aneinander gefügt und zurechtge-
hauen« werden konnten.[52] Diese Hypothese konnte bisher weder
durch Feldversuche noch durch archäologische Indizien an den
Pyramiden erhärtet werden, bleibt also nur ein »erfinderischer
Gedanke«. Ebenso ist der mögliche Einsatz der Kippschlitten als
»Schaukelaufzüge«, bei denen sie durch abwechselnde Kippbewe-
gungen und Unterlegen von Holzbohlen ihre Lasten in die Höhe
bugsieren sollten, äußerst fragwürdig, aus mechanischer Sicht wohl
unmöglich. Dieses Prinzip einer lokal einsetzbaren »Hebevorrich-
tung« führt aber fast zwangsläufig zu den vom griechischen Historiker Herodot beschriebenen so genannten »Maschinen«, die seiner
Meinung nach im Pyramidenbau zum Einsatz kamen und hier nicht
verschwiegen werden sollen. Der Grieche, selbst kein Techniker
und auf die Erzählungen seiner ägyptischen Begleiter angewiesen,
beschreibt leider nur sehr vage, wie man diese »Maschinen« einsetzte: »[Die Pyramide ist] stufenförmig, treppenförmig (...) gebaut
worden, die zur Auffüllung der Treppendreiecke bestimmten Steine
wurden mittels eines kurzen Holzgerüstes hinaufgewunden. So
hoben sie sie von der Erde auf den ersten Treppenabsatz; dort legten sie sie auf ein anderes Gerüst, durch das sie auf den zweiten
Treppenabsatz hinaufgewunden wurden. So viel Stufen, so viel sol-
cher Hebevorrichtungen waren vorhanden (...)«[53] Offensichtlich
handelt es sich hierbei um die Beschreibung der Verlegung der Verkleidungssteine an dem treppenförmigen Pyramidenkörper. Der
wahre Charakter der »Maschinen« bleibt allerdings verborgen.
An dieser Stelle muss ergänzend bemerkt werden, dass Herodots
Informationen aus einer Zeit stammten, in der seit über 1000 Jahren keine Pyramiden mehr errichtet wurden, er also nicht aus eigener Erfahrung berichten konnte. Die Frage ist wohl berechtigt, was
seine Informationen wirklich wert sind, wie glaubwürdig sie sein
können. So bleibt es wieder der Zukunft überlassen, zu zeigen, ob
weitere Indizien gefunden werden können, die die Wahrschein lich-

keit erhöhen, dass die Kippschlitten oder andere mechanische Hilfsmittel wirklich auf den Arbeitsplattformen der Pyramiden zum Einsatz kamen. Vielleicht gelangt man dann auch hinter das Geheimnis der von Herodot beschriebenen Maschinen.

Noch eine letzte Bemerkung zur Verwendung des Rades durch die Ägypter. Auch wenn nach offizieller Lehrmeinung das Wagenrad erst im Laufe der »2. Zwischenzeit« und vor allem mit Beginn des Neuen Reiches – u. a. durch die aus vorderasiatischen Ländern importierten Kampfwagen – zur Anwendung kam, gibt es einen vagen Hinweis, dass zumindest die Benutzung radähnlicher Konstruktionen schon in früherer Zeit der Fall war. Nach dem »Lexikon der Ägyptologie« existieren Abbildungen aus dem Alten Reich, die »Belagerungsleitern und -türme mit Rädern (?)«[54] bzw. »Gerüste mit an den Achsen aufgehängten Rädern oder Kugeln«[55] zeigen. Demnach ist es nicht unwahrscheinlich, dass in Ägypten die Entwicklung ähnlich wie bei den Maya in Mittelamerika verlief: Man kannte das Prinzip des Rades, setzte es aber als Transportmittel nicht ein. Wagen auf Rädern bleiben im Alten Reich demnach ebenso mysteriös wie letztlich der Hinweis, beim Pyramidenbau seien »aus kurzen Holzstücken gefertigte Maschinen« eingesetzt worden.

TEIL III

Der Bau des oberen Kammersystems

»In gleicher Weise wie der äußere Bau der Cheopspyramide ein Wunder der Bautechnik und der Ästhetik ist, so ist auch das Kammersystem im Innern der Pyramide einzigartig, rätselhaft und großartig. Seit der Wiederentdeckung und schrittweisen Öffnung haben Generationen von Besuchern die engen Gänge und die Große Galerie und selbst die Felsenkammer durchklettert und durchsucht, die untadelige Granitverkleidung der Königskammer bestaunt und sich die Frage nach dem Sinn und Zweck dieser Räume gestellt.«[1]

Rainer Stadelmann

Die Errichtung des oberen Kammerbereichs der Cheops-Pyramide gehörte zu den bemerkenswertesten architektonischen Leistungen des jungen Pyramidenzeitalters, gleich einem perfekt organisierten Kraftakt, an dem alle Beteiligten – Konstrukteure wie auch Arbeitermannschaften – bis an die Grenzen des Machbaren gingen. Basierend auf ihren bisherigen bautechnischen Erfahrungswerten und technologischen Errungenschaften gelang es den Ägyptern, die allerheiligsten Räume des Grabmals bis in eine Höhe von über 40 Metern im Pyramidenmassiv aufzumauern und dabei schwerste Steinquader zu verbauen. Insbesondere verblüfft hierbei die umfangreiche Verarbeitung von hartem Rosengranit im oberen Kammerbereich, die neben der immensen Transportleistung dieser Schwerstlasten auch Einblicke und viele Rätsel der technischen Möglichkeiten der Hartgesteinverarbeitung offenbart.

Die beiden oberirdischen Kammern wurden für die Bedürfnisse der Jenseitsfahrt des Königs und seiner ständigen weltlich-imaginären »Präsenz« im Grab hergerichtet, mit geheimnisvollen Schächten und Hohlräumen versehen, die noch heute die Ägyptologen über ihre wahre Bedeutung rätseln lassen. An keinem Ort der Cheops-Pyramide wird das Geheimnis dieses Bauwerks deutlicher als an den architektonischen Strukturen, die sich im Umfeld der oberen Kammern befinden. Moderne Forschungen haben zwar schon einen Spalt der Tür der Erkenntnis geöffnet, doch liegen noch immer alle wichtigen und erklärenden Hinweise zur Lösung dieser Rätsel im Mauerwerk der Pyramide verborgen.

Innerhalb dieses einmaligen, direkt ins Herz der Pyramide gebauten Kammersystems installierten die Bauleiter ein aufwendiges Sicherungssystem, dessen Beseitigung die späteren Grabräuber sicherlich vor große Probleme stellte, ihnen ebenso wie den Bauarbeitern bei ihrer Errichtung alles abverlangte. Die Grabkammer und ganze Korridorbereiche wurden massiv verschlossen, die Pyramidenform letztlich als Bollwerk gegen alle Eindringlinge genutzt. Dabei machten sich die Ägypter den aufgegebenen Kammerbereich im Felsen des Giza-Plateaus geschickt zunutze, planten den ehemaligen Luftschacht in ihr neues Sicherungskonzept mit ein. Einem Geniestreich gleich, konstruierten sie auf dem Papyrus-Reißbrett die Übergänge beider Kammerbereiche, definierten sozusagen den »geometrischen Mittelpunkt« des gesamten begehbaren Innenbereichs der Pyramide an einer der markanten Verbindungsstellen. Infolgedessen wurden auch schon während der mittleren Bauphase alle notwendigen Strukturen im Kammersystem eingebaut, die es ermöglichten, den oberen Kammerbereich direkt nach der Begräbniszeremonie von innen zu verschließen – ein wohl einmaliger Befund in der Pyramidenarchitektur. Noch heute erkennt man die Spuren dieser Handlung, zeugen sie vom konstruktiv-genialen Einfallsreichtum der damaligen Baumeister. Hierbei ist wohl die Gesamtkomposition der einzelnen Grabräume, Korridore und Sicherungsbereiche als das eigentliche architektonische Wunder beim Bau der Cheops-Pyramide anzusehen.

8 Rückgriffe auf Bewährtes

Die schwierigen Ausschachtungsarbeiten der fast 500 Kubikmeter umfassenden Hohlräume des im massiven Felsgestein liegenden Kammerbereichs kosteten viel Zeit und Arbeitskraft, hatten mit einem Fehlschlag geendet, konnten die Ägypter aber nicht entmutigen, sich dem zweiten, diesmal oberirdischen Teil des Kammersystems zu widmen.

Noch immer wird die Frage in der Ägyptologie kontrovers diskutiert, ob der aufgegebene Kammerbereich Teil eines von Anfang an geplanten Gesamtkonzeptes war, dem auch der obere Bereich angehörte, oder eine eigenständige Bauphase darstellte, deren Fehlschlag die Errichtung der oberen Grabräume notwendig machte. Aufgrund meiner eigenen Studien neige ich mittlerweile eher dazu, dass die zweite Variante die plausiblere Lösung darstellt, das unterirdische Kammersystem demnach einer eigenständigen Bauplanung entsprang. Hierbei spielte vor allem seine strukturelle Ähnlichkeit mit früheren Kammersystemen, z. B. mit dem der Stufen-Pyramide von Sechemchet aus der 3. Dynastie, eine große, bislang aber kaum beachtete Rolle. Hinzu kam, dass sich meines Erachtens hauptsächlich mit dieser Lösungsvariante die meisten der »teilweise ignorierten oder kaum beachteten« Ungereimtheiten im Kammersystem der Cheops-Pyramide schlüssig erklären lassen. Trotz alledem bin ich auch gegenüber der alternativen Möglichkeit – das gesamte Kammersystem der Cheops-Pyramide entsprang einem einzigen Bauplan, wurde zu keinem Zeitpunkt modifiziert – nicht abgeneigt, halte sie nur für weniger stichhaltig. Ich werde mich auch in Zukunft dieser grundlegenden Problematik widmen, alle Erklärungsversuche sorgfältig in meine Überlegungen mit einbeziehen.

Die Aufgabe des im Felsen liegenden Kammerbereichs zwang die Cheops-Architekten schnell zum Umdenken und veranlasste sie, die Raumgestaltung der Cheops-Pyramide vollkommen zu ändern. Hierbei erkenne ich im Schicksal des unterirdischen Kammersystems der Cheops-Pyramide eindeutige Parallelen zum unteren, ebenfalls unterirdischen Kammerbereich der Knick-Pyramide in Dahschur. Auch dieses System musste unvollendet aufgegeben werden; nicht auf-

grund von Sauerstoffproblemen, sondern wegen statischer Schwie-
rigkeiten am Baukörper, die schwere Kammerschäden nach sich
zogen. In der Knick-Pyramide wurde infolgedessen die Errichtung
eines zweiten, stabileren und sehr viel höher in der Pyramide liegenden Kammersystems erforderlich, um den Grabbau zu retten.
Interessanterweise existiert auch zwischen den beiden Kammersystemen der Knick-Pyramide ein horizontaler Verbindungskorridor,
ähnlich dem senkrechten Luftschacht in der Cheops-Pyramide,[2] der
beim Begräbnis des Cheops eine so wichtige Rolle spielen sollte.

Das Kultgrab in Dahschur
Die Errichtung der Medum- und der Knick-Pyramide revolutio-
nierte den Pyramidenbau nicht nur durch die »Erfindung« der glatten Außenverkleidung, auch die neuartige Gestaltung der Kammersysteme – hoher Pyramideneingang, absteigende- und aufsteigende
Korridorpassagen, markante Deckenkonstruktionen – nahm auf
die Pyramidenarchitektur des Alten Reiches einen gewissen Einfluss. Als besonderes und hervorstechendes Merkmal lassen alle
drei Snofru-Pyramiden – allen voran die Rote Pyramide, der unmittelbare Vorgängerbau der Cheops-Pyramide – eine aufwärts
orientierte Tendenz der Korridore und Grabräume ins geometrische
Zentrum der Pyramide erkennen.

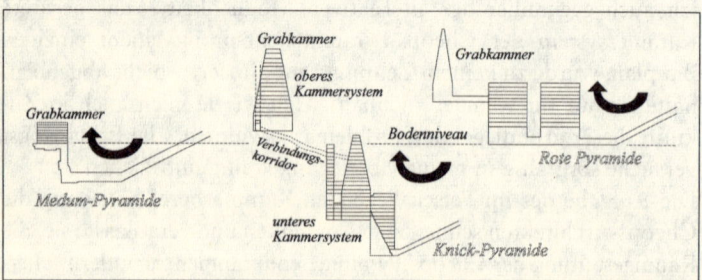

Grafik 16: Nordsüdschnitte der Snofru-Pyramiden mit ihren Kammersystemen. Bei allen Kammersystemen ist die aufwärts orientierte Tendenz
der Grabkammern ins Zentrum der Pyramide erkennbar. (Skizze nach
Maragliolio und Rinaldi)

Abb. 20: Das Kultgrab der Knick-Pyramide von Nordosten aus gesehen. Ihr Zugang ist seit vielen Jahren versandet, ihr Innenbereich diente mit als Vorlage für Teile des oberen Kammerbereichs der Cheops-Pyramide.

So inspirierten sie wohl auch Cheops' Architekten bei der Umgestaltung der Innenräume der königlichen Pyramide, war es nach dem misslungenen Bau des unterirdischen Kammersystems nur logisch, auf Altbewährtes zurückzugreifen und es für die neuen Anforderungen zu modifizieren. So entschloss man sich, die wesentlichen Gestaltungselemente der Snofru-Pyramiden prinzipiell zu übernehmen und die neue Grabkammer weit ins Zentrum der Cheops-Pyramide zu verlegen.

Die bau- und vermessungstechnischen Vorgaben für dieses Vorhaben waren somit von ihrer Struktur her zwar vorgegeben, die neue Bauphase sollte sich aber an der Lage des aufgegebenen, schon bestehenden Kammerbereichs an der Pyramidenbasis orientieren. Insbesondere wollte man auf die Position des ursprünglich hoch in der Nordwand geplanten Eingangs ins Grabmal nicht verzichten. Somit entstand die Schwierigkeit, irgendwo im absteigenden Korridor einen bautechnisch sicheren Übergang ins oberirdische Kammersystem zu konstruieren, der aufwärts orientiert ins Innere der

Pyramide führte und eine Anbindung an die höher gelegten Räume herstellen konnte. In dieser Frage waren die Ägypter jedoch nicht ohne Erfahrungswerte, kam der entscheidenen Hinweis für dieses Vorhaben wieder aus den Archiven der Snofru-Bauleitung.

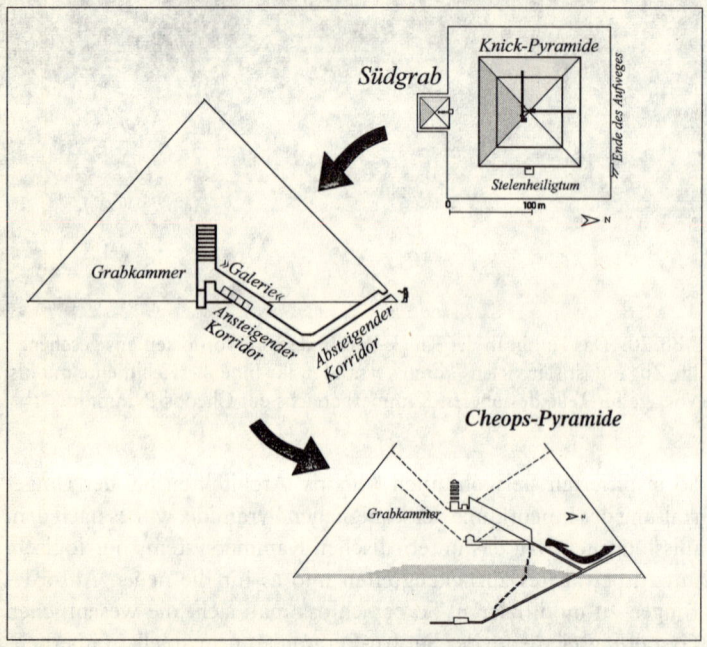

Grafik 17: Querschnitt des Kultgrabes der Knick-Pyramide im Vergleich zur Cheops-Pyramide. (Skizze nach Maragliolio und Rinaldi)

Etwa 20 Jahre zuvor hatte man im Kultgrab der Knick-Pyramide – einer kleineren, südlich des markanten Grabbaus gelegenen Satellitenpyramide – schon einmal ein Kammersystem konstruiert, bei dem ein absteigender Korridor direkt in einen ansteigenden Bereich übergeleitet wurde: Dort führt vom Eingang aus – heute vollkommen versandet und unpassierbar – ein absteigender Korridor bis unter das Bodenniveau, geht in eine kurze horizontale Passage über und steigt dann in Richtung Pyramidenmitte wieder an, bis er sich

auf dem zweiten Teilstück zu einer erhöhten Galerie – die »im kleinen Maßstab die der Cheops-Pyramide vorauszunehmen scheint«[3] –
weitet, um schließlich in der kleinen Grabkammer zu enden.
Genau dieses Prinzip des ab- und aufsteigenden Korridorverlaufs
haben Cheops' Bauleiter kopiert und in modifizierter Form in der
großen Pyramide von Giza zur Anwendung gebracht.

Im Sinne der Stabilität

Den Übergang vom unteren zum oberen Kammersystem legte man
etwa 28,20 Meter unterhalb des geplanten Pyramideneingangs in
die Decke des absteigenden Korridors. Von dort aus baute man mit
den nächsten 19 Steinlagen einen etwa 37,80 Meter langen und
$1,20 \times 1,05$ Meter großen, ansteigenden Korridor, der schließlich –
der Pyramidenstumpf hat fast eine Höhe von 22 Metern erreicht –
in einer großen raumartigen Gangerweiterung (einer Art schrägen
»Kammer«), der so genannten Großen Galerie, mündet. Während die Arbeiten am ansteigenden Korridor durchgeführt wurden,
musste parallel dazu der absteigende Gang bis zur Außenwand der
Pyramide verlängert werden. Nach seiner Fertigstellung betrug seine
Länge von der unteren horizontalen Passage aus gemessen über
105 Meter. Er endete planmäßig auf der 19. Steinlage in einer Höhe
von ca. 17 Metern über dem Plateauniveau und etwa 7,30 Meter
östlich aus der nordsüdlichen Mittelachse der Pyramide verscho-
ben. Diese Stelle markierte bis zur Begräbniszeremonie den Einstieg
ins heilige Reich des Cheops, war die Trennstelle zwischen der dies-
seitigen und der jenseitigen Welt.
Die statische Sicherung der schräg verlaufenden Korridore im Kernmauerwerk war eine schwierige Aufgabe. Beide Korridorabschnitte
wurden wahrscheinlich mit einer massiven, deckenverstärkenden
Konstruktion – vielleicht in Form von sparrenartig verlegten Steinen, die die waagerechten Decken der Gänge wie ein Giebeldach
überspannten – errichtet, die gewährleistete, dass der vertikal
wirkende Druck der immensen darüber liegenden Massen keine
Schäden in diesen Bereichen des Kammersystems anrichten konnte.
Besonders die Schnittstelle der Korridore war gefährdet, musste

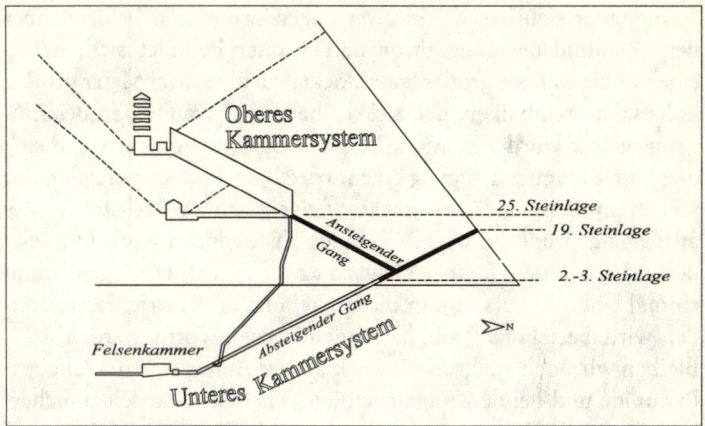

Grafik 18: Zweiter Bauabschnitt. Übergang vom unteren zum oberen Kammersystem und der Eingangsbereich.

Maße der Korridore des zweiten Bauabschnittes:

Korridore	Neigungs-winkel [Seked]	Länge [Ellen]	Breite [E, H, F]	Höhe [E, H, F]
Absteigender (insg.)	14 Handbreit	200	2E 2F	2E 2H
Ansteigender	14 Handbreit	72	2E	2E 2H

sehr sorgsam und präzise bearbeitet werden, um Risse und Senkungen zu vermeiden. Ein gutes Beispiel dieser sicherheitstechnischen Bauweise der frei im Kernmauerwerk errichteten Hohlräume erkennt man noch heute an dem durch die fehlende Außenverkleidung sichtbaren Eingangsbereich der Pyramide. Schon von weitem sind an der Nordflanke der Pyramide die über zwei Meter hohen

Abb. 21: Der Originaleingang der Cheops-Pyramide ist heutzutage gesperrt. Touristen erreichen das Innere der Pyramide durch den so genannten Grabräubertunnel.

Steinquader sichtbar, die in zwei Lagen wie ein Giebeldach über dem Pyramideneingang thronen. Darunter befindet sich, neben einer weiteren Lage großer Steinblöcke, ein über zwei Meter großer, kolossaler Steinbalken, der direkt über beide Wandseiten des Eingangs gelegt wurde. Es wäre demnach nur konsequent, wenn sich diese am Pyramideneingang erkennbare Bauweise – womöglich mit kleinerem Steinmaterial – auch auf der gesamten Wegstrecke des ansteigenden und im oberen Teil des absteigenden Korridors wiederfinden würde. Da aber nicht zu erwarten ist, dass irgendwann einmal eine »Exkursion« in die Umgebung der Korridore stattfindet, wird diese Frage wohl nie eindeutig beantwortet werden.

Bleiben wir noch einen Augenblick an der Außenseite der Cheops-Pyramide und bei der Frage nach der generellen statischen Sicherheit des Bauwerks.

Schon gegen Ende des letzten Jahrhunderts war den Archäologen aufgefallen, dass die Seiten des freigelegten Kernmauerwerks des Grabmals konkav, also mit leichten Neigungen in Richtung Pyramidenmitte, gebaut wurden.[4] Bautechnisch und für die Verkleidung der Pyramide bedeutet dies, dass die sorgsam bearbeiteten Tura-Kalksteine zur Mitte der Seitenflächen hin massiver und kompakter als im Umfeld der Pyramidenkanten verlegt wurden. Da Ähnliches neuerdings auch an der größtenteils verkleidungslosen Roten Pyramide in Dahschur festgestellt wurde, besteht der berechtigte Verdacht, hinter diesen Eigentümlichkeiten eine bautechnische Gesetzmäßigkeit zu vermuten. Ganz ähnlich wie die statischen Sicherheitsmaßnahmen im Inneren könnte diese »Taillierung« der Cheops-Pyramide eine weitere Vorsichtsmaßnahme gewesen sein, um den nach außen wirkenden Spannungen und Druckkräften entgegenzuwirken. Sollte es wirklich zutreffen, dass die Ägypter an allen vier Seiten – vor allem sehr sorgsam im unteren Bereich des Pyramidenstumpfes – die Steine des Kernmauerwerks derart verlegten, dass sich langsam ein konkaver Pyramidenkörper formte, der dann mit einer angepassten Tura-Verkleidung wieder zu einer geometrisch exakten Pyramidenform ausgeglichen wurde, so gehört diese Bauweise mit Sicherheit zu den aufwendigsten messtechnischen Leistungen des tausendjährigen Pyramidenbaus.

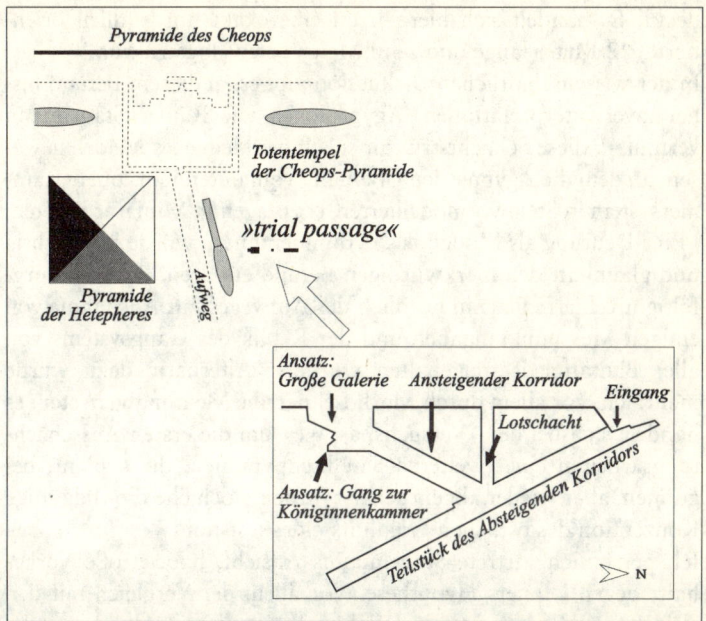

Grafik 19: Die Umrisse der »trial passage« auf der Ostseite der Cheops-Pyramide. Sehr wahrscheinlich stellt sie ein Modell des Schnittpunktes zwischen den beiden Bereichen des Kammersystems der Cheops-Pyramide dar.

Ein Modell des zweiten Bauabschnittes?

Es gibt einen archäologischen Befund im Umfeld der Cheops-Pyramide, der bislang in kaum einer populärwissenschaftlichen Veröffentlichung in Erscheinung getreten ist. Zu Unrecht, wie ich meine, liefert er doch einen weiteren wichtigen Hinweis auf die Entstehungsgeschichte des Übergangs vom unteren ins obere Kammersystem der großen Pyramide von Giza. Die Rede ist von der so genannten *trial passage.*[5] Diese Struktur wurde bei einer Grabungskampagne im letzten Jahrhundert durch die britischen Forscher Howard Vyse und John Perring nördlich des Aufweges der Cheops-Pyramide ent-

deckt. Es handelt sich hierbei um eine exakt nordsüdlich orientierte, 22 Meter lange und zehn Meter tiefe Gangstruktur.

In der wissenschaftlichen Diskussion gibt es zu diesem Befund bisher zwei Interpretationen. Ägyptologen wie Rainer Stadelmann
vermuten, diese Schachtstruktur sei ein verkleinertes Modell gewesen, an dem die Ägypter den Übergang vom unteren ins obere Kammersystem in Stein vormodellierten, sozusagen in Miniatur testeten:
»Eine Deutung als Modell des Pyramideninnern würde folgerichtig
und glaubhaft den merkwürdigen Befund erklären, dass das sorgfältig nivellierte Plateau nördlich des Aufweges mit Ausnahme von
einigen Messpunktangaben und der Replik des Gangsystems von
aller Bautätigkeit freigehalten wurde.«[6] Alternativ dazu wurde
mehrfach, vor allem durch Mark Lehner, die Meinung vertreten, es
handele sich bei der »Versuchspassage« um die ersten Ausschachtungsarbeiten einer weiteren Satellitenpyramide, die geplant, begonnen, aber wieder abgebrochen wurden, noch ehe die endgültige
Konzeption des östlichen Friedhofsfeldes feststand.[7]

Ich persönlich vertrete Stadelmanns Ansicht, habe große Vorbehalte gegen Lehners Hypothese. Vor allem der Vergleich mit den
sich untereinander sehr ähnelnden Kammersystemen der drei anderen Nebenpyramiden, die an der Ostseite der Cheops-Pyramide stehen, spricht eine eindeutige Sprache.[8] Ihre Räumlichkeiten zeigen
keinerlei Übereinstimmung in ihrer Konstruktionsweise mit der
»trial passage«. Außerdem ist es nicht einzusehen, warum ein Teil-
bereich eines königlichen Kammersystems als direkte Vorlage für
eine Nebenpyramide gedient haben sollte, wie dies auch umgekehrt
sicherlich kaum in Betracht gezogen wurde. Immerhin wurde auch
das Kammersystem der kleinen Kultpyramide in Dahschur, deren
Grundgestaltung als motivierende Vorlage für den unteren Bereich
des oberirdischen Kammersystems der Cheops-Pyramide diente,
nicht direkt kopiert, sondern sein Konstruktionsschema für Che-

Abb. 22: Südlicher Teil der »Versuchspassage«, östlich der Cheops-
Pyramide. Vermutlich eine Modellkonstruktion des Überganges der
beiden Kammerbereiche der Cheops-Pyramide.

ops' Grabmal letztlich grundlegend modifiziert. Generell kann man erkennen, dass es identische Kammersysteme in der 4. Dynastie nicht gab, sie wohl auch nicht erwünscht waren. Die unterschiedliche Raumgestaltung der ägyptischen Königspyramiden gehörte zu dieser Zeit vermutlich zum Dogma der Königs- und Götterideologie, in der es auch darum ging, sich durch neue, bisher unübertroffene Taten und Bauwerke einen Platz im Gedächtnis der Götter und ihrer weltlichen Untertanen zu sichern. Demnach war die Konstruktion jedes Kammersystems aus meiner Sicht nicht nur eine Reflexion der Bauleiter, sondern zeigt auch das Bedürfnis der ägyptischen Könige, etwas Neues und Einmaliges für sich, ihr Volk und ihre Grabmäler zu schaffen.[9] So kann man die unterschiedlichen Kammersysteme der Grabmäler als individuelle »jenseitige Wohnorte« für die toten Könige sehen, die dieses rein persönliche Umfeld als ewiges »Abbild« ihres weltlichen Herrschaftsgebietes verstanden.

9 Im Zentrum der Pyramide

Als der dritte Bauabschnitt des Kammersystems begann, besaß der Pyramidenstumpf eine Höhe von etwa 22 Metern, waren schon ca. 37 Prozent des Gesamtvolumens der Pyramide verlegt. Wie ich bereits darstellte, konnten die schweren Kalksteine bis auf diese Höhe noch »mühelos« über eine Rampe transportiert werden. Als die Arbeiten an der in dieser Höhe befindlichen 25. Steinlage – die zu den arbeitsintensivsten Plattformen des gesamten, nur langsam wachsenden Pyramidenstumpfes gehörte – begannen, hatten die Architekten einen sorgsam geplanten und minuziös im Bauwerk anvisierten »Knotenpunkt« erreicht: den »Mittelpunkt« des Kammersystems, wie ich ihn gerne nenne.

Der Übergang des ansteigenden Korridors in die sich anschließende Große Galerie war eine wohldefinierte Größe im Bauplan der Architekten. Er liegt genau 42 Ellen oberhalb des Plateauniveaus und 143 Ellen von der Nord- bzw. 206 Ellen von der Ostkante entfernt.

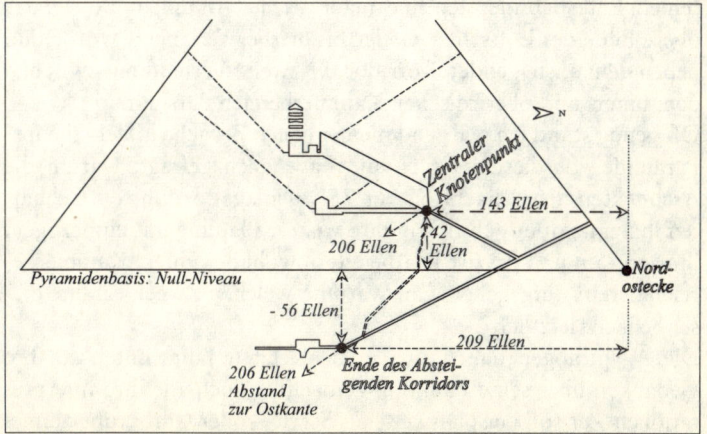

Grafik 20: Koordinaten des Referenzpunktes »Übergang des ansteigenden Ganges in die Große Galerie« bezogen auf die Nordostecke der Cheops-Pyramide.

Meines Erachtens war er einer jener unverzichtbaren Referenzpunkte in den Bauplänen der Ägypter, ohne die die präzise Einhaltung der Bauarbeiten im Kammersystem nicht möglich gewesen
wäre. Er bildete zusammen mit einigen anderen wichtigen Stellen –
wie z. B. der Nordostecke der Pyramide oder dem unteren Endpunkt des absteigenden Korridors – das Gerüst für den Bau des
Cheops-Grabmals. Auf dieser Ebene – auf der 25. Steinlage –
endeten nicht nur der ansteigende Korridor und der für die spätere
Sicherung der Pyramide so wichtige Luftschacht, hier begann auch
der Bau des ersten oberirdischen Grabraumes, der so genannten
Königinnenkammer.

Wissenschaftlicher Erkenntnisnotstand

Wenn man heute die Große Galerie aus dem ansteigenden Korridor
heraus betritt, fällt auf der rechten Seite sofort ein Eisengitter auf,
hinter dem sich – nimmt man eine Taschenlampe zur Hand, um der
Dunkelheit Herr zu werden – ein schmaler, nur etwa zwei Meter
kurzer und mit einem Absatz versehener Kriechgang verbirgt. An
seinem Ende befindet sich eine quadratische Öffnung im Boden: das
obere Ende des Luftschachts, der bis hierher verlängert wurde und
neben dem ansteigenden Korridor die zweite Verbindung zwischen
dem unter- und oberirdischen Kammerbereich darstellt.
Oft genug stand ich während meiner ersten Besuche in der Cheops-
Pyramide vor diesem Gitter und habe mich gefragt, warum die
Architekten den Schacht bis zur 25. Steinlage fortführten. Sie hatten ihn ganz offensichtlich in ihre weitere Planung mit einbezogen,
ihn sorgsam und präzise bearbeitet, obwohl der untere Kammerbereich bereits aufgegeben war. Warum? Welchen Zweck erfüllte dieser Schacht letztlich?
Die Ägyptologen haben sich in den letzten Jahrzehnten so ihre
Gedanken über seine Funktion gemacht,[10] doch alle ihre Interpretationen – er soll beispielsweise als Service- oder Grabräubertunnel
gedient haben – überzeugen mich nicht. In kaum einer Veröffentlichung wird erwähnt, welchen genauen Servicedienst dieser Schacht
zu leisten imstande war. Genauso hat bislang auch niemand erklä-

Abb. 23, 24: Am Fuß der Großen Galerie, an dem der aufsteigende Korridor endet, befindet sich das obere Ende des Luftschachtes, der heutzutage oftmals als Mülleimer für Touristen und Pyramidenwächter dient.

ren können, wie die vermeintlichen Grabräuber – von unten nach oben arbeitend – einen derart messtechnisch präzise angelegten Schacht durch das Kernmauerwerk und das Felsgestein kratzen konnten. Wer heute durch die Korridore, Schächte und Grabräubertunnel der Pyramiden- und Mastabagräber Ägyptens geht oder kriecht, weiß sehr genau, wie ein von Plünderern geschlagener Gang und wie eine originale Konstruktion der altägyptischen Baumeister aussieht. Der senkrechte Schacht in der Cheops-Pyramide weist in keinem seiner Abschnitte Ähnlichkeiten mit einem Grabräubertunnel auf.

Ebenso scheidet die Möglichkeit aus, dass der obere Teil dieses Schachtes von einer Clique räuberischer Bauarbeiter errichtet wurde, die planten, zu einem späteren Zeitpunkt ins Grabmal einzubrechen. Denn falls nicht alle am Bau des Kammersystems beteiligten Arbeiter und ihre beaufsichtigenden Architekten und Vorarbeiter unter einer Decke steckende Diebe waren, wäre eine solch geheime Unternehmung – keine zwei Meter vom Kammersystem entfernt – völlig undenkbar gewesen.

Auch die Annahme, dass sich jene Arbeiter, die dazu bestimmt gewesen sein sollen, nach der Begräbniszeremonie in der Pyramide eingeschlossen und somit geopfert zu werden, heimlich einen Rückzugsweg anlegten, um ihrem Tod zu entgehen, klingt absurd, hätte bestenfalls in einem schlechten Hollywoodfilm Chancen zu bestehen. Niemand der vielen Arbeiter konnte zum Zeitpunkt der Errichtung dieses Schachtes – keine 40 Prozent der Pyramide waren verbaut, der Baukörper hatte erst knapp 22 Meter an Höhe erreicht – wissen, wer genau dazu auserkoren war, bei der Schließung der Pyramide zugegen zu sein, geschweige denn heimlich diesen über 50 Meter langen Tunnel errichten. Außerdem gibt es weder inschriftliche noch archäologische Befunde, die einen Hinweis enthalten, dass zur Zeit des Pyramidenbaus bei der Beisetzung »Opferungen« dieser Art stattfanden.

Einer anderen Version nach – die zumindest im Ansatz meiner eigenen Vorstellung schon sehr nahe kommt – wurde der Schacht auf seiner gesamten Länge von den Ägyptern *ausschließlich* als »Notausstiegstunnel« für diejenigen Arbeiter errichtet, die nach der

Grablegung für die Versiegelung der Grabkammer und des ansteigenden Korridors verantwortlich waren. Über ihn sollten sie den absteigenden Gang und schließlich den rettenden Ausgang erreichen. Aber schon Rainer Stadelmann gab hinsichtlich dieser Version zu bedenken, dass die Konstrukteure – wäre der Schacht von Anfang an planmäßig als Notausgang konzipiert worden – sicherlich einen kürzeren, nördlich orientierten Weg durch das Felsmassiv gewählt hätten, um den absteigenden Gang zu erreichen. In diesem Zusammenhang geht Stadelmann davon aus, dass der gesamte Schacht primär der Luftzufuhr für die Arbeiten im unterirdischen Kammerbereich diente, glaubt, dass in der Felsenkammer noch während des 3. Bauabschnittes gearbeitet wurde, da sie seiner Meinung nach zum Gesamtraumplan – zu einer einzigen, alle heute bekannten Räume umfassenden Bauphase – der Cheops-Pyramide gehörte. Eine Planänderung in der Raumgestaltung während der Bauarbeiten bezieht Stadelmann nicht in seine Überlegungen mit ein, vermutet, dass der Luftschacht zu einem späteren Zeitpunkt, als die Ägypter einsehen mussten, dass die Arbeiten in der Felsenkammer nicht weiter ausgeführt werden konnten, »umfunktioniert« wurde und den späteren Arbeitern als Fluchtschacht nach der Blockierung des aufsteigenden Korridors dienen sollte.

Bleibt noch abschließend Georges Goyon, ein Verfechter des Grabräubertunnels, zu erwähnen, der zu allen von den Pyramidenplanern eingeleiteten Aktivitäten rund um den Luftschacht Folgendes zu bedenken gab: »Wie konnte man annehmen, dass Baumeister, die so viele Vorsichtsmaßnahmen ergriffen, um das Innerste des Denkmals unversehrter zu machen, und dabei dieses umfangreiche Verschlusssystem erfanden und verwirklichten, derart inkonsequent gewesen wären, einen Durchgang für mögliche Plünderer anzulegen? Das hieße eine Tür verbarrikadieren und ein Fenster offen lassen.«[11] So ganz konnte ich mich der Argumentation Goyons nie entziehen und war immer bestrebt, seine Vorbehalte in meine Überlegungen mit einzubeziehen, glaube aber dennoch, seine Bedenken zerstreuen zu können.

Sicherung für die Ewigkeit

Wie man in der Entwicklungsgeschichte des Pyramidenbaus nachvollziehen kann, gehörte es immer zu den wichtigsten Aufgaben eines Grabmals, den Leichnam des Verstorbenen vor seiner Zerstörung durch Umwelteinflüsse und Grabräuberei zu sichern. Auch in der Cheops-Pyramide wollte man es den potentiellen Eindringlingen durch die aufwendigen Blockiersysteme besonders schwer machen, die heilige Ruhe des Pharaos zu stören. Hier schützten Menschen die Kostbarkeiten in der Sargkammer vor dem größten Räuber aller Zeiten – dem Menschen. Leider ohne Erfolg, wie die Geschichte bewiesen hat.

Unterschwellig wurde in allen vorhergehenden Argumentationen und Betrachtungen eines sehr deutlich, wenn auch nicht explizit ausgesprochen. Natürlich war schon vor der Bauausführung des oberen Kammerbereichs auf dem Konstruktionspapyrus fixiert worden, wie die einzelnen Passagen des gesamten Systems abgeriegelt, womit und wie sie gegen zukünftige Grabräuber gesichert werden sollten. Wie wir heute wissen, haben die Architekten vier Bereiche im Kammersystem ausgewählt, die es zu versiegeln galt. Dazu gehörten selbstverständlich der Eingangsbereich an der Außenseite der Pyramide, der Übergang vom ab- zum ansteigenden Gang, der direkte Zugang zur Sarkophagkammer und auch der kleine Luftschacht. Als die Bauarbeiten schließlich die Große Galerie erreichten, musste der erste Teil dieser Pläne auch in die Tat umgesetzt, die Vorbereitungen für die Blockierung des ansteigenden Korridors getroffen werden.

Während man die Verschlusssicherung des Pyramideneingangs von außen betätigen konnte und die zukünftige Versiegelung der Grabkammer in gut 40 Meter Höhe durch ein Fallsteinsystem realisierte, mussten am Fuß der Großen Galerie andere Vorkehrungen getroffen werden, damit der ansteigende Korridor nach Cheops' Bestattung unpassierbar und die darüber liegenden Grabräume hermetisch von der Außenwelt abgeschlossen wurden. Eine entscheidene Rolle bei der Versiegelung dieses Bereichs spielte der Aufbau der Großen Galerie, von der viele Forscher bis heute nicht wissen, welche Funktion genau sie in der Cheops-Pyramide besaß. Für mich dagegen ist sie nichts anderes als ein etwa 47 Meter langer, fast neun Meter hoher und mit dem Steigungswinkel des ansteigenden Korridors gebauter »Lagerraum«. Um mehr »Bewegungsfreiheit« zu erlangen, verbreiterte man die Große Galerie auf beiden Seiten um einen halben Meter, baute links und rechts vom Mittelgang halbmeterhohe Bankette die Schräge hinauf.

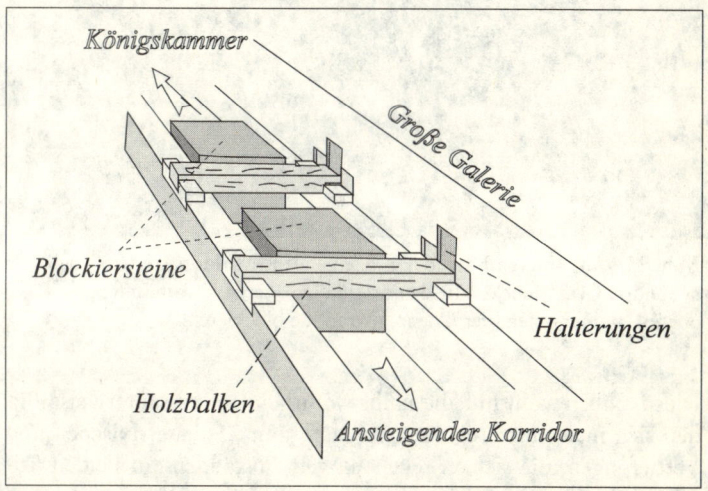

Grafik 21: Die Lagerung der Verschlusssteine in der Großen Galerie nach Goyon.

Was in der Großen Galerie letztlich gelagert wurde, sieht man noch heute am unteren Ende des ansteigenden Korridors, wo drei zum Teil über zwei Meter lange, fast 1,20 × 1,05 Meter große Granitblöcke feststecken; sie fanden dort nur deshalb Halt, weil sich der Korridor nach unten hin leicht verengt. Diese Steine lagerten während der gesamten Bauarbeiten im vertieften, mittleren Gang der Großen Galerie und wurden durch hölzerne Querbalken, deren Aufhängungen – Nischen, Aussparungen und Vertiefungen – man heute an den Seitenwänden der Galerie erkennen kann, in Position gehalten.

Abb. 25: Am unteren Ende des aufsteigenden Korridors stecken noch heute drei Granitblöcke, die den originalen Übergang vom unteren ins obere Kammersystem der Cheops-Pyramide blockieren.

Dies ist aber wohl nur die halbe Wahrheit. Interessanterweise finden sich nicht nur drei, sondern insgesamt 25 dieser Nischen und Vertiefungen, die sich in regelmäßigen Abständen auf beiden Seitenwänden der Großen Galerie gegenüberliegen. Dies und die Tatsache, dass die Große Galerie eine ähnliche Länge wie der ansteigende Korridor aufweist, haben mich schon vor langer Zeit zur Überzeugung kommen lassen, dass der Korridor nicht nur durch die drei heute sichtbaren Granitblöcke, sondern auf seiner gesamten Länge zusätzlich massiv mit Kalksteinen blockiert wurde.[12] Während alle Spuren der vermutlich 22 Kalksteinblöcke – vorausgesetzt, jedes gegenüberliegende Nischenpaar hielt einen etwa 1,45 Meter langen Steinblock –, die im Korridor steckten, von den Grabräubern und sonstigen Besuchern in den Jahrtausenden vollständig beseitigt wurden, konnten die Granitblöcke die Zeiten überstehen.

Vor dem Hintergrund dieses Verschlussszenarios hatten sich die Bauleiter sicherlich schon vor der Installation der Blockiersteine in der Großen Galerie damit beschäftigt, wie man letztlich die Steine aus ihren Verankerungen löste und von wo aus die Steinlawine in Gang gesetzt werden musste, damit sie problemlos den ansteigenden Korridor versperren konnte. Aus diesen Überlegungen heraus bekam auch der einst aufgegebene Luftschacht eine völlig neue Bestimmung.

Die letzte Funktion des Luftschachtes

Zum besseren Verständnis der Funktion des modifizierten Luftschachtes und des Blockiersystems des ansteigenden Korridors ein kleiner Zeitsprung in die Phase der Begräbniszeremonie, bei der die Pyramide verschlossen wurde.

In der ägyptologischen Literatur stieß ich oftmals auf die Vermutung verschiedener Pyramidenforscher, die Granitsteine im ansteigenden Korridor seien von Arbeitern, die sich vor ihnen herbewegten, durch langsames Herablassen und ständiges Abbremsen mit Hilfe von Holzkeilen in ihre endgültigen Positionen gebracht worden. »Fortan genügten ein oder zwei Mann, um die gleichzeitigen Vorgänge des Abbremsens und Auskuppelns auszuführen, Vorgänge, die sie rückwärts gehend vollzogen«, schreibt beispielsweise Goyon und fragt: »Benutzte man (...) kleine Kupferollen, oder verwendete man eine Art Schmiermittel, zum Beispiel mit Wasser angerührten Lehm oder gelöschten Gips?«[13]

Ich habe bei diesem Manöver die allergrößten Bedenken und möchte nicht in der Haut der Arbeiter gesteckt haben, die in gebückter Haltung vor den Steinblöcken fast verzweifelnd versuchten, sie mit einem Holz- oder Kupferhebel in Schach zu halten. Im wahrsten Sinne des Wortes gewichtige Gründe sprechen gegen Goyons Hypothese. Während der Franzose selbst in seinen Arbeiten mögliche Rampensteigungen von 20 Grad als »unannehmbar« bezeichnet, und auf seinen kaum vier Grad steilen, schiefen Ebenen 78 Mann benötigt, um einen Drei-Tonnen-Steinblock zu schleppen – »Diese Schätzung wäre noch akzeptierbar, vor allem wenn sich die Zugmannschaft auf drei Kolonnen zu je 26 Mann verteilt«[14] –, sollen im Gegenzug maximal zwei Mann die knapp

24 Tonnen schweren, rutschenden Granitblöcke auf einer angefeuchteten, 26 Grad steilen »Rampe« jonglieren können? Äußerst unwahrscheinlich und zudem extrem gefährlich.

Man stelle sich die Situation einmal bildlich vor: Ein Arbeiter, bewaffnet mit einem Hebel, ein zweiter hinter ihm, der die untere Kante des vordersten Steinblockes mit einem Schmiermittel betüncht, auf einer steilen Rampe und vor ihnen tonnenschweres, rutschendes Hartgestein. Jeder Fehlgriff, jede zu stark mit Schmiermittel benetze Bodenfläche hätte die Blöcke sofort ins Rutschen gebracht, die Arbeiter vor sich hergeschleift, sie regelrecht zermahlen. Ein unrealistisches Szenario, der logistisch und bautechnisch so erfahrenen Ägypter wohl unwürdig. Außerdem: Durch die Blockierung des gesamten ansteigenden Korridors erhöht sich das Gewicht der abzubremsenden Steinblöcke sogar auf sage und schreibe 125 Tonnen. Diese Masse war niemals aus dem ansteigenden Korridor heraus zu beherrschen.

Noch ein anderer Punkt, der bislang in der Diskussion überhaupt nicht berücksichtigt wurde, darf hier nicht unerwähnt bleiben. Da die Blockierblöcke in Breite und Höhe nur unwesentlich schmaler als der Korridor waren, mussten sie an seinem oberen Ende arretiert, also genau eingepasst werden. In Goyons Szenario hatten die Ägypter nur einen Versuch, das obere Kammersystem zu schließen. Ein leichtes Verkanten oder »Querstellen« eines Blockiersteins musste ausgeschlossen werden, hätte die gesamte Verschlussaktion in Gefahr gebracht. Dieses Unterfangen wurde noch zusätzlich erschwert, weil am Fuß der Galerie, direkt vor dem Einstieg in den ansteigenden Gang, keine Führungsrinne mehr existierte, da dort der horizontale Zugang zur Königinnenkammer abzweigt. Um die Verschlusssteine über diesen Bereich in den Korridor zu transportieren, bedurfte es einer hölzernen Rampe, die wie eine Brücke den Korridor und den Mittelgang der Großen Galerie verband. Diese »Rampe« war aber eine Schwachstelle, musste sie doch die Führung der Steinblöcke exakt gewährleisten und an ihren Schnittstellen keinerlei Kanten und Versätze aufweisen.

Wie man es auch immer drehen und wenden mag, um die Steinblöcke zielsicher in den ansteigenden Korridor bugsieren zu können,

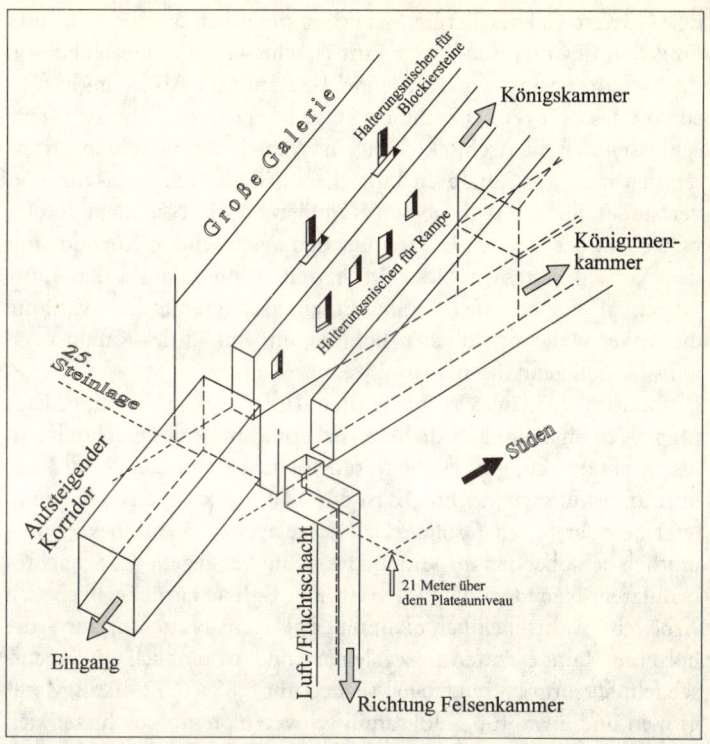

Grafik 22: Lage und Struktur des Luft-/Fluchtschachtes im Bereich der Großen Galerie. (Skizze nach Maragliolio, Rinaldi und Stadelmann)

gab es nur eine Möglichkeit: Man musste von beiden Seiten des oberen Korridoreingangs aus jeden einzelnen Stein sorgfältig justieren und herablassen. Das bedeutet aber, die Blockierung des Korridors erfolgte von oben, vom Fuß der Großen Galerie aus.[15]

An dieser Stelle kommt schließlich der Luftschacht ins Spiel, bekam nach der Beerdigung von Cheops eine Schlüsselrolle für die Arbeiter, die mit dem Verschließen der Pyramide betraut waren. Erst die Betrachtung der »Machbarkeit« des Blockierens des ansteigenden Korridors – die Versiegelung des oberen Kammerbereichs aus der Großen Galerie heraus – erklärt plausibel die Existenz und Funktion des ursprünglichen Luftschachtes bis in eine Höhe von 22 Metern. Fassen wir noch einmal zusammen: Als definitiv feststand, dass die Felsenkammer aufgegeben werden musste, entschlossen sich die Architekten zu einer Planänderung und integrierten den nunmehr nutzlosen Luftschacht in ihr Sicherungskonzept, verbanden ihn mit dem oberen Kammerbereich. Nachdem die Arbeiter von der Großen Galerie aus den ansteigenden Korridor mit den Verschlusssteinen blockiert hatten, benutzten sie den Luftschacht als Fluchttunnel. Meines Erachtens kann nur diese Variante die bisher widersprüchlichen Befunde im Umfeld des Kammersystems befriedigend lösen.

Bleibt noch ein kleines Problem offen. Um Goyons »Tür zu, Fenster offen«-Argument hinsichtlich der Sicherungsfrage des Fluchtschachtes zu entkräften, gibt es mehrere Möglichkeiten, die ich hier nur kurz andiskutieren möchte. Es ist durchaus denkbar, dass die Arbeiter einen der in der Großen Galerie gelagerten Steinblöcke – vermutlich den obersten im Mittelgang – zum Versiegeln des Schachtes benutzten: Nachdem die in der Großen Galerie zurückgebliebenen Arbeiter – wahrscheinlich nicht mehr als sechs bis acht Mann – die hölzerne Rampe entfernt, zerkleinert und womöglich im Fluchtschacht entsorgt hatten, zogen sie den nur $0,68 \times 0,52 \times 0,52$ Meter großen und etwa 460 Kilogramm schweren Steinblock hinter sich in den vorderen Bereich des Schachtes, wo er auf einem Stützstein sitzend eingepasst wurde. Zu diesem Zweck wurden an einer Seite des Steins vermutlich Griffe oder Aufhängungen eingearbeitet, an denen die Zugseile montiert werden konnten.

Eine weitere Blockierung des Fluchtschachtes wäre in Höhe der »Grotte« – am Fuß des senkrechten Schachtabschnittes – denkbar gewesen. Bislang konnte nicht schlüssig erklärt werden, wie ein etwa einen halben Meter großer, gut behauener Granitblock in die »Grotte« gelangen konnte. Es würde durchaus einen Sinn ergeben, wenn die Architekten ihn dort platzierten, damit die Arbeiter auf ihrem Rückzugsweg diese Stelle des Schachtes ebenfalls blockieren konnten. Vielleicht ist der Granitblock aber auch einer der drei Blockiersteine, die einst die Grabkammern versiegelten, und nachdem man ihn in den Fluchtschacht hatte fallen lassen, von späteren Grabräubern in die »Grotte« transportiert wurde.

Meines Erachtens war es allerdings überhaupt nicht notwendig gewesen, den Fluchtschacht separat zu blockieren, denn es gibt signifikante Indizien dafür, dass auch der absteigende Korridor auf seiner gesamten geneigten Wegstrecke massiv mit Kalksteinblöcken aufgefüllt wurde. Wie im ansteigenden Korridor finden sich zwar heute keinerlei Spuren dieser Blockierung – sind über die Jahrtausende die zertrümmerten Reste der Kalksteinblöcke sorgfältig entfernt worden –, die Übergangsstelle vom schrägen in den horizontalen Korridorbereich zeigt aber Ecken und Kantenvorsprünge, die durchaus als Haltepunkte für die Steinblöcke dienen konnten.

Rainer Stadelmann hingegen hält es für kaum vorstellbar, dass »der gesamte absteigende Korridor einst mit Steinen blockiert« war. Er räumt aber aufgrund mehrerer im Gang gefundener »bearbeiteter Granitfragmente« ein, dass man wohl sicher annehmen kann, »dass der Gangteil bis zu der blockierten Wegekreuzung ebenfalls blockiert war«[16], ohne jedoch dabei explizit zu erwähnen, wie und wodurch die im oberen Teil des absteigenden Korridors sozusagen »schwebende« Granitblockierung stabilisiert und gehalten wurde. Außerdem war es sicherlich nicht notwendig gewesen, lange Bereiche des Korridors mit kostbaren Granitsteinen aufzufüllen. Eine massive Kalksteinblockade war leichter zu installieren und erfüllte ebenfalls den gewünschten Zweck.

Zwei weitere Argumente sprechen gegen eine massive Granitblockierung: Als sich die Ausgräber Anfang des 19. Jahrhunderts ihren Weg zur Felsenkammer bahnten, mussten sie den absteigenden Korridor vom Schutt der Jahrtausende befreien. Dieser Schutt, die Überreste der Steinblockierungen, bestand hauptsächlich aus kleinen Kalksteinen, Sand und Mergel; nur in Spuren kamen Granitreste vor. Außerdem: Wäre der absteigende Korridor tatsächlich mit Granitsteinen aufgefüllt worden, stellt sich die Frage, wie die Grabräuber diese massive Barriere entfernten. Einerseits ließ man die drei Blöcke im ansteigenden Gang größtenteils unberührt, andererseits entfernte man ein Vielfaches der Granitmenge im absteigenden Korridor vollständig? Unwahrscheinlich. Hier stimmt etwas nicht. Zudem: Die Wände des absteigenden Korridors müssten sehr starke Beschädigungen aufweisen, denn es ist wohl davon auszugehen, dass die Grabräuber sich nicht durch die Granitblöcke, sondern an ihnen entlang durch den Kalkstein in Richtung Felsenkammer bohrten. Dies alles trifft aber nicht zu. Fazit: Eine Granitblockierung im abwärts führenden Korridor kann es nicht gegeben haben. Die von Stadelmann angesprochenen Granitfragmente stammen wahrscheinlich von einem zerschlagenen Blockierstein der Grabkammer oder aber vom obersten stark beschädigten Granitstein, der noch im aufsteigenden Gang festsitzt.

Noch zwei abschließende Bemerkungen und Hinweise: Um den absteigenden Korridor vom Eingang aus Stück für Stück mit Kalkquadern zu verstopfen, bedurfte es vermutlich einer »Vorrichtung«, mit der die Steine einzeln in den Schacht hinabgelassen wurden. Durch die fehlende Außenverkleidung sind zwar alle Hinweise auf diese Aktion verloren gegangen, doch welche Rolle spielte in diesem Zusammenhang ein mit Bohrlöchern versehener Granitblock, der heute links am originalen Eingang der Pyramide liegt? Handelt es sich hierbei vielleicht um einen bearbeiteten Stein der inneren Blockiervorrichtung an der Grabkammer oder hatte er einst eine ganz andere Funktion, wurde womöglich erst in den letzten 200 Jahren dort postiert? Wären seine Bohrungen wirklich antik und nicht in den letzten Jahrhunderten angebracht worden, so hätten sie durchaus Rundhölzer für eine Seilvorrichtung aufnehmen können, durch die das Justieren und langsame Absenken der Steinquader gewährleistet wurde. Ob sich noch ein zweiter Granitquader auf der rechten Seite des Eingangs befand, ist bisher genauso wenig untersucht worden, wie die Existenz dieses Granitblockes auch bislang in keiner Veröffentlichung zu finden ist. Hier sind weitere Forschungen vonnöten.

Die kompakte Blockierung eines Grabkorridors mit Kalksteinen ist an sich nichts Ungewöhnliches und lässt sich an diversen Grabmälern des Alten Reiches nachweisen. Wenn man heute beispielsweise versucht, in die Grabräume einer der größten Mastabas in Medum (Grab Nr. 17) vorzudringen, muss man den etwas abenteuerlichen Weg über einen Grabräubertunnel nehmen, da – davon kann man sich im Grab selbst überzeugen – der ursprüngliche Zugang fast vollständig mit Kalksteinquadern aufgefüllt wurde. Auch der Korridorbereich im Kultgrab der Knick-Pyramide, in dem sich jenes für die Cheops-Pyramide so richtungsweisende Kammersystem befindet, wurde nach einem ganz ähnlichen Prinzip verschlossen: Deutet man die Zeichnungen des heute nicht mehr betretbaren Kultbaus richtig, dann lagerten auch dort in einem erweiterten, galerieähnlichen Gangstück vier Kalksteinquader, mit denen der Korridor blockiert wurde. Und schließlich sei noch die Mastaba des Seschemnefer, kaum 50 Meter südöstlich der Cheops-Pyramide entfernt, erwähnt. Rechts neben dem Säulenportal am Eingang zu den Kulträumen erkennt man einen Einstiegskorridor ins Grabmal, der noch immer massiv mit Steinblöcken verschlossen ist.

Im Reich des Ka

Auf der 25. Steinlage befand sich nicht nur einer der zentralen Referenzpunkte der gesamten Pyramide, auf dieser Ebene wurden auch die aufwendigsten Bauarbeiten aller insgesamt 210 Steinlagen ausgeführt. Nicht weit von der zentralen, senkrechten Mittelachse der Pyramide entfernt entstand die erste Kammer des oberirdischen Kammersystems, in der vermutlich wichtige Grabbeigaben gelagert werden sollten. Diese Kammer ist bis heute eine große Unbekannte im Raumplan der Cheops-Pyramide geblieben. Ihre wahre Funktion und Bedeutung ist archäologisch sehr umstritten, wird meist religiös interpretiert.

Ihre Anbindung zum unteren Ende der Großen Galerie wurde durch einen 37,80 Meter langen, teilweise nur 1,17 Meter hohen und 1,05 Meter breiten horizontalen Verbindungskorridor realisiert.[17] Neueste Untersuchungen haben ergeben, dass sich links und rechts dieses Korridors etwa 0,25 Meter breite, mit Sand gefüllte Fugen befinden, die vermutlich als »strukturberuhigende Zonen« installiert wurden. Die Kammer selbst besitzt einen rechtwinkligen, leicht ostwestorientierten Grundriss (5,23 × 5,76 Meter), ist vollständig mit Tura-Kalksteinen ausgekleidet und erhielt von den Arabern den Namen »Königinnenkammer«, wohl weil man früher

annahm, in ihr sei eine Gemahlin des Königs bestattet worden. Diesen Namen hat sie »in Ermangelung besseren Wissens«[18] bis heute beibehalten.

Die Königinnenkammer weist eine erstaunliche Architektur auf: Sie ist die erste Kammer in einer ägyptischen Pyramide, die ein Giebeldach besitzt. Diese spezielle, etwa 6,30 Meter hohe Deckenkonstruktion gehörte seit dieser Zeit zum Standardprogramm im Pyramidenbau und wurde wahrscheinlich aus Angst vor möglichen Senkungen errichtet. Während die Kammerwände sorgsam poliert wurden, ist vom Bodenbelag nichts mehr erhalten. Ebenso wie die letzten 5,50 Meter des horizontalen Verbindungskorridors liegt der Kammerboden etwa eine Elle tiefer als das übliche Korridorniveau. »Wahrscheinlich war hier ein Fußboden aus Granit verlegt, der später von Schatzsuchern herausgerissen worden ist«,[19] kommentierte Rainer Stadelmann den Befund.

Nichts in der Königinnenkammer oder an ihrem Zugang deutet heute darauf hin, dass sie als Grab- und Sarkophagkammer vorgesehen war. Während in der eigentlichen, eine Etage höher liegenden Grabkammer, der so genannten Königskammer, ein Rosengranitsarkophag und eine komplexe Fallsteinvorrichtung den Leichnam des Königs schützen sollten, existieren in der Königinnenkammer derartige Strukturen nicht. Sie weist dafür andere bemerkenswerte architektonische Merkmale auf, die womöglich einen Hinweis auf ihre wahre Bedeutung geben.

Auf der Ostseite der Kammer befindet sich eine bis zum Deckenansatz gehende, um über einen Meter in die Wand vertiefte, etwa 4,70 Meter hohe Nische, die an ihren Seiten wie ein Kraggewölbe aufgebaut ist. Diese Nische ist leicht nach Süden versetzt worden und die alles dominierende Struktur innerhalb der Königinnenkammer. In ihrer Mitte liegt der Einstieg in einen etwa 15,30 Meter langen, bekriechbaren Tunnel, der nach Osten ins Innere der Pyramide führt. Auf den ersten Blick hat es den Anschein, als ob hier

Abb. 26: Am Fuß der Großen Galerie führt ein langer, nur knapp 1,20 Meter hoher Korridor in die Königinnenkammer.

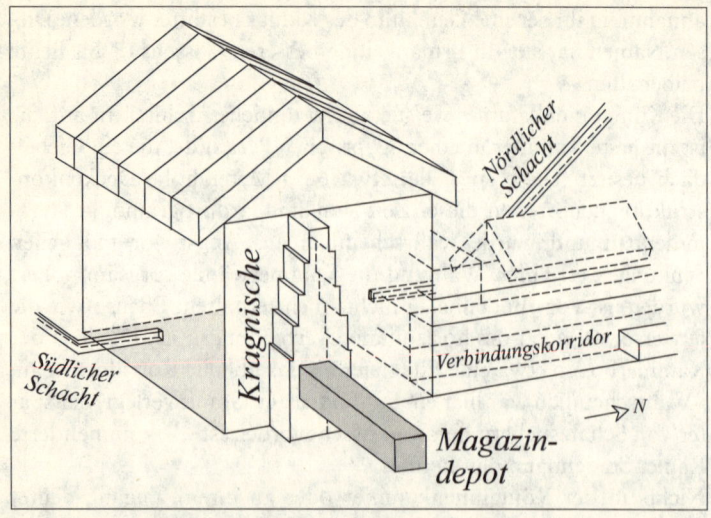

Grafik 23: Die Königinnenkammer mit allen wichtigen architektonischen Strukturen, insbesondere dem Magazindepot.

irgendwann in der langen Beraubungsgeschichte der Cheops-Pyramide versucht wurde, auf der Suche nach geheimen Hohlräumen tiefer ins Kernmauerwerk vorzudringen. An diesem Szenario, das die meisten Ägyptologen bedenkenlos in ihre Standardwerke übernommen haben,[20] zweifele ich jedoch seit langem. Warum wollten Grabräuber ausgerechnet an dieser Stelle ins Mauerwerk eindringen? Vermuteten sie hinter der Nische einen Hohlraum?

Die Antwort erscheint einfach, wird ersichtlich, wenn man die Schnittzeichnungen der Königinnenkammer und des Stollens genauer betrachtet. Das erste Detail, welches vor Ort direkt ins Auge sticht, ist die Symmetrie des Einstiegsloches. Die Unterkante des Tunnels schließt genau mit der horizontalen Trennfuge der Steinblöcke ab, mit denen die unteren beiden Lagen der Ostwand aufge-

Abb. 27: Die Kragnische in der Königinnenkammer mit dem heute versperrten Eingang ins Magazindepot.

baut sind. Die Seitenwände des Schachtes sind zudem etwa im gleichen Abstand zu den Nischenwänden, sodass man – abgesehen
vom halbkreisförmigen, herausgebrochenen oberen Teil – einen
sehr symmetrischen Schachtbeginn vor sich hat. Der weitere Verlauf im Schacht verstärkt diesen Eindruck. Auf den ersten sieben
Metern sind die Seitenwände des Tunnels derart geradlinig gearbeitet, dass es sich hierbei keinesfalls um eine Grabräuberaktivität
handeln kann. Erst auf dem zweiten Teilabschnitt nimmt der Tunnel die rohe Gestalt an, die man durch die Tätigkeiten der Schatz-
sucher erwarten würde. Für mich erscheint es deshalb plausibel,
davon auszugehen, dass die Ägypter hinter der Nische einen Hohlraum – einen kleinen Magazinraum – errichteten, in dem sie wichtige Gegenstände, vermutlich Grabbeigaben, deponierten. Nicht
unwahrscheinlich, dass dieses Magazin sogar als eine Art »Geheim-
depot« aufgebaut, insbesondere also mit einem Blockierstein verschlossen war. Vielleicht motivierte erst die Existenz dieses kleinen
Reliquienfaches die späteren Grabräuber, den Schacht nach Osten
hin weiter aufzubrechen, in der trügerischen Hoffnung, weitere hermetisch abgeschlossene Depots zu finden.

Ob dieses Magazin mit einer von den Ägyptologen vermuteten Statue des Königs in Zusammenhang steht, die einst in der Nische
gestanden haben soll, ist eine reine Spekulation. Die Hypothese
einer Statue in der Königinnenkammer stützt sich hauptsächlich auf
Dioritfragmente, die der Brite William M. Flinders Petrie bei seinen
Ausgrabungen vor dem Eingang der Pyramide fand,[21] und die Vermutung, dass eine Kragnische ein hervorragender Ort wäre, eine
Königsstatue zu platzieren. Ich kann mich mit diesen Gedanken
durchaus anfreunden, glaube aber eher, dass die von Petrie gefundenen Dioritsplitter entweder vom herabgestürzten Pyramidion der
Cheops-Pyramide stammten oder – was noch wahrscheinlicher ist –
die Reste eines anderen Kultobjektes waren. Die Königsstatue
dagegen, die aufgrund ihrer Größe schon zur Zeit der Errichtung
der Königinnenkammer aufgestellt werden musste, wird wahrscheinlich nicht aus Diorit, sondern aus Tura-Kalkstein bestanden
haben. Nur so lässt es sich erklären, dass nirgendwo in der Pyramide Spuren von Diorit gefunden wurden.

Diese beiden Befunde und Interpretationen – kleines Magazindepot und Nische mit vermutlicher Statue – engen die Funktionsmöglichkeiten der Königinnenkammer stark ein. Allem Anschein nach diente sie als Magazin- und Kultkammer, in der diverse, vermutlich für das ewige Leben des Königs unentbehrliche Beigaben deponiert wurden. Ein eigenes Sicherungssystem für diese Kammer war aufgrund der massiven Blockierungen in den auf- und absteigenden Korridoren nicht notwendig, zumal die sterblichen Überreste des Gottkönigs in einem separaten, zusätzlich geschützten Raum aufgebahrt wurden. Innerhalb dieser Interpretation könnte die Statue in der Nische eine Art »Ka-Statue« – ein in Stein gehauener Doppelgänger des Cheops, der nach seinem Tod als Wirt seiner unsterblichen Lebenskraft am Grab gebunden wurde –, die Königinnenkammer ein so genannter »Serdab« gewesen sein: Über seine Ka-Statue lebte Cheops' weltlicher Teil seiner vielschichtigen Seele in seiner irdischen Wohnstätte – der Pyramide – weiter und konnte über die heiligen Räume seines Totentempels in den alltäglichen Opfer- und Verehrungskult eingebunden werden. Religiös betrachtet, konnte Cheops' Wesen und Persönlichkeit somit in der realen Welt der Ägypter ewig weiter bestehen, wurde seine Ka-Statue zum ideellen »Mittelpunkt des Grabes«.[22]

Die Entdeckungen von 1872…

Neben der bislang nicht eindeutig bestimmbaren Rolle der Königinnenkammer gesellt sich noch ein merkwürdiger architektonischer Befund, der in den letzten Jahren für Gesprächs- und Zündstoff sorgte, mit dem ich mich intensiv beschäftigte[23] und den ich – in Anbetracht seines aktuellen Forschungsbedarfs – an dieser Stelle mit neuen Hinweisen und Gedankengängen versehen kurz darstellen möchte.

Als die Bauleiter die Königinnenkammer errichten ließen, konstruierten sie zwei im Durchmesser nur etwa 20 × 20 Zentimeter große Schächte, die von der Nord- und Südwand teilweise über eine Länge von fast 60 Metern durch das Kernmauerwerk geführt wurden. Die Ägypter ließen die Schächte aber nicht direkt in der Königinnenkammer beginnen, sondern höhlten die Wandblöcke derart aus, dass eine etwa 17 Zentimeter dicke Trennkante zwischen Kammer und Schacht übrig blieb. Von der Kammer aus waren die Schächte somit nicht erkennbar, nur der Papyrusgrundriss der Bauleiter verriet ihre Position und Lage. Was dachten sich die Architekten der Cheops-Pyramide dabei, als sie diese merkwürdigen Konstruktionen Lage für Lage mit in die Höhe zogen?

Die Ägyptologen wissen von ihrer Existenz erst seit 1872, als der britische Archäologe Wayman Dixon sie gewaltsam öffnete.[24] Unter heute nicht mehr eindeutig nachvollziehbaren Umständen gelang es ihm dabei, einen bemerkenswerten Fund aus dem nördlichen Schacht ans Tageslicht zu bringen. Ihm fielen eine fast faustgroße, über ein halbes Kilogramm schwere Steinkugel, ein ungefähr fünf Zentimeter langer wie breiter »schwalbenschwanzförmiger« Gegenstand aus Kupfer sowie eine etwa zwölf Zentimeter lange, zedernartige Leiste in die Hände.[25]

Erst seit kurzem vertreten Ägyptologen die Ansicht, dass es sich bei diesen Gegenständen, von denen zwei – die Steinkugel und das Kupferstück – seit 1995 im Britischen Museum in London ausgestellt werden, um originale Grabbeigaben handelt. Man deutet sie als »Modellbeigaben«, die dem König dazu dienten, im Jenseits die »magische Öffnung des Schachtes« vorzunehmen. In diesem Sinne werden die Kugel als Steinhammer, das »Kupferwerkzeug« als Meißel und das Holzstück als Elle oder Keilholz interpretiert.[26] Da die Gegenstände bislang nicht näher nach streng wissenschaftlichen Gesichtspunkten untersucht wurden, kann ich hier keine abschließende Analyse anbieten, möchte aber zu bedenken geben, dass die jüngst mit einem kleinen Roboterfahrzeug durchgeführten Forschungen im nördlichen Königinnenschacht auch andere Deutungen zulassen.[27]

... und 1993

Während das Deutsche Archäologische Institut in Kairo auf Anregung der ägyptischen Antikenverwaltung in den Jahren 1992 und 1993 eine Reinigungs- und Vermessungskampagne der Schachtsys-

teme in der Cheops-Pyramide (unter der Leitung von Rainer Stadelmann und der technischen Betreuung durch den Münchener
Rudolf Gantenbrink) durchführte, wurden auch die Schächte der
Königinnenkammer eingehender untersucht. Hierbei entdeckte
man im nördlichen Schacht zwei Objekte, die mit den von Dixon
1872 gefundenen Gegenständen in direktem Zusammenhang stehen könnten. Videoaufnahmen zeigen ein etwa einen Meter langes
und gut einen Zentimeter dickes, leistenförmiges Objekt an der
Stelle, wo der Schacht aufgrund der Lage der Großen Galerie nach
Westen abknickt.[28] Das zweite Artefakt liegt etwas unterhalb der
Schachtbiegung, reflektierte das Licht des Roboter-Scheinwerfers
metallisch und ähnelt in seiner erkennbaren Form dem im Britischen Museum befindlichen Kupfergegenstand. Bis zum heutigen
Tage liegen diese Gegenstände noch unberührt in dem bisher nur
auf 19 Meter Länge erforschten Nordschacht, gehört ihre Bergung
zu den dringlichsten Aufgaben einer weiterführenden Forschungs-
kampagne.
Wie passen diese Befunde zusammen? Gehören die durch Dixon
sichergestellten Artefakte und die Objekte im Schacht zusammen?
Handelt es sich bei dem langen Leistenstück im Nordschacht um
das Gegenstück jenes hölzernen Fragmentes, das Dixon einst entdeckte? Bildeten sie zusammen mit dem Kupferstück eine Einheit,
waren einst zu einem Gegenstand vereint? Vergleichsstudien brachten mich erst vor kurzem auf den Gedanken, in der Holzleiste und
dem Kupfergegenstand Teile eines Messgerätes – eines Gnomons –
zu erkennen. Mit einem derartigen Stab konnte man Sonnenstände
messen, wie ich schon in Teil I dargelegt habe. Wie das Gerät allerdings in den Schacht gelangte, ist nicht erklärbar, wird wohl ein
ewiges Geheimnis dieser Pyramide bleiben.
Ähnlich unklar stellt sich die Fundsituation im südlichen Königinnenschacht dar. Dieser knapp 40 Grad steile und 60 Meter lange
Kanal führt fast im rechten Winkel auf die Pyramidenaußenseite
zu – womöglich ein Indiz dafür, dass die Konstrukteure die kürzeste
Verbindung von der Königinnenkammer zur Außenwand der Pyramide wählten –, ohne sie jedoch nachweisbar zu erreichen. An seinem Ende stieß man auf eine in der Ägyptologie bislang unbekannte

architektonische Struktur, eine Art Blockierstein, der allem Anschein nach aus Tura-Kalkstein besteht und schräg von oben in
den Schacht eingesetzt wurde. Die Oberfläche des Blockiersteins
wurde – wie auch die Steinblöcke in seinem direkten Umfeld – sehr
präzise bearbeitet. Ihre auffälligsten Strukturen sind zwei bis zu
einem halben Zentimeter dicke, vermutlich kupferne »Beschläge«,
von denen der linke in der Mitte abgebrochen ist. Das abgebro-
chene Stück liegt knapp zwei Meter vor der Blockierung am rechten Schachtrand und wartet wie die Objekte im nördlichen Schacht
auf seine Bergung.

Es gibt Anzeichen dafür, dass die »Beschläge« in Wahrheit Stifte
sind, die durch Bohrlöcher im Blockierstein durchgesteckt, auf der
sichtbaren Seite umgebogen und fixiert wurden. Es ist somit nicht
ausgeschlossen, dass man die Rückseite der Blockierung sieht, die
Kupferstifte womöglich mit »irgend etwas« auf der anderen Seite
»in Verbindung stehen«.[29] Ob beide Stifte lediglich die Enden eines
metallischen Handgriffes sind, mit dem der etwa zehn Kilogramm
schwere Stein transportiert und als eine Art »Deckel« auf den
Schacht gelegt wurde, kann nur eine zukünftige Mission zeigen, auf
die ich persönlich mit Spannung warte.

Noch eine abschließende Bemerkung: Eng mit den Befunden in
den Königinnenschächten hängt auch ihre eigene bautechnische
Bestimmung zusammen, die noch immer völlig unbekannt ist. Zur
ägyptologischen Vermutung, es handele sich bei ihnen um religiöse
Modellkorridore, die mit der jenseitigen Himmelfahrt des Königs
zu tun hatten, habe ich zusammen mit einem Berliner Journalisten-
kollegen eindeutig Stellung bezogen, ihre Schwachstellen aufge-
deckt.[30] Dagegen kann ich mich mit einer zweiten These – die
Kanäle sollten möglicherweise als Luftschächte dienen – durchaus
anfreunden, vorausgesetzt, die ägyptischen Architekten konstruierten sie vorsorglich als eine Art Notbelüftungssystem für den Fall,
dass der Sauerstoffbedarf in der Königinnenkammer mit dem Aufbau der Großen Galerie und der Errichtung der höher liegenden
Sarkophagkammer zu einem Problem wurde. Aus der Tatsache
heraus, dass die Ägypter diese Schächte nie öffneten, demzufolge
die Polierer in der Königinnenkammer keine Sauerstoffprobleme

bekamen, wird ihre rätselhafte Existenz noch mysteriöser. Aber wie dem auch sei – egal, welche Funktion beiden Schächten wirklich zugedacht war –, sie verloren in den Augen der ägyptischen Architekten endgültig ihre Bedeutung, als das Kammersystem überbaut und abgeschlossen wurde, als die Bauarbeiten etwa die 74. Steinlage erreicht hatten. Falls sie wirklich als Notbelüftungssystem konzipiert wurden, waren entweder alle Arbeiten in der Königinnenkammer erledigt, als die Schächte die 74. Steinlage erreichten, oder das Sauerstoffproblem in diesem Bereich des Kammersystems anderweitig gelöst worden.

Unbekannte Hohlräume?

Die Auseinandersetzung mit den neuen Befunden in den Schächten der Königinnenkammer hat in den letzten Jahren eine altbekannte, meist in grenzwissenschaftlichen Kreisen diskutierte Fragestellung wieder mit neuem Leben gefüllt, die ebenso interessant wie spannend ist: Gibt es Hinweise in der Pyramide, dass sie noch unbekannte – natürliche oder künstlich entstandene – Hohlräume verbirgt?

Versuche, derartige Strukturen zu orten, gab es in der Vergangenheit genügend – jedoch ohne vorzeigbaren Erfolg, sieht man einmal von den mit Sand und womöglich anderem Bauschutt gefüllten, übergroßen Fugen hinter den Wänden des Zuganges zur Königinnenkammer ab.[31] Die letzte offizielle Suchaktion fand zwischen 1992 und 1995 im Bereich der Felsenkammer statt.[32] Ein französisches Archäologenteam führte insbesondere am Zugang und im Schacht der Kammer radartechnische und mikrogravimetrische Messungen durch, um Erkenntnisse über den Untergrund der Felsenkammer zu gewinnen. Doch auch diese Messungen, ebenso wie vereinzelte Bohrversuche im Felsboden, blieben erfolglos. Derzeit gibt es keinerlei Hinweise, die auf einen unbekannten Hohlraum im Bereich des unteren Kammersystems hindeuten.

Die Möglichkeit hingegen, dass die im Jahr 1993 erkundeten Schächte der Königinnenkammer mit kleinen, isolierten und künstlich erzeugten Hohlräumen in Verbindung stehen, habe ich vor geraumer Zeit ausführlich untersucht, soll hier aber nicht im Einzelnen wiederholt werden.[33] Die Wahrscheinlichkeit, insbesondere hinter der Blockierung im südlichen Königinnenschacht einen irgendwie gearteten Hohlraum zu finden, ist zugegebenermaßen zwar klein, doch kann dies nicht ohne weitere Forschungen von vornherein ausgeschlossen werden. Dagegen spreche ich mich nach wie vor gegen alle bislang völlig haltlosen und unbewiesenen Spekulationen aus, die von unbekannten, womöglich mit irgendwelchen Gegenständen angefüllten, kammergroßen Geheimräumen ausgehen, die noch in der Pyramide verborgen liegen sollen. Niemand hat bislang auch nur den geringsten Hinweis auf ihre Existenz gefunden, nirgends ein Indiz für ihren Zugang lokalisiert.[34] Aber es gibt noch eine andere Möglichkeit. Beim Bau der Pyramiden wurden immer wieder bautechnische Konstruktionen errichtet, die ganz natürlich und wie von selbst zur Entstehung von Hohlräumen beigetragen haben. Um dies zu verdeutlichen, ein kurzer Blick in das Kammersystem der kleinsten Königspyramide von Giza, der des Cheops-Enkels Mykerinos. Die aus Granitblöcken gefertigte Grabkammer dieser Pyramide besitzt eine aus mehreren Sparrenbalken zusammengesetzte Decke, deren Unterseite in Form eines Tonnengewölbes, ihre Oberseite aber als Giebeldach bearbeitet wurde. Dabei hatte man darauf verzichtet, den durch die Giebelkonstruktion entstandenen Hohlraum oberhalb der Sargkammer mit Bauschutt oder kleinen Steinen aufzufüllen, sodass man diesen Hohlraum heute durch einen Grabräubereinstieg besichtigen kann. Derartige Hohlräume könnte es durchaus auch in der Cheops-Pyramide geben. Man hat bislang nur nicht gezielt nach ihnen gesucht bzw. an den falschen Stellen gemessen. Ich denke hier in erster Linie an den Bereich oberhalb des Giebeldaches der Königinnenkammer oder an alle Passagen der auf Schrägen gebauten Korridore, in deren Umfeld sicherlich die eine oder andere Nische ausgespart wurde. Vermutlich wurden aber viele dieser Lücken – ähnlich wie beim horizontalen Gang in die Königinnenkammer – mit Sand oder Bauschutt aufgefüllt.

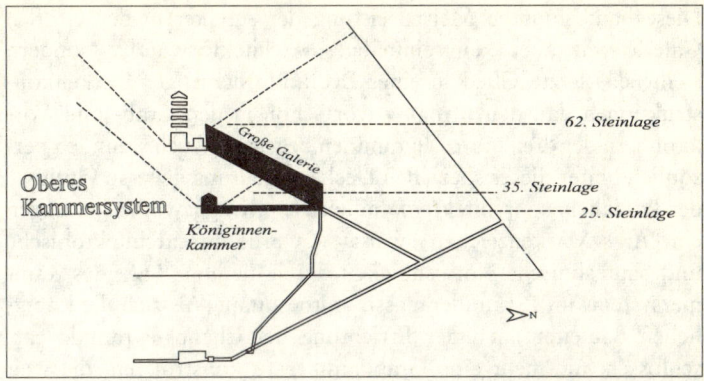

Grafik 24: Dritter Bauabschnitt. Errichtung der Großen Galerie und der
Vorkammer (»Königinnenkammer«).

Konstruktionsdaten des dritten Bauabschnittes:

	Neigungs-winkel [Seked]	Länge [Ellen]	Breite [Ellen]	Höhe [Ellen]
Große Galerie	14 Handbreit	89	4	$16-16\,^1/_2$
Verbindungskorridor	–	$73\,^3/_4$	2	$2\,^1/_4$
Königinnenkammer	–	10	11	12

Die architektonische Sackgasse

Der größte »Raum« in der Cheops-Pyramide ist die Große Galerie,
jene »Lagerhalle«, in der die Verschlusssteine während der Bauarbeiten aufbewahrt wurden. Sie liegt zwischen der 25. und 62. Steinlage und überbrückt eine Höhendifferenz von etwa 28 Metern. Ihre
bemerkenswerte Deckenkonstruktion – ein mächtiges Kraggewölbe – ist so aufgebaut, dass sich die Seitenwände ab der Höhe
von 1,80 Meter in je sieben Lagen um etwa acht Zentimeter nach
innen verschieben. Am Ende hat die Decke des Gewölbes die Breite
des aufsteigenden Ganges. In erster Linie hatte diese Deckenkonstruktion eine stabilisierende Funktion, sollte den Druck der darüber liegenden Steinmassen seitlich in die Horizontale ablenken.

Diese bautechnische Meisterleistung der Ägypter in der Großen Galerie war aber kein einmaliges Architekturwunder, sondern stellte das letzte Glied in einer Evolution derartiger Deckenkonstruktionen dar, denen man zuvor schon in den Grab- und Vorkammern der drei Snofru-Pyramiden begegnet. Auch wenn ich persönlich hinter dieser speziellen Deckengestaltung gewisse Einflüsse der königlichen Architektenfamilie sehe – Kraggewölbe sozusagen eine Art »Markenzeichen« waren –, wurde ihre architektonische und bautechnische Notwendigkeit durch die hohe Lage des Kammersystems im Pyramidenmassiv mitbestimmt. Als sich die königlichen Bauleiter nach der Errichtung der Cheops-Pyramide entschlossen, nie mehr eine Grabkammer zu konstruieren, die weit oberhalb des Basisniveaus der Pyramide lag, »degenerierte« das Konzept der Kraggewölbe zu einer Sackgasse, wurde bautechnisch schlichtweg überflüssig. Hinzu kam, dass die Entwicklung der Giebeldächer ein neues Zeitalter in der physikalischen Beherrschung der Steinmassen einleitete. So waren die Kraggewölbe nach nur wenigen Jahrzehnten technologisch veraltet und wurden durch die Giebeldachkonstruktionen vollständig abgelöst.

Abb. 28: Die Große Galerie oberhalb des Verbindungsganges in die Königinnenkammer, der Weg zur Grabkammer.

10 Der Ort für die Ewigkeit

Am oberen Ende der Großen Galerie begann der vierte und letzte Bauabschnitt des Kammersystems, die Errichtung des Allerheiligsten der Pyramide. Zur Grabkammer des Cheops, im heutigen Sprachgebrauch einfach »Königskammer« genannt, gehören drei Bereiche: eine Blockiersteinkammer, der eigentliche Sarkophagraum und fünf darüber liegende so genannte Entlastungskammern. Die auf engstem Raum konstruierte Umsetzung von Sicherheitsdenken und ästhetischer Grabraumgestaltung zeichnet das Herzstück der Cheops-Pyramide besonders aus, zeugt noch heute vom Einfallsreichtum und der hohen Baukunst der Pyramidenkonstrukteure der 4. Dynastie.

Hatten die ägyptischen Arbeiter schon alle Hände voll zu tun, die gigantischen Kalksteine bis in die Höhe von 42 Metern zu transportieren, so erforderte die Konstruktion der Grabkammer in dieser Höhe einen arbeitstechnischen Kraftakt, dessen Realisierung bis heute rätselhaft geblieben ist: Die gesamte Sarkophagkammer wurde mit Rosengranitblöcken ausgekleidet, von denen allein die neun über 5,50 Meter langen Deckenbalken zusammen bis zu 370 Tonnen wiegen. Die etwa 130, in ihrer Größe sehr unterschiedlichen Granitsteine, mit denen die Königskammer aufgebaut wurde, besitzen insgesamt ein Gewicht von über 1700 Tonnen. Dieser Gigantismus zeichnet die Sarkophagkammer ganz klar gegenüber allen anderen Räumen und Gängen der Cheops-Pyramide aus. Der Bau dieser Kammer mit Rampen, Schlitten, Hebeln und sonstigen Hilfsmitteln gehört zu den größten technischen Leistungen, die je im Pyramidenbau vollbracht wurden.

An der Schwelle ins Jenseits

Die Anbindung an den dritten Bauabschnitt des Kammersystems realisierten die Ägypter etwa auf der 50. Steinlage, als sie am oberen, südlichen Ende der Großen Galerie den zweiten horizontalen Kammerbereich konstruierten: Hinter einem ca. 1,30 Meter kurzen Gangstück folgt eine fast vollständig aus Granit gefertigte, etwa

Abb. 29: Der Durchgang von der Großen Galerie in die Königskammer. Rechts der Einstieg in den so genannten Caviglia-Tunnel. In der Mitte erkennt man an der Kante der südlichen Wand des Blockiersteinraumes vier Rinnen, in denen die Halteseile geführt wurden, die die schweren Granitsteine hielten.

drei Meter lange Blockiersteinkammer, die bemerkenswerte Einzelheiten aufweist. Wie die an den Ost- und Westwänden vorhandenen, ungefähr 60 Zentimeter breiten, senkrechten Rillen andeuten, wurden hier einst – wie beim Fallgatter eines Tierkäfigs – drei Granitblöcke, die den Zugang zur Grabkammer blockierten, bewegt. Während der gesamten letzten Bauphase und der Begräbniszeremonie hingen die Granitblöcke – über eine Seilkonstruktion hochgezogen und vermutlich zusätzlich durch »Holz- und Steinpfähle«,[35] die an den Seitenwänden angebracht waren, gestützt – in einer erhöhten Position, die den mühelosen Durchgang zur Grabkammer gewährleistete. Dazu benötigten die Ägypter – wie vier kleine, halbkreisförmige Rillen an der südlichen Wand der Blockierkammer verraten – starke Seile, die über drei waagerecht in den Seitenwänden fixierten Rundhölzer geführt wurden. Die Rillen selbst waren »dazu bestimmt, das Klemmen der Seile zwischen den Wänden zu vermeiden«.[36]

Der gesamte in der Blockierkammer erkennbare Aufhängmechanismus ist überaus interessant und gibt einen ungeahnten Einblick in die technische Lehrstube des frühen Pharaonenstaates. Um die drei etwa 2,6 Tonnen schweren Granitriegel vertikal zu bewegen, verwendeten die Ägypter anscheinend »das Prinzip des Flaschenzuges«, das »den alten Baumeistern durchaus bekannt war«.[37] Es spricht aus meiner Sicht nichts dagegen, dass sie dieses Patent in abgewandelter Form auch beim Bau der Pyramiden zum Einsatz gebracht haben. Vielleicht sehen wir in der Blockiervorrichtung vor der Grabkammer nur die Anwendung einer damals bekannten Hebetechnik à la Herodot, mit der die Ägypter in der Lage waren, auf ihren Arbeitsplattformen tonnenschwere Steine um bis zu 1,50 Meter in die Höhe zu heben.

Hinter der Blockiersteinkammer schließt sich eine etwa 2,50 Meter lange Korridorpassage an, ehe man die Hauptkammer der Cheops-Pyramide betritt. Die Königskammer besitzt eine Größe von 10,49 Meter × 5,24 Meter × 5,84 Meter und ist damit größer als die Königinnen-, aber kleiner als die unterirdische Felsenkammer. Die einzigen Strukturen, die die Architekten hier einbauten, waren der monumentale Granitsarkophag und – ähnlich wie in der Königinnenkammer – zwei sich an der Nord- und Südwand gegenüberliegende Schächte. Im Gegensatz zu denen in der Königinnenkammer verlaufen diese Schächte aber vom Kammerinneren bis an die Außenseite der Pyramide, wo sie einst durch Verkleidungssteine hermetisch verschlossen wurden, um das Eindringen von Regenwasser oder Vögeln in die Grabkammer zu verhindern. Sie werden in der Ägyptologie in der Regel als »Luft- oder Seelenschächte« bezeichnet.

Der Sarkophag des Cheops ist heute ein begehrtes Ziel der Touristen, die manchmal sogar nicht davor zurückschrecken, sich in ihn hineinzulegen, um eine noch bessere Figur auf ihren Urlaubsfotos zu machen. Die stark abgegriffene Südostecke des Sarges und der Verlust seines Deckels sind auch ein sicheres Zeichen für den Vandalismus, den der Sarkophag seit Jahrhunderten über sich ergehen lassen musste. Er wurde einst mit der Fertigstellung des massiven Granitbodens in der Königskammer aufgestellt, da seine äußeren

Abb. 30: Der Nordostbereich der Königskammer mit ihrem Zugang und dem Eingang des nördlichen »Luft-/Seelenschachtes.«

Maße (2,28 × 0,99 × 1,05 Meter) einen nachträglichen Transport durch die Korridore unmöglich gemacht hätten. Wie ein rohes Ei platzierten die Bauarbeiter den tonnenschweren und präzise bearbeiteten, ausgehöhlten Stein nahe der Westwand der Königskammer. Ein Blick auf die Grundrisse anderer Pyramiden zeigt, dass dieses Verfahren durchaus üblich war. In vielen Grabmälern waren die Korridore für die monumentalen Steinsarkophage zu eng, daher mussten sie schon früh während des Baus an ihren endgültigen Platz gebracht und die Pyramiden um sie herum in die Höhe gezogen werden.

Auch wenn der Sarkophag in der Königskammer heute den Eindruck einer einfachen Sargwanne vermittelt und man im Ägyptischen Museum in Kairo viel dekorativere, wenn auch nur in Kalkstein gefertigte Steinsärge bewundern kann, zeigt er bei näherer Betrachtung ganz erstaunliche Details, die ein weiteres Mal vom hohen Stand der altägyptischen Technik zeugen: An der Oberkante der Sargwanne befinden sich beispielsweise zwei kleine, etwa zwei Zentimeter tiefe Bohrungen, die einst zylinderförmige Stifte oder Zapfen enthielten. Mit ihnen wurde der Deckel, nachdem man

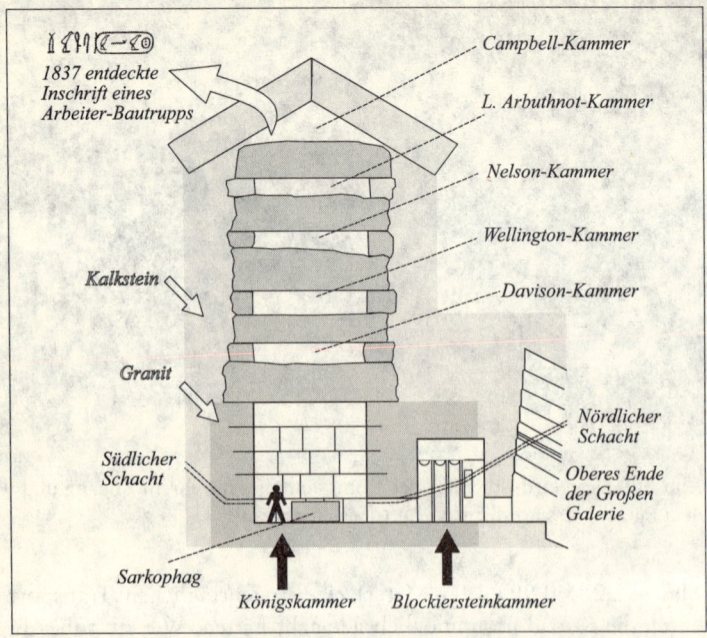

Grafik 25: Die Umgebung der etwa 42 Meter hoch liegenden Königskammer. In der obersten Entlastungskammer fanden die Archäologen den Namen des Bauherren. (Skizze nach Maragliolio und Rinaldi)

ihn entlang einer nutartigen Vertiefung über den Sarginnenraum geschoben hatte, vermutlich fixiert und verriegelt. Die Gesamtbearbeitung des Sarkophages, vor allem aber die Präzision, mit der die Ägypter diesen harten Steinblock mit Sägen, Bohrern und Poliermitteln formten, lässt einen nur staunen. Noch wissen die Ägyptologen nicht alles über die Kenntnisse der Ägypter auf dem Gebiet der Hartgesteinbearbeitung, noch gibt es einige Rätsel zu

Abb. 31: Das Allerheiligste der Cheops-Pyramide. An der Westseite der Königskammer steht der Sarkophag, von dem nur noch die Sargwanne erhalten ist. Die Grabkammer wird durch mächtige Granitbalken überdeckt.

lösen, wie die perfekt ausgeführten Bohrungen, die man in vielen Tempelanlagen findet, andeuten.[38]

Konstruktion kontra Spekulation

Alle vier Schachtsysteme der Cheops-Pyramide stellen einen einmaligen architektonischen Einzelfall im Pyramidenbau dar, ihre wahre Bedeutung nahmen die Architekten mit in ihre Gräber. Jeder Versuch, eine Erklärung für ihre Notwendigkeit zu finden und dabei etwas zu hinterfragen, was einmalig, undokumentiert und zum jetzigen Zeitpunkt noch nicht einmal vollständig erforscht ist, birgt den Hauch des Mysteriösen in sich. Wen wundert es da, wenn sich auf dieser Grundlage der Raum für Spekulationen öffnet.

In den letzten Jahren haben sich eine Reihe von Autoren in die Diskussion um die möglichen Funktionen der Cheops-Schächte eingeklinkt und ihre Vorstellungen präsentiert.[39] Insbesondere vermutete man, dass ihre südliche und nördliche Orientierung zum Himmel in Zusammenhang mit vermeintlichen Kulminationspunkten bestimmter Sterne stand, worin man einen Hinweis erkannte, dass bewusst in die Architektur der Cheops-Pyramide Elemente eines religiösen Sternenkults eingeprägt wurden.

Ich halte dies alles für Spekulation und frage mich, wieso niemand bisher auf den Gedanken gekommen ist, dass Lage und Orientierung der vier Schächte in der Cheops-Pyramide lediglich durch einfache messtechnische Bedingungen zustande kamen, die einzig und allein aus dem Konstruktionsprinzip des Kammersystems entstanden. Beispielsweise erkennt man einerseits, dass die oberen Königsschächte etwa auf der gleichen Steinlage enden, und andererseits, dass alle Schächte in gewisser Weise fast im rechten Winkel auf die Außenverkleidung der Pyramide zusteuern, wobei die nördlichen Kanäle nicht geradlinig verlaufen, da sie dem Strukturbereich der Großen Galerie ausweichen müssen. Den eindrucksvollsten Nachweis, dass sich ihre Lage und Orientierung nur durch rein messtechnische Sachzwänge ergaben, erbringen aber die näheren Betrachtungen ihrer Steigungswinkel, die sich – wie sollte es auch anders sein – fast einheitlich als Seked-Größen darstellen lassen.

	Steigung [Grad]	Seked [Handbreit]
Nördlicher Königsschacht	32,61	11
Südlicher Königsschacht	45,00	7
Nördlicher Königinnenschacht	39,12*	ca. 8 1/2
Südlicher Königinnenschacht	39,61	8 1/2

(Winkelwerte nach Gantenbrink, *2 Grad Ungenauigkeit)

Tab. 7: Steigungen der vier Schächte der Cheops-Pyramide.

Diese Zahlenwerte machen deutlich, dass alle Cheops-Schächte auf dem Papyrus-Reißbrett konstruiert wurden, vielleicht unter der Maxime, den kürzesten Weg zur Außenwand der Pyramide zu finden. Ganz sicherlich spielten hierbei keinerlei »Richtgrößen« am altägyptischen Himmel eine Rolle.

Eine Beinahe-Katastrophe?

Man erkennt heute feine, aber lange Risse in den riesigen Deckenbalken der Königskammer, die sich interessanterweise alle im südlichen Bereich befinden.[40] Sie sind wie ein Fingerzeig, dass oberhalb der Sargkammer noch weitere Hohlräume liegen. Und tatsächlich befinden sich dort oben, für den normalen Besucher völlig unsichtbar, fünf bis zu einem Meter hohe »Entlastungskammern«. Sie wirken auf den modernen Schnittzeichnungen wie Airbags, die den vertikal auf die Sargkammer lastenden Druck abfangen sollen. Insgesamt verbauten die Ägypter oberhalb der Königskammer etwa 50 Granitbalken mit einem Gewicht von über 900 Tonnen übereinander. Sie ruhen auf massiven Granitwänden, die teilweise von Tura-Kalksteinblöcken durchzogen sind. Die einzelnen Deckenbalken wurden nur an ihren Unterseiten geglättet, während man die Oberseiten im rohen Zustand beließ, was auf die rein funktionelle Bedeutung dieser Hohlräume hindeutet: Die Decken wurden wohl nur deshalb geglättet, um eine plane Auflagefläche auf den Seitensteinen zu erhalten. Daneben war eine derartig ebene Auflagefläche

sicherlich auch bei ihrem Transport mittels eines Schlittens bis in
die Höhe der Königskammer von Vorteil.

Besonders interessant ist die oberste Kammer, die durch mindestens
ein sparrenförmiges Giebeldach gekrönt wird. »Die Balken, die das
Sparrendach bilden, bestehen aus gigantischen Kalksteinplatten
von ungefähr 4 m Länge und einer Breite, die zwischen 1 m und
2,25 m schwankt. Die Dicke ist unbekannt, beträgt jedoch sicher
mehr als 2 m. In diesem Fall würde jeder Monolith mehr als 40 Tonnen wiegen.«[41] Dieses Dach ist heute leicht abgesunken, die Gie-
belblöcke liegen nicht mehr genau aneinander, haben eine etwa fünf
Zentimeter große, klaffende Lücke gebildet. Dies deutet auf die
ernsten Probleme hin, die die Errichtung dieser massiven Granit-
struktur oberhalb der Sargkammer mit sich brachte. Irgendwann
gegen Ende der Bauarbeiten waren die Ägypter sogar gezwungen
gewesen, vom oberen, östlichen Ende der Großen Galerie aus einen
Tunnel bis zur untersten, unmittelbar über der Grabkammer
befindlichen Entlastungskammer zu meißeln, um die in der Decke
der Königskammer aufgetretenen langen Risse zu überprüfen und
von oben auszubessern.

Diese speziellen Schäden haben den einen oder anderen Pyramidenforscher dazu bewogen, von einer »Beinahe-Katastrophe« zu
sprechen, die Cheops' Bauleiter so kurz vor dem Ende der Kam-
merarbeiten noch widerfahren wäre.[42] Ein zweites Dahschur-Deba-
kel kündigte sich demnach kurzfristig an, der »Kollaps« der Grabkammer wurde befürchtet, trat aber nicht ein. Die aufgetretenen
Senkungen an den Wänden der Grabräume nahmen mittelfristig
keine bedrohlichen Ausmaße an, sodass die kompakt gebaute
Königskammer die Jahrtausende überstehen konnte und bis heute –
auch nach diversen Erdbeben und dem Einsatz von Sprengstoff –
ihre innere Stabilität bewahrt hat. Die Diskussion über den Sinn der
fünf kleinen Hohlräume ist jedoch bis heute nicht abgerissen. Die

Abb. 32: Am oberen, südlichen Ende der Großen Galerie befindet sich
der Einstieg in die Entlastungskammern, die über der Grabkammer liegen.
In ihnen fand man etliche Bauarbeitergraffiti.

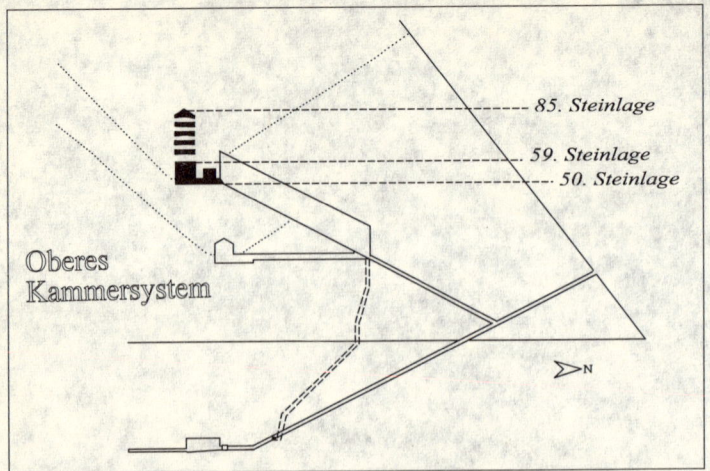

85. Steinlage
59. Steinlage
50. Steinlage

Oberes
Kammersystem

N

Grafik 26: Vierter Bauabschnitt. Errichtung der Grabkammer (»Königskammer«) und der fünf »Entlastungskammern«.

Konstruktionsdaten des vierten Bauabschnittes (Nord-Süd-Ansicht):

	Länge [Ellen]	Breite [Ellen]	Höhe [Ellen]
Blockierkammer	5 2/3	2	ca. 7 1/5
Grabkammer	10	20	11
Entlastungskammern	ca. 10	ca. 20	ca. 1–2

Spuren in den Entlastungskammern machen deutlich, dass ihre
massive Bauweise einen größeren Druck auf die Königskammer
ausübte, als den Ägyptern lieb war. Auch wenn ich mich der Auffassung von Rainer Stadelmann nahtlos anschließen kann, dass die
Entlastungskammern »von unserer modernen, statischen Kenntnis
her als unnötig und übertrieben angesehen werden« können, »sie
aber den erhofften Effekt«[43] hatten, mache ich mir schon so meine
Gedanken darüber, ob dieser gigantische Arbeitsaufwand oberhalb
der Sarkophagkammer von vornherein von den Ägyptern geplant
war oder ob sich diese drastische Sicherungsmaßnahme erst beim
Bau ergab. Hätte es denn nicht ausgereicht, die unzugänglichen

Entlastungskammern – wie das Giebeldach der obersten Kammer – aus gut bearbeiteten Tura-Kalksteinen aufzubauen, anstatt Hunderte von Tonnen des kostbaren Rosengranits zu verwenden, der sonst üblicherweise nur an sehr markanten und repräsentativen Stellen in und an den Pyramiden zum Einsatz kam? Ich denke, die Ägyptologen sollten sich nochmals intensiv mit den Entlastungskammern beschäftigen, ihre inneren Strukturen und Beschaffenheit detaillierter untersuchen, um womöglich noch die eine oder andere Überraschung ans Tageslicht zu bringen. Eines steht jedoch unwiderruflich fest. Unabhängig davon, welche zusätzlichen Motivationen die ägyptischen Baumeister im Herzen der Pyramide veranlassten, den Bereich der Grabkammer derart massiv zu bauen, in erster Linie hatten sie nur ein Ziel vor Augen: einen absolut perfekt geschützten Ort im Grab zu errichten, der entgegen allen Widrigkeiten in der Lage war, die Ewigkeit zu überdauern. Welchen extremen Bedingungen die stabil gebauten Grabkammern zur Zeit der 4. Dynastie wirklich gewachsen waren, davon konnte ich mir einen unvergesslichen Eindruck verschaffen – in der Pyramide von Cheops' Enkel Mykerinos...

Kontakt mit der Ewigkeit

Kairo, am 12. Oktober 1992. Es war kein besonders gutes Jahr für die Ägypter. Nur wenige Touristen befanden sich im Land, bevölkerten die archäologischen Ausgrabungsstätten rings um die Pyramiden, Tempel und Gräber. Die Spätfolgen der politischen Wirren in der Golfregion, tödlich endende terroristische Aktivitäten fundamentalistischer Extremisten und die damaligen Warnungen des Auswärtigen Amtes, das Land am Nil nur auf eigene Gefahr zu besuchen, hatten ihre Wirkung nicht verfehlt. Viele Urlauber waren vorsichtig geworden, hatten Ägypten in den Jahren 1991 und 1992 den Rücken gekehrt, andere Reiseziele bevorzugt. Infolgedessen befand sich Ägyptens Wirtschaft in dieser Zeit in einem Zustand des ungebremsten freien Falls. Die fehlenden Devisen und das angeschlagene Image sorgten dafür, dass das einstige Touristenmekka in eine tiefe wirtschaftliche Krise stürzte.

Uns störte diese vermeintlich angespannte Situation damals nur
wenig. Meine Frau Christine und ich wanderten wie schon so viele
Jahre zuvor auf den Spuren der Pharaonen, waren unbeeindruckt
von den damaligen, teilweise unsachlichen und künstlich hochstili-
sierten warnenden Pressemeldungen in Europa, die die wahren Geschehnisse in Ägypten zu jener Zeit nie richtig wiedergegeben hatten. Wir kannten die unsicheren Orte, mieden die Hochburgen der
Fundamentalisten, boten keine Angriffsziele für die wenigen Extremisten, die es durch ihre Aktionen fertig gebracht hatten, eine ganze
Nation zu diskreditieren.

Auch wir gedachten der einheimischen und ausländischen Opfer,
die durch die heimtückischen Terroraktionen zu beklagen waren,
wussten aber auch sehr genau, dass der konsequente Rückzug aller
Touristen, der Ausfall der Devisen und die Einstellung der mannig-
faltigen ausländischen Interessen dem Land, vor allem der normalen, stets freundlichen Bevölkerung irreparabel geschadet hätte.
Mittlerweile hat sich jedoch die Situation in Ägypten drastisch ver-
schärft, wurden aus vereinzelten, unkoordinierten Terroraktionen
gezielte und stabsmäßig geplante Killerkommandos, die nur das
Ziel hatten, so viele Touristen wie möglich abzuschlachten. Nachdem wir Ägypten zwischen 1992 und 1996 siebenmal problemlos
besucht hatten, verzichten wir spätestens seit dem Überfall 1997
auf einen Touristenbus vor dem Kairoer Museum – in dessen Mauern wir uns während des Anschlages sogar befanden und somit in
den Sog des danach herrschenden Chaos gerieten – auf weitere
Exkursionen. Das Massaker im Hatschepsut-Tempel auf der Westseite von Theben/Luxor zeigte uns schließlich am Ende des letzten
Jahres überdeutlich, dass sich die Qualität des gezielt auf Ausländer
gerichteten Terrorismus in Ägypten derart verändert hatte, dass
wir heute nur jeden warnen können, unbedarft in absehbarer Zeit
wieder dorthin zu fahren. Bevor keine positiven innenpolitischen,
wirtschaftlichen und humanitären Veränderungen in Ägypten vollzogen, den fundamentalistischen Islamisten der Nährboden für ihre
Aktionen entzogen und die Armut der Bevölkerung abgebaut wird,
bleibt das Land am Nil ein nicht mehr kalkulierbares Sicherheitsrisiko für jeden ausländischen Besucher.

An jenem Morgen des 12. Oktober diskutierten wir über die Probleme des Landes, als wir uns auf den Weg zu den Pyramiden von Giza machten, die nur etwa zehn Gehminuten von unserem Hotel entfernt lagen. Wir waren schon zum wiederholten Male in Giza, und es schien ein Tag wie jeder andere zu werden. Das weite Areal des Plateaus zwischen Mykerinos- und Cheops-Pyramide war fast menschenleer. Nur einige wenige organisierte Reisegruppen waren auf den Straßen unterwegs, Individualtouristen kaum zu sehen. So gehörten die Pyramiden der alten Ägypter an diesem Tag in ersten Linie ihren Nachfahren, den Einwohnern von Kairo. Ungestört zogen wir unsere Kreise und betrieben im Schatten der monumentalen Grabmäler unsere Studien. Den Nachmittag hatten wir für eine Besichtigung der kleinsten Königspyramide auf dem Giza-Plateau, der des Mykerinos, vorgesehen. Nach jahrelangen Restaurationsarbeiten war sie erst im Frühjahr 1991 wieder geöffnet worden. Seitdem hatten wir noch keine Gelegenheit gehabt, ihr Innenleben näher zu betrachten.

Etwa gegen 12:45 Uhr erklommen wir die Treppenkonstruktion zum Eingang des Grabmals. Lächelnd und in der Gewissheit, relativ ungestört unsere Zeit in der Pyramide verbringen zu können, begaben wir uns ins Innere, zurück in die Vergangenheit. Das Kammersystem erwies sich als äußerst komplex und völlig unterschiedlich im Vergleich zu den anderen Giza-Pyramiden. Wir ließen uns viel Zeit bei unserer Besichtigung, bemühten immer wieder unsere Pläne und Zeichnungen. Vereinzelte Besucher kamen und gingen, doch meist waren wir allein, konnten in Ruhe unsere Fotos machen, jedes Detail festhalten.

So etwa gegen 14:40 Uhr begaben wir uns ein zweites Mal ins Allerheiligste der Pyramide, in die Grabkammer. Drei junge Araber, die hier seit einigen Minuten laut diskutierten, kamen uns entgegen, grüßten freundlich und schwenkten in die etwas höher gelegenen Magazinräume ab. Wir waren wieder allein am tiefsten Punkt der Pyramide. Lage und Struktur der Grabkammer waren uns aus den Fachveröffentlichungen bestens bekannt, boten nur wenig Diskussionsstoff. So fingen wir ohne große Worte zu verlieren an, die Kammer abschnittsweise zu fotografieren. Nur ein paar kurze

Bemerkungen über den verloren gegangenen Sarkophag, der hier einst gestanden hatte, und über die theoretische Möglichkeit, dieses einmalige Stück wieder zu bergen, lenkten uns für einige Augenblicke ab. Irgendwann waren unsere Filme abgeknipst, das Geräusch unserer Kameras zerriss die Stille und riss uns aus unseren Gedanken. Wir gingen zu unseren Taschen und begannen, die Filme zu wechseln. Es war exakt 14:51 Uhr Ortszeit. Die nächsten Sekunden schienen eine halbe Ewigkeit zu dauern, das folgende Szenario unwirklich an uns vorüberzugehen. Wir waren völlig unvorbereitet. Scheinbar losgelöst von Raum und Zeit nahmen die folgenden Ereignisse ihren Lauf.

Plötzlich und unerwartet: ein merkwürdiges Geräusch, einem Sirren in der Luft ähnlich. Wir wurden hellhörig, schienen es beide gleichzeitig bemerkt zu haben. Ich weiß noch, dass ich am Eingang der Grabkammer kniete und den Kopf instinktiv drehte. War das Geräusch von unseren arabischen Mitbesuchern gekommen? Es wurde lauter, kam näher, blieb aber undifferenziert. Zeitlose, nicht messbare und objektiv nachvollziehbare Zeiteinheiten vergingen. Plötzlich war das nicht definierbare Geräusch real existent: Der Boden wackelte, vibrierte. Er verschob sich – dachten wir jedenfalls. Zeitgleich hörten wir über uns ein lautes Rumoren. Steine wetzten aneinander und fielen irgendwo herunter. Es bereitete Mühe, uns kniend und gegenseitig festhaltend auf den Beinen zu halten. Wir konnten beim besten Willen nicht die Dauer des akustischen Phänomens noch die des Vibrierens des Bodens einschätzen. Sekunden wurden zu Ewigkeiten. Diese banale Aussage, mannigfaltig in Romanen abgedroschen, erhielt für uns eine völlig neue und nachvollziehbare Bedeutung. Dann völlige Ruhe. Es war genau 14:52 Uhr.

Längst war uns beiden klar, was sich ereignet hatte: »Verdammt. Ein Erdbeben. Schnell raus hier«, schrie ich. Noch in derselben Sekunde warf Christine mit versteinertem Blick, aber geistesgegenwärtig, ihre Kamera in die Tasche. Blitzschnell – zwei Gedanken, eine Reaktion – waren wir eine Ebene höher in der Vorkammer. Noch trennten uns die horizontale Passage und der lange, aufsteigende Gang vom rettenden Ausgang. Hastig schauten wir uns um.

Niemand war zu sehen. Wir überflogen die Wände. Keine erkennbaren Risse oder geweiteten Fugen. Wir blickten in die horizontale Passage. Sie war nicht verschüttet. Von den drei Ägyptern war nichts zu sehen, sie waren zu diesem Zeitpunkt schon fast am Ausgang. Uns wurde klar, wir waren die einzigen Menschen hier unten. Plötzlich und heute nicht mehr nachvollziehbar hielten wir inne, hatten es nicht mehr eilig. Alles schien in bester Ordnung. Wir sortierten unsere Kamerautensilien, Christine hatte sogar noch Zeit für ein Foto von der Vorkammer. Unser wohl letztes aus dieser Pyramide, wie sie unkte. Irgendwie fühlten wir uns plötzlich sicher, hier »tief unter der Erde«. Die Realität holte uns jedoch schnell wieder ein. Es mögen ein bis zwei Minuten seit dem Erdbeben vergangen gewesen sein, da hörten wir lautes Geschrei vom Pyramideneingang. Wie auf ein Stichwort konnte es wieder nicht schnell genug gehen. Wir »stürmten« durch die horizontale Passage und den knapp 32 Meter langen, aufsteigenden Gang hinauf. Am Ausgang erwartete uns ein hektisch gestikulierender Offizieller. Mit blassem Gesicht, aber gutem Englisch fragte er, ob es uns gut gehe und wir die letzten in der Pyramide waren? Wir konnten beides bestätigen. Dann erklärte er uns, dass sich ein großer Steinblock von der Pyramidennordseite gelöst, nahe dem Eingang heruntergestürzt und einen Pyramidenwächter verletzt hatte. Wir erkundigten uns nach dem Wohlbefinden des Wächters, mit dem wir zuvor noch ein kurzes, freundliches, aber eher belangloses Gespräch geführt hatten, und erklärten unserem Gegenüber daraufhin, dass die Ursache für den Steinsturz ein Erdbeben war. Seine Reaktion war für uns überraschend: Der freundliche Mann glaubte uns kein Wort, schaute uns nur fragend an. Er und auch andere Touristen, die wir später trafen, hatten von der Erdbebenwelle anscheinend nichts gemerkt. Im lockeren Wüstensand war sie sozusagen im Nichts verpufft.
Der »Steinsturz« an der Mykerinos-Pyramide hatte Folgen, sie wurde für den Rest des Tages geschlossen. Später erfuhren wir, dass das Erdbeben mit einer Stärke von 5,9 auf der nach oben offenen Richterskala erhebliche Ausmaße erreicht hatte. Die Statistik, mit der wir in den nächsten Tagen konfrontiert wurden, war erschütternd: über 500 Tote und bis zu 10 000 Verletzte. Der ägyptischen

Wochenzeitung »Al-Ahram« vom 15. Oktober 1992 zufolge stürz-
ten in der Metropole am Nil über 120 Gebäude ein, fast 1500 wurden zum Teil schwer beschädigt. Ironie des Schicksals: Wir hatten
eines der schwersten Erdbeben dieses Jahrhunderts in Ägypten mit-
erlebt, waren dabei aber an einem der sichersten Orte im ganzen
Land – in der Grabkammer einer großen Pyramide in Giza, an
einem »Platz für die Ewigkeit«.

Im Namen des Cheops

Kehren wir wieder zurück zur Cheops-Pyramide, bleiben noch einen
Augenblick im Umfeld der Entlastungskammern und gehen kurz
auf eine der wohl wichtigsten Entdeckungen in der großen Pyramide von Giza ein. Nimmt man sich heute die Zeit, das Giza-
Plateau und auch die alten Grabungsberichte der unzähligen Grabanlagen, die dort über Generationen errichtet wurden, näher zu
studieren, so stolpert man fast unweigerlich allerorts über den königlichen Namen des Cheops. Mit einer scheinbar markanten Ausnahme. Im Zentrum seiner Nekropole, in seinem Grabbau, sucht
man ihn vergeblich: Weder im begehbaren Kammersystem noch an
einer anderen zugänglichen Stelle seiner Pyramide weisen Zeichen
oder Inschriften auf den verstorbenen König hin, ein Umstand, der
anscheinend so manchen Laien zu verunsichern schien und ihn vergessen ließ, dass zu einer altägyptischen Pyramidennekropole mehr
als nur ein Grabmal gehörte. Oftmals werde ich deshalb gefragt, ob
Cheops in der großen Pyramide von Giza tatsächlich begraben
wurde, ob er wirklich ihr Bauherr war? Die meisten meiner Frage-
steller kann ich mit der Analogie beruhigen, dass man den Eigentümer eines Einfamilienhauses in unserer Zeit auch nicht anhand
seines Namens im oder am Haus selbst identifiziert, sondern sich
mit dem Namensschild an dessen Gartenzaun begnügt. Genauso
bedarf es keinerlei namentlicher Hinweise in und an den Pyramiden, wenn die gesamte auf den verstorbenen König zugeschnittene
Nekropole vielfach seinen Namen offenbart. Für die ganz harten
Kritiker, die sich mit dieser offensichtlichen und modernen Praxis
der Besitzzuordnung aber immer noch nicht abfinden können, ver-

weise ich stets auf die für normale Sterbliche unerreichbaren Entlastungskammern, die Inschriften aufweisen, die alle Zweifel am
wahren Bauherren der Cheops-Pyramide im Keim ersticken.

Drehen wir die Zeit um etwa 160 Jahre zurück, in die Phase der
Entdeckungen, in der sich die britischen Forscher Howard Vyse und
John Perring unter Einsatz brachialer Gewalt Zutritt zu den oberen
vier Entlastungskammern verschafften und dabei in ihnen eine
Vielzahl von Bauarbeiter- und Steinmetzinschriften entdeckten.
Hierbei handelt es sich in erster Linie um Markierungszeichen,
Namen von Arbeitertrupps und Titulaturen des Königs in verschie-
denen Schreibweisen.

In der obersten Entlastungskammer, die den Namen »Campbell-
Kammer« (benannt nach dem damaligen Sponsor, Generalkonsul
Oberst Campbell) trägt, fanden Vyse und Perring eine besondere
Inschrift, die u. a. den altägyptischen Namenszug von Cheops
zeigt.[44] Da dieser Bereich der Pyramide bis heute nur wenigen Fach-
leuten zugänglich war und sehr selten Exkursionen dorthin statt-
fanden, blieb die Dokumentation dieser Inschrift bisher auch nur
wenigen vorbehalten. Einer von ihnen war der amerikanische
Ägyptologe George Andrew Reisner, der sie unter dem Namen
»Cheops 82« im Jahr 1931 veröffentlichte.[45]

Damit wäre die Geschichte eigentlich abgehakt, die Zuordnungs-
frage eindeutig gelöst, wenn nicht vor einigen Jahren der Versuch
unternommen worden wäre, diese Inschrift als Fälschung der Ent-
decker zu »entlarven«, und diese Spekulation sich nicht schon
hartnäckig in der Öffentlichkeit verbreitet hätte.[46] Drei Vorbehalte
gegen die Authentizität der Inschrift »Cheops 82« werden in diesem
Zusammenhang immer wieder genannt: Die Inschrift enthalte einen
Schreibfehler, sei ebenso wie viele andere Graffiti in den Entlastungskammern unsauber und unleserlich sowie für die Cheops-Ära unzeit-
gemäß in hieratischer Schrift abgefasst worden. Um der Legendenbil-
dung um diese Inschrift entgegenzutreten, will ich hier kurz auf die
Argumentation der Spekulanten eingehen und sie entkräften.[47]

Erstere Behauptung ist schlichtweg falsch, da die Inschrift – wie alle
bisherigen Veröffentlichungen zu diesem Thema eindeutig beweisen[48] – völlig korrekt geschrieben wurde. Der den damaligen briti-

schen Forschern unterstellte Schreibfehler ist in Wirklichkeit konstruiert worden, ist eine pseudowissenschaftliche Erfindung – er existiert gar nicht.[49] Der zweite Vorwurf, fast alle Inschriften in den Entlastungskammern seien unklar und teilweise unleserlich geschrieben, ist aus meiner Sicht nicht relevant. Bauarbeiter- oder Steinmetzinschriften sind in der Regel selten eindeutig zu entziffern und nicht mit den sorgsam angebrachten, gut lesbaren hieroglyphischen Texten zu vergleichen, die uns ständig in den Gräbern und Tempeln begegnen. Zudem kann man nicht erwarten, dass alle Bauarbeiter und Steinmetze ausgebildete Schreiber waren. Lesen und Schreiben war zur damaligen Zeit sicherlich ein Luxus, den sich nur wenige leisten konnten. Etliche der handwerklich qualifizierten Facharbeiter, vor allem aber die vielen unqualifizierten Arbeitskräfte aus der Landbevölkerung, gehörten vermutlich zur Gruppe der Analphabeten. Vor diesem Hintergrund erscheint mir eine Beurteilung der semantischen und syntaktischen Eigenheiten der Bauarbeiterinschriften nicht sinnvoll.

Auch der letzte Vorwurf, viele der Zeichen in den Inschriften seien in einer Schriftform wiedergegeben, die es zur Zeit der 4. Dynastie noch nicht gegeben haben soll, lässt sich leicht entkräften, widerspricht er doch dem aktuellen Stand der ägyptologischen Forschung. Die Steinmetzinschriften wurden in Hieratisch verfasst, einer schnell schreibbaren, kursiven Schriftform des Hieroglyphischen, die schon seit Beginn der ägyptischen Geschichtsschreibung in regem Gebrauch war.[50] Zusammenfassend wird somit die »Fälscherthese« lediglich zu einer gegenstandslosen Spekulation, vorgetragen und vertreten von Leuten, die die Cheops-Pyramide absichtlich mit dem Hauch des Mysteriösen zu umgeben versuchen, um vermutlich eigene ideologische und weltanschauliche Interessen in den Vordergrund zu stellen.

Rätsel in Stein

Die massive Konzentration härtesten Rosengranits im Bereich der Grabkammer wie aber auch bei den Blockiersystemen der Pyramide führt zu einem Problem der ganz besonderen Art, über das ich mir schon seit vielen Jahren meine Gedanken mache, in Büchern und Artikeln mehrfach publizierte[51] und hier nun einige neue Erkenntnisse und Lösungshinweise vorstellen kann. Es geht um die Be- und Verarbeitung von Hartgesteinen wie beispielsweise Granit mit den vermeintlich einfachen Werkzeugen der Ägypter.

Der in der Cheops-Pyramide verbaute Anteil an Rosengranit liegt in einer Größenordnung von etwa 2000 Kubikmetern. Damit begann im Alten Reich ein Abschnitt, den ich vor geraumer Zeit als das »Zeitalter des Rosengranits« bezeichnet habe.[52] Wir haben es demnach zur Zeit des Cheops – nach dem steinernen Bauboom der 3. Dynastie – mit einer Art zweiten »industriellen Revolution« in der Steinbranche zu tun. Den Höhepunkt dieser Entwicklung erreichte das klassische Pyramidenzeitalter unter den Königen Chephren und Mykerinos, die für ihre Pyramiden und Tempel gemeinsam bis zu 33 000 Kubikmeter Rosengranit – über 70 Prozent des gesamten Bedarfs des Alten Reichs – verbauten.[53] Das Ägyptologen- und Geologen-Ehepaar Rosemarie und Dietrich Klemm vermutet, dass diese umfangreiche Verwendung von Granit beim Pyramidenbau erst möglich wurde, »nachdem unter Cheops die entsprechende Bearbeitung von Basalt aus dem Fayum zur Fundamentierung seines Pyramidentempels und von Aswan-Granit für die Pyramidenkammern in ausreichender Form entwickelt worden war.«[54]

Damit beginnt aber das Rätsel: Es erscheint heute für viele fast unmöglich, dass es die Bauarbeiter des Cheops vor fast 4600 Jahren ausschließlich mit den in der Feldforschung zu Tage geförderten und von der Wissenschaft postulierten Kupferwerkzeugen fertig brachten, härteste Materialien wie Granit, Diorit oder Basalt zu bearbeiten. Insbesondere weisen viele Granitsäulen dieser Epoche hervorragende Reliefierungen und Hieroglyphen auf, die wohl nur mit einem »Spezialwerkzeug« in den Stein »geschnitten« werden konnten. Und doch: Überall auf den Pyramidenfeldern stößt man auf derartige Spuren, zeugen glatte Flächen, tiefe Bohrungen und Sägespuren in den Gesteinen der sakralen Anlagen von dem hohen handwerklichen und technischen Können des frühen Pharaonenvolkes. Dies deutet an, dass das Sägen und Bohren in Granit und Basalt im Pyramidenzeitalter zum alltäglichen Geschäft gehörte.

Abb. 33: Den hohen technischen Stand und die handwerkliche Geschicklichkeit der Hartgesteinbearbeitung kann man in Ägypten auf vielen Pyramidenplateaus bewundern: Reste eines Architravs aus dem Totentempel von König Sahure bei Abusir.

Bei der Durchmusterung der Befunde wird sofort klar, dass man es mit einem Problem der ersten Stunde zu tun hat, denn die Hartgesteinbearbeitung tritt in Ägypten schon früh im Alten Reich auf, lässt sich bis in die 3. Dynastie und sogar bis in die Frühzeit zurückverfolgen. Als die Steinverarbeitung zu jener Zeit industrielle Formen annahm, entwickelten die Ägypter über kurz oder lang genaue und differenzierte Kenntnisse über die von ihnen behandelten Materialien. Trotz alledem sind die Rahmenbedingungen der Techniken und die Hilfsmittel der Hartgesteinbearbeitung noch weitgehend unbekannt, provozieren eine Unmenge von Fragen: Wie gelang es den Steinmetzen mit Werkzeugen aus Kupfer, einem Metall mit dem Härtegrad nach Mohs von 2,5 bis 3, und einem Schneid- bzw. Schleifmaterial harte Tiefen- und Eruptivgesteine wie Granit, Diorit, Basalt oder Grauwacke präzise zu bearbeiten? Zwar lassen sich beispielsweise das Glätten und Polieren von Granit mittels einfachster Dolerithämmer durchaus plausibel erklären,[55] doch wie entstanden insbesondere die vielen Bohrlöcher, wie sie im Sarkophag des Cheops, im Granitblock am Eingang der Pyramide und an vielen Stellen der pharaonischen Totentempel zu finden sind? Auch wenn sich die Funktionen der einzelnen Bohrungen in den meisten Fällen eindeutig klären lassen,[56] stellt sich die Frage nach der Funktionalität der dazugehörigen Werkzeuge. Wie wurden insbesondere die Bohrköpfe an den Bohrgeräten befestigt? Wie waren die Sägen beschaffen? Welche Schneidmaterialien benutzten die Ägypter bei ihren Sägeaktionen? Wie wurde beim Bohren und Sägen das Erhitzungsproblem gelöst, wie die Spülung der bearbeiteten Steinpartien realisiert? Wie lange benötigte man für einen Säge- oder Bohrvorgang und wie groß musste der jeweilige Anpressdruck des Werkzeuges sein?

In der Ägyptologie gibt es bis heute nur wenige detaillierte Experimentalergebnisse für diese Probleme, erkennen die Fachwissenschaftler nach und nach die neuen Fragestellungen innerhalb ihrer Disziplin, die es zu beantworten gilt.

Abb. 34: Spuren der frühen technologischen Fähigkeiten der Ägypter: feine Sägespuren im Basalt der Fundamentsteine des Totentempels von Cheops.

Die Randbedingungen und notwendigen technologischen Parameter der Säge- und Bohrvorgänge im Hartgestein lassen sich zwar derzeitig nicht eindeutig bestimmen, doch gibt es hinsichtlich der dafür zur Verfügung stehenden Verfahren und Werkzeuge der Ägypter durchaus Hinweise und gewisse Parallelen zu den damals normalen handwerklichen Tätigkeiten, auf die ich hier kurz eingehen möchte. Beispielsweise zeigen die Befunde an den Bohrlöchern markante Übereinstimmungen mit denen der altägyptischen Gefäßbearbeitung: Die prägnanten spiralförmigen Kratzer- und Rillenbildungen an den Seitenwänden der ausgebohrten Gefäße ähneln den Spuren an den Bohrlöchern in den Pyramidenanlagen, vor allem aber die stehen gelassenen, kreisrunden Stümpfe auf ihrem Grund deuten darauf hin, dass es sich bei den praktisch verwendeten Werkzeugen um eine Art »Rohr- oder Hohlzylinderbohrer« gehandelt haben muss. Einige wenige dazugehörige Bohrkerne wurden bei Ausgrabungsarbeiten entdeckt und liegen heute in den Ausstellungen oder den Archiven diverser Museen.[57]

Diese Deutungen und Befunde decken sich gut mit den Darstellungen auf diversen Grabreliefs, auf denen das Ausbohren von Gefäßen teilweise wiedergegeben wurde.[58] In den Grababbildungen erkennt man beispielsweise Bohrer mit einer Art Triebstange, die sich an ihrem unteren Ende gabelt, um einen Bohrkopf aufzunehmen. Am oberen Ende des Bohrgerätes war eine Kurbel angebracht, an der man Gewichtssteine befestigte, um über deren Schwungkraft den Anpressdruck zu erzeugen, der den Bohrer letztendlich ins Gestein trieb. Der Bohrkopf wurde vermutlich mit einer Krone aus Metallspitzen oder mit einem Metallzylinder bestückt; das ganze »Gebilde« mechanisch oder metallurgisch fest miteinander verbunden. Das eigentliche Bohrverfahren war sicherlich mühsam, sehr langwierig und mit den modernen Verfahren in keinster Weise zu vergleichen. Für diese Arbeit kamen meines Erachtens nur steinkundige Fachleute in Frage, Steinmetze, die die Eigenschaften der Steine genau kannten. Ihre inschriftliche Nennung ist aus dem Alten Reich genauso bekannt, wie auch verschiedene Abbildungen der Bohrwerkzeuge Eingang in die altägyptische Hieroglyphenschrift fanden. Dies alles führt zu folgenden Fragen: Aus welchem

Material bestanden die Bohrwerkzeuge, vor allem die Bohrkronen?
Wie sahen die Schleifmittel beim Bohren und Sägen von Granit und
Basalt aus?

Auf der Suche nach dem »Stahl der Antike«

Hier ist nicht der Platz, um auf alle Schattierungen des Phänomens
der Hartgesteinbearbeitung einzugehen, allen Hinweisen zu seiner
Lösung nachzugehen. Dies wird eine andere Geschichte, kann nur
Gegenstand einer eigenständigen und umfangreichen Publikation
werden. Mir geht es im vorliegenden Fall in erster Linie um die
Suche nach alternativen Schneidmaterialien, deren Entdeckung
womöglich auch neue Aspekte der kulturellen und wirtschaftlichen
Beziehungen des Alten Reiches zu seinen Nachbarvölkern liefern
könnte und somit imstande ist, noch mehr Licht ins Dunkel dieser
Kulturepoche zu bringen.

Nach dem heutigen Stand der archäologischen Forschung nimmt
man an, dass als Werkstoff für Meißel, Bohrer und Sägen zur Zeit
des Pyramidenbaus nur Kupfer in Frage kommt, den Ägyptern als
Schneid- bzw. Schleifmaterial lediglich kristalliner Quarz, beispielsweise in Form von Bergkristall, zur Verfügung stand. Aus der ägyptologischen Literatur erfährt man weiter, dass man Kupfer zwar
zeitweise verdichten konnte, aber wie weit die Ägypter durch das
»Kalthärten« von Kupfer oder durch Beimengen von Arsen und
Mangan tatsächlich kurzfristig den Härtegrad ihrer Werkzeuge
erhöhen konnten, muss die weitere Experimentalforschung zeigen.
Reichen diese Voraussetzungen jedoch für die hervorragenden
Arbeiten der Ägypter in den Hartgesteinen aus? Zweifel sind durchaus angebracht. Zugegeben, von Seiten der Ägyptologie lassen sich
mit diesen Materialien und Methoden die Befunde prinzipiell erklären. Wie jedoch insbesondere die präzisen Bohrungen zustande
kamen, bleibt für viele dennoch ein Rätsel, auf das selbst Fachleute
keine eindeutigen Antworten parat haben. Für so manchen Bohr-
fachmann vermochten die oben dargestellten Kupferbohrer mit
Quarz als Schleifmaterial diese Befunde nicht überzeugend zu
erklären. Somit dehnt sich das vorliegende Problem von den offe-

nen verfahrenstechnischen Punkten offenbar auch auf die Suche
nach einem geeigneteren Schneidmittel bzw. auf die gleich bedeutende Frage aus, ob den Ägyptern außer Kupfer noch ein anderes,
härteres Material als Grundlage für ihre Werkzeuge zur Verfügung
stand. Hinsichtlich der Schneid- bzw. Schleifmittel kommen derzeit
drei »Werkstoffe« in Frage: Korund, Beryll und Diamant. Schauen
wir uns kurz ihre Verfügbarkeit für den Pyramidenbau an:
Farbliche Korundvarianten wie Rubine oder Saphire (Härtegrade:
9) gehörten im mediterranen Raum zu den am höchsten geschätz-
ten Edelsteinen, wurden aber nach aktuellem Kenntnisstand industriell erst ab dem 6. vorchristlichen Jahrhundert, also fast zwei Jahrtausende nach der klassischen Pyramidenepoche, gefördert. Sie
wurden zumeist »zur Herstellung von Gemmen und geschliffen als
Ringstein verwendet«.[59] Beryll, oft auch Smaragd genannt (Härtegrad: 7,5–8), wurde dagegen nachweislich schon in altägyptischer
Zeit abgebaut – vor allem in der libyschen Wüste. Doch die Ägyptologen glauben nicht, dass den Ägyptern genügend große Mengen
dieses harten Minerals für die umfangreichen, aufwendigen und
verschleißträchtigen Steinbearbeitungen zur Verfügung standen.
Dagegen ist er jedoch als Schmuckstein mannigfaltig verarbeitet
worden.
Bleibt noch der Diamant (Härtegrad: 10). Afrika ist heutzutage der
diamantreichste Kontinent, wenngleich die ersten industriell för-
derbaren Großvorkommen erst im Jahr 1867 entdeckt wurden. Als
ausgezeichnete Abbaugebiete gelten heute Länder wie Tansania,
Simbabwe, Ghana und die Elfenbeinküste. In Ägypten selbst ist der
Abbau von Diamanten aus pharaonischen Zeiten bislang nicht
bekannt. Dies führt zu der Frage, ob Diamanten – wie übrigens
auch Korund – womöglich im größeren Rahmen zur Zeit des Alten
Reiches nach Ägypten importiert wurden? Als Ursprungsländer
kämen hierbei neben dem Südosten Afrikas auch der indische Sub-
kontinent in Frage. Eine Verbindung von Ägypten nach Indien lässt
sich indirekt konstruieren: Seit prädynastischer Zeit wurden »größere Mengen von Importkeramiken aus dem syrisch-palästinensi-
schen Raum«[60] in den abydenischen Gräbern entdeckt, demnach
also enge Handelsbeziehungen mit den östlichen Mittelmeerlän-

dern gepflegt. Direkte Kontakte zwischen Ägypten und dem mesopotamischen Sumer, im heutigen Irak gelegen, und Elam im Süd-
westen des heutigen Irans sind ebenfalls nachgewiesen. Diese Kulturen ihrerseits hatten um 3000 v. Chr. Handelsbeziehungen mit
den Völkern des Indus-Tals, sodass auch indische Güter über Um-
wege in Richtung Ägypten transportiert werden konnten. Kamen
so etwa Diamanten, Saphire und Rubine an den Nil?

Die andere Variante, die es noch näher zu untersuchen gilt, führt
nach Süden, ins legendäre Land Punt. Dieses sagenumwobene
Reich, in das die Ägypter seit Mitte des Alten Reiches Expeditionen
aussandten,[61] um kostbare Güter – vornehmlich Weihrauch, Myrre,
Edelmetalle, duftende Harze und Ebenhölzer – ins Land zu holen,
ist bis heute ein Mysterium geblieben. Bislang können Ägyptologen
dem Land Punt keinen bekannten Landstreifen an Afrikas Ostküste
eindeutig zuordnen. Auch wenn die wohl bekannteste Handelsreise
in dieses geheimnisvolle Reich, die als umfangreiches, wenn auch
schon stark beschädigtes Relief heute in der so genannten Punt-
halle des Totentempels der Königin Hatschepsut in Deir el-Bahari
(Theben-West) zu besichtigen ist, von Gütern und Gegebenheiten
aus Punt berichtet, weist keine Hieroglyphe den Weg ins Weih-
rauchland. Gewöhnlich lokalisieren die Forscher Punt im Süden
Äthiopiens oder an der Küste Somalias, aber auch das Gebiet bei
Beira in Mosambik (am Delta des Sambesi gegenüber von Madagaskar) wird in die engere Wahl gezogen. Für die letztere Variante
scheint auch die Gesamtreisedauer der Punt-Expedition zu sprechen, die auf den Wänden des Hatschepsut-Tempels mit drei Jahren
angegeben wird. Mit einer Anreisezeit von bis zu einem Jahr
konnten die altägyptischen Handelsschiffe problemlos die Küsten
Mosambiks erreichen, ein Gebiet, das in direktem Einflussbereich
von Regionen mit großen Diamantenvorkommen, wie auch reich-
haltigen Smaragdfundorten liegt. Nördlich von Mosambik befindet
sich Tansania, eines der heutigen Hauptabbaugebiete für Diamanten an der afrikanischen Ostküste. Weitere Fundorte liegen auf
Madagaskar, in Botswana und im Norden von Südafrika, also
in durchaus erreichbarer Distanz einer »mosambikischen Punt-
Kultur«.

Die Möglichkeit des Diamantenimports war im antiken Ägypten aus meiner Sicht also durchaus gegeben, auch wenn es bislang leider keinen positiven archäologischen Befund gibt, der auf die Verwendung von Diamanten im Land am Nil hinweist. Weder ein Rohdiamant noch ein mit Diamanten besetztes Schmuckstück lassen sich im frühen Pharaonenstaat nachweisen. Ebenso wenig lässt sich der Diamant im alten Ägypten philologisch belegen, kein Begriff deutet auf das extraordinäre Material hin. Der Vollständigkeit halber sollte man jedoch erwähnen, dass es durchaus noch einige Materialbegriffe in den alten Inschriften gibt, die man bislang nicht lesen, geschweige denn deuten kann, doch die Chance, insbesondere den Diamanten als Wort wiederzufinden, wird von Seiten der Ägyptologie als sehr gering eingeschätzt. Ist dies das Aus für den Diamanten als Werkstoff, die Suche nach seiner Anwendung auf ägyptischem Boden womöglich eine Sackgasse? Weitere Forschungen werden diese Frage sicherlich beantworten.

Als Zwischenfazit bleiben in der Frage der Schneid- bzw. Schleifmaterialien derzeit lediglich der Smaragd, der den Ägyptern schon seit der 1. Dynastie zur Verfügung stand, und drei denkbare Importgüter (Rubin, Saphir, Diamant) übrig. Alle diese Materialien hätten den Ägyptern theoretisch die Möglichkeit gegeben, einerseits die kunstvollen Reliefdarstellungen in Granit und Basalt zu kratzen, anderseits ihre aufwendigen Säge- und Bohrtätigkeiten durchzuführen. Man ist gut beraten, auf diesem Gebiet weitere Forschungen anzustellen, noch intensiver die alten Schriften zu bemühen und die Werkstoffkundler und Experimentalphysiker noch mehr in diesen Problemkreis einzubinden. Auf der anderen Seite muss in Zukunft auch die Frage weiter untersucht werden, ob neben Kupfer noch andere Materialien zur Herstellung der Werkzeuge verwendet wurden. Vielleicht versteckt sich doch ein Körnchen Wahrheit hinter den meist zaghaft vorgetragenen Gerüchten, dass schon im Pyramidenbau des Alten Reiches vereinzelt, aber sehr gezielt Werkzeuge aus Eisen zum Einsatz gekommen sind. Ganz auszuschließen ist diese Variante anscheinend nicht, obwohl der eindeutige archäologische Beweis noch aussteht.[62]

TEIL IV

Der Horizont des Cheops

»Der Hauptzweck der Pyramide und der zugehörigen Bauten, (...) bestand (...) darin, dem vergöttlichten König in Ewigkeit einen ungestörten und unzerstörbaren Aufenthaltsort zu geben und seinen Totenkult dauern zu lassen. (...) Somit war sie lediglich der dominierende Bestandteil eines großen Komplexes von Bauten, die den Riten der Mumifizierung und des Begräbnisses und, nach Abschluss dieser Zeremonien, dem Kult des vergöttlichten Königs dienten.«[1]

Jean-Philippe Lauer

*Das noch immer zu lösende Problem des Transports der Stein-
blöcke beim Bau der Cheops-Pyramide wird nirgends so deutlich
wie im oberen Bereich des Grabmals, letztlich fast greifbar bei der
Installierung des Abschlusssteins, des krönenden Pyramidions. Eng
damit verknüpft sind die oft vergessenen Fragestellungen nach der
Art und Weise der Glättung der Außenverkleidung und dem Abriss
und Verbleib des Rampenmaterials.*

*Während die Pyramide ihren letzten Schliff bekam, erreichten
parallel auch die Arbeiten an der ihr umliegenden Nekropole ihren
Höhepunkt. Konnten die entfernteren Bereiche der westlichen
Priester- und Beamtengräber sowie des östlichen Familienfriedhofs,
der Taltempel und der Aufweg schon während der Errichtung des
königlichen Grabes fertiggestellt werden, so gehörte die endgültige
Errichtung der nahen sakralen Bereiche zur letzten Bauphase auf
dem Giza-Plateau. Durch den Bau des Totentempels und seine
Anbindung an den Taltempel, die Abschirmung der Pyramide
durch eine hohe Mauer von der Außenwelt und die Fertigstellung
aller kleineren Bauvorhaben nahm die Cheops-Nekropole ihre vollendete Gestalt an, war die Bühne für die Jenseitsfahrt des Königs
und seiner späteren Verehrung bereit, ihren Betrieb aufzunehmen.
Als Cheops schließlich irgendwann um das Jahr 2550 v. Chr. starb
und nach einer aufwendig inszenierten und heiligen Begräbniszeremonie in seiner Pyramide seine letzte Ruhe fand, übernahm seine
Nekropole die weltliche Funktion der Zurschaustellung königlich-
göttlicher Macht, wurde ein ewig präsentes Symbol der Unsterblichkeit und imaginäres Tor ins Jenseits, letztlich eine Schnittstelle
zwischen den Welten.*

*Als sakral orientiertes, wirtschaftlich geführtes Unternehmen hatte
die »Verehrungsinstitution des Cheops« auf dem Giza-Plateau viele
Jahrhunderte Bestand. Erst als das Alte Reich unterging, die
Pyramidenkomplexe »zur Beraubung freigegeben« wurden, verlor
Cheops' Erbe an Bedeutung, begann die Verwüstung des Giza-
Plateaus, die sich bis weit in die Neuzeit hineinziehen sollte. Hierbei lassen sich ungefähre Berechnungen über die Zeit der Beraubung der Cheops-Pyramide anstellen, die Spuren des Steinraubes
der Umgebungsgebäude und Verkleidung des Grabmals verfolgen,*

aber auch die Versuche späterer Generationen dokumentieren, das Vermächtnis des großen Giza-Königs zu bewahren. Doch ohne Erfolg, denn nach über drei Jahrtausenden war Cheops' Name in Vergessenheit geraten, die eigentliche Funktion seines Grabmals und seines Pyramidenkomplexes missverstanden worden, hatten Märchen und Legenden die historischen Tatsachen nicht nur verdrängt, sondern teilweise völlig entstellt. So blieb es erst den Forschern der letzten Jahrhunderte vorbehalten, die großen Geheimnisse des Cheops, seines Grabkomplexes und seiner Zeit zu enthüllen, das Bild einer längst untergegangenen Hochkultur neu mit Leben zu erfüllen und einer staunenden Weltöffentlichkeit näher zu bringen. Sie lernten dabei mehr aus den Umgebungsgebäuden der Cheops-Pyramide als von ihr selbst, sammelten aus den mit Inschriften übersäten Gräbern der Beamten, Priester und Familienangehörigen all die wichtigen Informationen, die Cheops aus dem Dunkel der Vergangenheit ans Licht der Erkenntnis brachten.

11 Die letzte Bauphase

Die Skylines der Großstädte dieser Welt werden regiert von gigantischen Hochhäusern, von zum Teil über 400 Meter hohen Wolkenkratzern, die ihrem Namen alle Ehre machen und bei entsprechender Wetterlage tatsächlich an den Wolken kratzen. Türme aus Stahl, Beton, Glas und Kunststoff weisen wie Raketen gegen den Himmel, bieten vielen Tausend Menschen Platz zum Arbeiten und Leben. Hochrechnungen zufolge werden in ein paar Jahren bis zu 300 Millionen Menschen in 21 Megastädten leben,[2] deren Platzbedarf diese Bauwerke notwendig werden lässt. Ein Ende dieser Entwicklung ist kaum abzusehen, zu schnell vermehrt sich die Menschheit, zu unflexibel und langsam reagieren die Nationen auf die wirklichen Probleme der stetigen Überbevölkerung.

Im Gegensatz zu unseren modernen »Menschenburgen« ist Cheops' Götterberg ein durch und durch kompaktes, massiv errichtetes Bauwerk; es sollte nur einem Menschen als »letzte Wohnstätte« dienen. Die Hohlräume des Kammersystems ergeben überschlägig einen Rauminhalt von etwa 1500 Kubikmetern, also weniger als 0,06 Prozent des Gesamtvolumens der Pyramide. Rechnet man die bautechnisch entstandenen Leerräume, von denen es etliche geben wird, sowie kleine »strukturberuhigende Zonen«, die das Bauwerk vermutlich aus statischen Gründen durchziehen, hinzu, so erhöht sich das Hohlraumvolumen der Cheops-Pyramide vielleicht auf bis zu fünf Prozent. Den Rest bestimmen Steine, Mörtel, Sand, Bauschutt und der Felskern. Als die ägyptischen Bauleiter die Arbeiten am Kammersystem zum Abschluss brachten, waren 85 der insgesamt 210 Steinlagen der Pyramide verlegt. Der Pyramidenstumpf hatte ein Höhe von etwa 65 Metern erreicht, das verbaute Volumen lag bei 82 Prozent der Gesamtmasse. Wie in Kapitel 7 dargelegt, konnte die Pyramide bis zur Höhe des Kammersystems theoretisch noch mit einer an ihrer Flanke anliegenden Rampe mit Steinen beliefert werden. Es ist ein durchaus reizvoller Gedanke, zwischen der maximalen, durch eine derartige Rampe zu erreichenden Höhe des Pyramidenstumpfes und dem Bauende des Kammersystems einen direkten Zusammenhang zu sehen. Wäre es möglich, dass das

Kammersystem mit seinen großen Granitsteinblöcken nur deshalb bis zu etwa 60 Meter hoch im Pyramidenmassiv aufgebaut wurde, weil die Ägypter ihre große Transportrampe ebenfalls bis in diese Höhe errichten konnten?

Das große Mysterium

Wie sieht es jenseits der 65-Meter-Marke aus? Wie haben es die Ägypter geschafft, die tonnenschweren Kalksteinblöcke und schließlich den Abschlussstein der Pyramide nach oben zu transportieren? In jeder anspruchsvolleren Publikation über den Pyramidenbau bemühen sich bis heute die Autoren vergebens, das Rätsel des Materialtransports im oberen Bereich der Pyramiden zu lösen. Auch ich habe in der Vergangenheit zu diesem Thema Stellung bezogen,[3] während der letzten Jahre sehr intensiv geforscht, aber keine Patentlösung gefunden, sodass ich mich nur dem deutschen Pyramidenforscher Dieter Arnold anschließen kann, der schon 1981 resümierte: »Auf der einen Seite ist es beim gegenwärtigen Stand der Forschung kaum möglich, ein zufriedenstellendes Bild der Konstruktionsmethoden der Pyramiden zu zeichnen. Denn noch immer fehlt es an fachmännischen Untersuchungen der Spuren, die diese Methoden am Bau selbst hinterlassen haben, und an sorgfältigen Ausgrabungen der Bauplätze, Werkstätten und Arbeitersiedlungen im Umkreis der Pyramiden.«[4] Bis zum heutigen Tag hat sich an dieser Situation nichts Grundlegendes geändert, stecken die aufschlussreichen Grabungen noch teilweise in den Anfängen.

Die führenden Ägyptologen haben derweil Transportwegmodelle – innere Rampen, kleinere Minirampen, an den Pyramidenflanken angelehnte Rampen, Spiralrampen und Anschüttungen – vorgeschlagen,[5] die allesamt für den unteren und mittleren Pyramidenbereich plausibel und nachvollziehbar klingen. Die Schwachstellen derartiger Konstruktionen liegen aber bekanntermaßen im oberen Bereich, wo deshalb in der Ägyptologie oftmals von kleinen, hölzernen Plattformen oder Gerüsten, von bis zur Pyramidenspitze hochgemauerten Stufenrampen, Würfelbauten und Türmen die

Rede ist, von denen aus das tonnenschwere Pyramidion mitgeführt und letztlich auf die Pyramide gesetzt wurde. Ich halte diese Gebilde für äußerst fragwürdig und frage mich insbesondere, wie belastbar derartige Holzkonstruktionen waren, woher man den notwendigen Arbeitsplatz nahm. Zwar bin auch ich davon überzeugt, dass Holzgerüste für Nachbesserungsarbeiten im Einsatz waren, wie markante Spuren an den erhaltenen Verkleidungsschichten mancher Pyramiden vermuten lassen, doch diese Arbeiten beschränkten sich vornehmlich auf den unteren Bereich der Grabmäler. Wie die Ägypter allerdings in 145 Meter Höhe eine derartige Arbeitsplattform an allen vier Seiten der Cheops-Pyramide befestigten, ihre Stabilität gewährleisteten und einen tonnenschweren Abschlussstein unter Zuhilfenahme von Hebeln oder anderen Werkzeugen in seine endgültige Position brachten – dies ist meiner Meinung nach das Geheimnis und zugleich der Schlüssel eines jeden Rampenmodells –, hat noch kein Ägyptologe verraten. Woher nahmen die Ägypter letztlich den notwendigen Platz zum Transportieren, Verlegen und Justieren der oberen Steinlagen wie auch der gesamten messtechnischen und logistischen Gerätschaften, die beim Pyramidenbau in großer Höhe notwendig waren? Dort oben, in schwindelerregender Höhe, durfte außerdem nichts schief gehen. Die Arbeiter hatten im Prinzip nur einen Versuch, ihr kostbares Pyramidion passgenau zu positionieren. Der Verlust des Objektes, sein Abrutschen und Herabstürzen, hätte sicherlich für viele an der Aktion beteiligte Arbeiter katastrophale Folgen gehabt.

Was in der modernen Ägyptologie allgemein erkennbar wird, um aus der pyramidalen Sackgasse zu kommen, ist die Tendenz vieler Forscher, auch immer mehr technische Errungenschaften der Ägypter in die Diskussion einzuführen, die bislang nicht als hundertprozentig gesichert gelten. So warten viele der derzeit diskutierten Pyramidenmodelle mit Elementen auf, die noch vor Jahren in Ägyptologenkreisen als äußerst zweifelhaft angesehen wurden. Von Ochsen gezogene Schlitten, die im Pyramidenbau des Alten Reiches nicht eindeutig belegt sind, Herodots Maschinen, die noch immer zu heftigen Diskussionen anregen, oder gar der definitive Einsatz von flaschenzugartigen Geräten gehören sicherlich nicht zum Standardprogramm der Pyramidenforscher, werden aber immer wieder bemüht. Dies alles zeigt, dass die Ägyptologen mutiger als je zuvor an das Problem des Pyramidenbaus herangehen, das die Ägyptologie seit Jahrzehnten bis aufs Äußerste anspannt und ihrer Phantasie immer wieder neue Nahrung gibt. So habe ich die berechtigte Hoffnung, dass aus einer Kombination der bisher plausibelsten Ansätze – aus einer Verquickung von inneren Rampen, stufenweisem Kernaufbau und der Verwendung technischer Hebegeräte irgendwann einmal eine akzeptable Teillösung des Transportproblems im Pyramidenbau gefunden wird. Doch selbst hinter der für die Ägyptologen so unbefriedigenden Erkenntnis, beim Bau des oberen Bereiches der Cheops-Pyramide – wie bei allen anderen großen Pyramiden auch – nur auf Hypothesen und Spekulationen angewiesen zu sein, verbirgt sich immerhin eine wichtige Erkenntnis, der man bisher nur wenig Beachtung geschenkt hat: *Das Transportproblem, die tonnenschweren Steine bis zur Höhe der Pyramidenspitze zu bringen, muss mit einem Verfahren und/oder mit Hilfsmitteln gelöst worden sein, welche nach der Fertigstellung der Pyramide weder am Kernmauerwerk noch an der Verkleidungsschicht auf den ersten Blick irgendwelche Spuren hinterlassen haben.* Was immer auch die Ägypter für die Bewältigung der Steintransporte benutzten, ihre aussagekräftigen Spuren wurden bei den meisten Pyramiden entweder sorgfältig beseitigt oder sind bislang nur unzureichend wahrgenommen worden.

Vor diesem Hintergrund ist es nunmehr aber an der Zeit, einen näheren Blick auf die oftmals von der Ägyptologie abgelehnten, teilweise sogar ignorierten Befunde aus dem Umfeld des Pyramidenbaus zu werfen und auch die unkonventionellen, alternativen Ideen verstärkt mit ins Kalkül zu ziehen, um die gesamte Bandbreite der Möglichkeiten abzudecken. Ich denke hier beispielsweise an die Forderungen der Techniker Oskar Riedl und Herbert Pitlik, das Gangspill,[6] eine Art Ankerwinde, wie sie auf Schiffen eingesetzt wird, und die Hebe- und Transportbühne für die Pyramidenzeit zu postulieren. Oder aber an die unkonventionellen Fördermethoden von Friedrich Abitz und Franz Löhner, die das Transportproblem mit einem im Baukörper gemauerten, mit Holzwalzen und Förder-

körben ausgestatteten Schrägaufzug[7] oder mit hölzernen Umlenk-
blöcken, die mit drehbaren Seilquerrollen nach dem Prinzip der
Zugumlenkung[8] ohne Übersetzung funktionieren, zu lösen versuchten.

Zugegeben, viele dieser Ansätze mögen in sich widersprüchliche,
anachronistische und akausale Elemente aufweisen und mit den
wahren Verhältnissen in der Pyramidenzeit Ägyptens nichts zu tun
haben. Deshalb sollte man sie jedoch nicht von vornherein ableh-
nen, sondern sich mit ihnen eingehender beschäftigen, aus ihren
Fehlern lernen. Denn allein die Auseinandersetzung mit diesen Theo-
rien, die eigentlich nichts anderes als die ewige Suche nach simplen
Methoden und Techniken symbolisieren, den Pyramidenbau erklärbar machen, kann irgendwann einmal einen neuen, revolutionären
Ansatz für das größte Rätsel der Ägyptologie bereithalten. Man
sollte diese Tür der Erkenntnissuche nicht durch ideologische, allzu
»wissenschaftstreue Blindheit« vorschnell versperren. Auf der
anderen Seite sollte dies aber niemanden dazu verführen, die vielen
kleinen Details auf den Pyramidenfeldern unberücksichtigt zu lassen. Ganz im Gegenteil, man muss auch weiterhin jeder Ritzung
und Sägespur an den Pyramidensteinen, jedem Bauarbeitergraffito
und den bislang nicht eindeutig klassifizierbaren Fundgegenständen
nachgehen, letztlich versuchen, ihre Bedeutung zu analysieren und
in einem Gesamtkontext zu verstehen.

Auch ich hege seit langem die Vermutung, dass hinter vielen Tätigkeiten, die auf der Baustelle der Cheops-Pyramide abliefen, ähnliche Hilfsmittel wie die von Herodot beschriebenen »Maschinen«
im Einsatz waren. Doch ganz offensichtlich sind die vielen kleinen
technologischen Errungenschaften, die das Bauen der Pyramiden
wahrscheinlich so ungemein vereinfachten, mit den Jahrtausenden
verloren gegangen oder warten noch irgendwo im Verborgenen auf
ihre Wiederentdeckung. So zum Beispiel in den unübersichtlichen
Ausstellungsräumen des Ägyptischen Museums in Kairo. Schon vor
vielen Jahren fielen mir zwei, in der Pyramidenforschung kaum
beachtete, steinerne Objekte auf, die unauffällig in einer staubigen
Vitrine im Obergeschoss des Museums liegen. Ein Gegenstand hat die
Form einer halbkreisförmigen Umlenkrolle, an deren Unterkante

ein mit einer Bohrung versehener Keil herausgearbeitet wurde. Die
Rillen an der runden Oberkante des Steins lassen vermuten, dass
hier drei parallel verlaufene Seile »umgelenkt« werden konnten. Befestigt man dieses Objekt in einem stabilen Holzgestänge, so erhält
man ein Gerät, das wie ein starrer Umlenkstein zum Transport von
Lasten eingesetzt werden kann.[9] Das zweite Objekt ist allem
Anschein nach nur eine einfache Umlenkrolle, über die ein starkes
Seil geführt werden konnte. Da beide Gegenstände anscheinend auf
dem Giza-Plateau gefunden wurden, halte ich es für durchaus denkbar, dass sie schon zu Cheops' Zeiten im Einsatz waren.
Die Grundlagenforschungen im Pyramidenbau befinden sich noch
im Anfangsstadium. Vielleicht ergeben die zukünftigen Ausgrabun-
gen in den Arbeitercamps in Giza und Dahschur aufschlussreiche
Entdeckungen, zerschneiden die Ägyptologen endlich den gordi-
schen Knoten, der das Baurätsel der Pyramiden fest umschlungen
hat. In diesem Zusammenhang dürfen auch die bautheoretischen
Studien der anderen großen Pyramiden Ägyptens, insbesondere der
beiden weiteren Königsgrabmäler auf dem Giza-Plateau, nicht außer
Acht gelassen werden. Schaut man sich beispielsweise die Lage der
Steinbrüche der Chephren- und Mykerinos-Pyramide näher an, so
fällt sofort auf, dass sie sich kaum 150 Meter südöstlich von den
Grabmälern befinden. Damit waren große Höhen von geradlinig
geführten Rampen nicht mehr zu erreichen, bieten sich infolgedessen Transportwegmodelle, die sich spiral- oder anschüttungsförmig
um die Pyramide legen, favorisierend an. Demnach ist man gut
beraten, sein Interesse an der Lösung des Pyramidenrätsels nicht
nur ausschließlich auf die Cheops-Pyramide zu konzentrieren, sondern auch die vielen Beobachtungen an den anderen Pyramidenbauten zu berücksichtigen. Nicht unwahrscheinlich, dass sich die
prinzipielle Lösung des Pyramidenbaus in einem Grabkomplex verbirgt, der bislang nur im Schatten der großen Pyramide von Giza
steht.
Dabei sollten wir aber eines nie vergessen: Wie die mathematischen,
logistischen, statischen und messtechnischen Kenntnisse der Ägypter der Pyramidenzeit andeuten, hat die Fertigstellung der Cheops-
Pyramide die Bauleiter und Arbeiter vor keine unlösbaren Probleme

gestellt. Vermutlich würden wir uns heute sogar über die Technik, mit der sie beispielsweise den Abschlussstein auf die Cheops-Pyramide setzten, nur wundern, so einfach wird sie gewesen sein. Dies bringt mich dazu, näher auf das Pyramidion der Cheops-Pyramide einzugehen.

Die Krone der Cheops-Pyramide

Es ist derzeit in der Ägyptologie absolut unstrittig, dass jede vollendete Pyramide Ägyptens – egal, ob Königsgrab, Neben- oder Kultpyramide – durch einen Abschlussstein gekrönt wurde. Bis heute sind nur wenige dieser Pyramidien aus dem Alten Reich erhalten geblieben. Es war vornehmlich die Zerstörungsgewalt der Menschen, die den Pyramiden ihre Spitzen raubte. Mit dem Abriss, der gezielten Plünderung der Verkleidungssteine, verschwanden zwangsläufig auch die Abschlusssteine, wurden von den Steinräubern oftmals zerbrochen, zertrümmert und im Wüstensand verstreut. Die meisten heute bekannten Pyramidien der 4. Dynastie stammen von kleineren Nebenpyramiden, von denen sogar das eine oder andere Exemplar noch halb im Schutt liegend auf seinen Abtransport in die Museen wartet.

Auch der Abschlussstein der Cheops-Pyramide ist vollständig verschwunden und es gibt nur wenige Hinweise, die andeuten, aus welchem Material er einst gefertigt wurde. Mehrere Möglichkeiten sind denkbar: Das Pyramidion der Roten Pyramide in Dahschur, der noch vor Ort liegende Abschlussstein einer der Nebenpyramiden auf dem Mykerinos-Friedhof und das vor Jahren entdeckte Pyramidion der Kultpyramide des Cheops bestehen allesamt aus Tura-Kalkstein, sodass es sehr wahrscheinlich ist, dass auch die Cheops-Pyramide durch einen Kalkstein gekrönt war. Da aber die aufkommende Industrialisierung des Werkstoffes Granit unter Cheops' Regentschaft ihren Anfang nahm und man den hohen Stellenwert dieses kostbaren Hartgesteins erkannte, kann man auch vermuten, dass das Pyramidion der Cheops-Pyramide aus Granit bestand. Ob dagegen die durch William M. Flinders Petrie im Jahr 1883 auf der Ostseite der Cheops-Pyramide aufgefundenen Basalt-

und Granitfragmente zu unterschiedlichen Pyramidien der Nebenpyramiden des Cheops gehörten oder womöglich die Reste von Statuen aus seinem Totentempel waren, ist bis heute nicht eindeutig
geklärt.[10] Genauso ungeklärt ist auch der Ursprung der bereits angesprochenen Dioritreste.

Bleiben noch zwei, für den Abschluss der Bauarbeiten an der
Cheops-Pyramide sehr wichtige Aspekte übrig. Welche Maße besaß
das Pyramidion und wie wurde es verankert?

Hinsichtlich seiner Größe ist man »offensichtlich wieder auf Vermutungen angewiesen, aber die Logik der Dinge erlaubt es anzunehmen, dass die Spitze des Denkmals eine Kopie, eine Art steinernes Modell der Pyramide selber im Maßstab 1/100 war«.[11] Nach
Georges Goyons Berechnungen wog demnach dieses 2,30 Meter
lange und 1,47 Meter hohe Kalkstein-Pyramidion fast 6,5 Tonnen.
Ein gleich großer, in Granit oder Diorit gefertigter Abschlussstein
wäre sogar auf ein Gewicht von über 7,7 Tonnen gekommen.

Ich persönlich halte diese Abmaße für durchaus realistisch, denn
größere Objekte dürften aufgrund der Transportprobleme und der
Handhabung durch die Arbeiter sicherlich nicht in Frage gekommen sein. Es ist aber auch nicht auszuschließen, dass der Abschlussstein in seinen Ausmaßen kleiner war, wie beispielsweise die Dimensionen des Pyramidions der Roten Pyramide vermuten lassen.

Dies führt mich zur zweiten Frage, zur Befestigung dieses riesigen
Monolithen auf der obersten Steinlage. Sicherlich hätte sein enor-
mes Eigengewicht für eine hinreichend stabile Lage auf der kleinen
Plattform der Pyramidenspitze ausgereicht, doch in einem Land, in
dem Erdbeben keine Seltenheit sind und so mancher Sandsturm
apokalyptische Ausmaße annehmen kann, war es notwendig, die
Pyramidien stabil zu befestigen. Wie die meisten heute aufgefundenen Pyramidien oder die Befunde an den teilweise erhaltenen Pyra-
midenspitzen zeigen, besaßen sie Vorrichtungen, die es den Ägyptern ermöglichten, die Abschlusssteine in die unter ihnen liegenden
Verkleidungs- und Kernmauerblöcke einzusetzen, sie regelrecht
zu verzahnen: Wie Rekonstruktionen der obersten Steinlage der
Chephren-Pyramide und des Pyramidions einer der Nebenpyramiden des Mykerinos zeigen, wurden dort Vertiefungen oder zapfen-

artige Sockel in die Steinblöcke gemeißelt, in bzw. auf denen das
ebenfalls mit einem Sockel oder einer Aushöhlung ausgestattete
Pyramidion einrasten konnte.[12] Mittels dieser zapfenähnlichen
oder stiftartigen Aussparungen, die ideale Ansatzpunkte für die
Hebelstangen bildeten, konnten die Pyramidien somit passgenau
und fest verankert auf ihre Unterlagen gesetzt werden. So ähnlich
wird es auch bei der Cheops-Pyramide vonstatten gegangen sein.

Der letzte Schliff

Über den Abbau der Rampen, Gerüste und technischen Hilfsmittel
an der Cheops-Pyramide haben sich bislang nur wenige Forscher
tiefer gehende Gedanken gemacht, wenngleich diese Thematik aufgrund der generellen Rampenproblematik auch nicht leicht zu bewerten ist. Eines steht jedoch fest. Alles was von außen an die Pyramide herangeführt wurde, musste auch wieder abgebaut und
wegtransportiert werden. Hierbei spielte es keine Rolle, ob eine
Rampe an der Westwand der Cheops-Pyramide anlehnte oder ein
Berg von Geröll, Sand und Steinen das Bauwerk umgab. Mit dem
gleichen Arbeitsaufwand, mit dem diese Transportwege an die
Pyramide herangebaut wurden, mussten sie auch wieder entfernt
werden. Dies erforderte nochmals das Aufbringen kollektiver
Arbeitskraft, »die Schlitten (...) fuhren diesmal leer hinauf und voll
hinunter«[13], wie Georges Goyon treffend bemerkte, und stellte
nach Fertigstellung der Pyramide die Logistik der Baustelle erneut
vor eine große Aufgabe. Während dieser Abräumarbeiten wurden
die verdeckten Seitenflächen, an denen die Transportrampen oder
Anschüttungen anlehnten, freigelegt. Diese Enthüllung hatte bei
den Ägyptern sicherlich einen gewissen »Aha-Effekt« ausgelöst, sah
man doch zum ersten Mal den vollen Umfang der schweren, mühe-
vollen und vor allem langjährigen Arbeiten am Grabmal.
Mit der vollständigen Freilegung der Pyramide ist aber auch ein
anderes Problem der Pyramidenforschung verknüpft, über das die
Meinungen geteilt sind: Wurden die Verkleidungssteine, die aufgrund ihrer engen Verzahnung mit den äußeren Schichten des Kernmauerwerks von Beginn der Bauarbeiten an mit verlegt wurden,

erst beim Abbau der Gerüste und Rampen oder schon bei der lagen-
weisen Errichtung der Pyramide geglättet? Bei der Lösung dieses
Problems ist vor allem die Art der verwendeten Rampentechnik von
entscheidender Bedeutung. Durch die offene Rampenproblematik
kann auch der genaue Zeitpunkt der Glättung der Pyramide nicht
bestimmt werden. Es gibt jedoch einige grundsätzliche Hinweise
und Betrachtungen.

Bei einer Anschüttung oder spiralförmigen Rampe um die Pyramide
sind beide Möglichkeiten denkbar, konnte man theoretisch während des Baus, aber auch beim Abriss der Transportwege die Verkleidung glätten. Wurde dagegen nur eine an einer Pyramidenflanke angelehnte Rampe benutzt, steht man vor dem Problem,
bautechnisch erklären zu müssen, wie man die anderen drei Seiten
nach Fertigstellung der Pyramide hätte glätten sollen. Dies wäre aus
meiner Sicht fast unmöglich gewesen – frei hängend in schwindelerregender Höhe. In diesem Rampenmodell mussten die Seitenflächen bereits beim Bau von unten nach oben poliert werden. Lediglich die Verkleidungssteine der Pyramidenseite, an denen die Rampe
anlehnte, hätte man roh – aber mit gewissen Einkerbungen versehen, die den Arbeitern später anzeigten, wie viel Material noch
abzuarbeiten war – belassen können, um dadurch der Baurampe
genügend Halt und Festigkeit zu bieten. Wurde die Rampe schließlich abgebaut, glättete man die darunter zum Vorschein kommenden Verkleidungssteine in gewohnter handwerklicher Manier. Diese Vorgehensweise kann man heute vielleicht an der südlichsten
Nebenpyramide der Cheops-Nekropole wiedererkennen, wo die
untersten, südwestlich liegenden Verkleidungsblöcke nur teilweise
geglättet wurden. Wie das nachträgliche Glätten der Verkleidungssteine allerdings vom Standpunkt der Messtechnik aus zu bewerkstelligen war, wie vor allem der präzise Steigungswinkel der Pyramide über größere Distanzen eingehalten wurde, bleibt ein Rätsel,
das es noch zu lösen gilt.

Noch eine abschließende Bemerkung zum letzten Schliff der Pyramide. Es scheint bis zu einem bestimmten Zeitpunkt der Bau-
aktivitäten Ausbesserungsarbeiten an den unteren, relativ leicht
zugänglichen Verkleidungssteinen gegeben zu haben, wie man bei-

Abb. 35: Nicht alle unteren Verkleidungssteine an den drei Königinnenpyramiden wurden vollständig geglättet. An den nicht abgearbeiteten Steinen kann man gut die keilförmigen Vertiefungen erkennen, die als Orientierung für die Steinpolierer dienten.

spielsweise an der Roten Pyramide feststellen kann. Dort wurden regelmäßige Einkerbungen an der Verkleidung entdeckt, von denen man vermutet, sie könnten von Gerüst- oder Leiterhalterungen stammen.[14] Wer dagegen je die ungemein glatten und perfekt verlegten Seitenwände der Knick-Pyramide zu Gesicht bekommen hat, kann erahnen, dass ein nachträgliches Ausbessern von Verkleidungsblöcken in großer Höhe fast undenkbar war. Ohne eine neue Rampe zu bauen, ohne monumentale Holzgerüste zu installieren, wäre dies den Ägyptern nicht möglich gewesen. Aus diesem Grunde vermute ich, dass während jeder Bauphase bzw. zu jedem Zeitpunkt der Abrissarbeiten der rampenartigen Gebilde, jeder Quadratmeter der Verkleidungsschicht peinlich genau untersucht wurde. Man hätte sich wohl nicht erst die Mühe gemacht, diese Steine so präzise zu verlegen, durch enge Fugenlegung das Eindringen von Regenwasser und feinem Flugsand zu vermeiden, um dann zuzulassen, dass kurz vor Bauende irreparable Schäden an der Schutzhülle des

Grabmals auftreten. Bleibt nur noch eine Frage offen: Wo ließen die
Ägypter die Unmengen an Ziegelresten, Geröll und Sand der Rampen oder Anschüttungen verschwinden?

Wo blieb das Rampenmaterial?

»Möglicherweise ist das Rampenmaterial immer wieder verwendet
worden, solange man neue Pyramiden errichtet hat.«[15]
Als ich über diesen Satz von Rainer Stadelmann zum ersten Mal
intensiver nachdachte, stand ich im Jahr 1990 an der nordöstlichen
Kante des Giza-Plateaus und blickte auf die Hotelanlage des
bekannten Mena Houses hinab, auf deren kleinem, noch provisorisch hergerichtetem Golfgelände ein paar Touristen ihre Schläger
schwangen. Ich drehte mich nach links um, schaute zum riesigen
Steinberg der Cheops-Pyramide und anschließend auf den Boden
unter meinen Füßen, begutachtete nachdenklich das Fundament,
auf dem ich stand. War das die Lösung, fragte ich mich in Gedanken und beschloss, mich eingehender mit Stadelmanns Aussage zu
beschäftigen.
Bis heute stehe ich dieser Hypothese sehr skeptisch gegenüber, halte
die prinzipielle Wiederverwendung des einmal benutzten und abge-
bauten Rampenmaterials nur bei kleineren Umgebungsbauten der
Cheops-Pyramide für denkbar. Hierbei würde mich allerdings interessieren, in welchem strukturellen Zustand sich das bis zu 20 Jahre
alte Rampenmaterial befunden haben mag, ob es von seiner Konsistenz her überhaupt noch für neue Rampen zu gebrauchen war.
Meine Einwände gegen den Gebrauch alten Rampenmaterials für
neue Königspyramiden sind einfach, begründen sich vorwiegend
aus den zeitlichen Vorgängen jener Epoche, in der jeder König seine
Nekropole abwechselnd an einen anderen Ort verlegte: Cheops'
Nachfolger Djedefre beispielsweise verließ Giza und ließ seine
Grabanlage beim acht Kilometer nördlich gelegenen Abu Roasch
errichten. Es ist nur schwer vorstellbar, dass er Tausende von
Arbeitern bemühte, das vorhandene Rampenmaterial der Cheops-
Pyramide acht Kilometer weit zu schleppen, wenn sein eigenes
Pyramidenplateau ebenfalls genügend Steinressourcen besaß.

Chephren kehrte wieder zur Heimstätte seines Vaters zurück und gab vermutlich 13 Jahre nach Cheops' Tod den Befehl, seine gigantische Pyramide – die zweitgrößte in Ägypten – südwestlich der Cheops-Pyramide zu errichten. Angenommen, Chephrens Bauarbeiter benutzten tatsächlich Teile des Rampenmaterials der Cheops-Pyramide, so stellt sich die Frage, wo es in der Zwischenzeit gelagert wurde. Man halte sich im Geiste das Giza-Plateau vor Augen: Hafen, Steinbrüche, Cheops-Pyramide sowie die angeschlossenen Kultanlagen und Arbeitersiedlungen nahmen große Bereiche des Plateaus ein. Frei blieben eigentlich nur die zukünftigen Bauplätze der weiteren Pyramiden, die hier errichtet wurden. Hinzu kommt, dass das Volumen der Rampenreste – je nach bislang diskutiertem Modell – zwischen einer und drei Millionen Kubikmetern lag. Eine Zwischenlagerung dieser Massen hieße, einen neuen Berg aus lockerem Gestein irgendwo auf dem Giza-Plateau zu errichten. Ein recht unwahrscheinliches Szenario. Ebenso fragwürdig ist die Vermutung mancher Ägyptologen, das Rampenmaterial sei wieder in die Steinbrüche zurückgebracht worden, die damit regelrecht aufgefüllt wurden. Da die zukünftigen Herrscher aus dem Familienclan des Cheops nicht genau wissen konnten, ob und wann sie oder ihre Nachfahren wieder auf dem Giza-Plateau bauen würden, hätten sie die Steinbrüche sicherlich nicht mit Schutt und Sand für weitere Bauvorhaben blockiert. Gerade auf dem Giza-Plateau, wo bis zum Ende der 4. Dynastie die Steinbrüche in Betrieb waren, wäre eine solche Vorgehensweise undenkbar gewesen.

Wo aber blieb nun das Rampenmaterial der Cheops-Pyramide? Meines Erachtens wurde es entsorgt, musste ein besonderes Gelände gefunden werden, an dem die Ägypter die über eine Million Kubikmeter Geröll abladen konnten. Dies konnte nur ein Platz gewesen sein, der von der Topographie und vom logistischen Standpunkt her bestens geeignet war, die »produzierten Abfälle« der gesamten Baustelle problemlos verschwinden zu lassen. Und damit schließt sich der Kreis, komme ich wieder zurück zu jener gepflasterten Stelle an der Nordostkante des Giza-Plateaus, von der man einen guten Blick auf die Hotelkette entlang der Straße nach Alexandria und auf die Ausläufer des arabischen Dorfes Nazlet el-

Samman hat. Das noch erkennbare Pflaster, bestehend »aus einer
Reihe großer, nicht zielgerichteter Blöcke, 4 bis 6 m breit und jetzt
noch 15 m lang«,[16] könnte durchaus der Überrest einer der Ab-
raumkippen gewesen sein, über die Tausende von Arbeitern die
Schuttberge der Cheops-Baustelle den bis zu 30 Meter tiefen Steil-
hang hinunterschütteten. Nach Georges Goyon hatte diese Abraumkippe ursprünglich eine Länge von 32 Metern, deren heute
sichtbare Blöcke in ihrer Beschaffenheit und ihren Abmaßen mit
den durchschnittlichen Steinen der Cheops-Pyramide vergleichbar
sind. Aus der ägyptischen Fachliteratur lassen sich indirekte Hinweise für diese Annahme finden: Zu Beginn unseres Jahrhunderts
wurden am Fuß des Steilhanges Unmengen von Ziegeltrümmern
gesehen,[17] von denen heute aber kaum noch identifizierbare Reste
vorhanden sind. Georges Goyon vermutet, dass sie »von den
Bewohnern des heute unterhalb davon gelegenen Dorfes fortge-
schafft« wurden, um aus ihnen Düngemittel zu produzieren.[18]

Abb. 36: Am nördlichen Plateaurand befindet sich vermutlich der Rest
einer monumentalen Abraumkippe, über die große Teile des Rampenmaterials nach Fertigstellung der Cheops-Pyramide entsorgt wurden.

Damit stellt sich für mich aber ein anderes Problem. Da ich es logistisch für nur schwer realisierbar halte, in einem engen Zeitraum mehr als eine Million Kubikmeter Schutt über lediglich eine Abraumkippe zu transportieren, vermute ich infolgedessen noch weitere, bislang nicht entdeckte »Müllkippen« dieser Art. Hierfür würde sich vor allem der nordwestliche Kantenbereich des Giza-Plateaus anbieten, der zudem dichter an der von mir vermuteten westlichen Bauptampe der Cheops-Pyramide liegt. Dieses Gebiet unterhalb des Plateaus ist flacher als an der Nordostseite und mit großen Sandanhäufungen bedeckt, die zum Teil von den Ausgrabungen des westlichen Beamtenfriedhofes der Cheops-Pyramide herrühren. Nicht unwahrscheinlich, dass man in tieferen Schichten dieser »Dünen« auf Reste der Cheops-Rampe stößt. Und auch so mancher kleinere Hügel westlich der Beamtenfriedhöfe könnte unter seinem Sandmantel für Überraschungen gut sein. Nur gezielte Grabungen können hier Aufschluss bringen.

Das Rätsel der 210 Steinlagen

Kaum waren die Schuttberge der Rampen aus dem Blickfeld der Bauarbeiter verschwunden, die notwendigen Umgebungsbauten des Grabmals kurz vor ihrer Vollendung, da begann auch schon die Erinnerung an die Steinstufen zu verblassen, die sich unter der weißen, glatten Tura-Verkleidung der Pyramide verbargen. Erst als Cheops' Grabmal seine Schutzschicht im Mittelalter verlor, kamen die horizontal liegenden, äußeren Steinlagen des Kernmauerwerks wieder zum Vorschein.

Jeder, dem es bisher gelang, fernab des gemauerten Treppenweges zum Eingang, auch einmal entlang der Pyramidenflanken oder -ecken etliche Stufen der Pyramide zu erklimmen, wird sich noch gut daran erinnern, wie mühsam und schwierig dieser Aufstieg war. Der lose Flugsand auf den Steinabsätzen und die Höhe der Stufen erfordern äußerste Konzentration und viel Kraft, machen diese Aktion letztlich zu einem lebensgefährlichen Unterfangen, was dazu führte, dass das Besteigen der Cheops-Pyramide verboten wurde. Im Durchschnitt nehmen die Höhen der Stufen nach oben

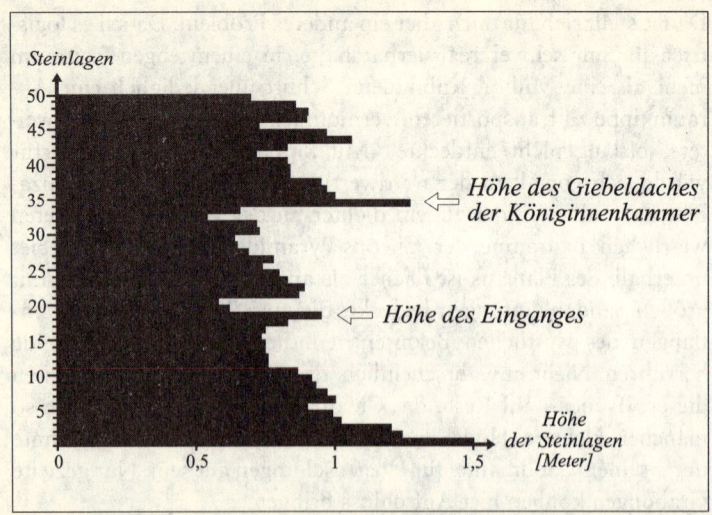

Grafik 27: Die Höhen der ersten 50 Steinlagen der Cheops-Pyramide
nach Goyon.

hin ab – von 1,50 Meter an der Basis bis etwa 0,50 Meter an der
heutigen obersten Plattform. Sie tun dies aber nicht kontinuierlich,
sondern steigen immer wieder sprunghaft an, um dann wiederum
an Höhe zu verlieren. Georges Goyon hat daraufhin die heute 201
erhaltenen Stufen in 19 Abschnitte unterteilt, die mittlere Höhe der
Steinlagen mit 0,69 Meter errechnet. Bezogen auf die Gesamthöhe
der Cheops-Pyramide gehen die Ägyptologen mittlerweile davon
aus, dass sie einst aus 210 derartigen Steinlagen bestand, von denen
die obersten neun im Laufe der Jahrtausende verloren gingen.
Heute besitzt die obere Plattform eine Kantenlänge von etwa zehn
Metern und offenbart als einziger horizontaler Schnitt durch die
Cheops-Pyramide interessante Einblicke in die Verlegetechnik der
Steinlagen.
Immer wieder wurde in den letzten Jahrzehnten versucht, Gründe
für die unterschiedlichen Stufenhöhen zu finden, gingen die Gelehr-
ten verschiedenen Hinweisen nach. Lange Zeit glaubte man, dass

die wechselnden Stufenhöhen dadurch zustande kamen, daß die verwendeten Blöcke der jeweiligen Lagen aus verschiedenen Steinbrüchen stammten.[19] Nachdem man aber das zentrale Steinbruchgebiet auf dem Giza-Plateau lokalisiert hatte, ging man schnell dazu über, die unterschiedlichen geologischen Schichten dieses Steinbruches für die Stufenhöhen verantwortlich zu machen.[20] Im krassen Gegensatz dazu gibt es Ägyptologen, die eine »Übereinstimmung einiger Stufenabschnitte mit mathematischen (...) oder geologischen Strukturen« für rein zufällig halten und glauben, dass sich hinter den erkennbaren Abschnitten der einzelnen Stufenhöhen die nicht sichtbaren inneren, leicht geböschten Schalen der Cheops-Pyramide verbergen, aus denen der zentrale Kern des Grabmals aufgebaut ist.[21]

Meine eigenen Untersuchungen konnten die vorgebrachten Vermutungen nicht bestätigen, sie aber auch nicht vollständig widerlegen: Ich sehe einerseits keinen direkten Zusammenhang zwischen Pyramidenstufen und Steinbruchschichten, erwarte andererseits große statische und bautechnische Probleme beim Einbau des komplexen Kammersystems durch eine Abfolge relativ senkrecht stehender Schalen. Für mich deuten vielmehr alle Beobachtungen am Baukörper der Cheops-Pyramide darauf hin – wie beispielsweise in den schmalen, bekriechbaren Schächten –, dass sie weitgehend in horizontalen Schichtungen und nicht in Schalenbauweise errichtet wurde. Vor diesem Hintergrund stelle ich mir aber eine ganz andere Frage:

Waren die höheren Steinlagen ausgezeichnete Plattformen gewesen, auf denen wichtige Bauarbeiten stattfanden oder die in irgendeiner bislang unbekannten Art und Weise mit den Rampen in Zusammenhang standen? Diesen Ansatz gilt es aus meiner Sicht in Zukunft weiter zu konkretisieren. Das Problem der unterschiedlichen Stufenhöhen kann zum jetzigen Zeitpunkt womöglich auch durch genauere Informationen über die innere Beschaffenheit der Pyramide angegangen werden. Möglich, dass eine Exkursion – ein gezielt vorangetriebener, bis zu 20 Meter tiefer Schacht – ins Innere des Kernmauerwerks so manches Rätsel um den Bau der Cheops-Pyramide zu lösen imstande wäre. Die alten Götter der Ägypter mögen mir allerdings beistehen, wenn ich mit einem derartigen Vorschlag bei der Antikenverwaltung in Kairo vorstellig werden würde.

Farbe für die Cheops-Pyramide?

Schaut man sich die gesamte Bandbreite der Stufen der Cheops-Pyramide einmal genauer an, so fällt auf, dass die Blöcke zwischen den Steinlagen 153 und 160 sowie 165 und 179 zwar nicht identisch hoch sind, aber eine beachtliche Regelmäßigkeit aufweisen.[22] In der Literatur werden die Höhen dieser Steinlagen mit einem Mittelwert von etwas mehr als einer Elle angegeben. Steckt dahinter ein System? Sollte es einen plausiblen Grund dafür gegeben haben, dass die Ägypter in diesem Bereich ähnlich große Lagen verbauten? Als ich vor gut sieben Jahren das erste Mal in der Literatur auf diese Eigentümlichkeit stieß, schenkte ich ihr keine große Beachtung, hielt sie für eher zufällig. Mittlerweile bin ich mir allerdings nicht mehr so sicher, halte es zumindest für möglich, dass hinter dieser »Gleichmäßigkeit« ein praktischer Grund stecken könnte. Gestützt wird meine Vermutung durch einen Fachartikel, der mir vor Jahren in die Hände fiel. In ihm setzte sich der renommierte ägyptische Archäologe und ehemalige leitende Inspektor des Giza-Plateaus Ali Hassan mit der Frage auseinander, ob die Verkleidungen der Pyramiden von Giza einst farbig waren.[23] Eine interessante Fragestellung, die heute im Allgemeinen von der Ägyptologie verneint wird, aber deren Untersuchung eine bemerkenswerte Beobachtung zu Tage brachte.

Hassan berichtete davon, dass er in den Jahren 1966 bis 1968 bei Reinigungs- und Ausgrabungstätigkeiten an der Ostseite der Cheops-, der Westseite der Chephren- sowie an der Nordseite der Mykerinos-Pyramide auf Tura-Steinblöcke gestoßen war, die rote Farbspuren aufwiesen und seiner Meinung nach nur von den Verkleidungen der jeweiligen Pyramiden stammen konnten: »Bei einigen Blöcken ist die rote Farbe noch so gut erhalten, als ob sie erst gestern aufgetragen worden ist.«[24] Diese aufschlussreichen Blöcke ließ Hassan in einem Grab auf der Westseite der Chephren-Pyramide deponieren. Darunter waren auch »zehn verschieden große Stücke, die die rote Farbe aufwiesen, sowie einige Bruchstücke«[25] von der Cheops-Pyramide. Über den weiteren Verbleib dieser Verkleidungssteine und ihre detaillierteren Untersuchungen ist seitdem nichts bekannt geworden. Da die meisten Felsengräber an der Westseite der Chephren-Pyramide durch Gitter oder Steinaufschüttungen unzugänglich gemacht wurden, wird ihr weiteres Schicksal wohl unbekannt bleiben, sind sie womöglich durch die neue Generation der Ausgräber schon wieder in Vergessenheit geraten.

Doch zurück zu Hassans Bericht. Für ihn stand fest, dass die rot bemalten Blöcke von den drei großen Giza-Pyramiden und nicht von den Umgebungsbauten oder den Nebenpyramiden stammten, wie ihre Fundlage und die nachgemessenen Neigungswinkel zeigten. In logischer Konsequenz stellte er sich die Frage, warum die Ägypter des Alten Reiches ihre Pyramiden rot bemalten, und stützte sich dabei auch auf eine Beobachtung des deutschen Ägyptologen Karl Richard Lepsius, die dieser im Jahr 1897 an der Chephren-Pyramide gemacht hatte: »Ein Stück ihrer Bekleidung ist noch jetzt erhalten, diese ist von Mokattemsteine fester, guter Qualität. Die Oberfläche hat offenbar eine Erhärtung und Politur erfahren, vielleicht war sie sogar rot gemalt, wenn die Reste der roten Farbe in den vorderen Fugen, die sehr deutlich zu beobachten sind, keinen anderen Ursprung haben.«[26]

Ali Hassan kam zu dem Resultat, dass die Farbe Rot in dieser Epoche des Pyramidenzeitalters eine hochgeschätzte Rolle gespielt haben musste, nicht zuletzt auch deshalb, weil in Cheops' Regentschaft die Verwendung des rötlichen Assuangranits aufkam und sich im Pyramidenbau als Dekorationsstein durchsetzte: »Rot war beispielsweise auch die Sphinx bemalt, wie uns Spuren noch heute erkennen lassen. Es ist bekannt, dass an der Chephren-Pyramide die untersten vier Schichten, an der Mykerinospyramide die untersten sechzehn Schichten aus Granit bestanden. Es besteht nur die Möglichkeit, dass die rote Farbe in den oberen Lagen Granit vortäuschen sollte und die farbliche Harmonie zu der Farbe des Granits herstellen sollte. (...)

In hieroglyphischen Schreibungen findet man manchmal eine Pyra-
midenzeichnung mit roter Farbe, aber gelber Basis (Umfassungsmauer), die den Granit andeuten könnte. (...) Übrigens imitierten
die alten Ägypter auch bei Kalksteinstatuen den Granit oft mit roter
Farbe.«[27]

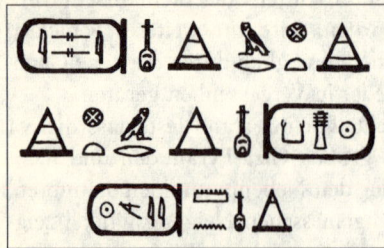

Grafik 28: Der Name der Djedkare-Pyramide (mit verschiedenen Schreib-
weisen des Königsnamens) nach Davies aus dem Grab des Ptahhotep in
Sakkara (oben und Mitte).
Unten: Der Name der Pepi I.-Pyramide nach Lepsius aus dem Grab des
Pauti bei Kasr-es-Sajad.

Bei seinen überaus interessanten Ausführungen – die meiner Meinung nach eine weitere, detaillierte Nachforschung verlangen, um
der Farbfrage an den Pyramiden neuen Antrieb zu geben – stieß
Hassan demnach auf Hinweise, die möglicherweise auch ein ganz
neues Licht auf die beiden eingangs erwähnten, fast gleich großen
Steinlagenbereiche an der Cheops-Pyramide werfen, ihre Existenz
vielleicht erklären können: Der ehemalige Giza-Inspektor fand bei
seinen Recherchen u. a. Zeichnungen von Inschriften aus dem Grab
des Ptahhotep in Sakkara,[28] die in Hieroglyphen geschriebene Pyra-
midennamen aus der 5. Dynastie wiedergeben, in denen die Pyra-
midenzeichen horizontale Querlinien aufweisen. Ägyptologen interpretieren die Querstriche als Trennlinien, die unterschiedliche Farbbe-
reiche an den Pyramidenhieroglyphen markierten und womöglich
auch auf die Verwendung von Granit als Verkleidungsmaterial hindeuten.[29] Ein weiteres Beispiel dieser markanten Pyramidenhiero-
glyphe findet sich im Grab eines gewissen Pauti bei Kasr-es-Sajad in
Oberägypten und zeigt den Namen der Pyramide von Pepi I., einem

König der 6. Dynastie, dessen Grabmal im Süden von Sakkara liegt.[30]
Auch hier deuten verschiedene Farben, die sich in den Malereien erhalten haben, an, dass in den Pyramidenzeichnungen unterschiedliche Bereiche hervorgehoben wurden. Ist dies alles nur Zufall, auf
die künstlerischen Freiheiten der ägyptischen Reliefkünstler und
Zeichner zurückzuführen oder steckt hier tatsächlich ein reales Vorbild dahinter? Fragen und Spekulationen sind durchaus erlaubt.
Nach welchen Vorlagen zeichneten die Grabausstatter zur Zeit der
5. und 6. Dynastie die Pyramidenhieroglyphen mit ihren horizontalen Querlinien? Sehen wir in diesen Zeichnungen nur eine stilisti-
sche Differenzierung einer Pyramide in Sockel, Mittelteil und Pyramidion, vielleicht nach dem Vorbild der Mykerinos-Pyramide, die
tatsächlich bis zur Hälfte mit Granit verkleidet war? Oder spielten
vielleicht gar nicht die unterschiedlichen Bereiche der Pyramiden-
oberfläche die entscheidende Rolle, sondern lediglich die Querlinien?
Waren somit womöglich die Königsgrabmäler durch derartige »Bän-
der« an ihren Außenverkleidungen gekennzeichnet, die von weit her
sichtbar die Zeichner motivierten, sie in ihre Darstellungen zu übernehmen? Womit ich wieder bei den fast gleich hohen Steinlagen im
oberen Drittel der Cheops-Pyramide bin, die gewisse Ähnlichkeiten
mit den Zeichnungen aus den Gräbern der 5. und 6. Dynastie aufweisen. Befand sich dort oben ein farblich hervorgehobenes Stein-
band um die Pyramide? Waren die Steine, die Hassan bei seinen
Grabungen fand, womöglich die Reste jener Tura-Kalksteinquader
aus diesem Bereich? Welchen Zweck hätte man mit einem derartigen, fast dekorativen Band erreichen wollen? Ich kann diese Fragen
zur Zeit nicht beantworten, habe aber vor, in dieser Sache noch tief-
gehender zu forschen, um womöglich in ein paar Jahren dieses Rätsel lösen zu können oder die hier vorgetragenen Arbeitshypothesen
endgültig ad acta zu legen. Eines macht dieser Befund jedoch schon
heute deutlich. Nicht nur im Schatten der Pyramiden, in den Ruinen ihrer unzähligen Umgebungsbauten, warten eine Menge Geheimnisse und ungelöster Probleme auf die zukünftigen Generationen von Ausgräbern. Auch an der von Millionen von Besuchern
Jahr für Jahr besichtigten Cheops-Pyramide selbst ist nicht alles so
klar, wie es auf den ersten Blick erscheinen mag.

12 Kultbauten im Wandel

Wer sich vor Ort eingehender mit den Umgebungsbauten der Cheops-Pyramide befasst, stellt schnell fest, dass von den für die Ewigkeit gebauten Kultanlagen kaum mehr etwas erhalten ist. Weder vom Taltempel, in dessen Räumen während des Bestattungsrituals wahrscheinlich Reinigungs- und Mumifizierungszeremonien für den verstorbenen König abgehalten wurden und der heute unter einem Dorf an der östlichen Plateaukante liegt, noch von den Aufbauten des einst eindrucksvollen, mit Reliefs dekorierten Aufweges, der den Taltempel mit dem heiligen Pyramidenbezirk verband, sind irgendwelche Spuren übrig geblieben. Lediglich seine westlichen Fundamentreste und der Bereich, wo er an der östlichen Abbruchkante des Plateaus ins Tal führte, zeugen noch von der Monumentalität des einst aquäduktähnlichen Aufweges. Ebenso ist der Totentempel der Cheops-Pyramide, in dem die Totenpriester dem König die letzte Weihe gaben und für viele Jahrhunderte einen ausgeklügelten Verehrungskult zelebrierten, völlig verschwunden. Heute markieren nur noch Teile seines Basaltfußbodens – im Staub der Geschichte liegend, täglich von den Kamelen der Araber malträtiert und oftmals von den Besuchern übersehen – seine ungefähre Lage.

Ganz in seiner Nähe stößt man auf die riesigen Bootsgruben, die offen unter der Glut der ägyptischen Sonne liegen. Sie wirken fast hinderlich für die wenigen Interessierten, die meist nur einen flüchtigen Blick in die mächtigen, linsenförmigen Felsaussparungen werfen. Auch hier erinnert nichts mehr an die einst stolzen Schiffe des Königs, die fein säuberlich zerlegt mit ihm begraben wurden. Von den zwei wie durch einen Zufall im Jahr 1954 auf der Südseite entdeckten Booten des Cheops ist eines in einem architektonisch eher fragwürdigen Museumsbau an der Südostecke des Grabmals – genau oberhalb seiner originalen Fundstätte – zu besichtigen. Ein Stück westlicher wartet das zweite Boot, noch in seiner Grube liegend und hermetisch mit schweren Steinblöcken abgedichtet, unter einem einfachen Wellblechschuppen von der Außenwelt abgeschirmt auf den Tag der Wiederauferstehung.

Abb. 37: Der Aufweg bricht an der Nordostkante des Giza-Plateaus ab.
Die Ruinen des Taltempels liegen unter dem Dorf an den Pyramiden
begraben.

Von den drei Nebenpyramiden, von denen nur noch die südlichste
ihrem Namen als pyramidenähnliches Objekt wirklich Ehre macht,
hat man einen guten Blick über den östlichen Friedhofsbereich, der
ausschließlich der königlichen Familie zugedacht war. Auch er befindet sich in einem schlechten Erhaltungszustand. Die Mastabas,
jene kastenförmigen, mit leicht geböschten Außenwänden versehenen Grabanlagen der noblen Ägypter, haben zum größten Teil ihre
Verkleidung sowie ihre Kultstätten verloren. In den Gassen zwischen den Grabanlagen türmen sich die Sand- und Schuttmassen,
erkennt man kaum die Aufräumarbeiten der ägyptischen Antikenverwaltung. Die wenigen noch zugänglichen Oberbauten der
Mastabagräber sind durch schwere Eisentüren gesichert. Nur mit
ein wenig Glück und dem nötigen Bakschisch können wissbegierige
Besucher einen kurzen Blick in die sehenswerten Kulträume werfen.
Was auf dem Ostfriedhof aber noch möglich ist, wird dem interessierten Besucher in der sehr viel größeren westlichen Nekropole
strikt untersagt. Seit vielen Jahren ist der so genannte Westfriedhof

des Cheops absolutes Sperrgebiet, laufen in dem von Grabräubern und Archäologen in der Vergangenheit stark verunstalteten Areal seit 1990 wieder ausgedehnte Grabungskampagnen. Auf diesem Gelände wurden einst Cheops' entfernte Verwandte, hohe Beamte, Priester und verdiente Arbeiter begraben, die für sich und ihre Familien die Gunst erwarben, in unmittelbarer Nähe ihres Herrschers die letzte Ruhe zu finden. Die Öffnung des »verbotenen Landes« für den privaten Grabbau brachte es aber zwangsläufig mit sich, dass bis zum Ende der 6. Dynastie eine kaum mehr überschaubare Zahl von Grabanlagen auf dem Westfriedhof entstand, die dem ursprünglichen, unter Cheops konzipierten Gräberfeld ein völlig neues Gesicht gab.

Eine vollständige, sicherlich angemessene Behandlung der Umgebungsbauten der Cheops-Pyramide würde den Rahmen dieses Buches bei weitem sprengen, kann nur Thema einer anderen, eigenständigen Publikation werden. Hier und jetzt will ich mich auf einige wenige, aber überaus wichtige Befunde beschränken, die zumindest im Ansatz noch einen Eindruck dieser einst stolzen Grabmäler und Kultbauten vermitteln. Es bleibt zu hoffen, dass die zukünftigen Konservierungsmaßnahmen diese einmaligen Relikte aus der Frühzeit des Pharaonenstaates für unsere Nachfahren sichern.

Diese kurze, einleitende Situationsbeschreibung macht deutlich, dass Cheops' Pyramidenanlage ein aus bestimmten Bauteilen zusammengesetzter Komplex ist. Dies war während der gesamten Pyramidenepoche Ägyptens ein Charakteristikum aller königlichen Nekropolen. Alle Grabpyramiden zwischen Kairo und Medum waren stets Bestandteile einer komplexen Grabanlage, zu der in ihren Funktionen fest definierte Bauwerke gehörten; ein isoliertes, nicht von Sakralbauten umgebenes Königsgrab aus dieser Zeit gibt es nicht. Hierbei entwickelten sich die Bauteile der Pyramidenanlagen schon relativ früh in der ägyptischen Geschichte, ihre endgültige Komposition und ihr architektonischer Aufbau fielen jedoch in die Zeit der 4. Dynastie, beginnend mit Snofru und seiner Grabanlage in Medum.

Eine Bühne für den Gottkönig

Heute vertritt man in der Ägyptologie die Auffassung, dass die Nordausrichtung der Pyramideneingänge auch für die generelle Nordorientierung der Kammersysteme verantwortlich war. Eine theologische Erklärung für dieses Phänomen – der verstorbene König steige zum Nordhimmel und zu den »unvergänglichen Sternen« auf, um sich dort mit den Göttern zu vereinigen – wird aber erst am Ende der 5. Dynastie durch die Inhalte der Pyramidentexte greifbar. Infolgedessen führt man diese Ausrichtung indirekt auf Vorstellungen zurück, nach denen »die Pyramide als Königsgrab ein fest verankerter Pol im altägyptischen Kosmos war, ähnlich wie die ›unwandelbaren Sterne‹ der Mittelpunkt einer ewigen, kultischen Jenseitswelt und daher gleichsam Achsmittelpunkt, in dem sich die Nord-Süd- und die Ost-West-Achsen des Jenseits kreuzen«.[31]

Man erkennt in dieser Aussage ein Ordnungsprinzip hinsichtlich der Ausrichtung der Kultanlagen auf die Himmelsrichtungen, das so etwas wie ein Abbild der ägyptischen Welt repräsentierte: Während das eigentliche Grab nordsüdlich ausgerichtet wurde, wiesen die umliegenden Grabbauten eine ostwestliche Orientierung auf. Der Osten wurde hierbei als das »Land der Lebenden«, der Westen als das »Reich der Toten« verstanden. In diesem Sinne symbolisierte der Lauf der Sonne von Osten nach Westen den alltäglichen Zyklus des Lebens, brachte man Sonnenaufgang und -untergang mit Begriffen wie Geburt und Tod in Verbindung.

Die strenge Umsetzung dieses Konzeptes fand erstmals in Medum statt, wo die Umgebung der Pyramide im Gegensatz zu früheren Grabanlagen völlig umgestaltet wurde. Die Ägypter bauten dort die königliche Grabanlage von Osten nach Westen, errichteten östlich der Pyramide erstmals die zentralen Kultanlagen – Taltempel, Aufweg, Toten- bzw. Verehrungstempel –, die das Bild der späteren Pyramidenkomplexe bestimmen sollten. In Medum gab es allerdings noch keinen monumentalen Totentempel, machte die Umwandlung des aufgegebenen Grabmals in ein Kultobjekt nur eine kleine, direkt an die Mitte der östlichen Pyramidenflanke angebaute Opferstätte notwendig. Die Abmaße des Aufweges sind zwar noch erkennbar, seine Seitenmauern aber vollständig verschwunden. Er ist der Prototyp jener später so mächtigen Prozessionswege, die ganze Wüstenabschnitte zu teilen oder, wie bei der Cheops-Pyramide, regelrechte Abgründe zu überbrücken imstande waren. Am Beginn des Aufweges lag in Medum ein kleiner Taltempel, von dem bisher nur ein Torbau nachgewiesen wurde. Das eigentliche Gebäude liegt wie so oft unter den Feldern der nahe liegenden Dörfer verborgen.

Nördlich des Grabbezirkes erstreckt sich ein weiträumiges Friedhofsareal, auf dem einige Mitglieder der Königsfamilie bestattet wurden. Dieser Komplex bildet den Vorläufer des Prinzenfriedhofes, der sich auf der Ostseite der Cheops-Pyramide befindet. Das alles dominierende Grab ist die Mastaba Nr. 17, die an der Nordostecke der Pyramide liegt. Ihre bevorzugte Lage und Größe – sie ist eine der mächtigsten Mastabas, die im Alten Reich gebaut wurden – sprechen dafür, dass in ihr vermutlich ein früh verstorbener Prinz und Bruder von Cheops, dessen Namen man nicht kennt, begraben wurde. Da ihr Originaleingang noch immer mit Verschlusssteinen blockiert ist, erreichen mutige Touristen die schmuck- und inschriftenlose Sarkophagkammer heutzutage nur über einen engen Grabräubertunnel, dessen abenteuerliche Benutzung – meist auf allen vieren kriechend oder in tief gebückter Haltung – aber nicht jedermanns Sache sein dürfte.

Von einem zentralen Beamtenfriedhof, so wie er den westlichen Bereich der Cheops-Nekropole dominiert, ist in Medum nicht viel erkennbar; es existieren nur eine Reihe zerstörter oder unfertiger Grabanlagen westlich der Pyramide. Verständlicherweise finden sich dort auch keine Hinweise auf Barkengruben, die nur dann erforderlich wurden, wenn man die Pyramide auch als Grabmal in Betrieb genommen hätte. Die kleine Kultpyramide ist fast vollständig zerstört, sie kann nur mit Mühe in der kargen Landschaft lokalisiert werden.

Ganz ähnlich sieht die Fundsituation der beiden Pyramidenkomplexe von Snofru in Dahschur aus, die teilweise noch nicht vollständig ausgegraben wurden. Während von der Knick-Pyramide fast alle wichtigen sakralen Bauwerke lokalisiert und freigelegt wurden, fehlt bei der Roten Pyramide insbesondere von der Kult-

pyramide und den Barkengruben jede Spur, ist die Lage des Taltempels nur ungefähr bekannt. Weitere Ausgrabungsmissionen
werden vielleicht bald auf ihn stoßen. Zwischen beiden Pyramiden
wurden inzwischen auch die Arbeiterkasernen, Werkstätten und ein
lang gestreckter Mastabafriedhof entdeckt, der seit einigen Jahren
intensiv untersucht wird.

Der Bau des königlichen Ostfriedhofes

Während der gesamten, vermutlich 20-jährigen Bauzeit der
Cheops-Pyramide gab es diverse Nebenschauplätze, auf denen die
Bauarbeiter die Umgebung des Grabmals gestalteten. Schon seit Beginn der Vermessungsarbeiten waren im weiten Umfeld der Pyramide kleinere Projekte in Angriff genommen worden, begann die
Errichtung des monumentalen Aufweges und des nördlich des
Palastes gelegenen Taltempels sowie der Bau erster kleinerer, königlicher Gräber auf der Ostseite der Pyramide. Fast gleichzeitig wurden auch die Baupläne für den Beamtenfriedhof entwickelt, die
besten Plätze für die Gräber der Noblen unter dem Hofstaat aufgeteilt. Als schließlich die letzten Arbeiten an der Cheops-Pyramide
beendet waren, ging es in die letzte Runde. Direkt an der Pyramide
begann man, das Bodenpflaster vollständig zu verlegen und im Abstand von etwa zehn Metern eine Umfassungsmauer um die Pyramide aufzubauen, von der nur ein einziges Fragment an der Ostseite
erhalten geblieben ist. Lediglich an der Nordseite, an der der Eingang ins Grab mittels einer Rampenkonstruktion erreichbar bleiben musste, konnte der Pyramidenhof vermutlich noch nicht fertiggestellt werden, wurde das Bodenpflaster erst später verlegt.
An der Ostseite, unmittelbar an der Pyramidenflanke, entluden
währenddessen die Schlitten ihre schweren Ladungen schwarz-
grauen Basaltgesteins, mit dem der Innenhof des Totentempels ausgelegt wurde. Vermutlich kamen die Basaltsteine auf dem Schiffs-
weg aus einem Steinbruchgebiet nordöstlich des Giza-Plateaus oder
aus dem Faijum. Die letzten Zuschneide- und Einpassarbeiten der
schweren Blöcke führte man vor Ort durch, worauf auch die vielen
Sägespuren, die an einigen Kanten des erhaltenen Bodenpflasters

Abb. 38: Vom Totentempel der Cheops-Pyramide sind nur noch Reste des Fundaments erhalten geblieben.

heute erkennbar sind, hindeuten.[32] Diese Steine, die als erste im Totentempel verbaut wurden, sind die letzten Überbleibsel, die man noch von diesem Heiligtum sehen kann. Moderne Rekonstruktionsversuche, die aufgrund von Versatzspuren im Basalt- und umliegenden Kalksteinpflaster durchgeführt wurden, lassen erkennen, dass die Ägypter einen etwa 52,50 Meter langen und 40,50 Meter breiten Totentempel bauten, dessen Gestalt sich die Ägyptologen heute folgendermaßen vorstellen: »Die größere, östliche Partie des Tempels nimmt ein offener Kolonnadenhof ein, an dessen Westseite, zur Pyramide hin, eine dreifache, sich verjüngende Pfeilerfront den Zugang zu einer sich verengenden Pforte bildet. (...) Es ist (...) sehr wahrscheinlich, dass in dem westlichen Teil des Cheopstempels in der Mitte ein Raum mit einer Scheintür zu rekonstruieren ist. (...) Vermutlich stand in der Mitte des Hofes ein Opferaltar. (...) An der Nordwestecke des Tempels markiert eine Schwelle aus Rosengranit den einzigen Aus- und Zugang in den Pyramidenumgang. Durch dieses Tor und damit durch den Tempel muss auch der Weg des Bestattungszuges gegangen sein.«[33]

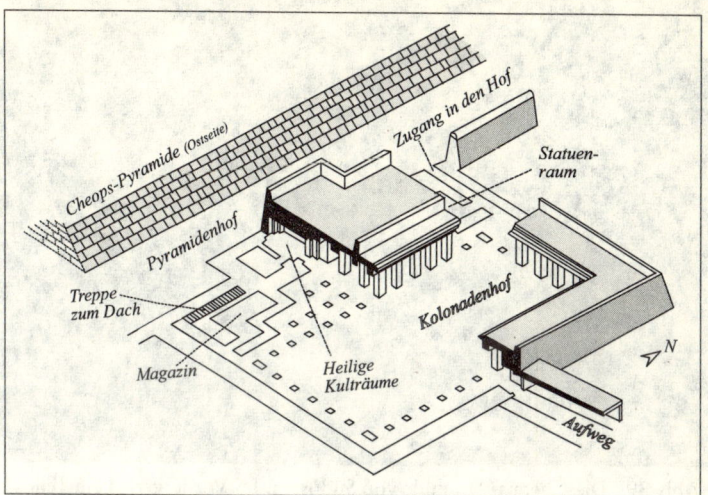

Grafik 29: Der Totentempel der Cheops-Pyramide (Rekonstruktion nach Maragliolio, Rinaldi und Stadelmann).

Von den allerheiligsten Kulträumen des Tempels, in denen vermutlich die vergöttlichten Statuen des Königs standen und tagtäglich Opferungen und Lobpreisungen zelebriert wurden, gibt es keinerlei Spuren mehr. Heute bohrt sich dort, wo die Ägyptologen das Zentrum des Tempels lokalisierten, ein großer Schacht – die Überreste eines Persergrabes aus der 27. oder 31. Dynastie (zwischen 500 und 340 v. Chr.) – tief in den Felsboden. So lässt sich wohl auch nie mehr mit Bestimmtheit sagen, ob an dieser Stelle einst eine monumentale Scheintür stand. Ich persönlich stehe dieser Annahme eher skeptisch gegenüber, erkenne derzeit nicht unbedingt den Sinn einer derartigen »Kommunikationsschnittstelle« mit dem toten König. Die Scheintüren, denen man ständig in den privaten Mastabagräbern begegnet, besaßen eine etwas andere Funktion, erlaubten sie unter anderem den verstorbenen Seelen imaginär aus ihrem »Grabhaus herauszutreten«. Da sich die Stellung des verklärten Königs eindeutig von der des normalen Ägypters unterschied – stieg er doch als Unsterblicher zum Jenseitsreich am Himmel auf, während

Abb. 39: Die Cheops-Pyramide von Südosten. Im Vordergrund ein Teil des Zentralfriedhofes der Chephren-Pyramide. Rechts von der Cheops-Pyramide stehen die Königinnenpyramiden.

seine Untertanen in ihren weltlichen Gräbern weiterexistierten –, wurde vermutlich auch der Einsatz von Scheintüren anders gehandhabt. Außerdem muss aus meiner Sicht noch geklärt werden, warum sich die königliche Scheintür im Totentempel mehrere Meter weit von der Außenwand der Pyramide entfernt befunden haben soll, fast so, als gäbe es keine direkte Verbindung zwischen der Kultstelle und dem Grabmal.

Parallel zum Totentempel wurden an der Südostseite der Cheops-Pyramide vier weitere kleine Pyramiden errichtet: Eine etwa 20 Meter große Kultpyramide und drei Nebenpyramiden, die in der Fachliteratur von Norden nach Süden einfach als GI-a, GI-b und GI-c bezeichnet werden. Man ordnet sie aufgrund der östlich von ihnen liegenden Mastabas der Cheops-Söhne drei bestimmten Königinnen der Cheops-Ära – Hetepheres I., Meritetis und Henutsen – zu, sodass sie in der Ägyptologie einfach Königinnenpyramiden genannt werden. Bei genauer Betrachtung stellt sich jedoch heraus, dass diese Zuordnung eher hypothetisch ist. Die Freilegung und

Abb. 40: Archäologen entdeckten im Jahr 1992 an der Südostecke der Cheops-Pyramide die Fundamente ihrer Kultpyramide.

Erforschung dieser Pyramiden im letzten Jahrhundert zeigte, dass sie bereits vollständig geplündert waren;[34] es existiert keine einzige authentische Inschrift, aus der hervorgeht, welche Königin in welcher Pyramide begraben wurde. Weder ein Steinsarg noch sonstige originale Grabbeigaben oder die im Umfeld zutage geförderten Funde trugen zur eindeutigen Identifizierung der Grabherrinnen bei.

Von der Existenz der Kultpyramide wissen die Ägyptologen erst seit 1992, als man bei Reinigungsarbeiten im Bereich der Südostecke der Cheops-Pyramide auf ihre Fundamente und das Kammersystem stieß. Zur Zeit laufen die Restaurationsarbeiten. Das wiederentdeckte, teilweise zerstörte Kalksteinpyramidion wurde an der Nordseite der Pyramide zusammengesetzt, die ersten Fachveröffentlichungen lassen aber noch auf sich warten.

Östlich der Königinnenpyramiden schließen sich in vier Reihen zu je zwei großen Doppelmastabas die Grabstätten des engsten Familienkreises von Cheops an, liegen die Prinzen und Prinzessinnen begraben. Besteigt man die südlichste Königinnenpyramide, erkennt

man die perfekte Anordnung dieser Gräber, die auf einen einheit-
lichen Grundplan zurückgehen. Warum allerdings die nördlichen
Mastabas größer als ihre südlichen Nachbarbauten sind, ist bisher
nicht befriedigend analysiert worden, könnte aber auf ein inneres
Ordnungs- bzw. Zuordnungsprinzip bei der Vergabe der Gräber
an die Söhne des Königs zurückzuführen sein. Südöstlich dieser
Mastabas gruppieren sich noch einige kleinere Gräber der zweiten
und dritten Familiengeneration von Cheops. Die Zuordnung der
meisten dieser Mastabas ist durch die Inschriften in ihren erhaltenen Oberbauten gesichert, wenngleich einige altägyptische Namen
unterschiedlich gedeutet werden.

Nördlich der Doppelreihen liegt noch eine weitere, etwa 100 Meter
lange Mastaba, das größte Grabmal des Ostfriedhofes. Es gehörte
Anch-Chaef, einem Bruder, Halbbruder oder gar Sohn des Königs,
der als »Leiter der königlichen Bauarbeiten« vielleicht einer der
obersten Baumeister der Cheops-Pyramide und als Wesir unter
Chephren Bauleiter der zweitgrößten Pyramide von Giza war. Da
Staat und Kirche im alten Ägypten untrennbar vereint waren, bekleidete Anch-Chaef vermutlich auch ein führendes Priesteramt in
Heliopolis. Aus der hochgebildeten heliopolitanischen Priesterkaste
rekrutierten sich wohl seit Imhotep, dem genialen Baumeister der
Djoser-Pyramide, alle wichtigen königlichen Architekten und Ex-
peditionsleiter, die für den Bau der Pyramiden verantwortlich zeichneten.

Auch wenn die Tura-Verkleidungen der Nobelgräber heute weitgehend fehlen und diese etliche Teile ihres Kernmauerwerks verloren
haben, lassen sich ihre ursprünglichen Größen relativ eindeutig
rekonstruieren. Man erhält somit eine grobe Vorstellung von den
Volumina dieser Grabbauten, die wiederum Rückschlüsse auf die
Arbeitsleistung gestatten. Aufgrund eigener Hochrechnungen schätze
ich die Masse der 13 Grabbauten auf etwa 350 000 Tonnen Kalkstein, Material, das über kleine Rampen aus den südlichen Steinbrüchen herantransportiert, teilweise aber auch aus kleineren Stein-
reservoirs im direkten Umfeld der Gräber gewonnen wurde.

Noch eine abschließende Bemerkung für alle zukünftigen Besucher
des Giza-Plateaus, die sich ein wenig intensiver mit der nahen Um-

Abb. 41: Von den Königinnenpyramiden hat man einen guten Überblick über die östliche Familiennekropole der Cheops-Pyramide. Im Hintergrund die südwestlichen Außenbezirke von Giza und Kairo.

gebung der Cheops-Pyramide beschäftigen wollen: Die Beschreibung der königlichen Grabanlage wäre aus meiner Sicht unvollständig ohne die Erwähnung eines kleinen Gräberfeldes, das in den meisten populären Arbeiten um die Cheops-Nekropole schlichtweg vergessen wird. Südlich der Cheops-Pyramide – dort, wo auch das Bootsmuseum steht – befinden sich zehn Mastabas, die ähnliche Ausmaße wie die Gräber auf dem Ostfeld besitzen. Sie liegen in einer Linie dicht aufgereiht und gehören demnach – schon vom optischen Eindruck her – zum erweiterten Kreis der familiären Grabanlagen, die in unmittelbarer Umgebung der Königspyramide gebaut wurden. Ein Blick in die Ausgrabungsberichte – Anfang des Jahrhunderts wurden diese Mastabas vom deutschen Ägyptologen Hermann Junker systematisch freigelegt und dokumentiert – bestätigt diesen Eindruck, bringt die Namen einiger Grabherren nach über vier Jahrtausenden wieder ans Tageslicht. Hier befinden sich beispielsweise die letzten Ruhestätten von Zadf-Chufu, einem ver-

mutlich späten Königssohn, und von Kaemnefert, der den hohen
Titel »Erster unter dem König« trug und demnach ein Wesir war.
Wahrscheinlich wurden diese Gräber nicht mehr zu Lebzeiten von
Cheops konzipiert, sind wohl in Planung und Errichtung das Werk
seiner Nachfahren. Die Mehrzahl der Eigentümer dieser Mastabas
ist noch unbekannt, stichprobenartige Nachgrabungen und Rekonstruktionen in diesem Areal immer wieder zu beobachten. Auch
hier, wie im gesamten Gräberumfeld der Cheops-Pyramide, dürfen
wir uns noch auf spannende und interessante Entdeckungen gefasst
machen.

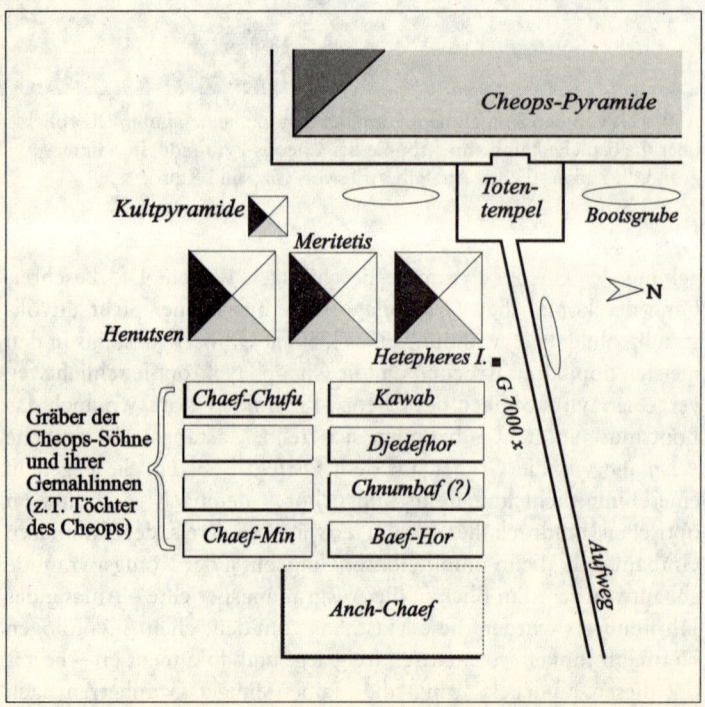

Grafik 30: Der östliche Familienfriedhof (Zentralbereich) der Cheops-
Pyramide.

Das Rätsel des Schachtgrabes »G 7000 x«

In den Gräbern der Königsfamilie wurden handwerklich hochwertige und zum Teil mit Inschriften übersäte Kalkstein- oder Granitsarkophage gefunden, die heute teilweise im Ägyptischen Museum in Kairo zu bewundern sind. Wem es zudem, entweder offiziell von der Antikenverwaltung oder aber aufgrund eines ausreichend großen Bakschisch, von einem Grabwächter gestattet wird, die eine oder andere Mastaba auf dem Ostfeld zu besichtigen, der wird überwältigt von der Erhabenheit und Perfektion, mit der die Reliefs und Wandmalereien der Oberbauten ausgeführt wurden. Ähnlich wie im Tal der Könige, jener letzten Ruhestätte eines Großteils der Könige des Neuen Reiches, hatten nur die besten Handwerker und begabtesten Künstler des Landes an der Gestaltung der königlichen Familiengräber mitgewirkt, sie zu einem künstlerischen Meisterwerk der Weltgeschichte werden lassen. Im krassen Gegensatz dazu steht aber eine Entdeckung, die noch heute zu den bedeutendsten, gleichzeitig aber auch zu den rätselhaftesten auf dem gesamten Giza-Plateau zählt.

Bei Sondierungsarbeiten stieß der amerikanische Archäologe George Andrew Reisner im Jahr 1925 im Umfeld der Nordostecke der nördlichen Königinnenpyramide auf einen über 20 Meter tiefen Grabschacht mit einer kleinen verschlossenen Grabkammer. Er gab der Grabanlage die Kennzeichnung »G 7000 x«. Zu seiner Überraschung enthielt die Grabkammer »die besterhaltene Grabausstattung einer Königin des Alten Reiches«. Davon kann man sich heute im Obergeschoss des Ägyptischen Museums in Kairo überzeugen: Haushaltsgeschirr aus Gold, eine mit Gold beschlagene Sänfte, hochwertige Keramiken, diverses ebenhölzernes Mobiliar sowie ein alabasterner, mit organischen Überresten einer Mumifizierung angefüllter Kanopenkasten. Diese Grabbeigaben ließen sich aufgrund von Inschriften eindeutig Cheops' Mutter Hetepheres I., der Hauptgemahlin von Snofru, zuordnen, womit das Rätselraten um diesen ungewöhnlichen Fund seinen Anfang nahm und bis heute anhält.[35]

Lange Zeit wurden Reisners erste Deutungsversuche – Hetepheres I. sei ursprünglich in Dahschur bestattet, nach der Plünderung ihres

Grabes aber nach Giza in die Anlage G 7000 x umgebettet worden[36] – stillschweigend von den Ägyptologen auf der ganzen Welt
akzeptiert, bis Mark Lehner erste Zweifel an dieser Version hegte.
Seiner Meinung nach stellt das Schachtgrab – ähnlich wie die »trial
passage« – nur einen unvollendeten Teil einer geplanten, aber
infolge von diversen Änderungen der Gräberplanung auf dem Ostfeld nie ausgeführten Königinnenpyramide dar. Dieses Grab wurde
aufgrund der unerwarteten Bestattung der Hetepheres I. als Zwi-
schenlösung gesehen, bis ihre eigentliche Grabpyramide fertiggestellt war. Als sie schließlich in der nördlichen Königinnenpyramide (GI-a) beigesetzt wurde, gab man ihr eine komplett neue
Grabausrüstung mit auf den Weg ins Jenseits, wobei allerdings Teile
der älteren Jenseitsbeigaben im Grab G 7000 x zurückblieben.[37]
In jüngster Zeit hat sich der österreichische Ägyptologe Peter Jánosi
dieser Thematik angenommen und die einzelnen Aspekte des Problems analysiert. »Sowohl Reisners als auch Lehners Rekonstruk-
tionsvorschläge vermögen einen Großteil der Probleme plausibel zu
erklären, doch stößt eine umfassende Rekonstruktion in beiden Fällen auf unbeantwortbare Widersprüche. Allen bisherigen Lösungs-
vorschlägen stehen eine oder mehrere ungeklärte Fragen im Befund
der Felsanlage entgegen. Es wird sich wohl nicht mehr mit Sicherheit rekonstruieren lassen, welchen Zweck G 7000 x erfüllte.«[38]
Auch ich stimme mit Peter Jánosi überein. Wie der Grundriss der
Schachtanlage eindeutig verrät, entspricht ihre architektonische
Konzeption nicht den Gräbern der Cheops-Epoche. Unverständlich
ist vor allem das Fehlen des für den Kultbetrieb so notwendigen
Oberbaus, dessen spurloses Verschwinden ich mir nur durch seine
radikale Beseitigung erklären kann. Dies brachte mich auf den
Gedanken, dass G 7000 x wie das Mastabagrab unter der Cheops-
Pyramide schon vor den Bauarbeiten am Königsgrab beseitigt
wurde. Der für die Mastababauweise der 4. Dynastie untypische,
extrem tiefe Grabschacht wie auch der in der Grabkammer befindliche Alabastersarkophag, der von seiner Schlichtheit und Materialbeschaffenheit dem Sarg des Sechemchet in Sakkara ähnelt, ver-
stärken diesen Eindruck, rücken G 7000 x aus meiner Sicht in die
Zeit der 3. Dynastie.

Peter Jánosi stellt zudem noch zwei andere, bisher kaum beachtete Befunde zur Diskussion: »Die Aufstellung der Objekte – vor allem des Sarkophags und des Kanopenkastens – widerspricht der Deutung von G 7000 x als Grab. Die Position des Sarkophags an der Ostseite der Kammer ist unvereinbar mit der Sitte einer regulären Bestattung: Der Sarkophag hätte an der Westwand stehen müssen. (...) Der Befund des leeren Sarkophags im Verhältnis zu dem einzigen noch original (?) versiegelten Objekt in G 7000 x, dem Kanopenkasten, verhindert eine vernünftige Erklärung. Es gibt keine befriedigende Lösung der Frage, warum die Mumie der Königsmutter in ein anderes Grab gelangte, ein kleines, aber wichtiges Objekt wie der Kanopenkasten dagegen nicht mitgenommen wurde, sondern in einer unvollendeten Nische der Westwand verblieb. (...) Es ist daher vorzuschlagen, G 7000 x nicht als Grabanlage der Königsmutter zu betrachten. Der Ort der richtigen Bestattung der Hetepheres I. bleibt unbekannt.«[39]

Auch wenn das Geheimnis dieses kleinen, völlig unbedeutenden Grabes von Seiten der Ägyptologie vorerst ungelöst bleibt, möchte ich hier zwei Gedankengänge formulieren, die womöglich in die richtige Richtung weisen. Vielleicht war G 7000 x ein altes Grab aus der 3. Dynastie, das zu Cheops' Zeiten keine Bedeutung mehr hatte, dem Erdboden gleichgemacht und versiegelt, aber im Grablageplan noch eingezeichnet wurde. Als man das Grab nach dem Untergang des Alten Reiches, als die gezielten Beraubungen der königlichen Friedhöfe begannen, wiederentdeckte, benutzten es die Grabräuber als Depot für ihr Diebesgut. Womöglich gehörte es später zu einem Restaurationsprogramm ramessidischer Archäologen, die im Neuen Reich viele Teile der Grabbauten auf dem Giza-Plateau erneuerten und dabei auch eine Neubestattung von Hetepheres I., deren Pyramide wohl durch den Steinraub im Mittleren Reich zu stark beschädigt war, in G 7000 x durchführten.

Es ist aber auch denkbar, dass die Anlage G 7000 x ein geheimes Grab war, das in den Zeiten des Bürgerkrieges von loyalen und königstreuen Totenpriestern als Zwischenlager für die sterblichen Überreste der Hetepheres I. benutzt wurde. Womöglich wurden zu dieser Zeit mehrere Mitglieder der Cheops-Familie umgebettet, um

sie vor der Zerstörung durch Plünderer und Grabräuber zu schützen. Auf diesen Aspekt komme ich in Kapitel 14 noch einmal
zurück.

Tore ins Jenseits

Das gesamte Giza-Plateau wurde bis zum Ende des Alten Reiches
zu einer bevorzugten Begräbnisstätte der Priester, Beamten und verdienten Arbeiter. Ihre persönliche Einbindung in den Staatsdienst
und königlichen Totenkult hatte für sie nicht nur materielle, sondern auch ideologische Vorteile, stieg doch aus der Verbindung zum
König ihre biographische Bedeutsamkeit, die wiederum ihren Status im Jenseits erhöhte. So spielte das Aufzeichnen von Titeln, Be-
sitzansprüchen und außergewöhnlichen Taten im Dienste des Staates in den Privatgräbern eine außerordentlich große Rolle.
Zwei Beispiele: Die Priester, die den Verehrungskult des toten
Königs auf dem Giza-Plateau aufrechterhielten, ließen sich meist
nahe ihrer Wirkungsstätte begraben. Eines dieser Gräber, an der
Nordseite der Mastaba des Kawab gelegen, gehörte Kar, einem
Priester aus der 6. Dynastie.[40] Auf Architraven im Vorraum des
Oberbaus, der heute für jeden Interessierten zugänglich ist, finden
sich Titel wie »Aufseher der Pyramidenstädte von Cheops und
Mykerinos«, »Priester der Chephren-Pyramide« und »Gärtner
der Pyramide von Pepi I.«, die belegen, dass Kar – wie auch viele
seiner Kollegen – in mehreren Pyramidenbezirken seinen Dienst tat.
Interessanterweise beinhalten Kars Titelbezeichnungen auch die
damals geläufigen originalen Namen der drei Pyramidenanlagen
von Giza, wodurch die Zuordnung der Grabmäler zu den Königen
Cheops, Chephren und Mykerinos ein weiteres Mal eindeutig
belegt ist.
Ein anderes sehr aufschlussreiches Grab befindet sich östlich des
Familienfriedhofes, fast an der Plateaukante. Es stammt vermutlich
noch aus der Zeit des Cheops und zeigt, dass auch Beamte und
hochdekorierte Facharbeiter in unmittelbarer Nähe der Königsfamilie ihre letzte Ruhestätte auswählen durften. Das Grab mit der
Bezeichnung »Lepsius 76« gehörte Chufu-Hotep, einem »könig-

Abb. 42: Auf einem Architrav der Mastabaoberbauten im Grab des Kar kann man die originalen Namen der drei Pyramidenkomplexe auf dem Giza-Plateau lesen.

Abb. 43: Überall auf dem Giza-Plateau befinden sich Grabanlagen. Blick auf den östlichen Plateaurand. Hier wurden über mehrere Generationen verdiente Bauarbeiter und Priester mit ihren Familien begraben.

lichen Aufseher aller Arbeiter des Königs«, also einem der höher gestellten Vorarbeiter, die vermutlich für den Bau des östlichen Friedhofsbereiches mitverantwortlich waren.

Chufu-Hoteps Grab gehört zu einer ganzen Reihe von Felsengräbern an der Ostkante des Giza-Plateaus, die in der 4. und 5. Dynastie vielen auserwählten Ägyptern als Tore ins Jenseits dienten. Hier finden sich zum Teil katakombenähnliche, in mehreren Stockwerken in den Boden gemeißelte Gewölbe, in denen die gesamten Familien der Staatsdiener beigesetzt wurden. Dieses Areal ist bislang fast völlig vom Tourismus übersehen worden, doch weisen viele freundliche Grabwächter den wenigen Abenteuerlustigen, die in die Totenwelt der Ägypter hinabsteigen möchten, den Weg; vorausgesetzt, sie erhalten hinterher ein adäquates Bakschisch für ihre Dienste. Geben und nehmen, diese Maxime ist in Ägypten heute so lebendig wie vor einigen Tausend Jahren.

Die unbekannten Gräber von Giza

Heute weiß man, dass aufgrund der religiösen Vorstellungen jener Zeit der einfache Ägypter sein ersehntes und beruhigendes Jenseitsleben im Grab in der Regel nur durch eigene Aufwendungen erreichen konnte. Deshalb versuchte er sich seine letzte Ruhestätte zu Lebzeiten selbst zu bauen oder sie mit seiner maßgeblichen Unterstützung errichten zu lassen. Einerseits konnte er sich durch diese persönliche Leistung die Unvergesslichkeit im Gedächtnis seiner eigenen Nachfahren sichern, andererseits aber auch aus eigener Kraft sicherstellen, dass sein Leichnam nicht unversorgt blieb.

Dieser Wunsch nach der eigenen, wenn möglich kostbar ausgestatteten Grabstätte stieß im Alten Reich durch die königliche Monopolisierung des Handwerks, der Verteilung der Ländereien, der Vergabe aller Bauaufträge und des Besitzes aller notwendigen Rohstoffe durch den Gottkönig schnell an seine Grenzen. So wurde mit dem Bedürfnis, seinen Leichnam für die Ewigkeit zu sichern und mit einer angemessenen Jenseitsversorgung auszustatten, ein weiterer Grundstein für die komplexe Abhängigkeit des Volkes vom König und seiner Ideologie gelegt. Infolgedessen war der Erwerb einer größeren, vom zukünftigen göttlichen Fürsprecher subventionierten Grabanlage im Alten Reich in der Regel nur im Rahmen eines staatlichen Amtes möglich, dessen pflichtbewusste Ausübung die Chancen des Zugriffes auf die verstaatlichte Arbeitskraft und das Wohlwollen des Königs steigen ließ. Es wurden viele Texte überliefert, aus denen hervorgeht, dass der König seinen verdienten Beamten und Priestern – neben dem Bereitstellen der Handwerker – oftmals auch Teile der Grabausrüstung stiftete und ihnen exponierte Bauplätze in der Nähe der Königsnekropole zuwies. Somit wurde der private Totenkult der in der Nähe der Pyramiden bestatteten Ägypter zum integralen Bestandteil des offiziellen Königsdogmas, in dem der Pharao den obersten Opferherrn repräsentierte und das vom ihm versorgte Grab offiziell auszeichnete.[41] Der einfache, nicht staatlich ausgezeichnete Ägypter hingegen – im Glauben sicherlich nicht minder schwach, nur sozial schlechter gestellt – wurde auf einfachen Friedhöfen an den Randbezirken der Städte und Dörfer beigesetzt oder gar in der Wüste verscharrt. Ihre Gräber überdauerten die Jahrtausende größtenteils nicht.

Die vom König abhängige Grabideologie der reichen Mittelschicht Ägyptens manifestiert sich – wie sonst nirgendwo auf den Pyramidenplateaus entlang des Nil – markant auf dem Friedhofsgelände westlich der Cheops-Pyramide. Der so genannte Westfriedhof birgt Tausende von Gräbern, in denen sich Beamte, Priester und verdiente Arbeiter nebst ihren Familien und Nachkommen bis zum Ende des Alten Reiches bestatten ließen. Auf dem etwa 90 000 Quadratmeter großen Areal drängen sich derart viele Grabanlagen, dass das Felsplateau an dieser Stelle ausgehöhlt und durchzogen von Kammern, Gängen und Schächten einem wahren Labyrinth ähnelt.

Aufgrund der starken Bautätigkeiten auf dem Westfriedhof über drei Dynastien hinweg sind die ursprünglichen, unter Cheops entstandenen Mastabas heutzutage nur noch schwer auszumachen. Auf Luftaufnahmen oder Lageplänen kann man jedoch die planmäßig, in mehreren Reihen errichteten Gräber der ersten Generation zumindest erahnen. Erst die gezielte Untersuchung der in den Gräbern aufgefundenen Inschriften verschafft aber Klarheit darüber, welches Grab zu welcher Zeit in Betrieb genommen wurde.[42]

Abb. 44: Blick auf den westlichen Friedhof der Beamten und Priester, der zur Cheops-Nekropole gehörte. Die symmetrisch in Reihen angeordneten Gräber im Hintergrund gehörten der ersten Bauphase unter Cheops an.

Der unter Cheops errichtete Beamtenfriedhof befindet sich ungefähr 180 Meter von der Westseite der Pyramide entfernt, sodass seine Erbauung relativ problemlos neben dem Bau des Königsgrabes stattfinden konnte. Das notwendige Steinmaterial kam aus den großen Steinbrüchen südlich der Cheops-Pyramide, aber auch aus einem nahen kleinen Abbaugebiet südwestlich des Friedhofes. Ebenso wie auf dem Ostfriedhof wurde das Kerngebiet des Westfriedhofs zu Zeiten des Cheops von Norden her durch eine übermächtige Mastaba begrenzt. Sie erhielt in der Fachliteratur die Bezeichnungen »Lepsius 23« oder »G 2000«. Heute liegt sie fast im Zentrum des Gräberfeldes. Bisher konnte sie keiner bestimmten Person zugeordnet werden, doch steht wohl außer Frage, dass ihr Grabherr eine bedeutende Persönlichkeit, meines Erachtens vielleicht einer der hauptverantwortlichen Bauleiter der Cheops-Pyramide war.
Eine weitere große Mastaba (»G 4000«), die das Kerngebiet des Friedhofes nach Westen begrenzte, gehörte dem Bauleiter

Hem-iuni, der in der Literatur oftmals Hemium genannt wird. Als
»Vorsteher aller königlichen Bauarbeiten«, »leiblicher Königssohn« und Wesir des Reiches war der Neffe von Cheops vermutlich
in der letzten Phase des Baus der Pyramide für die Arbeiten auf dem
Giza-Plateau verantwortlich. Sein Antlitz ist der Wissenschaft nicht
unbekannt. Als Hermann Junker im Jahr 1912 seine Mastaba untersuchte, stieß er auf eine Statuenkammer, die eine über 1,50 Meter hohe Sitzstatue des Hem-iuni barg. Die aus Kalkstein gefertigte
und am Sockel mit Inschriften versehene Statue befindet sich heute
in den Ausstellungsräumen des Pelizaeus-Museums in Hildesheim
und zeigt einen untersetzten, erhaben wirkenden Mann. Diese
sehr natürliche, fast profane Darstellung steht im krassen Gegensatz zu den idealisierten Beamtenstatuen des Alten Reiches, die die
Grabherren meist als jugendliche, schlanke und dynamische Männer zeigen.

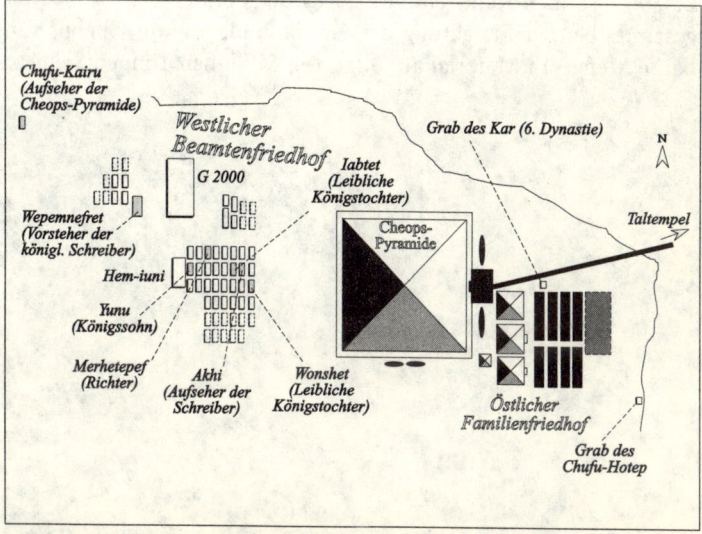

Grafik 31: Die Hauptelemente des ursprünglichen Gesamtkomplexes der
Cheops-Pyramide. Westlich des Grabmals befindet sich der Beamten- und
Priesterfriedhof, auf dem auch entfernte Verwandte von Cheops beigesetzt
wurden (nach Lehner, Porter und Moss).

Macht man sich die Mühe und geht die Grabungsberichte des
ursprünglichen Westfriedhofes Punkt für Punkt durch, so wird
deutlich, dass Cheops' Weggenossen alles andere als anonyme
Personen einer längst vergangenen Ära sind, ihre Namen im Nebel
der Geschichte nicht verloren gingen. Doch hervorgerufen durch
die bisherige publizistische Ignoranz und ein »übermächtiges«
Interesse am Grabmal des Cheops hat sich das Wissen um diese
Gräber und ihre Besitzer bislang nicht in der Öffentlichkeit durch-
gesetzt.

Was zum Schluss noch bleibt, ist eine Statistik, die das westliche
Areal der Cheops-Nekropole in Zahlen fasst: Insgesamt gehörten
neben den beiden großen Grabstätten der Bauleiter ca. 30–40 weitere, mittelgroße Mastabas im Kerngebiet des Westfriedhofes sowie
etwa 10–15 Mastabas aus der Umgebung zur ersten Bauphase
unter Cheops. Nach meinen Berechnungen wurden hier etwa
200 000 Tonnen Kalkstein verbaut. Infolgedessen erhöht sich die
gesamte, bei der Errichtung des Grabkomplexes von Cheops verbaute Menge an Material auf über drei Millionen Tonnen Stein.

13 Der letzte Weg des Horus

Es war irgendwann so um das Jahr 2550 v. Chr. Es war der Tag, an dem Cheops nach einer langen Regierungsepoche den Morgen nicht mehr erlebte. Der Bauherr der großen Pyramide von Giza starb vermutlich friedlich und in der sicheren Gewissheit, dass seine ewige Ruhestätte im Diesseits bereit war, mit ihm eine untrennbare Einheit für die Ewigkeit einzugehen.

Cheops' Weg vom Sterbebett bis in die Grabkammer seiner Pyramide war lang und von vielen Unterbrechungen gekennzeichnet. Man geht heute davon aus, dass ein Leichnam normalerweise etwa 70 Tage nach seinem Tod begraben wurde. Auf dem Ostfriedhof des Giza-Plateaus, im Mastabagrab von Meresanch III., einer Enkelin des Cheops, existiert aber eine Inschrift, die den Zeitraum einer Begräbniszeremonie sogar auf 272 Tage datiert, der Weg zur Ewigkeit also auch über neun Monate dauern konnte.[43] Aufgrund diverser Aufzeichnungen aus Gräbern und Tempelarchiven können sich die Ägyptologen heute ein ungefähres Bild von den einzelnen Stationen des königlichen Begräbnisses machen, haben die aufwendigen Zeremonien näher untersucht. Über den genauen Verlauf jedes der einzelnen Rituale während der Bestattungszeremonie ist nur wenig bekannt, doch könnte sich das Szenario folgendermaßen abgespielt haben.[44]

39 Wochen bis zur Ewigkeit

Cheops verstarb vermutlich in seiner Königsresidenz. Nach einer ersten provisorischen Aufbahrung in seinen Privatgemächern musste sein Leichnam, einer raschen Verwesung vorbeugend, zum Taltempel seiner Pyramidenanlage gebracht werden, um die Einbalsamierung vorzubereiten. Flankiert von zwei »Weihen«, die die Göttinnen Isis und Nephtys darstellten, geleitete man den Leichnam in einem reich dekorierten Holzsarkophag aus dem Palast. Begleitet wurde er von hochrangigen Priestern, Teilen seiner Garde und vielen Angehörigen der königlichen Familie.

Abb. 45: In den Kulträumen der Mastaba von Cheops' Enkelin
Meresanch III. auf dem östlichen Familienfriedhof. Viele Darstellungen in
den oberirdischen Grabräumen zeigen Szenen aus dem normalen Leben
der Ägypter.

Am Taltempel angekommen, brachte man Cheops' sterbliche Überreste in einen intimen Bereich, vermutlich im Westteil des Tempels.
Hier im »Schönen Westen beim Großen Gott«[45] befanden sich das
so genannte Reinigungszelt und die Balsamierungsstätte. Zuerst
wurden rituelle Reinigungen und Leichenwäschen an seinem Körper vollzogen. Sie begannen etwa am vierten Tag nach dem Tod des
Königs und dauerten ca. 52 Tage.[46] Hierbei gossen die Priester
natronhaltiges Wasser über den toten Körper. Diese Art »Jenseits-
taufe« sollte den König mit dem Sonnengott Re gleichsetzen, so wie
»sich jeder Morgen, bevor er über den Himmel zog, bei dem Bad im
›Liliensee‹ durch Waschungen von der Finsternis der Nacht rei-
nigt«.[47] Danach begannen die Einbalsamierer nach einem strengen
Zeremoniell ihre Arbeit. Man entfernte mit Ausnahme des Herzens
alle Eingeweide und separierte sie nach ihrer Waschung »gut ver-
packt« in extra für sie angefertigten Gefäßen, den Kanopen.[48]
»Nach wiederholten Waschungen ließ man ihn [den Leichnam,
d. V.] an der freien Luft trocknen. Wenn man den Körper für genü-

gend zubereitet ansah, wurde er mit einer dicken Schicht aus Harz
und Bienenwachs eingerieben, mit Leinenlappen und verschiedenen
Spezereien ausgestopft, während sein Äußeres dicht mit Binden aus
Byssos umwickelt wurde, auf die man bisweilen das Bild des Verstorbenen malte. Die Eingeweide wurden auf die gleiche Weise
behandelt. (...) Danach wurde die Mumie mit frischem Leinentuch
bekleidet, mit Schuhwerk versehen und mit ihrem gesamten Schmuck
verziert.«[49] Insgesamt dauerte diese Prozedur etwa 16 Tage. Jede
dieser Handlungen, die schon seit der 1. Dynastie nachgewiesen
sind, wurde von rituellen Sprüchen und Litaneien begleitet. Abschließend verblieb die Mumie noch für drei Tage, eingebettet in
einen provisorischen Sarg, in der Balsamierungshalle, ehe, so
Georges Goyon, ihre rituelle Wallfahrt auf dem Nil (die für einige
Ägyptologen sogar nur symbolisch im Grabbezirk stattgefunden
haben soll) zu ausgewählten heiligen Stätten des Landes ihren
Anfang nahm.
Der offizielle Teil des Staatsbegräbnisses konnte beginnen. Der tote
König sollte mit großem Prunk Abschied aus dem Diesseits nehmen. Hierfür wurde sein Leichnam auf ein königliches Schiff
gebracht, das sich im kleinen Binnenhafen der Pyramidenanlage
befand. Vom Hafen aus ging es über den Stichkanal zum Großen
Kanal von Memphis, dann weiter bis zum Nil. Wiederum begleiteten viele Priester, Cheops' Familie und ausreichend Wachpersonal
den Leichenzug, dessen Fahrt sich zuerst nach Norden in Bewegung
setzte.
Das erste Ziel der Wallfahrt war die Stadt Saïs, die Hauptstadt des
5. unterägyptischen Gaues im westlichen Delta. Unterwegs dorthin
gab es so manchen Halt, bei denen dem toten König durch Abge-
sandte und Repräsentanten verschiedener Ortschaften gehuldigt
und Opfergaben dargebracht wurden. In Saïs angekommen, emp-
fing man die Sargprozession (wie auch später in Buto) durch tan-
zende Priester,[50] die die »Seelen der Könige« symbolisierten, die aus
dem Jenseits entstiegen, dem Toten entgegeneilten, um ihn in ihre
Welt zu holen. Sie begleiteten den Leichenzug zum großen Tempel
der Schutzgöttin der Toten, der Schutzpatronin und Stadtgöttin von
Saïs, Neith, in dem heilige Riten und Opferungen abgehalten wur-

den. Von dort setzte sich die Sargprozession nach Buto fort, das man heute Tell el-Faraun (»Pharaonenhügel«) nennt. Die Hauptstadt des 6. unterägyptischen Gaues war vor der Reichseinigung das politische Zentrum in Unterägypten, also schon zu Cheops' Lebzeiten eine legendäre, fast mythische Stadt. Hier lag der Hauptkultplatz der Uräusgöttin Uto, die neben der oberägyptischen Geiergöttin Necheb von El Kab als Beschützerin des Königtums hoch verehrt wurde.[51] Auch in Buto fanden Opferungen und heilige Zeremonien statt.

Vermutlich wurden noch eine Reihe weiterer wichtiger Tempelstädte – beispielsweise Bubastis, Heliopolis und Memphis – angefahren, bevor der Leichenzug sein Wallfahrtsziel im oberägyptischen Abydos erreichte.[52] Die rituelle Weihung des königlichen Leichnams in Abydos war von besonderer Bedeutung für das Begräbniszeremoniell, gehörte dieser Ort doch zu den ältesten königlichen Nekropolen Ägyptens, vermuteten die Ägypter dort später das mythische Grab des Totengottes Osiris. Mit der Rückkehr zum Taltempel in Giza war die Wallfahrt des toten Königs beendet.

Im Licht der Fackeln, begleitet von den im engen Korridor widerhallenden Ritualsprüchen bewegte sich die Prozession nun durch den etwa 800 Meter langen geschlossenen Aufweg, der den Tal- mit dem Totentempel verband. Parallel zum Begräbniszug fanden noch zwei weitere Prozessionen statt. Dabei transportierte man auf einem Schlitten eine symbolisch durch einen Priester dargestellte Ritualfigur – »Tekenu« genannt – bis zum Totentempel der Cheops-Pyramide. Der wahrscheinlich aus den »Rinderställen von Saïs« stammende und mit einem Fell bekleidete Würdenträger repräsentierte dabei die »Stiergestalt des Sonnengottes«, die wohl die ewige Stärke und Mächtigkeit des Königtums ausdrücken sollte. Um die Bestattungsutensilien zu vervollständigen, mussten abschließend noch die Kanopen mit den Eingeweiden des Königs bereitgestellt werden.[53] Im Totentempel angekommen, oblag es den Totenpriestern, die letzten heiligen Handlungen an der Mumie vorzunehmen. Leider wissen wir über diese Zeremonien wie auch über den eigentlichen Kultbetrieb im Totentempel des Cheops nur wenig. Man kann annehmen, dass der nun vergöttlichte Körper mit Gold und anderen wertvollen Metallen geschmückt wurde. Außerdem wurden die Grabbeigaben, mit denen der König in Berührung gekommen war, geweiht. Die Mumie war nun fast vorbereitet für ihre allerletzte Reise.

Nach erneuten Reinigungs- und Räucherungszeremonien wurde an ihr noch das Ritual der »Mundöffnung« vollzogen. Damit sollte Cheops' Mumie symbolisch ihre während der Begräbniszeremonie »ruhende« Lebenskraft für die ewige Existenz im Jenseits wiedergegeben werden: ». . . berührte der mit einem Umhang aus Pantherfell bekleidete Sem-Priester, gewöhnlich ein Sohn des Königs, dessen Gesicht zweimal mit einem Dechsel und einmal mit einem Meißel. Dann rieb der hohe geistliche Würdenträger das Gesicht der Mumie mit Milch ein. Dies sollte dem Toten den Gebrauch all seiner Lebensfunktionen im Jenseits endgültig wiedergeben.«[54]

Nachdem diese »Wiederbelebung« auch an diversen Statuen des Königs zelebriert worden war, die sich im Totentempel befanden, bereitete man der Mumie abschließend das Totenopfermahl. Vor ihr wurden an einem Opfertisch diverse ess- und trinkbare Gaben offeriert, eine Praxis des Totenopfers, die man noch heute anhand zahlreicher Reliefs in vielen Privatgräbern nachvollziehen kann. Diese letzte im Totentempel durchgeführte kultische Handlung war auch der symbolische Beginn des langjährigen Verehrungs- und Opferkultes, der in den Tempeln der Pyramidenanlage und in vielen im Land verstreuten Stiftungen abgehalten wurde.

Es erfolgte die Bereitstellung der Grabausstattung, die aus Teilen des Hausstandes von Cheops, seinen Waffen und sonstigen für das Weiterleben im Jenseits unentbehrlichen Gerätschaften bestand. Die gesamte Übergabezeremonie wurde mit einem Rinderschlachtopfer beendet. Nun war alles bereit für den letzten sakralen Akt der königlichen Jenseitsreise, konnte sich der Begräbniszug zum Grabmal in Bewegung setzen.

Man verließ den Totentempel innerhalb der Mauer, die den heiligen Bezirk um die Pyramide abgrenzte, und bewegte sich im Pyramidenhof zur Rampe, die an der Nordseite der Pyramide bis zum Eingang anstieg. Falls notwendig, wurde das umliegende Nekropolenareal weitläufig gesichert, um den vielen Schaulustigen den Blick

auf den Begräbniszug zu verwehren. Vielleicht war der Pyramideneingang durch die hohe Mauer vom etwa 40 Meter tiefer liegenden
Plateaurand aber auch gar nicht zu sehen.

Der Weg im Grabmal selbst war klar vorgezeichnet und sehr
beschwerlich. Es ist dabei nicht sicher, ob die Einführung des Holz-
sarkophages und der Grabbeigaben direkt im Anschluss an die Begräbniszeremonie, die im Totentempel endete, erfolgte oder einige
Tage später in aller Heimlichkeit. Man darf sich bei dieser Prozedur
keine falschen Vorstellungen machen. Meines Erachtens war sie
kein zentraler Bestandteil des Begräbnisses, wurde vermutlich nur
von wenigen ausgesuchten Priestern und Dienern vollzogen. Hier
kam es nicht mehr auf die Würde oder eine Art religiöse Öffent-
lichkeitsarbeit an, die das gesamte Begräbnis begleitet hatte. Hier,
auf der letzten Wegstrecke des Cheops, wo die engen Korridore des
Kammersystems keine große Bewegungsfreiheit erlaubten und zudem die Ausmaße der Grabbeigaben beschränkten, ging es nur
noch darum, den Leichnam des toten Königs in seinen für ihn vor-
bereiteten Granitsarkophag zu platzieren und anschließend das
Grabmal für alle Zeiten zu versiegeln.

Mit einer am Eingang installierten Seilwinde wurden die zum Teil
schweren Grabbeigaben in den 26 Grad steilen absteigenden Korridor bis zum Übergang zum ansteigenden Korridor herabgelassen.
Am Schnittpunkt angekommen, wurden sie mit dem Holzsarkophag in den ansteigenden Gang überführt. Da noch heute Blockiersteine an diesem Schnittpunkt stecken, kann nicht abschließend
geklärt werden, ob es an dieser markanten Stelle irgendwelche Vorrichtungen gegeben hat, um die Übernahme insbesondere des Sarkophags vom unteren ins obere Kammersystem zu vereinfachen. Es
darf aber vermutet werden, dass die Grabbeigaben durch eine weitere Seilvorrichtung von der Großen Galerie aus bewegt wurden.
Hierfür setzte man wahrscheinlich Schlitten ein, die durch ständiges »Heraufziehen und Herunterlassen« alle notwendigen Gegenstände ins Innere der Pyramide bringen konnten. Der restliche Weg

Abb. 46: Von der Mauer, die den Pyramidenhof umgab, ist nur ein kleines Fragment auf der Ostseite der Cheops-Pyramide erhalten geblieben.

in die Grabkammer war verhältnismäßig einfach. Der Sarg mit den
sterblichen Überresten Cheops' wurde in den für ihn vorgesehenen
äußeren Sarkophag versenkt und mit einem Deckel versiegelt.

An vordefinierten Positionen wurden schließlich die Grabbeigaben
abgestellt. Mobiliar, wie man es in ähnlicher Form aus dem »Not-
grab« der Hetepheres I. kennt und das nicht in einem Stück transportiert werden konnte, wurde wieder zusammengebaut und um
den Sarkophag gruppiert. Nachdem sämtliche Beigaben verstaut
waren, zogen sich die Priester aus der Grabkammer zurück und
versiegelten sie. Hierfür mussten die drei Granitblöcke aus ihren
Haltepositionen gelöst werden, die sich in der Vorkammer zwischen der Großen Galerie und der Grabkammer befanden. Mindestens ein weiterer Granitblock wurde am Beginn des Grabkam-
merkorridors eingesetzt, ehe man die Öffnung des Korridors mit
einem Kalksteinblock endgültig verschloss und die Spuren des
Durchganges kaschierte. Man deponierte weitere Gegenstände in
der Königinnenkammer und in dem Magazin der gekragten Nische.
Anschließend überbrückte man den unteren, horizontalen Bereich
der Großen Galerie mit Holzbohlen, stellte also eine schiefe Ebene
her, auf der die durch Querbalken in Vertiefungen an den Wänden
befestigten Verschlusssteine in den aufsteigenden Gang rutschen
konnten. Die Arbeiter, die diesen Vorgang ausführten, verließen
über den Luft-/Fluchtschacht die Große Galerie, versiegelten den
Durchbruch im absteigenden Korridor und verließen schließlich die
Pyramide.

Als weitere Sicherung wurde der gesamte absteigende Korridor bis
zum Übergang zur horizontalen Passage Stück für Stück mit pass-
genauen Kalksteinen blockiert. Die Kanten und Nuten am unteren
Ende des Korridors sind stumme Zeugen dieser Blockierung. Die
Steine, es waren wohl fast 100 an der Zahl, wurden über die
Rampe, über die man vorher den hölzernen Sarkophag und die
Grabbeigaben ins Grab einführte, transportiert. Die totale Blockierung beider Korridore hatte zur Folge, dass, egal von welcher Seite
die Grabräuber es je versuchen sollten, ins Grabmal einzubrechen,
sie immer mit einem fast gleich großen Widerstand an Steinen
kämpfen mussten. Aus dieser Sicht heraus war die Idee der Baulei-

ter, die Grabkammer ins geometrische Zentrum der Pyramide zu verlegen, eine optimale Sicherungsmaßnahme, die sich letztlich der Form der Pyramide als Bollwerk, als gleichmäßig starken Schutzschirm bediente.

Als letzte Aktion verwischte man alle Spuren am Eingang des Grabmals, baute die Halte- und Zugvorrichtungen ab und verschloss die Pyramide endgültig. Sorgsam und im äußeren Fugenbild des Pyramidenmantels nicht ohne weiteres erkennbar, wurden die Verkleidungssteine über dem originalen Eingang eingepasst. Abschließend wurde das Grabmal durch die Totenpriester magisch mit Räucheropfern und diversen Schutzrezitationen versiegelt. Während dieser Zeremonie übergab man dem gesamten Pyramidenkomplex vermutlich auch offiziell seinen feierlichen Namen, der die Jahrtausende überdauern sollte: der »Horizont des Cheops«.

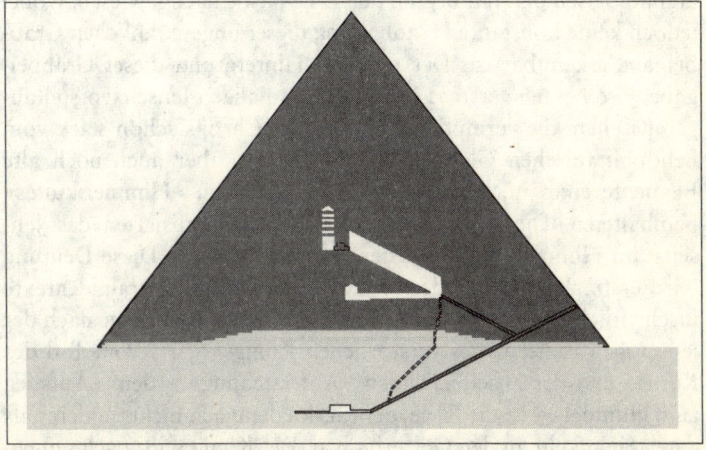

Grafik 32: Nach der Versiegelung der Cheops-Pyramide waren die Grabräume durch das über 50 Meter dicke Kernmauerwerk von der Außenwelt abgeschlossen, bot der massive Pyramidenkörper einen optimalen Schutz.

Ob dies von einer provisorisch errichteten Nordkapelle aus ge-
schah, die nach dem Abriss der Eingangsrampe als fest installiertes
Kultgebäude in Stein oder Ziegelbauweise in den Kultbetrieb aufgenommen wurde, ist fragwürdig. Bislang hat man an der Nordseite der Cheops-Pyramide keine Spuren gefunden, die darauf hindeuten, dass dort einst eine Kultanlage stand.[55]
Die Feierlichkeiten gingen noch einen gewissen Zeitraum weiter,
während die Offiziellen die Krönung des neuen Königs vorbereite-
ten. Mit Spannung erwartete man den Krönungstag, der vermutlich
am zweiten Tag des nächsten Mondmonats stattfinden sollte.[56] Die
symbolische Wiedergeburt Ägyptens – das »Erscheinen des neuen
Pharaos« – stand unmittelbar bevor.

Boote für das Jenseits

Eine der letzten protokollarischen Maßnahmen des Begräbnisses
von Cheops beinhaltete die Versenkung von vier oder fünf heiligen
Barken an der Ost- und Südseite der Pyramide. Diese Tradition ist
archäologisch bis zum Beginn der 1. Dynastie nachgewiesen, wobei
jedoch keine konstante Handhabung dieser ungewöhnlichen Grab-
beigabe erkennbar ist. Der religiöse Hintergrund dieser Grabbei-
gabe wird heute in erster Linie in den damaligen Jenseitsvorstellungen gesehen, die vermutlich zur Zeit des Cheops schon stark vom
heliopolitanischen Glauben geprägt waren, aber auch noch alte
Elemente eines noch näher zu untersuchenden »Himmelskultes«
beinhalteten. Diese Glaubensvorstellungen lokalisierten das Jenseits am Himmel, im Reich des Sonnengottes Re. Diese Deutung
wird erstmals am Ende der 5. Dynastie durch die Pyramidentexte
inschriftlich ausgedrückt, deren großes Thema »die Frage nach der
jenseitigen Existenz des verstorbenen Königs«[57] ist. Vom Tod des
Königs und der anschließenden »Auferstehung« – dem »Aufstieg
zum Himmel« – ist die Rede, der für ihn demnach nichts anderes als
eine »Heimkehr zu den Göttern« war. Der König wird nach seinem
Tod in den kosmischen, ewig währenden Zyklus des Sonnenlaufes
einbezogen und weilt dementsprechend »als Gleicher unter Gleichen in der Götterwelt des Jenseits, wo er eine den Göttern ver-

gleichbare Jenseitsexistenz führt«.[58] Hierbei wird er zum Begleiter
des Re in seiner Sonnenbarke, die über den Himmel fährt. Im Pyramidenspruch 1687 aus dem Grab des Merenre I. (6. Dynastie, um
2280 v. Chr.) in Sakkara heißt es dann auch treffend: »Steige in die
Barke des Re, in der die Götter mit ihm auf- und unterzugehen lieben, in der Re sich zum Himmel bewegt und in der Merenre nieder-
geht wie Re. Setze dich auf den Thron des Re und herrsche über die
Götter; denn du bist wie Re aus der Nut hervorgegangen, die Re
jeden Tag gebiert, so wird auch Merenre täglich geboren wie Re.«[59]
Im Gesamtkontext dieser Deutungen wurden die »Götter« vermutlich nicht nur als abstrakte, überirdische Wesen identifiziert, sondern wohl in erster Linie mit bestimmten Sternen am Himmel – die
sich im Umfeld der Zirkumpolarsterne, »die keinen Untergang kennen«[60], befinden – gleichgesetzt. Welche Sterne dies im Einzelnen
jedoch waren, ist bislang nicht eindeutig geklärt. Dies alles lässt
durchaus die Vermutung zu, dass sich hinter dem Jenseitskult reale
astronomische Gegebenheiten verbergen könnten, deren detaillierte
Erforschung noch aussteht. Es ist aber meines Erachtens nicht
ausgeschlossen, dass gewisse geographische Aspekte in den Jenseitsvorstellungen der Ägypter mit bestimmten, real existierenden
Himmelsregionen in Zusammenhang gebracht wurden und die
symbolische Jenseitsfahrt des toten Königs teilweise ein »Abbild«
von Bewegungen bestimmter, den Ägyptern wichtiger Himmelskör-
per war.[61]
Im Sinne der religiösen Idee des Aufstiegs des Königs zum Fir-
mament kann man die in den Grabanlagen versenkten Boote der
Pharaonen als symbolische »Zubringerschiffe« für die jenseitige
Himmelfahrt interpretieren; in ihnen Kopien der göttlichen Re-
Barken sehen, in denen der tote König seine Jenseitsfahrt unter-
nahm.[62] Dies wird durch einen Pyramidenspruch indirekt bestätigt,
der einen Zusammenhang zwischen der himmelsorientierten Jenseitsreise und der räumlichen Anordnung der Himmelsbarken
andeutet: »O westliche, östliche, südliche und nördliche Götter!
Diese vier reinen Flöße, die ihr dem Osiris [wohl für den verstorbenen König, d.V.] bei seinem Aufgang zum Himmel bereitet habt,
dass er zum ›Kaltland‹ überfahre …«[63] Interpretiert man nun im

Fall des Cheops, dass die vier parallel zu seiner Pyramide angeordneten Barkengruben die Orientierungen der Himmelsrichtungen
darstellten – zwei auf der Ostseite am Totentempel stehen für die
Nord-Süd-Richtung, die beiden auf der Südseite für die Ost-West-
Richtung –, so kann man davon ausgehen, dass der verklärte König
diese Schiffe symbolisch zum Aufstieg zum Himmel, zur Fahrt zu
den vier Himmelsrichtungen benutzte.[64]
So unterschiedlich wie die Ägypter die beiden Himmelsachsen in
ihrem Weltbild interpretierten – die Nord-Süd-Orientierung entsprach der »kosmischen Jenseitsachse«, die Ost-West-Orientierung
wurde als »weltliche Lebensachse« verstanden –, so verschieden
stellen sich auch die Barkengruben der Cheops-Pyramide dar. Während in den etwa 50 Meter langen, linsenförmigen Gruben auf der
Ostseite wahrscheinlich einst vollständige Boote versenkt wurden,
sind die Zedernholzbarken in den beiden nur knapp 30 Meter großen, rechteckig geformten Gruben auf der Südseite der Pyramide in
viele Einzelteile zerlegt worden. Das östliche, über 43 Meter lange
Boot, das heute oberhalb seines Fundortes ausgestellt wird, besteht
beispielsweise aus etwa 1220 Einzelteilen, die mit Seilen und Streben zusammengebaut wurden. Seine Breite beträgt knapp sechs
Meter, sein Tiefgang wird auf 1,50 Meter beziffert. Die Ägyptologen gehen aufgrund der Abnutzungsspuren davon aus, dass dieses
Schiff »zur Zeit des Cheops als königliches Ruderboot benutzt«
wurde und vielleicht sogar »einen Teil der Grabausstattung transportiert«[65] haben könnte. Warum aber letztlich die Barken an der
Südseite im Unterschied zu denen an der Ostseite dem König in zer-
legtem Zustand mit ins Jenseits gegeben wurden und warum die
Dimensionen ihrer Gruben so unterschiedlich sind, ist bislang nicht
geklärt. Vielleicht hatte dies etwas mit den »Stellenwerten« der
oben beschriebenen Himmelsachsen zu tun.
Es gibt noch einen weiteren Unterschied zwischen den verschieden
orientierten Barkengruben, der hier nicht unerwähnt bleiben soll.
Die Wände der östlichen Gruben lassen auf den ersten Blick nicht
erkennen, dass die Schiffe mit Abdecksteinen von der Außenwelt
abgeschirmt waren. Weder deutliche Auflageflächen für die Deck-
platten noch auffällige Fragmente dieser Steine wurden in den Gru-

Abb. 47: Unmittelbar vor dem Bootsmuseum an der Südseite der Cheops-Pyramide werden die großen Abdecksteine gelagert, mit denen die Barke versiegelt ist.

ben oder in ihrem Umfeld entdeckt. Es hat fast den Anschein, als ob diese Boote unter freiem Himmel den Totentempel im Norden und Süden flankierten.[66] Im Gegensatz dazu liegen die etwa 40, bis zu 15 Tonnen schweren Kalksteine der Abdeckung des Schiffes aus der östlichen Grube der Südseite aufgereiht vor dem Bootsmuseum. Die westliche Grube ist noch vollständig abgedeckt.

Interessanterweise entdeckten die Archäologen auf den Abdecksteinen zahlreiche Graffiti der Bauarbeiter. Darunter waren u. a. das Datum des »11. Mals der Zählung, d. h. eines 21 Jahres«[67] und etliche Nennungen von Cheops' Thronfolger Djedefre. Da die Datumsangabe von den Namen des Djedefre unabhängig auftritt, bezieht sie sich wohl auf den Zeitpunkt der Registrierung des Steinblocks im Steinbruch. Anscheinend haben »die Arbeiter des Cheops ihre Arbeit an den Blöcken mit einer Datumsangabe vermerkt, während erst Djedefres Männer die Bootsgrube mit den Blöcken verschlossen und dabei die meisten anderen Aufschriften«[68] anbrachten. Damit deckt sich diese Jahreszahl relativ gut mit der heute vermuteten Bauzeit der Cheops-Pyramide, die zwischen 18 und maximal 25 Jahren angesetzt wird.

Abschließend möchte ich noch ein besonderes Graffito, das auf einem der Abdecksteine der Cheops-Barke gefunden wurde, aus der Masse der fast unzähligen Bauarbeiterinschriften herausstellen, da es auf den ersten Blick wie eine zeitgenössische, skizzenhafte Darstellung der Cheops-Pyramide aussieht.[69]

Grafik 33: Ein Graffito von einem Abdeckstein der östlichen Barkengrube, die auf der Südseite der Cheops-Pyramide liegt. (Skizze nach Abubakr und Mustafa)

Es bleibt noch zu prüfen, ob es sich bei dieser Zeichnung wirklich um eine grobe Skizze des Grabmals handelt oder sich dahinter – wie die Zahlendarstellungen in der Abbildung andeuten könnten – eine ganz andere Bedeutung verbirgt, vielleicht ein Markierungszeichen für eine Richtung oder Höhe.

Der Verehrungskult

Nach Cheops' Tod begann eine lange Zeit des königlichen Verehrungskultes, der hauptsächlich im Totentempel in Giza zelebriert wurde, aber auch über das Land verteilte »Statuenkulte« beinhaltete.[70]

Der Grundgedanke des königlichen Totenkultes im Totentempel »beruhte vor allem auf der Darbringung der täglichen Opfergabe für das Leben der Seele des verstorbenen Königs im Jenseits. (...) Daher ordnete der König schon zu seinen Lebzeiten dauerhafte Stiftungen durch die Schenkung von Domänen und Totendörfern an, den ›Per-djet‹ [Häuser der Ewigkeit, d.V.], deren Aufgabe es war, die für das Leben im Universum des Jenseits notwendigen Erzeugnisse und Nahrungsmittel zu beschaffen. Eine richtige Bevölkerung aus Priestern, Dienern und Bauern lebte darin«,[71] sodass die meisten dieser Stiftungen zu wirtschaftlichen Unternehmen wurden, die teilweise auch zur Versorgung des Staatsapparates beitrugen. So kamen beispielsweise die für den täglichen »Hauptkult im Totentempel« notwendigen Speisen aus den zentral verwalteten Totenstiftungen. Der tägliche Dienst der Totenpriester von Cheops war demnach nicht nur auf die Nekropole bei Giza beschränkt, sondern wurde landesweit zelebriert. Derartige Opferkulte hielten sich gewöhnlich nur so lange, wie »sich die Totenpriester der ihnen zugestandenen Privilegien«[72] erfreuen durften.

Aus der 4. Dynastie existieren schriftliche Belege für die Existenz von etwa 60 königlichen Toten- bzw. Opferstiftungen, 35 davon aus der Zeit nach Cheops' Tod. Mit den Namen der Stiftungen, vor allem aber denen ihrer Totenpriester, besitzen die Ägyptologen eine Art Chronologie eines Großteils der königlichen Priesterschaft. Von den zehn namentlich bekannten Priestern der 4. Dynastie gehören dabei sieben der königlichen Familie an.[73] Mit der Zeit wuchs diese Zahl wie auch die ihrer Gräber, die sich fast alle auf dem Giza-Plateau befinden. Für die 5. Dynastie wurden 28 Priester überliefert, aus der 6. Dynastie kennen die Ägyptologen bisher 29 Priester und Beamte, die, wie der schon erwähnte Priester Kar aus Giza zeigte, im Dienste des verstorbenen Cheops standen.

»Aus der 6. Dynastie, der Zeit also, in der die Zahl der Totenpriester des Cheops unvermindert groß bleibt, kennen wir kein einziges Stiftungsgut mehr«,[74] konstatiert der Berliner Ägyptologe und Direktor des Ägyptischen Museums in Charlottenburg Dietrich Wildung und zeigt damit auf, dass der Totenkult des Cheops als wirtschaftliche Institution am Ende der 5. Dynastie schon ohne

Bedeutung war. Er führt dies auf wirtschaftliche Machtkämpfe der Cheops-Priester mit der älteren und konkurrierenden Totenpriesterschaft des Snofru zurück, die versuchte, der »zunehmenden Bedrohung ihrer bevorrechteten Stellung durch all die neu gegründeten Totenopferstiftungen« entgegenzuwirken, und daraus »die Konsequenz zog, andere Kulte zu unterdrücken, sofern ihnen große Ländereien zugesprochen waren (...)«.[75]

Wurde Cheops' Erbe im späten Alten Reich tatsächlich bewusst aus wirtschaftlichen Gründen diskreditiert? Liegt hier vielleicht die Urquelle für die feindliche und abwertende Haltung der antiken Schriftsteller gegen Cheops begründet? Eines scheint jedenfalls sicher zu sein: Von Cheops' »Ruf der Gottlosigkeit«, von der Herodot und andere antike Historiker berichten, ist in den zeitgenössischen Denkmälern und Opferstiftungen der 4. Dynastie nichts zu entdecken. Wie dem auch sei: Die rivalisierende Haltung der Totenpriester war ein erster Fingerzeig auf das weitere Geschehen, hatte späte Auswirkungen auf die Entwicklung des Alten Reiches. Etwa 400 Jahre nach Cheops' Tod zerbrach das ägyptische Weltreich von innen, führte der erste Bürgerkrieg seit der historischen Reichseinigung das Land an den Rand des Abgrundes. Doch bis dahin war es noch ein weiter Weg.

14 Im Sog der Zeit

Die große Pyramide von Giza – fast 2500 Jahre nach ihrer Fertigstellung zusammen mit den anderen großen Giza-Pyramiden in den römischen »Olymp« der antiken Weltwunder eingereiht – krönte als Grabmal postum die Regierungszeit, das Wirken und war steinerner Ausdruck der Unsterblichkeit des Königs Cheops. Die Cheops-Pyramide war zu allen Zeiten ein Symbol für die Beherrschung der Elemente, gebaut von der absoluten Elite einer Kulturepoche im Zeichen des Glaubens und der ewigen Fortdauer ihrer unsterblichen Seele. Sie stellte aber nicht den Abschluss einer langen Entwicklung in der Grabarchitektur Ägyptens dar, sondern war nur eine Zwischenstation in einer formativen Phase, deren Ende erst viele Jahrhunderte später zu einer Standardisierung der Pyramiden in der 6. Dynastie führen sollte. Die Pyramidenbauten der folgenden Thronfolger aus dem Hause Cheops' und das weitere Schicksal der Cheops-Pyramide sind es wert, kurz überflogen zu werden, um ein zusammenhängendes Bild der Geschehnisse der letzten 4000 Jahre auf dem Giza-Plateau zu erhalten.

Der Erbe des Cheops
Unmittelbar nach Cheops' Tod übernahm sein Sohn Djedefre ohne größere innenpolitische Streitigkeiten die Regierungsgeschäfte, ließ sich zum neuen König von Ober- und Unterägypten ausrufen. Seine erste administrative Amtshandlung war die ordnungsgemäße Bestattung seines Vaters Cheops. Die königlichen Zeichen dieser Handlung, achtzehn Aufschriften seines Namens, finden wir auf den Abdeckblöcken, mit denen einst das östliche Cheops-Boot an der Südseite der Pyramide versiegelt wurde.

Seinen eigenen Grabkomplex ließ Djedefre etwa acht Kilometer nördlich der Nekropole seines Vaters auf einem ungefähr 150 Meter hohen Felsplateau beim heutigen Dorf Abu Roasch errichten. Nach ihrer Fertigstellung maß die Pyramide zwar nur ca. 106 Meter an jeder Seite und erreichte eine Höhe von knapp 70 Metern, war aber durch ihre extrem hohe Lage auf dem Fels-

plateau schon von weither sichtbar. In den unteren Verkleidungs-
lagen wurde sie mit Rosengranit bestückt, eine Sitte, die auch die
folgenden Könige beibehalten sollten.[76]

Über die bautechnischen Einzelheiten der Pyramidenanlage, die den
Namen »Sternenzelt des Djedefre« trug, ist in der heutigen Zeit nur
wenig bekannt, nicht zuletzt weil sie sich in einem sehr ruinösen
Zustand befindet. Vermutlich begann die Demontage des Grabkomplexes schon relativ früh innerhalb der ägyptischen Geschichte,
wurde der Abbau seiner Steine gezielt sogar bis ins letzte Jahrhundert vorangetrieben. Der heute sichtbare Sockel der Pyramide
umfasst nur noch etwa acht Kalksteinlagen; vom Totentempel, den
Magazinräumen und Kapellen sind kaum noch Spuren zu erkennen. Eines ist jedoch klar erkennbar: Wohl in guter Erinnerung an
die schwierigen und mit einem Debakel beendeten Arbeiten in
dem beengten Felskorridor der Cheops-Pyramide entschlossen sich
Djedefres Baustrategen, einen riesigen Grabkorridor auszuschachten, an dessen Ende man eine monumentale Grabkammer aufbauen
konnte. Sie kehrten mit dieser Grabkammerkonzeption wieder zu
den architektonischen Strukturelementen der späten 3. Dynastie
zurück; ein Indiz dafür, dass das Kammersystem der Cheops-Pyramide nicht als Prototyp einer neuen Pyramidengeneration angesehen wurde. So ging die Zeit des Experimentierens an den königlichen Grabanlagen weiter, war die Suche nach einer perfekten
Form der Grabräume noch lange nicht beendet.

Heute führt der Grabkorridor der Djedefre-Pyramide bis in eine
Tiefe von ca. 20 Metern, liegt unter freiem Himmel und ist mit großen Felsblöcken und Schutt angefüllt, aber begehbar. Die eigentliche Grabkammer liegt noch einige Meter tiefer, sodass manche
Gelehrte Reste des Sarkophages unter den Schuttmassen vermuten.
Doch aufgrund der bisherigen umfangreichen Steinräuberaktivitä-
ten in Abu Roasch dürften wohl keine revolutionären Funde mehr
zu erwarten sein.

Nach allgemeinem Kenntnisstand starb Djedefre schon recht früh,
hatte lediglich acht Jahre das Land am Nil regiert. Cheops' Nachfolger war aber der erste ägyptische König, der den Titel »Sohn des
Re« in seiner Titulatur führte; ein Hinweis dafür, dass sich Ägypten

in der Mitte der 4. Dynastie in einer religiösen Umbruchphase befand. Der Einfluss der heliopolitanischen Priesterschaft, die dem Sonnengott Re huldigte, wurde zusehends zu einem neuen Machtfaktor in der Klerusgilde Ägyptens. Dieser religiöse Wandel begründete für einige Ägyptologen eine Art »Verlust der Identität zwischen Gott und König«, der zu einer tiefgreifenden »Wandlung des Königsdogmas« in der 5. und 6. Dynastie führte.[77]

Der zweite Giza-König

Für eine kurze Zeit – Ägyptologen gehen von maximal fünf Jahren aus – übernahm nach Djedefres Tod – meines Erachtens entgegen der heute akzeptierten Lehrmeinung – sein ältester Sohn Baka (oder Nebka, um 2540 v. Chr.) den ägyptischen Thron. Ihm wird eine gewaltige Pyramiden-Ausschachtung in Zawjet el-Aryan, etwa sieben Kilometer südlich von Giza, zugeordnet. Die Überreste seiner Grabanlage, die aufgrund der kurzen Herrschaft nicht vollendet werden konnte, erinnern von der Struktur her stark an den Grabbau des Djedefre in Abu Roasch, können aber von ihren Ausmaßen mit der Cheops-Pyramide verglichen werden. Ob die Nekropole trotz ihrer frühen Aufgabe provisorisch in Betrieb genommen wurde, ist bisher ungeklärt. Leider befindet sich der Pyramidenbezirk heutzutage in einem militärischen Sperrbezirk, sodass gezielte Ausgrabungen nur eingeschränkt möglich waren.

Bakas Onkel und Nachfolger Chephren (um 2535 v. Chr.) kehrte mit seiner Nekropole wieder nach Giza zurück, wo er auf dem östlichen Cheops-Friedhof schon ein eigenes Prinzengrab besaß. Als neuer Herrscher gab er den Auftrag, unmittelbar neben der Pyramide seines Vaters Cheops eine eigene Nekropole errichten zu lassen. Der gewählte Baugrund bot die günstigsten Voraussetzungen für einen weiteren Monumentalbau, zumal die anderen, Giza nahe liegenden Areale in Abu Roasch und Zawjet el-Aryan nicht mehr den notwendigen Platz boten. Außerdem konnte die alte, beim Bau der Cheops-Pyramide aufgebaute Infrastruktur – etwa 13 Jahre nach dem Tode des Cheops – wieder reaktiviert werden, waren insbesondere die notwendigen Steinbruchreserven vorhanden, von denen Chephrens Bauarbeiter reichlich Gebrauch machten.

Wie schon Djedefre versuchte auch Chephren, die Dimensionen der Cheops-Pyramide noch zu übertreffen und damit die Monumental-architektur – nicht zuletzt durch die Errichtung des großen Sphinx und die Umgestaltung seines Totentempels – weiter zu forcieren. Befunde an seiner Pyramide – zwei Eingänge, die aus verschiedenen Bauphasen stammen, und eine massive Fundamentierung auf der Ostseite – deuten an, dass sie in der ersten Planungsphase wahr-scheinlich über eine Seitenlänge von etwa 246 Metern und eine Höhe von 164 Metern verfügen sollte. Die Chephren-Pyramide wäre damit über 15 Meter breiter als die des Cheops ausgefallen. Diese Planung wurde jedoch aus noch unbekannten Gründen im Anfangsstadium aufgegeben und die Pyramide letztlich so gebaut, wie wir sie heute vorfinden.

Chephrens Grabmal, das wie der gesamte Grabkomplex den Namen »Chephren ist groß« trug, erreichte nach seiner Fertigstellung annä-hernd die Höhe der Cheops-Pyramide, steht dabei aber auf einem etwa zehn Meter höheren Plateauniveau, sodass heute dem Be-trachter der Eindruck vermittelt wird, sie sei die größte Pyramide von Giza. Im Vergleich zur Cheops-Pyramide erweist sich die Kom-position der unterirdischen Räume der Chephren-Pyramide als auf-fällige Vereinfachung, ein Umstand, der mich persönlich nicht ver-wundert, entstand doch das Kammersystem der Cheops-Pyramide vermutlich nur aufgrund einer umfangreichen Modifikation wäh-rend des Baus. Dies führte jedoch in der Pyramidenforschung dazu, »dass man lange Zeit daran gezweifelt hat, dass dies das einzige Gangsystem [der Chephren-Pyramide, d. V.] sei«.[78] Rainer Stadel-mann gab hierbei aber zu bedenken, dass die Gründe für die Gerad-linigkeit und Einfachheit des Kammersystems vielleicht im hohen Alter des Chephren zu suchen wären, der etwa 40 Jahre alt gewe-sen sein soll, als er an die Macht kam. Dies ist aber aus meiner Sicht eine rein »subjektive Argumentation«, denn auch Stadelmann zieht bei seinen Überlegungen nicht ins Kalkül, dass das Kammersystem der Cheops-Pyramide vielleicht nur deshalb so komplex im Ver-gleich zu dem der Chephren-Pyramide erscheint, weil es das Resul-

tat einer Planänderung war. Ob es dagegen tatsächlich noch weitere
Kammern und Gänge in der Chephren-Pyramide gibt, konnte bisher auch mittels aktueller naturwissenschaftlicher Untersuchungen
nicht bestätigt und muss aufgrund der architektonischen Befunde
stark bezweifelt werden.

Im Schatten der Großen

Die Pyramide des Mykerinos (um 2505 v. Chr.), Chephrens Nachfolger, markiert einen klaren Einschnitt in der Geschichte der
monumentalen Grabbauten. Mit einer durchschnittlichen Basislänge
von etwa 104 Metern erreichte sie nur eine Höhe von 66 Metern;
Ausmaße, die bis zum Ende des Pyramidenbaus im Mittleren Reich
(um 1780 v. Chr.) nicht mehr überboten wurden. Das kleinste der
drei großen Königsgräber auf dem Giza-Plateau, das in altägyptischer Zeit »Göttlich ist (die Pyramide des) Mykerinos« genannt
wurde, gehört trotz seiner verhältnismäßig geringen Größe zu den
absoluten Höchstleistungen der Ägypter, wie schon ihre bis zu
30 Meter hohe Granitverkleidung andeutet. Diese Pyramide hat
ihre letzten Geheimnisse noch lange nicht preisgegeben; ihr sehr
aufwendig gestaltetes Kammersystem birgt noch so manches Rätsel, das es in Zukunft zu lösen gilt.

Nach Mykerinos kam dessen Sohn Schepseskaf (um 2480 v. Chr.)
auf den ägyptischen Thron. Schepseskaf übernahm nicht nur das
königliche Erbe, sondern auch die väterliche Baustelle in Giza, die
er aber nach Fertigstellung der sakralen Bauwerke an der Pyramide
schnell auflöste, um die freigewordenen Ressourcen für seine eigene
Nekropole zu nutzen. Die Wahl seiner Grabstelle wird ihm nicht
leicht gefallen sein, da die Plateaus in der Umgebung von Memphis
und Giza schon vergeben waren. Giza selbst bot keinen aus-
reichenden Platz mehr, zu groß waren die Pyramidenstädte und
Nekropolen seiner Vorfahren. Schepseskaf entschied sich damals
für die noch unverbaute Hochebene von Sakkara-Süd, kurz vor den
Toren Dahschurs. Hier fanden die Baumeister der letzten großen
königlichen Nekropole der 4. Dynastie den notwendigen Platz und
die dazugehörigen Steinressourcen.

Augenscheinlich brach Schepseskaf mit der Tradition seiner Vorfahren. Anstelle einer Pyramide ließ er sich eine riesige Mastaba errichten. Ob dieser »Formwechsel des Grabmals« die Folge eines Notplans war oder ob hier ein Versuch unternommen wurde, sich bewusst von der Pyramidenform als Königsgrab abzuwenden, ist noch immer ein offener Diskussionspunkt innerhalb der modernen Ägyptologie. Wie dem auch sei: Insgesamt betrachtet, bietet die Nekropole des Schepseskaf genügend Forschungsbedarf, denn bislang wurden die Kultanlagen in der Umgebung der Mastaba von den Ägyptologen nicht systematisch ausgegraben.

Nach allen bisher zur Verfügung stehenden Fakten verlief der Übergang von der 4. in die 5. Dynastie friedlich, wenngleich die verwandtschaftlichen Zuordnungen der Herrscher jener Zeit ungeklärt sind. Am Ende der 4. Dynastie soll laut späten ägyptischen Quellen ein gewisser Djedefptah für neun Jahre regiert haben. Leider existieren keine zeitgenössischen Hinweise, die diese Angaben bestätigen. Auch archäologisch lässt sich Djedefptah nicht fassen, wurde bisher keine Grabstätte lokalisiert, die man ihm zuordnen kann. Danach schien Schepseskafs Frau Chentkaus I., deren Grabanlage sich nahe dem zentralen Steinbruchgebiet in Giza befindet, für wenige Jahre die Regierungsgewalt in den Händen gehalten und eine entscheidende Rolle in der Übergangsphase zur nächsten Dynastie gespielt zu haben. Die genaue verwandtschaftliche Zuordnung Chentkaus I. zu Userkaf, der in der traditionellen Chronologie Ägyptens als erster König der 5. Dynastie geführt wird, ist nicht genau bekannt, sodass die korrekten Verhältnisse des Dynastienwechsels die Ägyptologen noch lange Zeit beschäftigen werden. Zur Zeit sieht es aber danach aus, als ob die Herrschaft des Snofru-Cheops-Clans mit Schepseskaf nach über 140 Jahren ein Ende gefunden hatte.

Das Ende des goldenen Zeitalters

Nach einer kulturhistorisch besonders lebhaften 5. Dynastie (2470 v. Chr. bis 2320 v. Chr.) – in der sich die Könige vorwiegend in Abusir und Sakkara begraben ließen, ihre religiöse Verbundenheit

mit dem Sonnengott durch den Bau großer pyramidaler Sonnenheiligtümer bekundeten[79] und die jenseitsorientierten Verklärungs-
sprüche, die Pyramidentexte, in Mode kamen –, endete zu Beginn
der 6. Dynastie endgültig die Zeit des Experimentierens im Pyramidenbau. Mit der Pyramide des Teti begann eine Epoche der königlichen Grabarchitektur, in der die Bauleiter ihre Idealform gefunden
hatten. Ausmaße sowie Gestaltungen der Kammersysteme und
Pyramidenabmaße wurden relativ strikt beibehalten, Modifikationen nur noch in Nuancen zugelassen.
Innerhalb der etwa 160 Jahre währenden 6. Dynastie gewann die
Mittelschicht Ägyptens immer mehr an Einfluss, wurden die Zen-
tralregierungen von Herrscher zu Herrscher immer schwächer. Der
Staatskult, über Jahrhunderte diktatorisch zum Zweck der Selbst-
erhaltung, Huldigung tradierter Werte und als Machtinstrument
zur Legitimation der Staatsmacht, Führung von Kriegen und zur
geistigen Unterdrückung der Bevölkerung eingesetzt, verlor immer mehr an Glaubwürdigkeit, wurde durch den aufgeblähten
Beamtenapparat unterhöhlt. Das Drängen der unterschiedlichen
Fürstenhäuser und Beamtengilden auf mehr Selbständigkeit und
Machtfülle konnte nur noch durch königliche Zugeständnisse be-
friedigt werden. Gegen Ende der Dynastie löste sich dann diese
künstlich aufrechterhaltene ideologische Balance zwischen dem
absoluten Herrscheranspruch des Königs und der individuellen
»Persönlichkeitsentfaltung« der Beamtenschaft endgültig auf. Der
Klerus hatte abgewirtschaftet, die Staatsressourcen waren aufgebraucht. Die Provinzbeamten und Gaufürsten, auf dem Höhepunkt
ihrer Macht und ihrer territorialen Entfaltung, destabilisierten im
Laufe dieser Dynastie den Einfluss der Zentralregierung und damit
den Gottesstaat. Mit dem Tod des letzten Königs der 6. Dynastie,
Pepi II. (um 2160 v. Chr.), brach schließlich die Königsmacht end-
gültig in sich zusammen, zersplitterte die Einheit des Landes in viele
Teile, begann der zweite große Bürgerkrieg am Nil. »Das Königtum
wurde ausgelöscht oder zumindest für einige Zeit zu machtlosem
Schattendasein verurteilt; die einst herrschende Hofgesellschaft
wurde ihrer Privilegien, ihrer Macht und ihres Besitzes beraubt. Die
Magazine wurden geplündert und damit die gleichmäßige Versor-

gung aller Landesteile mit Lebensmitteln unmöglich gemacht, sodass es in vielen Gebieten zu furchtbaren Hungersnöten kam. In
den Gauen ergriffen Söldnerführer die Macht, die sich den Teufel
um König und Zentralregierung kümmerten und nur danach trach-
teten, ihre jeweiligen Nachbargaue auszuplündern. Noch verhee-
render aber waren die Folgen im geistigen und religiösen Bereich:
Gräber und Tempel wurden geplündert und zerstört; die Mumien
der Pharaonen lagen geschändet in der Wüste, ebenso die der Beamten und Priester, und die Sinnlosigkeit jeder Jenseitsvorsorge schien
offenbar.«[80]
Als Produkt dieser geistigen Orientierungslosigkeit veränderten
sich auch langsam, aber stetig die Glaubensvorstellungen der Ägypter. Insbesondere das Unsterblichkeitsprivileg des Königs wurde
gebrochen. Am Ende dieser religiösen Umbruchphase stand der
Glaube, dass nunmehr allen Ägyptern, selbst dem ärmsten Fellachen, ein ewiges, unsterbliches Leben zuteil werden konnte. Hierbei
wurde der Verstorbene vom Tode erlöst, zu einem Leben im Jenseits, das nicht mehr allein im Grab lokalisiert, sondern von den
Vorstellungen einer allen Seelen zugänglichen unterirdischen Jenseitswelt geprägt war. Im Vordergrund stand dabei die Identifika-
tion des eigenen Schicksals mit dem des Gottes Osiris, der in der
ägyptischen Mythologie nach seinem Tode wiederbelebt und dem
Unsterblichkeit zuteil wurde. Die neue Osiris-Religion war eine Art
»Erlösungslehre«, die letztlich zum Abbau der strengen Hierarchie
im Totenkult führte und infolgedessen die Ägypter nach einer
jahrhundertelangen »Diktatur der königlichen Unsterblichkeit« zu
»Herren ihres ewigen Lebens« machte. Ab dieser Zeit sicherten
nicht mehr die Eingebundenheit im königlich-staatlichen Dienst zu
Lebzeiten und die Königsnähe und dessen Fürsprache im Tode das
ersehnte ewige Fortdauern im Jenseits, sondern nur die eigene
Rechtfertigung der im Leben vollbrachten Taten und Gesinnungen
vor einer Art göttlichem Totengericht und somit indirekt der
rituelle Nachvollzug des Osiris-Schicksals.
Diese revolutionäre Epoche, in der sich Ägypten in einer tiefen
politischen und monarchistischen Krise befand, wird heute von
den Ägyptologen die »1. Zwischenzeit« (um 2160 v. Chr. bis

2020 v. Chr.) genannt. Dieses dunkle Kapitel der ägyptischen Geschichte, über dessen Beginn der spätzeitliche Priester Manetho fast 2000 Jahre später symbolisch bemerkte, dass 70 Könige in 70 Tagen herrschten, dauerte etwa 140 Jahre und gleicht noch immer einem schwarzen Loch innerhalb der Welt der Ägyptologie. »Die Königslisten aus altägyptischer Zeit, denen wir die wertvollsten Angaben für die Aufeinanderfolge der Pharaonen und über ihre Regierungsjahre verdanken, schweigen für diese Zeit entweder völlig oder sind an den in Frage kommenden Stellen so beschädigt, dass ihre Deutung eher zu neuen Problemen als zu einer allgemein befriedigenden Lösung geführt hat.«[81] Während dieser Zeit verlor auch die Cheops-Pyramide ihre Unantastbarkeit.

Die Plünderung der Cheops-Pyramide

Zwischen Cheops' Tod und dem Beginn des Zusammenbruchs des ägyptischen Imperiums lagen etwa 390 Jahre. Als das tägliche Totenopfer für den verstorbenen König nicht mehr praktiziert, der Priesterdienst aufgehoben, die hohen Staatsbeamten entmachtet wurden, vollzog sich nicht nur der endgültige Verfall des Staates, sondern ging auch der Schutz der Pyramidenanlagen verloren. Die riesigen »Pharaonentresore« – seit Jahrhunderten angefüllt mit wertvollen Grabbeigaben und stets eine sichtbare Herausforderung an die Habgier und Phantasie der armen Landbevölkerung – wurden in der Zeit der politischen Wirren und Anarchie zum favorisierten Ziel der Plünderungen. »Getrieben von Gier und Habsucht verwüsteten sie die Grabkammern ihrer Könige und Edlen, schändeten ihr Erbe und entweihten die Nekropolen.« Dies kommt in der Mahnschrift des Ipuwer klar zum Ausdruck: »Sehet, der als Falke bestattet war, ist aus dem Sarg gerissen. Das Geheimnis der Pyramiden ist ausgeleert. Sehet, es ist so weit gekommen, dass das Land des Königtums beraubt worden ist von ein paar Menschen, die nichts von Regierung verstehen.«[82]
Hierbei wird das Plateau von Giza, die kompakteste Nekropole der damaligen Zeit, zu den bevorzugten Zielen der Grabräuber gehört haben. Wie lange insbesondere das Kammersystem der Cheops-

Pyramide vor den Beraubungen gesichert werden konnte, lässt sich
nur vermuten. Lange Zeit aber sicherlich nicht. Vermutlich machten sich die Grabräuber, nachdem der memphitische Raum nicht
mehr durch die Regierungstruppen gesichert werden konnte, bereits innerhalb der ersten Bürgerkriegsjahre daran, das Sicherungssystem dieser Pyramide zu knacken. Wo sie ihre Brechstangen an-
zusetzen hatten, wussten die Plünderer sehr genau: »Es ist doch
so: Die Akten des Hohen Gerichts sind weggeschleppt, die Ge-
heimarchive sind bloßgelegt. Zauberformeln sind dem Volk ent-
hüllt, magische Sprüche richten Geistesverwirrung an«[83], heißt es in
einem späteren Papyrus, was darauf hindeutet, dass die königlichen
Palastarchive, die auch die Aufzeichnungen der ehemaligen Bauleiter des Alten Reiches enthielten, geplündert, ihre Geheimnisse
verraten wurden.

Geht man davon aus, dass einer Gruppe von Schatzsuchern auch
der Grabplan der Cheops-Pyramide mit ihrer massiven Korridor-
blockierung in die Hände fiel, so wird verständlich, wieso der heutige Eingangsstollen – den jeder Tourist durchschreiten muss, um
ins Grabmal zu kommen, und den man allgemein den frühmittelal-
terlichen, arabischen Grabräubern des Kalifen Al-Mamun zu-
schreibt – derart geradlinig und planmäßig ins Kernmauerwerk hin-
eingetrieben wurde. Er führt parallel zum absteigenden Gang,
knickt hinter dem unteren Granitverschluss des ansteigenden Ganges ab, um dahinter direkt und zielgenau auf den dort einst durch
Kalksteine blockierten Korridor zu stoßen. Diese »Symmetrie«
kann nur eines bedeuten: Die Beraubung der Cheops-Pyramide
erfolgte systematisch in Kenntnis ihres geheimen Innenlebens. Der
Grabräuberstollen wurde nicht erst über 3300 Jahre nach der Versiegelung der Pyramide von den Arabern geschlagen, sondern von
ihnen nur wiederentdeckt und erweitert.

Abb. 48: Die beiden Eingänge in die Cheops-Pyramide. Rechts unten der
Grabräubereingang (vermutlich aus der 1. Zwischenzeit), links darüber
die mächtigen Giebelbalken, die den Originaleingang abdecken.

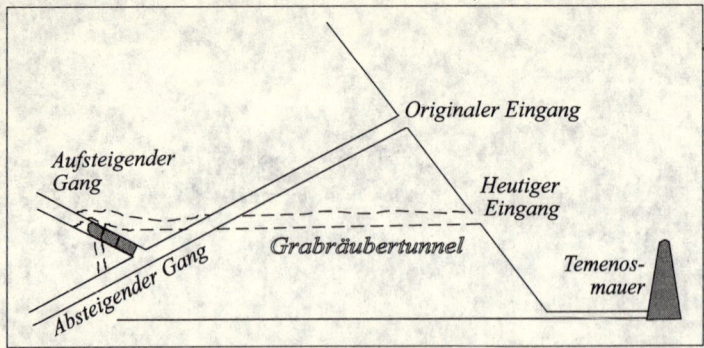

Grafik 34: Gezielt haben die ägyptischen Grabräuber ihren Stollen auf die Granitblockierung des aufsteigenden Korridors zugetrieben.

Zeit, die mit Kalksteinen versiegelten Korridore aufzubrechen, hatten die Grabräuber genug, setzen die Ägyptologen die 1. Zwischenzeit heute auf etwa 140 Jahre an. Die erbeuteten wertvollen Grabbeigaben ließen sich leicht abtransportieren und wurden schließlich in alle Himmelsrichtungen verstreut. Zurück blieb ein aufgebrochener Sarkophag – wahrscheinlich setzten die Grabräuber an der Südostecke des Sarges, die heute die größte Beschädigung der Sargwanne aufweist, ihre Hebel an – und eine vermutlich zerfledderte Königsmumie, die bei ihrer Grablegung mit kostbaren Insignien eines Gottkönigs ausgestattet war. Erst nachdem sich die Lage in Ägypten zu Beginn des Mittleren Reiches stabilisiert hatte und man die Grabanlagen des Alten Reiches teilweise wieder instand setzte, wurde irgendwann auch die Grabkammer von Cheops neu hergerichtet, der Einbruchsstollen verschlossen und kaschiert, wodurch er wieder in Vergessenheit geriet.

Abb. 49: Die ursprüngliche Form des Grabräubertunnels wurde mit den Jahrtausenden vollkommen entstellt. Heute ist der Tunnel großzügig ausgearbeitet worden und problemlos begehbar.

Steinraub in Giza

Ganz ähnlich, wie sich die im frühen vierten vorchristlichen Jahr-tausend an den Ufern des Nil angesiedelten primitiven Volksgrup-pen im Laufe der Jahrhunderte immer weiter ausbreiteten und auf-grund territorialer Streitigkeiten und Expansionsgelüste aneinander gerieten, entwickelte sich aus dem Schlachtengetümmel, in dem die klassische Pyramidenzeit unterging, die Keimzelle, aus der wieder neue Herrscherdynastien entsprangen. Darin sehe ich den histo-risch greifbaren Beginn einer langen und schmerzhaften Tradition, in der Kriege und Revolutionen zu Geburtshelfern neuer Regierun-gen und Weltreiche wurden. Wie ein sich wiederholender kosmo-logischer Urknall, in dem Raum und Zeit entstehen, sich konti-nuierlich ausdehnen und schließlich unser Universum definierten, formierte sich am Nil nach der Zeit der Desorientierung eine neue Blütezeit der ägyptischen Zivilisation: das Mittlere Reich.

Während dieser Epoche der ägyptischen Geschichte strebten die neuen Herren am Nil eine politische Rückbesinnung, die »Wieder-herstellung des alten Ordnungsprinzips«,[84] an und ließen sich ab

Grafik 35: Fragment eines Reliefs aus dem Taltempel des Cheops, gefunden im Fundament der Pyramide Amenemhets I. in Lischt. (Skizze nach Goedicke)

der 12. Dynastie (um 1990 v. Chr.) wieder in Pyramidengräbern
bestatten. Diese neuen Pharaonengräber, in denen neben Kalksteinblöcken auch Millionen von Nilschlammziegeln verbaut wurden,
haben die Jahrtausende alles andere als gut überstanden. Sie bieten
heute nach dem Verlust ihrer schützenden Verkleidungen einen
erbärmlichen Anblick, wovon man sich in Dahschur, Illahun, Lischt
und Hawara selbst überzeugen kann.

Zu Beginn der 12. Dynastie lag das Giza-Plateau in Trümmern, hatten die neuen Könige kein Interesse an dem kulturellen Erbe des
Cheops-Clans. Wie die Grabungen an der Pyramide Amenemhets I.
im etwa 40 Kilometer südlich von Sakkara gelegenen Lischt andeuten, begann zu dieser Zeit der systematische Abriss der Kultbauten
auf dem Giza-Plateau. Viele Steinfragmente, die im Kernmauerwerk der Lischt-Pyramide verbaut wurden, tragen Inschriften, sogar Kartuschen von Cheops, stammen demnach vermutlich aus
dem Taltempel oder vom Aufweg seiner Pyramide.

So chaotisch, wie das Mittlere Reich begonnen hatte, so endete es
auch: Mit der Eroberung Ägyptens durch die aus Vorderasien stammenden Hyksos (»Wüstenprinzen«) in der 15. Dynastie, die die
erste Fremdherrschaft im Pharaonenreich etablierten, wurde ein
über drei Jahrhunderte andauerndes Zwischenspiel beendet. Als
das Mittlere Reich endgültig unter den Rädern der Streitwagen der
fremden Aggressoren zerfiel, stabilisierten diese Ereignisse in der
»2. Zwischenzeit« (um 1780 v. Chr. bis 1550 v. Chr.), wie der Zeitraum der 13. bis 17. Dynastie in Fachkreisen genannt wird, inge-
heim den wachsenden Einfluss der thebanischen Herrscherhäuser,
aus deren Reihen die zukünftigen Regenten geboren wurden.

Im Zeitalter der Ramessiden

Zu Beginn des Neuen Reiches (um 1550 v. Chr.) brachen die Ägypter mit der jahrtausendealten Tradition, gaben den Bau von Pyramiden als Königsgrabmäler endgültig auf. Auch auf der Grundlage
einer modifizierten Jenseitslehre verlor die pyramidale Grabform
an Bedeutung und wurde durch die Felsengräber im Westen von
Theben ersetzt. Ein neues Zeitalter brach an und Ägypten wuchs in

den nächsten Jahrhunderten zu einer wiedererstarkten mediterranen Großmacht heran, eröffnete sich neue Horizonte, die diese Kultur über weitere 1000 Jahre zum Mittelpunkt der antiken Welt werden ließen.

Mit dem Blick nach vorn war das Interesse der Ägypter an den kulturellen Anfängen ihrer Zivilisation zu Beginn des Neuen Reiches eher gering, waren Pyramidenbezirke »aus der Mode gekommen«.[85] Einige entwickelten sich zwar zu königlichen »Ausflugszielen«, an denen hochherrschaftliche Gesellschaften Zerstreuung finden konnten, doch gingen die systematischen Zerstörungen der altägyptischen Pyramidenanlagen weiter, wurden sie »bei Bedarf als Steinbrüche benutzt.« Mit dem »Neuen Reich nahm diese Art der Zerstörung größere Dimensionen an, wurden doch praktisch auch alle älteren Göttertempel abgetragen und in den Fundamenten ihrer größeren Nachfolger verbaut. Auf diese Weise wurden schon ab der 18. Dynastie die Pyramidentempel in Giza ihrer Granitverkleidung beraubt.«[86] Einer dieser Granitblöcke aus dem Totentempel des Chephren wurde sogar umfunktioniert, von den Steinmetzen des Königs Thutmosis' IV. beschriftet und als »Opfer- und Ehrerbietungsstele« zwischen den steinernen Pranken des Sphinx aufgestellt. Sie berichtet von der Thronbesteigung Thutmosis' und seinem Traum, der ihn veranlasste, den Sphinx auszugraben, vom Flugsand der Jahrhunderte zu befreien.

Erst Mitte der 19. Dynastie (um 1240 v. Chr.) entwickelte sich für eine kurze Zeit unter der Herrschaft Ramses' II. eine Art archäologisches Interesse der Ägypter an den Altertümern ihrer Kultur, wie diverse Inschriften an den Verkleidungen bzw. im Umfeld der Pyramiden in Giza, Sakkara und Abusir bezeugen. Von höchster königlicher Stelle abgesegnet, führte man umfangreiche Restaurationsmaßnahmen an vielen Pyramidenanlagen des Alten Reiches durch. Nicht unwahrscheinlich, dass dabei auch die sterblichen Überreste der Giza-Könige wieder neu beigesetzt, ihre Grabmäler abermals versiegelt wurden. Sicherlich befand sich an der Nordseite der Cheops-Pyramide ebenfalls eine Restaurationsinschrift, in der die Taten der damaligen Archäologen gerühmt wurden und von der fast 1000 Jahre später der griechische Historiker Herodot behauptete, in ihr Listen von verbrauchten Lebensmitteln der Bauarbeiter zu erkennen.[87]

Diese Rückbesinnung war nur von kurzer Dauer – vielleicht sogar nur ein Steckenpferd weniger idealistischer Personen aus der Familie Ramses' II. – und hauptsächlich auf die großen Pyramiden gerichtet. Gegen Ende der Herrschaft des großen Königs (um 1210 v. Chr.) nimmt die Zerstörungsgewalt an den Umgebungsbauten der Pyramiden wieder zu, fließen viele kostbare Steinblöcke in die Tempelmauern der ramessidischen Städte im Nildelta. Mit nur wenigen Ausnahmen. Eine von ihnen war der »Tempel der Isis« in Giza.

Schon zu Beginn des Neuen Reiches wurde in den Ruinen von Giza ein Isis-Kult etabliert, der über viele Jahrhunderte Bestand haben sollte. Als Ort für die Kulthandlungen wählte man den sicherlich schon teilweise verfallenen Totentempel der südlichen Nebenpyramide GI-c der Cheops-Nekropole, in dem einst – wie im Totentempel des Königs – die heiligen Opferliturgien für eine Königin, vermutlich Henutsen, zelebriert wurden. Man baute den Tempel um, errichtete einen Kultraum in seinem Inneren und erweiterte den sakralen Bereich bis in die so genannte Königinnenstraße, die die Nebenpyramiden von den östlich liegenden Mastabas der Cheops-Söhne trennt. Die ersten belegten Inschriften an den Tempelwänden stammen aus der 21. Dynastie (um 1000 v. Chr.), aus einer Zeit, als das Heiligtum weiter ausgebaut wurde.[88] In diesen Texten begegnet man zum ersten Mal der Zuordnung der Tempelanlage: »Isis, Herrin der Pyramide«. Nach über 1000 Jahren wurde der Kult in Giza wiedergeboren, sollte sich über Jahrhunderte an diesem altehrwürdigen Ort etablieren, zum Ziel vieler Priesterpilger werden. Im Schatten des übermächtigen Erbes der längst verstorbenen, fast schon mythisch wirkenden Vorfahren opferten nun wieder mächtige Priester einer Gottheit – der »Herrin aller Elemente« und »Ersten der Bewohner des Himmels« –, die von ihrer Funktion her schon immer eng mit der Giza-Nekropole verknüpft war. Man hätte sich keinen besseren Platz dafür aussuchen können. Dass dieses Heiligtum noch ein aus heutiger Sicht besonderes Geheimnis barg, soll sich erst Jahrhunderte später zeigen.

Wo ist Cheops' Mumie geblieben?

Wahrscheinlich konnten zu keiner Zeit Ägyptens weder die drako-
nischen Strafen noch der religiöse Glaube oder irgendeine Schutz-
vorrichtung innerhalb der Pyramiden die Jagd der Habgierigen und
Gottlosen nach dem Gold der Pharaonen aufhalten. Führt man sich
dies vor Augen – vergisst aber auch nicht, dass man es mit Grabmälern zu tun hat, die teilweise über vier Jahrtausende alt sind und
in einem Land stehen, das in seiner Geschichte viele Fremdherr-
schaften, Bürgerkriege und Plünderungen über sich ergehen lassen
musste –, so sollte es eigentlich niemanden verwundern, dass die
Ägyptologie heute kaum Überreste der frühen Pharaonen präsentieren kann. Oftmals ist das Fehlen der Königsmumien aus dem
Alten Reich in populären Kreisen zur grundlegenden Infragestel-
lung der Funktion der Pyramiden als Grabmäler interpretiert worden, eine Spekulation, die völlig gegenstandslos und fernab des
gesicherten ägyptologischen Wissens ist. Auch in den mit Inschriften übersäten Gräbern im Tal der Könige bei Luxor wurden nur in
den wenigsten die sterblichen Überreste der altägyptischen Titanen
wiederentdeckt, zeugten die manchmal dort aufgefundenen Skelett-
reste nur von Nachbestattungen aus einer Zeit, in der die leeren und
geplünderten Königsgräber von anderen, später lebenden Menschen usurpiert wurden. Dass viele Königsmumien aus dem Neuen
Reich aber dennoch die Jahrtausende überstanden haben und heute
teilweise im Ägyptischen Museum in Kairo ausgestellt werden können, ist der bemerkenswerten Initiative einer Priesterschaft zu verdanken, die die sterblichen Überreste ihrer Pharaonen in verschiedenen Geheimdepots lagerten.

Wie die zahlreichen Prozessakten der 20. Dynastie (1180 v. Chr. bis
1070 v. Chr.) belegen, wurde die Totenruhe der Könige des Neuen
Reiches immer wieder durch Grabräuber gestört, bis thebanische
Priester aus der 22. Dynastie (um 900 v. Chr.) darangingen, die
geschändeten Königsmumien wieder herzurichten und an einem
sicheren Ort neu zu bestatten. Mit Erfolg, denn die Geheimverste-
cke überdauerten die Jahrtausende. Das erste Depot wurde im Jahr
1881 in einem Grab in der Nähe der Felsentempel von Deir el-
Bahari auf der Westseite von Theben/Luxor entdeckt. Das in der

Fachliteratur als Grab »DB 320« bezeichnete Depot enthielt über 40 Pharaonenmumien, darunter so bekannte Könige wie Ramses II., Sethos I. und Thutmosis III. In einem zweiten Versteck – im Grab von König Amenhotep II. (18. Dynastie, um 1450 v. Chr.), in einem Nebental vom Tal der Könige (Grabbezeichnung »KV 35«) – kamen im Jahr 1889 weitere 16 königliche Mumien zum Vorschein.

Während ich in den letzten Jahren die Geschichte und die Begleitumstände dieser Umbettungen näher untersuchte, habe ich mir oft die Frage gestellt, ob Derartiges nicht auch mit den Königsmumien des Alten Reiches geschehen sein konnte, deren Grabmäler genauso unsicher vor räuberischen Zugriffen waren wie die der späteren Pharaonen. Gibt es womöglich irgendwo ein geheimes, bislang nicht entdecktes Depot, in dem die sterblichen Überreste von Snofru, Cheops, Mykerinos oder Userkaf liegen? Ein faszinierender Gedanke.

Während man die alten Pyramidengräber im Mittleren Reich notdürftig wieder herrichtete, wurden sie in späteren politisch instabilen Zeiten immer wieder zum Ziel von Räubern, die nach wie vor Schätze in ihren Kammern und Sarkophagen vermuteten. Es ist nicht auszuschließen, dass in der 22. Dynastie, als nach der Herrschaft der Ramessiden die Einheit des Landes wieder zu zerbrechen drohte und der Respekt vor den alten Königsgräbern sichtlich nachließ, in einer landesweiten Aktion alle bekannten hochherrschaftlichen Gräber inspiziert und ihre Leichname gezielt umgebettet wurden. Aber wohin? Niemand weiß es. Doch sicherlich spräche nichts dagegen, sie in einem versteckten Schachtgrab in Sakkara, in jener so ehrwürdigen Nekropole, in der die Geschichte des klassischen Pyramidenbaus ihren Anfang nahm, zu vermuten.

Das Geheimnis der »Isis-Stele«

Der Isis-Kult in Giza entfaltete sich auch in unruhigen Zeiten, nach dem Untergang des Ramessidengeschlechts, unbeirrt weiter und verhalf den großen Pyramiden des Cheops-Clans zu neuem Ansehen.

Dreieinhalb Jahrhunderte nach dem ersten großen Ausbau des Isis-Heiligtums erfolgte in der Saïtenzeit (26. Dynastie, um 600 v. Chr.) eine erneute, in ihren Dimensionen erhebliche Erweiterung. Der in östlicher Richtung vergrößerte Tempelkomplex reichte nun vom ehemaligen Totentempel der Henutsen-Pyramide bis zur Ostkante der gegenüberliegenden Mastaba, dem ersten Grabbau Chephrens. Hierfür wurde die Mastaba regelrecht geteilt, wurde eine Bresche für den Prozessionsweg des Tempels durch den massiven Steinbau getrieben. Der Isis-Tempel erreichte nach diesem Anbau seine endgültige Form, die man noch heute erkennt, vor allem, wenn man sich einen Überblick über das Areal von der Spitze der kleinen Pyramide GI-c verschafft. Auch in den Räumen der letzten Bauphase finden sich viele Inschriften und Darstellungen des Tempelkultes, die einen Eindruck der Aktivitäten im ersten vorchristlichen Jahrtausend auf dem Giza-Plateau geben.

Zu den wichtigsten archäologischen Funden aus dieser Epoche zählt eine im Jahr 1858 von Auguste Mariette im Allerheiligsten des Tempels ausgegrabene Kalksteinstele, die in der Fachliteratur den Namen »inventory stela« oder einfach »Isis-Stele« bekommen hat.[89] Diese Stele weist bemerkenswerte Inschriften auf, die in Laienkreisen schon zu manchen Irrtümern geführt haben. Da dieser Kultstein wichtig für das Verständnis des Kultbetriebes jener Zeit auf dem Giza-Plateau ist, werde ich hier kurz näher darauf eingehen.

Das zentrale Bildfeld der Stele ist in vier Register aufgeteilt, die von einem beschrifteten Rahmen umgeben sind. Die bildlichen Darstellungen zeigen das Inventar des Isis-Tempels. Neben einem typischen Schrein der Göttin in Form einer Tragbarke erkennt man 22 Götterbilder in den Registern, deren Beischriften uns Namen, Material und Maße der Statuen verraten. Auch die Göttin selbst tritt in Erscheinung, wie sie gerade den Gott Horus säugt. Die Beischriften sind lesbar, wenngleich gewisse Teile aufgrund einer dünnen, kratzerhaften Linienführung heute teilweise schwer zu erkennen sind. Die Übersetzungen liegen seit langem vor.[90]

Zwei Beispiele:

»Es lebt Horus Medjedu, König von Ober- und Unterägypten Chufu, dem Leben gegeben ist. Er macht für seine Mutter Isis, die

Göttermutter, für Hathor, Herrin des Himmels, ein Revisionsprotokoll, das auf eine Stele geschrieben wurde; er gab ihr von neuem ein Gottesopfer, und er baute ihre Gotteshalle aus Stein, indem er erneuerte, was er vernachlässigt gefunden hatte, nämlich diese Götter an ihren Plätzen.«

»(Es lebt) Horus Medjedu, König von Ober- und Unterägypten Chufu, dem Leben gegeben ist. Er fand die Domäne der Isis, der Herrin der Pyramide, neben der Domäne des Hurun im Nordwesten der Domäne des Osiris, des Herrn von Ra-Setau. Und er errichtet seine Pyramide neben dem Tempel dieser Göttin. Er errichtete (auch) die Pyramide der Königstochter Henutsen neben ihrem Tempel. Die Stätte des Hurun Horus in Achet befindet sich im Süden der Domäne der Isis, der Herrin der Pyramide, und im Norden (der Domäne) des Osiris, des Herrn von Ra-Setau. Aufgeschrieben für das Haus der Göttin des Horus in Achet und herbeigebracht zur Revision.«

Anachronistisch und entgegen allen modernen Grabungsergebnissen könnte man durch die Aussagen in der letzten Inschrift durchaus den Eindruck gewinnen, König Cheops, der vor dem Baubeginn des Isis-Tempels schon mehr als 1000 Jahre tot war, sei der Stifter der Stele und zugleich Restaurator eines älteren Isis-Heiligtums gewesen. Natürlich ist dies nicht der Fall, wie schon die nachgewiesene Baugeschichte des Isis-Tempels, der aus den Ruinen des Totentempels der Henutsen-Pyramide emporwuchs, beweist. Demnach kann der Sinn der obigen, missverständlich wirkenden Formulierungen nur bei den Absichten der Isis-Priester zu suchen sein, die hier bewusst eine Verfälschung vornahmen, um dem Isis-Heiligtum einen größeren Stellenwert zu verschaffen als den umliegenden Pyramidenanlagen. Diese Vorgehensweise wird auch durch Vergleichsstudien der Inschriften mit anderen Texten von den Tempelwänden des Heiligtums deutlich. Einerseits taucht in diesen Inschriften neben den Königsnamen von Cheops, Chephren, Mykerinos und Djedefre auch der Pharao Uahibre (589–570 v. Chr., vielleicht Psammetich I., 664–610 v. Chr.) auf, ein schlagender Beweis dafür, dass die Inschriften in die spätägyptische Epoche zu datieren sind. Andererseits ist aus den Inschriften erkennbar,

302   Der Horizont des Cheops

dass die Isis-Priester zur Ausschmückung ihrer Titelreihen bewusst
»Amtsbezeichnungen« mit einem direkten Bezug zu vergangenen,
mit dem Giza-Plateau verbundenen Königen wählten, deren Grab-
und Denkmäler sie tagtäglich vor Augen hatten. Bei solchen Titeln
kann man von keinen wirklich ausgeübten Priesterämtern ausgehen, da die Funktion eines »Priesters der alten Könige« wahrscheinlich »rein nominell war« und dem für diese Epochen typischen »Streben nach einem möglichst intensiven Verhältnis zur
Vergangenheit« entsprach.[91]

Ein Beispiel: »Uahibre-Nebpahti, der Sohn des Priesters, uab-Pries-
ter, des Herrn der Geheimnisse der Domäne des Ptah, groß an Stellung des Räucherers des Herrn der Beiden Länder, des Sem-Priesters
und Nihebre [Kartusche zeigt Uahibre, d. V.], des Herrn der Geheimnisse von Ra-Setau, des Libierers und Räucherers von Ra-
Setau, des Priesters der Isis, der Herrin der Pyramide, des Priesters
des Horus (in) Achet [damit ist der Sphinx gemeint, d.V.], des Priesters des Königs von Ober- und Unterägypten Chufu, des Priesters
des Chaefre (...)«[92]

Somit rundet sich das Bild des Isis-Tempels und seiner Priestergilde
ab, zeigt insbesondere, dass die in den Inschriften ausgedrückte,
exponierte Lagebestimmung und zeitliche Fixierung des Tempels
vermutlich dazu dienen sollte, die zentrale Stellung des Isis-Heiligtums hervorzuheben. Auch die »Isis-Stele« fügt sich infolgedessen
gut in die Vorstellungen ein, die die Ägyptologen von der Umgebung von Memphis zur Zeit der Saïtenzeit haben: Nach der Rames-
sidenherrschaft setzte wieder eine starke Rückbesinnung auf die
Vergangenheit ein, die sogar so weit ging, dass die Auseinandersetzung mit den alten Traditionen in einer Imitierung und Identifizierung alter Vorbilder gipfelte.

Doch ein Problem bleibt weiter offen: Wer verbirgt sich hinter der
»Isis-Stele«? Welche einflussreiche Person hatte den Tempelbetrieb
wieder aufgenommen und eine Revision durchgeführt? Bislang gibt
es nur Vermutungen, jedoch keine konkreten Hinweise. Waren vielleicht die Könige Ahmose II.[93] oder Psammetich I. bzw. II.[94] die
Initiatoren? Oder ein hoher Beamter aus der Spätzeit? Vielleicht ein
Gouverneur von Memphis?[95] Alle Indizien deuten derzeit darauf,

dass die »Isis-Stele« in die 26. Dynastie datiert werden kann, doch ihr Stifter wird namentlich wohl noch eine Weile im Dunkel der Geschichte verborgen bleiben.

Irrungen – Wirrungen – Enthüllungen

Ägypten und die Pyramiden der Pharaonen waren in der klassischen Antike ein begehrtes Studienobjekt so mancher Gelehrter der mediterranen Nachbarländer. Die überlieferten Meinungen der griechischen und römischen Besucher über die monumentalen Grabmäler waren dabei eher zwiespältig und geprägt vom Unverständnis der untergegangenen altägyptischen Kultur, der sie gegenüberstanden.

Der Grieche Herodot war der erste uns heute bekannte antike Historiker, dessen Schriften über die Pyramiden überliefert wurden. Als er in der Mitte des fünften Jahrhunderts v. Chr. Ägypten besuchte, waren seit dem Bau der Cheops-Pyramide schon mehr als 2000 Jahre vergangen. Ägypten war zum wiederholten Male erobert worden. Fremde Götter und Kulte assimilierten mit altägyptischen Traditionen und Religionsvorstellungen. Das einst so mächtige Imperium am Nil driftete zur Zeit Herodots nach vielen Höhen und Tiefen nun endgültig seinem Ende entgegen. Es war eine Zeit der Legenden über die früheren gottgleichen Herrscher, die am Anfang einer jahrtausendealten ägyptischen Tradition standen. Dies musste sich unweigerlich auch auf die Beschreibungen der antiken Ägyptenreisenden auswirken. Mutmaßungen, Unwissenheit und die eigenen kulturellen Dogmen verleiteten die damaligen Berichterstatter dazu, die Pyramiden in ein verzerrtes Geschichtsbild über das archaische Ägypten einzubetten. Den Hall ihrer Aussagen verspüren die Historiker noch heute.

Herodot war sich zwar der eindeutigen Zuordnung der Giza-Pyramiden zu den Königen der 4. Dynastie – Cheops, Chephren und Mykerinos – noch bewusst, sah aber in ihren Grabmälern das Werk von Herrschern, die ihr Volk auszubeuten versuchten. So charakterisierte er beispielsweise die Regierungsepoche des »verruchten Menschen« Cheops als Schreckenszeit, in der sein unterdrücktes

Volk zum Arbeitsdienst für den Pyramidenbau gezwungen, ihre
Göttertempel geschlossen und sogar das tägliche Opfer untersagt
wurden.[96] Über die Innenräume der Cheops-Pyramide weiß Herodot Widersprüchliches zu berichten,[97] sodass viele Ägyptologen
heute davon ausgehen, er habe sie nie zu Gesicht und seine Informationen offensichtlich aus zweiter Hand bekommen. Aus seinen
Überlieferungen geht aber hervor, dass er auf dem Giza-Plateau
noch Reste des Aufweges gesehen haben muss, die mit »Tiergestalten« geschmückt waren.[98]

Auch Diodor von Sizilien, der fast drei Jahrhunderte später über die
Pyramiden von Giza berichtete, verfolgte im Prinzip Herodots Linie
und modifizierte die Funktion der Pyramiden um eine weitere Variante. Seiner Meinung nach ließen sich die ägyptischen Könige nicht
in ihren Grabmälern, sondern heimlich an verborgenen Orten
bestatten, weil sie die Rache ihres unterdrückten Volkes an ihren
Leichen fürchteten. Er degradierte die Pyramiden damit zu riesigen
Kenotaphen, die das rachsüchtige Volk auf eine falsche Fährte
locken sollten.[99] Jener Diodor war es wohl auch, der als erster antiker Schriftsteller leise Zweifel an der eindeutigen königlichen
Zuordnung der Giza-Pyramiden zum Cheops-Clan hegte, da die
Grabkammern zu jener Zeit vermutlich offen zugänglich und vollkommen leer waren.

Ab dieser Zeit – gegen Ende der Ptolemäerherrschaft in Ägypten –
begann ein bis heute teilweise nachvollziehbarer Prozess der Irritationen um die Frage, wer die eigentlichen Erbauer der Pyramiden
von Giza waren. Der griechische Gelehrte Strabon, ein Zeitgenosse
der römischen Imperatoren Julius Cäsar und Augustus und ein
Beobachter der Einverleibung Ägyptens ins Römische Reich kurz
vor der Jahrtausendwende, vertiefte diese Unsicherheit noch weiter.
Er ließ in seinen Berichten Zweifel über die Namen der Pyramideneigentümer aufkommen, wenngleich er in den Pyramiden noch die
»Grüfte der Könige«[100] sah.

Mit der römischen Ausbeutung Ägyptens kam auch eine neue Art
von Historikern an den Nil, um über das Erbe der Pharaonen zu
berichten. Hervorzuheben ist der römische Schriftsteller Plinius der
Ältere, der im ersten Jahrhundert n. Chr. lebte und ein 37-bändiges

kulturhistorisches Sammelwerk verfasste. Plinius fällte ein besonders vernichtendes Urteil über die Herren der Pyramiden. Er vertrat
die Auffassung, dass der Pyramidenbau lediglich der Zurschaustellung des Reichtums der altägyptischen Könige diente. Außerdem
sollte diese gezielte Arbeitsbeschaffungsmaßnahme das Volk nur
deshalb beschäftigten, um es besser kontrollieren zu können.[101]
Derartige Fehleinschätzungen und ihre Verbreitung in der damaligen mediterranen Welt bildeten letztendlich den Nährboden für die
später folgenden arabischen Spekulationen und Fabulationen.

In diese Zeitepoche fällt vermutlich der Versuch, von der Felsenkammer aus tiefer in das Felsplateau vorzudringen. Als die ersten
Ausgräber Anfang des 19. Jahrhunderts zum tiefsten Punkt des
Kammersystems vordrangen, entdeckten sie nahe der Ostwand eine
eineinhalb Meter tiefe Ausschachtung im Boden. Sie interpretierten
sie als Indiz dafür, dass antike Grabräuber der Legende Herodots
von einem unterirdischen Gewölbe erlegen waren, in dem die sterblichen Überreste Cheops' aufgebahrt und von einem »Nilkanal«
umspült liegen sollen. Forscher der ersten Stunde vertieften im letzten Jahrhundert das Loch über 10 Meter, jedoch ohne Erfolg. Es
wurden keine Spuren eines weiteren unterirdischen Hohlraums
gefunden.

Mit der Schließung der letzten ägyptischen Tempel am Ende des
4. Jahrhunderts (mit Ausnahme von Philae) begann eine entscheidene Veränderung von Kunst und Kultur in Ägypten. 3000 Jahre
waren seit dem Bau der Cheops-Pyramide vergangen, die Hieroglyphenschrift langsam in Vergessenheit geraten, das ägyptische Erbe
endgültig verloren gegangen. »So nimmt es nicht wunder, dass ab
Mitte des 1. Jahrtausends nicht nur die Namen der Pyramidenbauer
aus dem Gedächtnis der Menschen abhanden gekommen waren,
sondern dass man auch die Bestimmung und den Zweck dieser Bauten vergessen hatte. Durch die ausschließliche Blickrichtung auf die
biblische Geschichte erkannten und erklärten gläubige Schriftsteller
und Reisende sie als die Kornkammern Pharaos, erbaut auf den Rat
von Joseph, dem Ernährer.«[102]

Mit dem arabischen Sieg über das Byzantinische Reich begann
im 7. Jahrhundert die langsame Islamisierung Ägyptens. Zwar

herrschte unter den neuen Regenten zunächst noch eine weitge-
hende Glaubensfreiheit, doch wurden die christlichen Kopten, die
»Erben der Pharaonen«, zusehends in Kultur und Religion be-
drängt. Durch die Ansiedlung arabischer Stämme und die Arabisie-
rung der wichtigsten Verwaltungsbehörden wurde der Prozess der
Assimilierung weiter vorangetrieben. Bis zur Mitte des 8. Jahrhunderts wechselten oftmals die Statthalter, versuchten die Kopten durch
Aufstände gegen die regierenden Kalifendynastien ihrer immer größer werdenden Unterdrückung entgegenzuwirken. Aber ohne Erfolg. Zu Beginn des 9. Jahrhunderts war die Verschmelzung beider
Volksstämme vollzogen, Ägypten fest in arabischer Hand.
Über die Pyramiden wissen die frühen arabischen Historiker lange
Zeit nichts zu berichten. Von der heute weit verbreiteten Auffassung, dass der Kalif Abdullah Al-Mamun in den 20er Jahren des
9. Jahrhunderts in die Cheops-Pyramide einbrach, erfahren wir
erstmals durch den Schriftsteller El-Masudi, der etwa 150 Jahre
später lebte. Wie ich schon darstellte, hatten die Arbeiter des Kalifen lediglich den in der 1. Zwischenzeit gegrabenen und mehrfach
wieder verschlossenen Einbruchsstollen wiederentdeckt, verbreitert
und etwa in der heutigen Form ausgebaut. Die Araber fanden im
Inneren der Pyramide vermutlich nur einen in der schon seit langer
Zeit beschädigten Granitwanne befindlichen Holzsarkophag vor,
der womöglich die sterblichen Überreste von Cheops, sehr viel
wahrscheinlicher aber die einer spätzeitlichen Nachbestattung
enthielt.
Während der nächsten Jahrhunderte blieb Cheops' Grabmal anscheinend unbehelligt. Noch im 11. Jahrhundert sieht der Gelehrte
Abd el-Latif (1161–1204) auf der Tura-Verkleidung unzählige
Besucherinschriften, die sich um die ramessidischen Restaurations-
texte gruppierten. Gegen Ende des 12. Jahrhunderts ändert sich die
Situation schlagartig. Unter Sultan Salah ed-Din Jussuf werden die
kleinen Pyramiden in Giza teilweise abgetragen, landen ihre kostbaren Steine u. a. in den Befestigungsmauern von Kairo. Damit
wurde endgültig der Startschuss für die Demontage der restlichen
Bauwerke auf dem Giza-Plateau gegeben. Der Höhepunkt dieser
Abrissarbeiten wurde unter Sultan Ali Hassan beim Bau seiner

Moschee erreicht, als man in der Mitte des 13. Jahrhunderts die noch erhaltenen großflächigen Verkleidungen der Cheops- und Chephren-Pyramide abtrug.

Wie eine Ehrerbietung an die Weltwunderbauten vor seiner Haustür, fasste der islamische Historiker Al-Makrizi am Ende des 14. Jahrhunderts die wichtigsten Erkenntnisse über die Pyramiden von Giza aus den zu seiner Zeit verfügbaren älteren arabischen Schriften zusammen und interpretierte deren Berichte und Meinungen. Viele dieser aus arabischen Federn entsprungenen Geschichten und Beschreibungen sind allerdings zu phantastisch, um wirklich ernst genommen zu werden, klingen wie die berühmten Märchen aus »Tausendundeiner Nacht«. Sie bildeten vornehmlich in den pseudowissenschaftlichen Kreisen den fruchtbaren Nährboden, auf dem sich »bis in unsere Zeit die attraktivsten Phantastereien und zugkräftigsten Thesen« hartnäckig halten konnten und, »ungeachtet aller wissenschaftlichen Erforschung, immer neue, krankhafte Blüten treiben«.[103]

Durch das langsam aufkommende Interesse europäischer Gelehrter am Erbe der Pharaonen rückten die meisten Besucher ab Mitte des 15. Jahrhunderts von der christlich orientierten Auffassung ab, die Giza-Pyramiden seien ägyptische Kornspeicher gewesen, sahen in ihnen wieder ihre eigentliche Bedeutung als Grabstätten der alten Könige.[104] Spätestens ab dem Jahr 1512 war die Zeit der Irrungen und Wirrungen um die Cheops-Pyramide endgültig vorüber, als der Franziskanermönch Jehan Thenaud, ein äußerst aufmerksamer Beobachter der Grabanlagen auf dem Giza-Plateau und Kenner der antiken Überlieferungen, nach über 1500 Jahren als Erster wieder in der großen Pyramide das Grabmal des Königs Cheops erkannte.[105]

Das wiederentdeckte Wissen um den Ursprung und die Bedeutung der Pyramiden vertiefte sich im 16. Jahrhundert vor allem durch die Arbeiten der Franzosen Jean Chesneau, Pierre Belon und André Thevet.[106] Damit wurde die Grundlage für ernsthafte Untersuchungen gelegt, die ab Mitte des 17. Jahrhunderts durch britische Gelehrte einen ersten Höhepunkt erreichten. Im Jahr 1646 erschien das erste moderne Werk über die Pyramiden, die »Pyramidographia« des englischen Mathematikers und Astronomen John Greaves. Seine Vermessungen und Beschreibungen der Geschichte des Pyramidenbaus sollten über 150 Jahre das Standardwerk bleiben. Als schließlich im Jahr 1798 vor der Küste Alexandrias eine französische Armada unter dem Kommando von Napoleon Bonaparte auftauchte, begann durch diese militärische Intervention gegen das von Osmanen beherrschte Ägypten fast zeitgleich die erste systematische und streng wissenschaftliche Erforschung der pharaonischen Kultur. Die moderne Ägyptologie wurde geboren. Der Rest, die Erkenntnisse der Forschungen der letzten 200 Jahre, ist fast schon selbst Geschichte, nachlesbar in unzähligen Büchern und Artikeln, sichtbar gemacht in Hunderten von Ausstellungen und Museen auf der ganzen Welt.

Eine unendliche Geschichte

Jedes Buch ist ein Kompromiss. Dies ist eine alte, manchmal auch sehr schmerzhafte Tatsache. Ich bin meinen Verlegern sehr dankbar, ein Manuskript von fast 300 Seiten im Großformat veröffentlicht zu haben, und doch konnte ich auf dieser breiten Plattform nicht alle Facetten der Cheops-Pyramide und ihrer offenen Problemstellungen anschneiden, blieben aus meiner Sicht einige Interpretationen der dargestellten Rätsel auf der Strecke. So werden die einen oder anderen Leser einige durchaus erwähnenswerte Blickwinkel der Cheops-Pyramide vermissen, andere gar einige der behandelten Punkte für zu kurz erachten. Ich bin mir dieser »Unvollkommenheit« durchaus bewusst, weiß aber aufgrund meiner eigenen Aufzeichnungen, dass ein »alles umfassendes Standardwerk« über die größte Pyramide Ägyptens den Rahmen einer angemessenen Publikation sprengen würde. Dies war auch nicht das primäre Ziel meiner Arbeit, denn die ägyptologischen Institute und Bibliotheken auf der ganzen Welt sind voll von Büchern und Fachzeitschriften, in denen neben der gesamten Geschichte, vielen Schattierungen der Architektur und Aspekten des täglichen Lebens der altägyptischen Kultur auch der Pyramidenbau ausführlich behandelt wird.

Vielmehr ging es mir in erster Linie darum, die gesamte Bandbreite des »Phänomens Cheops-Pyramide« in einem Zusammenhang darzustellen, den Lesern einerseits einen Überblick über ihre komplexe Baugeschichte zu geben, sie aber andererseits auch für die noch offenen Problemstellungen im Umfeld dieses Bauwerkes zu sensibilisieren. Zusätzlich wollte ich darauf hinweisen, dass die Bearbeitung der Rätsel der Cheops-Nekropole wie auch allgemein des landesweiten Pyramidenbaus nicht von trivialer Natur ist und ein umfangreiches Grundlagenstudium erfordert. Deshalb appelliere ich an die engagierten Leser, meine Literaturangaben und Anmerkungen als Anregung zu verstehen, ihnen zu folgen und sich tiefer in die von mir behandelten Aspekte der Pyramidenforschung und ins Umfeld der zur Diskussion gestellten Denkmodelle einzuarbeiten.

Viele der hier beschriebenen Vermutungen und neuen Erkenntnisse über die Cheops-Pyramide lassen gewisse Aspekte dieses Bauwerks in einem anderen Licht erscheinen. Sie runden auf der einen Seite das Bild des Pyramidenbaupuzzles weiter ab, bilden andererseits

eine Arbeitsgrundlage für zukünftige Forscher, werden durch Fol-
gearbeiten vielleicht relativiert. Eines sollten alle Pyramidenforscher dabei aber nicht außer Acht lassen: Man kann den Lösungen
der Geheimnisse in der Pyramidenforschung heute nur mit dem
nötigen Maß an Objektivität und fachlicher Fundiertheit näher
kommen, muss teilweise die Courage aufbringen, sich von als unzureichend erwiesenen Annahmen und Thesen der Vergangenheit zu
trennen und lernen, neue Wege zu gehen, um widerspruchsfrei,
konstruktiv und zukunftsweisend mit diesem rätselhaften Erbe
unserer Vorfahren umzugehen.

Aber vergessen wir bei der Faszination, die die Cheops-Pyramide
noch immer auf die Menschen ausübt, nicht, dass sie nur die Spitze
eines Eisberges ist, noch viele weitere Geheimnisse auf den Pyra-
denfeldern Ägyptens auf ihre Entschlüsselung warten. Einst waren
die Pyramidenkomplexe »verbotene Zonen«, Sperrgebiete für das
gemeine Volk, konnten die Untertanen der Pharaonen die monumentalen Grabmäler ihrer Gottkönige nur aus der Entfernung
bewundern. Von all ihrer Herrlichkeit ist nicht viel geblieben. Der
Zahn der Zeit, vor allem jedoch die Zerstörungsgewalt des Menschen haben in den antiken Stätten Ägyptens ihre Spuren hinterlassen. Die meisten Pyramiden, ihrer schützenden Verkleidungsschichten, kostbaren Beigaben und Tempelanlagen größtenteils beraubt,
sind nur noch ein Schatten ihrer selbst. Heute bieten die Pyramidenkomplexe entlang des Nil einen weitgehend zerstörten Anblick,
bemühen sich die Archäologen mit zum Teil primitivsten Mitteln,
den Verfall aufzuhalten. So haben viele Bereiche der einst »verbotenen Zonen« diesen Status heute wieder erlangt, sind aktuelle Aus-
grabungsareale und für wissbegierige Touristen unzugänglich.

Auch ein kleiner Bereich im südwestlichen Teil des Giza-Plateaus ist
seit 1996 wieder zum Sperrgebiet erklärt worden. Auf der Suche
nach den Bootsgruben und nach dem Fund einer unvollendeten, aus
Granit gefertigten Doppelstatue von Ramses II. wurde das Ausgrabungsgebiet südlich der Mykerinos-Pyramide fast hermetisch abgeschirmt, zeugen Schienen, Loren und Gerüste von den Arbeiten der
Archäologen. Vermutlich stammte der Granitblock aus dem Totentempel des Giza-Königs und wurde zur Zeit der ramessidischen

Abb. 50: Die Pyramidenkomplexe Ägyptens haben noch lange nicht alle ihre Geheimnisse preisgegeben. Vor allem die Cheops-Pyramide wird noch in Zukunft für Gesprächsstoff sorgen. Einige ihrer Rätsel nimmt sie mit ins 21. Jahrhundert.

Restaurierungen zur Zweitverwendung umgearbeitet. Ob die Doppelstatue für ein nahes Heiligtum – womöglich sogar in der Nähe der Mykerinos-Pyramide – gedacht war, ist bislang noch nicht geklärt, müssen weitere Forschungen zeigen. In diesem Zusammenhang werden sich zukünftige Grabungen sicherlich auch auf die verschütteten Eingangsbereiche der drei Nebenpyramiden konzentrieren, die noch immer vom Schutt und Sand bedeckt sind.

Vor diesem Hintergrund hege ich die leise Hoffnung, dass sich die Verantwortlichen endlich daranmachen, die kleinste Pyramide auf dem Giza-Plateau vom Flugsand sowie den abgeschlagenen Verkleidungssteinen zu befreien und die untersten Lagen wieder teilweise zu restaurieren. Ich vermute, dass die Ägyptologen dabei noch so manch wichtige Entdeckung machen werden, denn gerade die bislang am wenigsten beachtete Pyramide auf dem Giza-Plateau birgt noch eine Reihe von Geheimnissen.

Blickt man über den Tellerrand hinaus und schaut auf die anderen
Pyramidenplateaus entlang des Nil, so fallen vor allem die Aktivitäten an den Gräbern im Süden von Sakkara auf. Seit Jahren
beobachte ich die Ausgrabungen und Restaurationen an den Pyramidenkomplexen der Könige Pepi I. und II. aus der 6. Dynastie, die
schon zu erstaunlichen, wenn auch in der Öffentlichkeit kaum
beachteten Fortschritten geführt haben. Daneben vegetieren jedoch
die Grabruinen der Könige Djedkare und Merenre I. vor sich hin,
liegt noch meterhoher Schutt an den Pyramidenflanken, wurden die
Umgebungsbauten bislang kaum oder nur unzureichend freigelegt.
Unschätzbare Erkenntnisse aus der 5. Dynastie und vom Ende des
Alten Reiches liegen demnach noch unter dem Sand dieses abgele-
genen Wüstenstreifens verborgen und warten nur darauf, ans Licht
der Öffentlichkeit zu gelangen. Auf dieses Gebiet habe ich meine
aktuellen Forschungen derzeit konzentriert. Von den »Dynastien
der Sonnenkönige«, die im »Zeichen des Re« die Geschicke des
Alten Reiches über drei Jahrhunderte lang bestimmten, wird meine
nächste Publikation handeln.
Die Ausgrabungen an den Pyramidenkomplexen der altägyptischen
Pharaonen bilden heute eine unschätzbare Quelle für neue Erkenntnisse, die die vorhandenen Probleme der Pyramidenforschung in
Zukunft nach und nach zu lösen imstande sind. Deshalb ist man
als Pyramideninteressierter gut beraten, alle Aktivitäten von Abu
Roasch bis nach Medum nicht nur vor Ort im Auge zu behalten,
sondern auch regelmäßig die Fachveröffentlichungen zu studieren,
um somit einen Gesamtüberblick über den Stand der aktuellen Forschungen zu gewinnen.
Jeder, der sich näher mit der Pyramidenarchitektur beschäftigt,
stellt schnell fest, dass wir uns heute inmitten einer »unendlichen
Geschichte« befinden, dass wir mit der Erforschung dieses speziellen Teilaspektes der Ägyptologie auf den Spuren einer der faszinie-
rendsten Hochkulturen unserer Erde und ihres Erbes wandeln,
letztlich aber nur auf der Suche nach uns selbst sind.

Für alle Leser, die mehr über die Pyramiden Ägyptens und über die pyramidalen Bauwerke der frühen Hochkulturen erfahren möchten: Michael Haase ist Herausgeber der deutschsprachigen Fachzeitschrift »Sokar«, die sich mit kulturhistorischen, architektonischen und religiösen Aspekten und Hintergründen des weltweiten Pyramidenbaus beschäftigt.

Nähere Informationen erhalten Sie unter:
Michael Haase
c/o Droemer Knaur Verlag
Hilblestr. 54
D-80636 München

ANHANG

1 Die Cheops-Nekropole

(Daten u. a. nach Maragliolio/Rinaldi und Stadelmann)

Nekropole und Umgebung:

Lage	Giza-Plateau (südwestlich des Kairoer Vorortes Giza)
Name	»Horizont des Cheops«
Bauzeit	etwa 20 Jahre (zwischen 2580 und 2550 v. Chr.)
Ausmaße	Kerngebiet: etwa 800 × 300 Meter (NS × OW)
Totentempel	zerstört, spärliche Reste des Bodenpflasters
Schiffsgruben	5 (2 an der Süd-, 2 an der Ostseite, eine am Aufweg)
Aufweg	etwa 800 Meter lang, bis auf wenige Fundamente zerstört
Taltempel	vollständig zerstört, Fundamentreste lokalisiert
Kultpyramide	Ausschachtung 1993 entdeckt (Südostecke der Pyramide)
Nebenpyramiden	3 Königinnengräber (östlich der Pyramide/Familienfriedhof)
Familienfriedhof	Kerngebiet: 9 große Mastabas (östlich der Pyramide)
Beamtenfriedhof	etwa bis zu 55 Mastabas (westlich der Pyramide)
Hafenanlagen	2 (Industriehafen im Südosten, Königshafen am Taltempel)
Königspalast	südlich des Taltempels, zerstört und vollkommen überbaut
Arbeitercamps	2 (Stadt im Südosten, kleines Camp auf dem Plateau)
Steinbrüche	südlich der Cheops-Pyramide

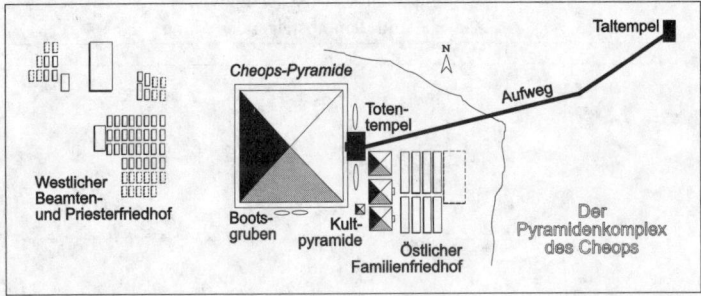

Cheops-Pyramide (akzeptierte Mittelwerte):

Seitenlänge	230,36 Meter (440 Ellen); heute: ca. 226 Meter
Böschungsverhältnis	S = 14:11, Seked: 51/2 Handbreit (51° 50')
Höhe	146,59 Meter (280 Ellen); heute: ca. 138 Meter
Höhe des Einganges	etwa 17 Meter (32 Ellen)
Absteigender Gang	105 Meter lang (200 Ellen), Seked: 14 Handbreit (26° 31')
Aufsteigender Gang	37,80 Meter lang (72 Ellen), Seked: 14 Handbreit (26° 2')
Felsenkammer	Unterirdisch (30 Meter tief), Größe: $16 \times 26\,^{3}/_{4} \times 8\,^{1}/_{2}$ Ellen
Große Galerie	Oberirdisch, raumartige Gangerweiterung, Größe: $89 \times 4 \times 16$ Ellen
Königinnenkammer	Oberirdisch (22 Meter hoch), Größe: $10 \times 11 \times 12$ Ellen
Grabkammer	Oberirdisch (42 Meter hoch), Größe: $10 \times 20 \times 11$ Ellen
Blockierungen	Fallsteinsystem vor der Grabkammer. Massive Blockierungen der auf- und absteigenden Korridore
Sarkophag	Granit, unbeschriftet (nur noch Sargwanne vorhanden)
Schachtsysteme	je zwei in der Königinnen- und Königskammer; ein senkrechter Luftschacht zwischen der Großen Galerie und dem absteigenden Gang

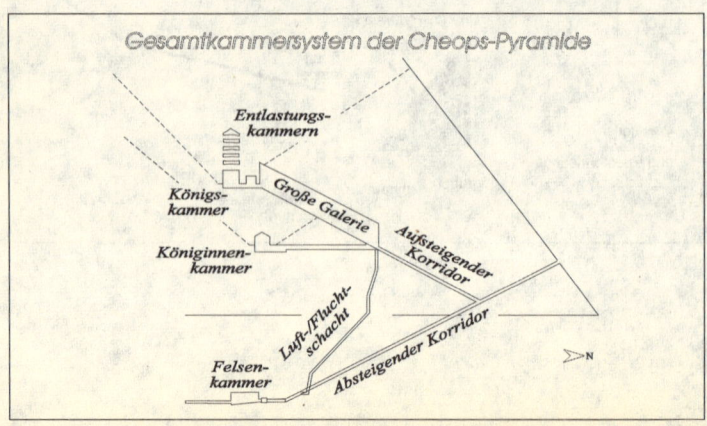

Gesamtkammersystem der Cheops-Pyramide

2 Zeittafel

Zeit	Jahre vor/nach Cheops	Ereignisse in Ägypten
um 3100 v. Chr.	– 520	Vereinigung von Unter- und Oberägypten; Gründung von Memphis
3050–2700	– 120	1. und 2. Dynastie; Begräbniszentren in Abydos und Sakkara; die Grundstrukturen der späteren Pyramidenkomplexe entstehen
2680–2660	– 80	Djoser, 3. Dynastie; Erster monumentaler Steinbau in Ägypten: Stufen-Pyramide von Sakkara
2660–2620	– 40	Drei Stufen-Pyramidenprojekte von Sechemchet, Chaba und Huni
2620–2580		Snofru, 4. Dynastie; Drei Grabkomplexe mit einem Bauvolumen von über 3,7 Millionen Kubikmetern: Medum-Pyramide; Knick-Pyramide wird Bauruine; Erster Pyramidenbau in Dahschur: Rote Pyramide
2580–2550		Cheops, Sohn von Snofru; **Bau der großen Pyramide von Giza**
2550–2470	+ 80	Cheops' Thronfolger aus der eigenen Familie; 4. Dynastie; Grabbauten in Giza (Chephren, Mykerinos, Chentkaus I.), Abu Roasch (Djedefre), Zayjet el-Aryan (Baka) und Sakkara (Schepseskaf)
2470–2320	+ 230	5. Dynastie; religiöser Wandel in der Königsideologie erkennbar; Pyramidenkomplexe in Abusir und Sakkara; Sonnenheiligtümer
2320–2160	+ 390	6. Dynastie; Dezentralisierung der geschwächten Staatsmacht; erstarkte Gaufürsten greifen nach der Macht; Pyramidenbau in Sakkara
2160–2020	+ 530	1. Zwischenzeit; Untergang des Alten Reiches; völliger Zusammenbruch der Königsmacht; Aufgabe des monumentalen Totenkultes; Beraubung und Demontage der königlichen Grabmäler; Einbruch in die Cheops-Pyramide
2020–1780	+ 770	Mittleres Reich, 11. und 12. Dynastie; Pyramidenbauten in Dahschur, Lischt, Illahun und Hawara; neue Reichshauptstadt nahe der Oase Faijum; Abriss kleiner Tempelanlagen in Giza zum Bau neuer Pyramiden

1780–1570	+ 980	2. Zwischenzeit; königliche Nachfolgeprobleme; unbestimmte Herrscherabfolgen und Datierungen; Fremdherrschaft durch Hyksos
1570–1070	+ 1480	Neues Reich; 18.–20. Dynastie; Aufgabe des Pyramidenbaus; Felsengräber auf der Westseite des Nil bei der neuen Reichshauptstadt Theben; kurzzeitiges archäologisches Interesse unter Ramses II. an Pyramidengräbern; Abriss vieler Tempelbauten aus dem Alten und Mittleren Reich; Grabräuberprozesse
1070–525	+ 2025	3. Zwischenzeit; langsamer, aber stetiger Niedergang der ägyptischen Zentralmacht; Fremdherrschaften in Ägypten (Könige libyschen Ursprungs, Nubier)
525–332	+ 2218	Spätzeit; Perserherrschaft; Grabanlagen in frühägyptischen Pyramidenkomplexen; um 445: Herodot in Ägypten
332–30	+ 2520	Makedonisch-ptolemäische Herrschaft von Alexander dem Großen bis Kleopatra VII. und Ptolemaios XV.; umfangreiche Tempelbauten; zwischen 100 und 20 v. Chr.: erste Zweifel an der Zuordnung der Giza-Pyramiden zu ihren Königen
30 v. Chr. –395 n. Chr.	+ 2945	Römische Epoche; römische Kaiser treten als Nachfolger der Pharaonen auf: Scheinvorstellung der nationalen Einheit in Ägypten; massiver Tempelbau; ab 240: Christenverfolgung in Alexandria; ab 270: Christen erhalten staatliche Anerkennung; ab 324 wird Ägypten unter Konstantin dem Großen zur Diözese; ab 380: Christentum wird Staatsreligion; Verfolgung von »Heiden«; Schließung der letzten altägyptischen Kulttempel (mit Ausnahme des Isis-Tempels auf Philae)
395–638	+ 3188	Byzantinische Herrschaft; Gründung der koptischen Kirche; Hieroglyphenschrift gerät endgültig in Vergessenheit; Das Erbe der Pharaonen verblasst
640–1517	+ 4067	Arabische Herrschaft (Provinz des Kalifenreiches bis 968); Islamisierung; Einschränkung der Glaubensfreiheit; mehrere Kalifendynastien herrschen in Ägypten; Pyramidenbauer sind in Vergessenheit geraten; um 820: Wiederentdeckung des Grabräubertunnels der Cheops-Pyramide; 969: Gründung von Kairo; um 1200: Beginn der massiven Abrissarbeiten auf dem Giza-Plateau; ab 1512: richtige Zuordnung der großen Pyramide von Giza zu Cheops nach über 1500 Jahren Unwissenheit

1517–1882	+ 4432	Türkische Herrschaft; Franzosenfeldzug unter Bonaparte; Europäisches Interesse an der pharaonischen Kultur; Beginn der wissenschaftlichen Erforschung Ägyptens
1882–1952	+ 4502	Britische Verwaltung bis 1922; danach: Königreich Ägypten; Zeit der großen Entdeckungen in der Ägyptologie; ausgedehnte Ausgrabungstätigkeiten
1952 –	+ 4548	Republik Ägypten; 1993: letzte Entdeckungen an und in der Cheops-Pyramide

3 Wichtige Pyramiden der 3. und 4. Dynastie

Djoser (»Von göttlicher Gestalt«),

2. König der 3. Dynastie, Regierungszeit von etwa 2680–2660 v. Chr., Grabanlage in Sakkara-Nord: *Stufen-Pyramide* (»Horus, erster Stern des Himmels«[?]), Höhe: 62 Meter, Basislänge: 109 × 121 Meter, Bauvolumen: etwa 270 000 Kubikmeter

Snofru (»Von großer Schönheit«),

1. König der 4. Dynastie, Regierungszeit von etwa 2620–2580 v. Chr., Grabanlage in Dahschur-Nord, zwei weitere Pyramidenkomplexe in Medum und Dahschur-Süd: *Medum-Pyramide* (»Snofru ist dauerhaft«), Höhe: etwa 92 Meter, Basislänge: 144,32 Meter, Bauvolumen: etwa 640 000 Kubikmeter; *Knick-Pyramide* (»Erscheinung des Snofru«), Höhe: 104,71 Meter, Basislänge: 189,43 Meter, Bauvolumen: etwa 1,4 Millionen Kubikmeter; *Rote Pyramide* (»Erscheinung des Snofru«) Höhe: ca. 105 Meter, Basislänge: 220 Meter, Bauvolumen: etwa 1,7 Millionen Kubikmeter

Cheops (vermutlich »[Gott] Chnum, er schützt mich«),

2. König der 4. Dynastie, Regierungszeit von etwa 2580–2550 v. Chr., Grabanlage in Giza: *Cheops-Pyramide* (»Horizont des Cheops«), Höhe: 146,59 Meter, Basislänge: 230,36 Meter, Bauvolumen: etwa 2,4 Millionen Kubikmeter

Djedefre (»Dauerhaft ist Re«),

3. König der 4. Dynastie, Regierungszeit von etwa 2550–2540 v. Chr., Grabanlage in Abu Roasch: *Djedefre-Pyramide* (»Sternenzelt des Djedefre«), Höhe: knapp 70 Meter, Basislänge: etwa 106 Meter, Bauvolumen: etwa 250 000 Kubikmeter

Chephren (»Erscheint wie Re«),

4. oder 5. König der 4. Dynastie, Regierungszeit von etwa 2535–2505 v. Chr., Grabanlage in Giza: *Chephren-Pyramide* (»Groß ist Chephren«), Höhe: 143,50 Meter, Basislänge: 215,25 Meter, Bauvolumen: etwa 2,1 Millionen Kubikmeter

Mykerinos (»Ewig wie die Seelen des Re«),

6. König der 4. Dynastie, Regierungszeit von etwa 2505–2485 v. Chr., Grabanlage in Giza: *Mykerinos-Pyramide* (»Göttlich ist Mykerinos«), Höhe: etwa 66 Meter, Basislänge: 104,60 Meter, Bauvolumen: etwa 240 000 Kubikmeter

Die Pyramiden der 4. Dynastie im Vergleich:

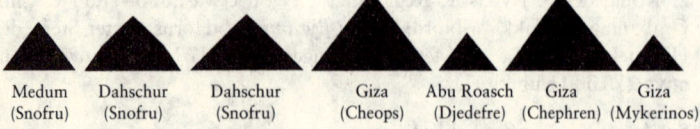

Medum (Snofru)   Dahschur (Snofru)   Dahschur (Snofru)   Giza (Cheops)   Abu Roasch (Djedefre)   Giza (Chephren)   Giza (Mykerinos)

4 Unterwegs auf Ägyptens Pyramidenfeldern

Zuerst ein paar notwendige Bemerkungen zum Sicherheitsrisiko in Ägypten.

Spätestens nach dem gezielten Anschlag auf einen Touristenbus am 18. September 1997 vor dem Ägyptischen Museum in Kairo ist es gefährlich geworden, in Ägypten als Ausländer umherzureisen. Weder die vorhandene Infrastruktur noch der bislang nur latente Schutz der Touristen durch die Sicherheitsbeamten in den archäologischen Arealen können derzeit einen ausreichend großen Schutz vor den Selbstmordkommandos der ägyptischen Terroristen bieten. Jeder, der heute das Land am Nil besucht, muss sich der Gefahr, der er sich aussetzen könnte, bewusst sein.

Sicherlich gibt es keine sicheren Plätze auf dieser Welt. Kein Land kann seinen Besuchern eine Garantie geben, dass sie nicht in militante innenpolitische Streitigkeiten jeglicher Art verwickelt werden. Doch das gezielte und bewusste Vorgehen der ägyptischen Terroristen gegen Ausländer hat seit dem September 1997 eine Qualität bekommen, die für die Zukunft noch viel Schlimmeres erwarten lässt. Äußerste Vorsicht ist also geboten. Wer

trotz alledem derzeit das Erbe der Pharaonen besichtigen und das Gefahren-
potential zumindest eingrenzen möchte, sollte sich in kleinen Gruppen, womöglich abseits der üblichen Touristenpfade und -zentren, bewegen, sich
auf jeden Fall den landestypischen Gewohn- und Gepflogenheiten anpassen
und Regionen, in denen die islamischen Fundamentalisten ihre Hochburgen
haben, unbedingt meiden. Dies ist keine Garantie für die Unversehrtheit ihres
Lebens, sondern in meinen Augen nur eine Minimalvoraussetzung, nach
deren Richtlinien ich persönlich schon seit langem Ägypten bereise.

Die Probleme in Ägypten sind teilweise hausgemacht und werden von den
ausländischen Touristen, die jährlich millionenfach das Land besuchen, genauso ignoriert wie von ihren Regierungen. Unter dem Deckmantel des religiösen Fundamentalismus verbirgt sich in erster Linie auch die Armut eines
Volkes, das teilweise noch in Verhältnissen lebt, die an die längst vergan-
gene Pharaonenzeit erinnern. Solange die Schere zwischen Reich und Arm
sich weiter öffnet, die autoritär wirkende Zentralregierung keine wirkungs-
vollen Antworten auf die innenpolitischen und ökonomischen Probleme
ihres Landes findet und letztlich mehr Geld für das Militär und die Verwaltung ausgibt als für die Bedürftigen, werden religiös fehlgeleitete Menschen weiter an Boden gewinnen, ihr Unwesen in Ägypten treiben und – so
ist zu befürchten – das Land bis an den Abgrund terrorisieren. Wünschen
wir uns, dass diese Missstände in absehbarer Zeit auf friedliche Art und
Weise gelöst werden. In erster Linie zum Wohl der ägyptischen Bevölkerung, die auf lange Sicht neben den Hinterbliebenen der ermordeten
Touristen die wahren Leidtragenden des Terrorismus sind. Erst wenn diese
Grundvoraussetzungen erfüllt sind, kann und wird es wieder ein be-
denkenloses Besichtigen der altägyptischen Baudenkmäler geben.

Im Folgenden werden die wichtigsten Pyramidenfelder von Norden nach
Süden kurz vorgestellt (Stand September 1997):

Abu Roasch

Lage: Acht Kilometer nordwestlich des Giza-Plateaus, unweit des Dorfes
Abu Roasch, etwa 15 Minuten Taxifahrt (von den Giza-Pyramiden in Richtung Alexandria).

Sehenswürdigkeiten: Klägliche Überreste des Pyramidenkomplexes von
Djedefre.

Touristischer Status: Der Ort ist touristisch nicht erschlossen und derzeit
aktuelles Ausgrabungsgebiet. Da diese Ruinenstätte den meisten Kairoer
Taxifahrern unbekannt ist, empfiehlt es sich, in Abu Roasch einen orts-
kundigen Führer zu organisieren. Zwei Möglichkeiten, um auf das Pyramidenplateau zu gelangen: entweder mit einem geländefähigen Auto von

Süden (sehr schlechte Wüstenpiste, Fahrtdauer etwa 20 Minuten) oder von Norden den natürlichen, fast zwei Kilometer langen Aufweg zu Fuß beschreiten. Achtung! Das Pyramidenfeld liegt in unmittelbarer Nähe einer militärischen Einrichtung (Fotografieren und Videofilmen im Umfeld der Nekropole ist verboten), sodass eigenmächtige Exkursionen manchmal mit bösen Überraschungen enden können. Offizielle Genehmigungsverfahren zur Besichtigung der Ruinenstätte dauern lange und werden nicht immer erteilt.
Fazit: Das Areal bietet nur den absoluten Pyramidenkennern wichtige Einblicke, normale Touristen können darauf verzichten.

Giza-Plateau

Lage: Südwestlich des Kairoer Vorortes Giza. Viele Hotels in unmittelbarer Nähe. Idealer Ausgangspunkt für eigene Pyramidentouren.
Sehenswürdigkeiten: Es ist das kompakteste Pyramidenfeld Ägyptens: vier große Pyramidenanlagen der 4. Dynastie (Cheops, Chephren, Mykerinos, Chentkaus I.) nebst Tausenden kleinerer Grabanlagen der Priester und Beamten (Gebiete teilweise unzugänglich) und der Sphinx, die größte massive Kolossalfigur Ägyptens.
Touristischer Status: Dies ist ein Standardbesuchsort für jeden Ägyptenreisenden. Bei guter Lektüre sind »ortskundige« Führer überflüssig. Giza ist allerdings ein teures Pflaster. Eintrittspreise: Giza-Plateau: LE 20,– (Ägyptische Pfund, etwa DM 12,–); Cheops-Pyramide: LE 20,–; Chephren-Pyramide: LE 10,–; Bootsmuseum: LE 20,–; Video für Cheops-Pyramide: LE 100,–. Die Mykerinos-Pyramide ist derzeit gesperrt. Sehenswert ist auch die täglich mehrmals und in unterschiedlichen Sprachen abgehaltene »Sound-and-Light Show«: Pyramiden bei Nacht, ein unvergessliches Erlebnis.
Fazit: Ein absolutes Muss für jeden Ägyptenbesucher.

Abusir

Lage: Gut elf Kilometer südöstlich des Giza-Plateaus, direkt am Rand des Dorfes Abusir. 20 Minuten Taxifahrt von Giza.
Sehenswürdigkeiten: Hier gibt es vier, teilweise zerstörte Pyramidenanlagen der 5. Dynastie (Sahure, Neferirkare, Niuserre, Neferefre) nebst kleinerer Grabanlagen. Die Pyramiden sind alle unzugänglich. Der gesamte südliche Bereich des Pyramidenfeldes ist aktuelle Ausgrabungszone. (Etwa 1 Kilometer nördlich stehen die Überreste eines Sonnenheiligtums [Niuserre] bei Abu Gurob.)
Touristischer Status: Abusir wird kaum von organisierten Touristengruppen besucht, nur Individualreisende und Pyramidenkundige verirren sich manchmal hierher. Demzufolge gibt es keinen Eintritt; die Pyramidenwächter spielen gegen Bakschisch aber gern »ortskundige« Führer.

Fazit: Es ist ein Areal mit Zukunft, geeignet für all diejenigen, die die Evolution der Pyramiden verfolgen, ein Augenmerk auf die Hartgesteinverarbeitung gelegt haben (viele Bohrungen und Sägespuren sind in den Totentempeln zu finden) und abseits der Millionenmetropole einmal Ruhe und Abgeschiedenheit bei ihren Exkursionen suchen. Nicht selten begegnet man in diesem Areal sogar noch einem scheuen Wüstenfuchs.

Sakkara-Nord

Lage: Etwa 14 Kilometer südöstlich des Giza-Plateaus. 30 Minuten Taxifahrt.

Sehenswürdigkeiten: Es handelt sich hierbei um die umfangreichste Pyramidennekropole Ägyptens: fünf, teilweise stark zerstörte Pyramidenanlagen der 3., 5. und 6. Dynastie (Djoser, Sechemchet, Userkaf, Unas, Teti), ein Fürsten- oder Königsfriedhof der 1. und 2. Dynastie, viele größere Mastabagrabanlagen, Persergräber und ein Grabgewölbe der heiligen Apis-Stiere (Serapeum).

Touristischer Status: Es ist ein Standardbesuchsort für jeden Ägyptenreisenden. Auf dem Areal kann man sich mit dem Taxi bewegen, von Ruine zu Ruine fahren. Eintrittspreise: Sakkara-Plateau: LE 20,–; Fotogebühr: LE 5,–; Video: LE 25,–. Die Gräber am Rande des Unas-Aufweges sind gegen eine Extragebühr (LE 8,–) zu besichtigen. Nur das Kammersystem der Teti-Pyramide ist derzeit zugänglich. Es gibt viele Ausgrabungsaktivitäten im Umfeld der Teti-Pyramide (Mastababezirk) und südlich des Unas-Aufweges (Gräber aus dem Neuen Reich). Das Betreten dieser Regionen sowie des nördlichen Wüstenareals (Mastabagräber der 1. bis 3. Dynastie) ist in der Regel untersagt.

Fazit: Wie das Giza-Plateau ist Sakkara-Nord ein absolutes Muss für jeden Kulturinteressierten. Auch jenseits der Djoser-Pyramide stößt man überall auf die faszinierenden Spuren der pharaonischen Baumeister.

Sakkara-Süd

Lage: Etwa zwei bis drei Kilometer südlich von Sakkara-Nord direkt am Rand des Dorfes Sakkara. 35 Minuten Taxifahrt von Giza.

Sehenswürdigkeiten: Die Areale liegen sehr weit auseinander – zwei Gruppen, fünf stark zerstörte Pyramidenkomplexe der 4., 5. und 6. Dynastie (Schepseskaf, Djedkare, Merenre I., Pepi I., Pepi II.). Die Anlagen wurden bislang archäologisch nur unzureichend erforscht.

Touristischer Status: Sakkara-Süd wird nur sehr selten besucht. Eine Infrastruktur ist nicht vorhanden, meist muss man durch die Wüste zu den Pyramidenkomplexen marschieren. Eintrittsgelder gibt es demzufolge nicht, ortskundige Führer besorgt man sich am besten im Dorf Sakkara. Aufwendige Grabungsaktivitäten sind nur bei Pepi I. und Pepi II. zu erkennen. Das Betreten dieser Anlagen ist verboten. Die Pyramidenkomplexe von Merenre I. und Djedkare sind noch fast vollständig vom Wüstensand bedeckt. Keine der Pyramiden ist derzeit zugänglich.

Fazit: Die vergessenen Pyramidengräber von Ägypten, wie ich sie gerne nenne, werden auch in absehbarer Zeit nicht in den touristischen Rundreisezirkel aufgenommen werden. Hier haben die Archäologen noch Jahrzehnte zu arbeiten, um die Ruinen ausgiebig zu erforschen, zu restaurieren und somit vor dem Massentourismus »zu sichern«.

Dahschur

Lage: Etwa sieben Kilometer südlich von Sakkara-Nord. 45 Minuten Taxifahrt von Giza.

Sehenswürdigkeiten: Es ist ein sehr dezentralisiertes Gräberfeld; fünf, teilweise stark zerstörte Pyramidenkomplexe der 4. und 12. Dynastie (Snofrus Knick- und Rote Pyramide, Amenemhet II., Amenemhet III., Sesostris III.). Viele der Anlagen wurden bislang archäologisch nur unzureichend erforscht.

Touristischer Status: Dahschur wurde erst vor kurzem für den Tourismus geöffnet und erfreut sich wachsender Beliebtheit. Derzeit sind nur die Areale um die Knick- und Rote Pyramide mit dem Auto erreichbar. Zur Schwarzen Pyramide Amenemhet' III. kommt man am besten zu Fuß aus dem Dorf Dahschur. Nur das Kammersystem der Roten Pyramide ist zugänglich. Eintrittspreis für das gesamte Areal: LE 10,–.

Fazit: Mit Sicherheit das Pyramidenfeld der Zukunft. Schon allein die am besten erhaltene Pyramide Ägyptens (Knick-Pyramide) wird in den nächsten Jahren viele Touristen anziehen. Wer die Anfänge der klassischen Pyramidenkultur und die ersten monumentalen Bauwerke vor den Giza-Pyramiden sehen will, muss nach Dahschur.

Lischt

Lage: Gut 50 Kilometer südlich von Kairo, am Rand des Dorfes Lischt. Fast eineinhalb Stunden Taxifahrt von Giza.

Sehenswürdigkeiten: Zwei, fast vollständig zerstörte Pyramidenkomplexe der 12. Dynastie (Amenemhet I., Sesostris I.). Teile der Anlagen wurden bislang archäologisch nur unzureichend erforscht.

Touristischer Status: Nach Lischt verirrt sich kein Tourist. Zu unbekannt sind die Pharaonen, die hier ihre sakralen Anlagen errichten ließen; zu unattraktiv gestalten sich die Sehenswürdigkeiten. Unter meinen Reisefreunden kursiert deshalb der Slogan »In Lischt ist nischt« wohl zu Recht.

Fazit: Unwichtig für jeden normalen Touristen, wird sich aber womöglich in einigen Jahrzehnten, wenn die Ausgrabungen an den Mastabagräbern der Pyramidenanlagen abgeschlossen sind, für Insider lohnen. Solange werden die Gräber von Lischt aber in ihrem Dornröschenschlaf verharren.

Medum

Lage: Rund 70 Kilometer südlich von Kairo. Etwa zwei Stunden Taxifahrt von Giza.

Sehenswürdigkeiten: Eine fast bis auf den Kernbau entblößte Pyramide aus der 4. Dynastie (Snofru) mit einem interessanten Kammersystem und einige große Mastabas.

Touristischer Status: Durchwachsenes Interesse. Weniger Rundreisetouristen so nahe an der Oase Faijum, dafür mehr kleinere Gruppen und viele Einheimische. Die Pyramide ist geöffnet. Eintrittspreis für das Gelände: LE 16,–.

Fazit: Es ist wohl eine der wichtigsten und auch bizarrsten Pyramidenanlagen Ägyptens. Hier wurde wie in Dahschur Baugeschichte geschrieben. Man kann nur jedem an Pyramiden Interessierten raten, wenigstens einmal in seinem Leben dieses Areal zu besuchen.

Hawara/Illahun

Lage: Etwa 90 Kilometer südlich von Kairo, am Rande der Oase Faijum. Bis zu zweieinhalb Stunden Taxifahrt von Giza.

Sehenswürdigkeiten: Zwei ruinöse Pyramidenanlagen der 12. Dynastie (Amenemhet III., Sesostris II.) und ihre fast verfallenen Umgebungsbauten.

Touristischer Status: Kaum Interesse bei den Touristen. Keine der Pyramiden ist zugänglich. Eintrittspreise: LE 16,–.

Fazit: Interessant für die späte Entwicklung der Pyramidenkomplexe des Mittleren Reiches, doch für Rundreisetouristen nur eingeschränkt sehenswert.

Glossar

Altes Reich
Erste große Blütezeit Ägyptens, von etwa 2700 bis 2160 v. Chr. Das Alte Reich umfasst die 3. bis 6. Dynastie. In dieser Zeit wurden die größten Pyramiden Ägyptens errichtet und der Herrscheranspruch der Könige erreichte einen Höhepunkt.

Architrav
Horizontaler Steinbalken, der – auf Pfeilern oder Säulen ruhend – die Dach- oder Deckenkonstruktion eines Raumes trägt. Architrave dienten oftmals als ausgezeichnete Plätze für Grabinschriften in den Mastababauten.

Aufweg
Charakteristischer Teil einer Pyramidenanlage. Korridorartiger Tunnel, der den Tal- mit dem Totentempel verband. Er war meist überdacht, mit Licht- fenstern und Reliefierungen versehen und wurde vermutlich nur bei der Begräbniszeremonie des Königs benutzt.

Bauarbeiterinschriften
Aufgrund einer zeitlich abgestimmten und engen logistischen Verzahnung zwischen der Baustelle und den Steinbrüchen wurden die gefertigten Steine für die Pyramiden in der Regel mit Graffiti beschriftet, um eine gezielte Anweisung an die Transportmannschaften, aber womöglich auch eine Orientierung beim Einbau ins Grabmal zu geben. Daneben findet man oft »Verlegeinschriften« – beispielsweise Höhen- und Datumsangaben, Nivel- lierungsstriche und Richtungspfeile –, die u. a. den jeweiligen Baufortschritt dokumentierten. Inschriften, die die Namen der Transportmannschaften tragen, lassen sich ebenfalls nachweisen.

Bauleiter
Bauleiter (oder Baumeister) waren im Alten Reich die obersten Leiter der Organisation eines Bauunternehmens (»Vorsteher aller Arbeiten des Königs«). Daneben gab es noch die Architekten (»königliche Meister«), die zum »Vorsteher aller Bauten« aufsteigen konnten. Diese Trennung wurde erst im Neuen Reich aufgehoben. Bauleiter waren im Alten Reich beispielsweise Imhotep (bei Djoser), Nefermaat (bei Snofru) oder Hem-iunu (bei Cheops).

Bai
Visiergerät, diente zusammen mit einem Merchet zum Einmessen langer Distanzen, wurde vermutlich insbesondere beim Pyramiden- und Tempelbau eingesetzt. Bestand aus einer Palmrispe, die als Kimme benutzt wurde.

Beamtentum
Schon früh im Alten Reich entstand eine privilegierte Gruppe königlicher Verwaltungsangestellter, die vom König Aufgaben übertragen bekamen und somit einen Teil der Macht im Staate ausüben konnten. Anfangs wurden königliche Familienmitglieder für die höheren Beamtenposten vorgesehen. Mit der zunehmenden Verwaltung des Landes kamen immer mehr nichtkönigliche Ägypter in diese Positionen. Ab Mitte des Alten Reiches verselbständigte sich das Beamtentum, gewann mehr an Einfluss und war einer der destabilisierenden Faktoren, die letztlich zum Sturz des ersten Pharaonenimperiums führten. Durch ihren staatlichen Einfluss hatten Beamte insbesondere bevorzugte Stellungen im Totenkult, konnten besser auf die Rohstoffe zugreifen und durften sich in der Nähe ihrer Könige begraben lassen.

Cheops
Zweiter König der 4. Dynastie, Sohn von Snofru und Vater von Chephren und Djedefre. Er ließ die größte Pyramide Ägyptens bei Giza errichten.

Chephren
Vierter oder fünfter König der 4. Dynastie, Sohn von Cheops, Vater von Mykerinos. Sein Grabbau auf dem Giza-Plateau ist die zweitgrößte Pyramide am Nil.

Chnum
Uralter widderköpfiger Schöpfergott der Ägypter, der der Mythologie nach die Menschen auf einer Töpferscheibe modellierte und ihnen dann Leben einhauchte. Chnum galt als Erzeuger der Leben spendenden Nilfluten und als Schutzgott von Elephantine bei Assuan.

Dahschur
Begräbnisnekropole in der 4. und 12. Dynastie, etwa 20 Kilometer südöstlich des Giza-Plateaus. Hier stehen u. a. die Knick- und die Rote Pyramide von König Snofru. In Dahschur nahm der klassische Pyramidenbau seinen Anfang.

Djedefre

Dritter König der 4. Dynastie, Sohn von Cheops. Seine Grabanlage befindet sich bei Abu Roasch, nur etwa acht Kilometer nordwestlich des Giza-Plateaus. Er führte als erster König den Titel »Sohn des Re« in seiner Titulatur und bestätigte damit den wachsenden Einfluss des Sonnenkultus innerhalb der Königsideologie. Erstmals findet sich an seiner Grabanlage eine Granitverkleidung in den unteren Lagen.

Djoser

Zweiter König der 3. Dynastie. Er ließ sich den ersten monumentalen Steinbau Ägyptens errichten. Unter seiner Regierung nahm das Beamtentum und die landesweite Verzahnung aller königlichen Staatsbetriebe zu, die zu einer fast dogmatischen Abhängigkeit aller Ägypter vom König ausuferte.

Dynastien

Nach Manetho »willkürlich« gewählte Einteilung einzelner Herrscherhäuser in feste Zeitabschnitte und Königsabfolgen, die das chronologische Gerüst der ägyptischen Geschichte bilden. Ägyptologen unterscheiden heute insgesamt 31 Dynastien, die die gesamte pharaonische Geschichte abdecken.

Elle

Altägyptische Maßeinheit (ungefähr 52,5 Zentimeter), auf deren Grundlage auch die Pyramiden errichtet wurden. Eine Elle bestand aus sieben Handbreiten zu je vier Fingern.

Faijum

Große und fruchtbare Oase etwa 65 Kilometer südwestlich vom heutigen Kairo. Im Alten und Mittleren Reich ein strategisch und wirtschaftlich wichtiger Ort, in dessen Nähe sich einige Könige bestatten ließen.

Fallsteine

Blockierungen, die in Gräbern die Sarkophagräume vor dem Zugriff durch Räuber schützen sollten. Meist bestanden Fallsteine aus Granit oder anderen harten Materialien, die bis zur Begräbniszeremonie in Haltepositionen hingen und nach der Bestattung den Zugang in die Grabkammer versperrten.

Felskern

Um Baumaterial und Arbeitszeit im unteren Bereich der Pyramiden zu sparen, wurden einige große Grabbauten um Felsstümpfe herum errichtet. Bei

der Cheops-Pyramide beträgt der Felskern etwa acht Prozent des Gesamtvolumens. Auch die Chephren-Pyramide wurde auf einem Felssockel erbaut.

Gau

Verwaltungsbezirke Altägyptens, die sich aus den vordynastischen Territo-
rien der unterschiedlichen Volksgruppen zusammensetzten. Sie wurden durch
wappenartige Standarten unterschieden und besaßen eigenständige Pro-
vinzregierungen. Zur Zeit des Cheops soll es etwa 38 Gaue gegeben haben.
Giza gehört vermutlich zum Gau der »Weißen Mauern« von Memphis.

Giza-Plateau

Kalksteinplateau südwestlich von Kairo beim gleichnamigen Vorort. Hier
stehen die größten Pyramiden Ägyptens, die des Cheops und Chephren.
Neben den königlichen Gräbern von Mykerinos und Chentkaus I. befinden
sich auf dem Giza-Plateau noch viele Tausend kleinerer Mastaba- und Felsengräber, die dort über drei Dynastien lang errichtet wurden. Dieses Plateau ist das kompakteste Gräberfeld Ägyptens.

Gründungsgrube

Ähnlich wie bei modernen Grundsteinlegungen wurden auch im Pyramidenbau mit der Fundamentierung der Basisfläche im Rahmen einer feierlichen Zeremonie rituelle Gegenstände wie Amulette oder verkleinerte
Modelle von Werkzeugen in Gruben gefüllt und diese verschlossen. Die
Ägypter wählten für ihre Gründungsgruben besondere Stellen an der Pyramidenbasis aus, etwa an ihren Ecken.

Heliopolis

Ursprünglich »Iunu«. Unterägyptische Stadt mit priesterlichem Hauptsitz
des Sonnenkultes ab der 5. Dynastie. Die heutigen Ruinen von Iunu liegen
am nordöstlichen Rand von Kairo.

Herodot

Griechischer Historiker, der Mitte des 5. vorchristlichen Jahrhunderts
Ägypten besuchte und seine Eindrücke für die Nachwelt (2. Buch seiner
»Historien«) dokumentierte. Herodot ist heutzutage teilweise sehr umstritten, wenngleich viele seiner Beschreibungen in ägyptologischen Kreisen als
wertvolle Quelle dienen.

Hieratisch

Gleichzeitig mit der Hieroglyphenschrift entwickelte und vereinfachte, in

Kursivform geschriebene Schriftart der Hieroglyphen, bei der die Bild-
inhalte kaum noch zu erkennen sind (»Buchschrift«).

Hieroglyphen
Bildhafte Schriftzeichen, die auf Papyrus gemalt oder in Stein eingemeißelt
wurden. Sie setzen sich aus Ideogrammen, Laut-, Wort- und Deutzeichen
zusammen. Die Hieroglyphenschrift entwickelte sich schon in vordynastischen Epochen. Im Alten Reich waren etwa 800 bis 1000 Zeichen in
Gebrauch. In der Spätzeit Ägyptens wurde ihre Anzahl künstlich auf über
6000 erhöht, was zu erheblichen Verwirrungen des hieroglyphischen
Schriftsystems führte, da manche Zeichen bis zu neun Lesungsmöglichkei-
ten zuließen. Die späteste hieroglyphische Inschrift stammt aus dem vierten
nachchristlichen Jahrhundert.

Horus
Altägyptischer falkenköpfiger Gott des Himmels (Manifestation des Sonnengottes) und Beschützer des Königs. Die ägyptischen Pharaonen sahen
sich als Verkörperungen des Himmelsgottes.

Imhotep
Vielleicht ein Sohn von König Djoser und allem Anschein nach Bauleiter
der Stufen-Pyramide von Sakkara. Er überlebte Djoser und starb unter
Huni, dem letzten König der 3. Dynastie. Sein Grab wurde bislang noch
nicht entdeckt.

Isis
Gemahlin und Schwester des Gottes Osiris, Mutter des Himmelsgottes
Horus. Sie galt als Sinnbild ehelicher Treue und gab im Totenkult den Ver-
storbenen Schutz und Lebenskraft.

Ka
Eine der Seelen des Verstorbenen, die ein »Reservoir der Lebenskräfte« darstellte und als imaginärer Doppelgänger des Menschen gesehen wurde. Verstorbene ließen sich eine Ka-Statue herstellen, zu der die Lebensenergie
nach dem Tode zurückkehren konnte. Somit blieben sie innerhalb ihres
Totenkultes ein Bestandteil der menschlichen Gesellschaft.

Kammersystem
Sehr unterschiedliche Raumgestaltungen in Pyramidenbauten, die meist
nordsüdorientiert angeordnet sind. In der Regel ein System von Korridoren
und Kammern, dessen Mittelpunkt eine Sarkophagkammer ist, in der der

tote König beigesetzt wurde. Oftmals wurden die Kammern unterhalb oder in Nähe des Bodenniveaus errichtet, seltener höher im Kernmauerwerk der Pyramide. Ab dem Ende der 5. Dynastie wurden die Kammersysteme der Pyramiden standardisiert, gleichen sich mit dem Aufkommen der Pyramidentexte in Form und Größe.

Kanopen

Krugähnliche Gefäße zur Aufbewahrung von Lunge, Magen, Darm und Leber, den inneren Organen, die bei der heiligen Mumifizierungszeremonie dem Körper entnommen und separat im Grab deponiert wurden.

Kartusche

Eine Seilschleife, die an ihrer Unterseite einen Knoten hat und in der Regel die beiden wichtigsten der fünf heiligen Namen des Königs (Thron- und Geburtsname) umringt. Eine Kartusche symbolisierte »das, was die Sonne umkreist« und somit die Allmacht des göttlichen Königtums. Kartuschen haben aufgrund der Länge der in ihnen eingetragenen Namen meist eine ovale Form.

Königinnenpyramiden

Ab Cheops wurden auch den königlichen Gemahlinnen pyramidale Grabmäler in der königlichen Nekropole zugewiesen. Auf dem Giza-Plateau wurden fünf Königinnenpyramiden gefunden: drei bei Cheops, zwei bei Mykerinos.

Königsdogma

Absolutistische Weltanschauung im Alten Reich, die die Institution des Königsamtes als Dreh- und Angelpunkt der Gesellschaftsordnung und als Staatsideal sieht. Als Repräsentant der Götter ist der König Herr über Leben und Tod, Recht und Ordnung, besaß das Monopol sämtlicher Rohstoffe im Land und war theoretisch im Besitz der gesamten Staatsmacht. Demokratisierungstendenzen waren erst ab Mitte der 5. Dynastie erkennbar, die später zur »Entmachtung« des Königs, zum Verfall des Altes Reiches führten.

Kraggewölbe

Stufenförmiges Gewölbe, das die Ägypter zu Beginn der 4. Dynastie (unter Snofru und Cheops) in den Pyramiden verbauten. Kraggewölbe wurden aus stabilisierenden Gründen konstruiert, aber schon bald durch Giebeldächer ersetzt.

Kultpyramiden
Stets südlich der Königsgräber liegende Satellitenpyramiden, deren Bedeutung noch nicht geklärt ist. Vielleicht wurden in ihnen Ka-Statuen rituell begraben.

Mastaba
Ein flacher, kastenförmiger und steil geböschter, den Häusern der Lebenden nachempfundener Lehmziegel- oder Steinbau, bestehend aus einem Komplex von Grab- und Kulträumen. Mastabas wurden mit Vorrats- und Verehrungsräumen ausgestattet, sodass die Seele des Verstorbenen weiterexistieren konnte und die Opfergaben symbolisch entgegennahm, die ihre Hinterbliebenen ihnen brachten.

Medum
Pyramiden-Experimentierfeld der 4. Dynastie, etwa 70 Kilometer südlich von Kairo. König Snofru ließ hier seine erste Stufen-Pyramide errichten und Jahre später mit einem glatten Verkleidungsmantel zu einer echten Pyramide umbauen. Die Medum-Pyramide wurde nie als Grabmal benutzt, lediglich zum Kultbau umfunktioniert.

Memphis
Hauptstadt des Alten Reiches, Sitz der königlichen Zentralverwaltung. Heute sind nur noch spärliche Ruinen vom Memphis des Neuen Reiches vor den Toren der Nekropole bei Sakkara zu besichtigen. Memphis war der Hauptkultplatz des Schöpfergottes Ptah.

Merchet
Abgewinkelter Holzstab mit einer Lotschnur. Dieses Messinstrument diente im Pyramidenbau als Anpeilgerät bei der Bestimmung der Nordrichtung.

Mumie
Speziell präparierter und konservierter Leichnam. Dehydrierter Totenkörper, der vollständig mit Stoffbinden umwickelt wurde.

Mundöffnung
Symbolisches Ritual bei der Begräbnisfeier, bei der die Mumie, aber auch die Statuen des Verstorbenen wieder beseelt wurden, man ihnen neues Leben einhauchte.

Mykerinos
Sechster König der 4. Dynastie, Sohn des Chephren, Vater des Schepseskaf.

Seine Grabpyramide ist die kleinste auf dem Giza-Plateau, zeigt aber erstaunliche logistische und verarbeitungstechnische Besonderheiten im Gebrauch von Rosengranit. Das Grabmal des Mykerinos ist noch immer nicht vollständig ausgegraben.

Nemestuch
Eine von den Königen getragene Kopfbedeckung aus Stoff, meist in roten und blauen Farben gehalten. Das Stofftuch wurde so um den Kopf gewickelt, dass seine Enden seitlich auf die Schultern hingen.

Neith
Göttin aus Saïs im Nildelta. Sie gehörte neben Isis, Nephthys und Selket zu den vier Schutzgöttinnen im Totenkult.

Nephthys
Schwester der Göttin Isis, Gemahlin von Seth und Mutter von Anubis. Gehörte zu den Schutzgöttinnen im Totenkult der Ägypter.

Nekropole
Bezeichnung für den ausgedehnten, mehrere Gebäude umfassenden und längere Zeit in Betrieb befindlichen Komplex eines Friedhofes (Totenstadt). Große, umfangreiche Nekropolen unterteilen sich in einzelne, den Königen zugeordnete Teilnekropolen wie etwa auf dem Giza-Plateau, wo sich vier unterschiedliche Königsfriedhöfe befinden.

Obelisk
Säulenartiger viereckiger Monolith mit quadratischer Basisfläche und sich nach oben verjüngendem Profil, auf dem eine Spitze (Pyramidion) ist. Obelisken wurden oftmals vor Tempeleingängen postiert und mit königlichen Inschriften und Verherrlichungstexten versehen.

Opfertisch
Meist in Privatgräbern zu findende bildliche Darstellung, auf denen der Verstorbene seine für das jenseitige Leben bestimmten Speisen entgegennimmt. Wurden auch oft in Form einer steinernen Opferplatte vor der Scheintür platziert, um dort die Totenopfergaben abzulegen.

Osiris
Ab dem Ende des Alten Reiches, spätestens im Mittleren Reich oberster Totengott, der in Gestalt einer aufrecht stehenden Mumie dargestellt wurde. Tritt bereits in den Pyramidentexten auf. Hauptkultort in Abydos.

Zusammen mit seiner Gemahlin Isis und ihrem Sohn Horus bilden sie eine hochverehrte göttliche Familie.

Papyrus
Ägyptische Sumpfpflanze, aus deren gepressten und übereinander gelegten Stengelfasern eine Art Schreibpapier hergestellt wurde. Einzelne Bögen konnten zu langen Papyrusrollen zusammengeklebt werden, von denen noch heute viele Teile in Museen zu besichtigen sind.

Papyrus Rhind
Mathematischer Papyrus aus dem Mittleren Reich, in dem vielschichtige Rechenaufgaben dokumentiert sind. Hier finden sich alle für den Pyramidenbau notwendigen mathematischen Erkenntnisse, die es den Ägyptern ermöglichten, die königlichen Grabbauten zu errichten.

Pharao
Eigentlich »Großes Haus«, ein Begriff, der für den Königspalast steht und erst in den späten Dynastien als Herrscherbezeichnung für den König benutzt wurde. Heutzutage steht der Begriff Pharao stellvertretend für die Könige aller ägyptischer Epochen.

Ptah
Ursprünglich ein Schöpfergott, verschmolz auch mit Nekropolengöttern. Gilt als Schutzherr der Handwerker und Künstler. Spielte als Verschmelzung mit dem memphitischen Gott Tatenen (personifizierter Urhügel, der dem Urozean entsprang) wohl eine große Rolle im Pyramidenbau.

Pyramide
Ein Grabbau zum Schutz der ägyptischen Könige, später auch ihrer Gemahlinnen. Dominierendes Element in einem großen Komplex von Totenkultbauten. Isolierte Grabpyramiden existieren in Ägypten nicht. Pyramiden sind als mathematisch wohldefinierte Objekte von den pyramidalen Bauwerken wie Stufen-Pyramiden und Mastabas zu unterscheiden. Die Form der Pyramide unterliegt einer evolutionären Strömung im ägyptischen Grabbau, die sich heute eindeutig nachvollziehen lässt.

Pyramidentexte
Älteste ägyptische Texte, die sich mit der Frage nach der jenseitigen Existenz des verstorbenen Königs beschäftigen. Sie treten erstmals in den Pyramiden der späten 5. Dynastie auf. Die Texte lassen sich formal in Gruppen unterteilen: dramatische Texte, Hymnen, Litaneien, Verklärungen und

Zaubertexte. In den Pyramidentexten wird das für den König erstrebens-werte Jenseits im Himmel lokalisiert, ist von seinem Aufstieg zum Reich des Sonnengottes Re die Rede. In ihnen taucht auch zum ersten Mal ein unter-weltlicher Jenseitsbereich auf, der vom Totengott Osiris beherrscht wird. Der Osiris-Glaube setzte sich ab dem Ende des Alten Reiches im Jenseits-verständnis der Ägypter durch.

Pyramidenverkleidung
Schutzmantel der Pyramiden aus witterungsresistenten Tura-Kalksteinen oder Rosengranit. Durch eine sorgfältig verlegte Verkleidung sollte das Ein-dringen von Regenwasser und Flugsand in tiefere Schichten des Kernmau-erwerks der Grabmäler verhindert werden. Hinzu kam ein ästhetischer Effekt, der durch die glatt polierten Außenflächen der Gräber erreicht wurde.

Pyramidion
Pyramidenförmiger Abschlussstein an der Spitze der Grabpyramide oder pyramidale Spitze eines Obelisken. Oftmals aus Hartgestein oder kostbaren Kalksteinen gefertigt. Er war bei den Pyramiden meist mit seiner Auflage-fläche verankert.

Ramessiden
Herrschergeschlecht mit dem Namen »Ramses« aus der 19. und 20. Dynas-tie (Neues Reich, etwa 1290–1070 v. Chr.). Sie ließen sich im Tal der Könige beisetzen. In der frühen Ramessidenzeit lassen sich kulturhistorische und archäologische Interessen an der früheren Pyramidenzeit erkennen.

Rampe
Eine mit einem bestimmten Steigungswinkel ausgestattete schiefe Ebene, die zum Bau von Pyramiden und Tempeln eingesetzt wurde. Bislang konnte noch kein Rampenmodell den Bau der großen Pyramiden Ägyptens wider-spruchsfrei erklären.

Re
Altägyptische und universelle Sonnengottheit (einst Atum an der Spitze der heliopolitanischen Götterneunheit), die in späteren Epochen mit vielen Gottheiten verschmolz (Chephre, Horus, Amun, Aton). Der Re-Kult hatte seinen Hauptsitz in Heliopolis. Im Zentrum des Kultes standen Obelisken und Sonnenheiligtümer. Seit Mitte der 4. Dynastie nannte sich der König auch »Sohn des Re«. Ab der 5. Dynastie errichtete man zu Ehren des Son-nengottes große, den Pyramidenkomplexen ähnliche Kultanlagen. Re

wurde oftmals menschengestaltig mit einem Falkenkopf oder als geflügelte Sonnenscheibe dargestellt.

Rosengranit
Magnetisches Tiefengestein großer Härte, das in Ägypten nur in der Gegend von Assuan vorkommt. Es diente im Pyramidenbau als Dekorationsgestein für Verkleidungen, Kammerauskleidungen, Sarkophage, Statuen und Tempelwände.

Sakkara
Neben Abydos die älteste königliche Nekropole Ägyptens, etwa 14 Kilometer südöstlich des Giza-Plateaus. In Sakkara entwickelten sich alle wichtigen Elemente der frühen Pyramidenarchitektur, wurde der erste monumentale Steinbau (Stufen-Pyramide von Djoser) errichtet. Die umfangreiche Nekropole beherbergt viele Grabanlagen aus mehreren Pharaonendynastien und ist bis heute nicht vollständig erforscht.

Sarkophagkammer
Das meist nach Westen orientierte Zentrum jeder Grabanlage. Es beinhaltete den Sarkophag, der die sterblichen Überreste des Toten aufnahm. In Mastabas lag die Sarkophagkammer stets tief in der Erde und wurde durch einen senkrechten Grabschacht erreicht. In den Pyramiden lag sie oft vertieft im Felsen oder auf Bodenniveau, bei Snofru und Cheops auch in erhöhter Position im Kernmauerwerk. Die Sarkophagkammern wurden in den Pyramiden stets sorgsam ausgearbeitet und teilweise mit edlen Hartgesteinen verkleidet.

Scheintür
Die Nachbildung einer Tür aus Stein (manchmal auch Holz) in Totentempeln und Mastabaoberbauten, die mit Inschriften und Darstellungen geschmückt war. Sie war als Opferstätte der Hinterbliebenen gedacht und sollte es dem Toten symbolisch ermöglichen, seine Gaben entgegenzunehmen.

Schepseskaf
Siebenter König der 4. Dynastie, Sohn von Mykerinos, letzter großer Herrscher der Pyramidendynastie. Er ließ sich in Sakkara-Süd in einer riesigen Mastaba begraben. Mit Schepseskaf (zusammen mit seiner Nachfolgerin Chentkaus I.) endet die Snofru-Cheops-Linie.

Schiffsgruben
Schon früh im königlichen Totenkult ein markantes Element der Grabkomplexe. Bis zu fünf Schiffsgruben, die Gebrauchs-, aber auch Zeremo-

nialbarken für die Himmelfahrt des Pharaos aufnehmen konnten, wurden meist an der Süd- und Ostseite der Pyramide gruppiert. Neben den beiden Barken der Cheops-Pyramide liegen vermutlich noch weitere Boote bei den weniger erforschten Grabstätten der Pharaonen der 5. und 6. Dynastie verborgen.

Sechet
Göttin der Schrift und Schreiber. Wurde oft als Frau mit Schreibgerät in den Händen und Stern über dem Kopf abgebildet und dem König z. B. bei der Grundsteinlegung symbolisch zur Seite gestellt.

Seked
Normiertes Böschungsverhältnis beim Pyramidenbau, ähnlich einer Schablone für die Messung der Neigung der Außenverkleidung des Bauwerks. Der Seked ist definiert als die Anzahl Handbreiten, um welche die schiefe Ebene pro Elle Steigung von der Vertikalen abweicht.

Serdab
Spezieller Raum in den Grabanlagen, in der die Ka-Statue des Verstorbenen aufbewahrt wurde. In den Pyramiden war der Serdab vermutlich in das Raumprogramm des Kammersystems integriert, während derartige Statuenkammern in den Mastabas meist isoliert auftreten und nur durch einen Wandschlitz mit den übrigen Kulträumen in Verbindung standen.

Sklaven
Schon in frühester Zeit in Ägypten aufgrund militärischer Expeditionen in die Nachbarländer nachweisbar. Vermutlich wurden Sklaven für Arbeiten in den Steinbrüchen oder im Verkehrs- und Versorgungswesen eingesetzt. Im Pyramidenbau traten sie aufgrund des religiösen Charakters der Bauprojekte und der hervorragend organisierten Bauindustrie nur am Rande auf.

Snofru
Erster König der 4. Dynastie, Vater von Cheops und Bauherr der ersten, geometrisch wohlgeformten Pyramide Ägyptens (Rote Pyramide in Dahschur), realisierte drei Grabbauprojekte in Medum und Dahschur. Unter Snofrus Herrschaft wurde der Pyramidenbau perfektioniert und erreichte logistisch einen Höhepunkt.

Sphinx
Altägyptisches Mischwesen, meist ein Löwenleib mit Pharaonenkopf. Symbolisierte wohl eine Wächterfigur bei Tempeln und Grabanlagen. Der große

»Sphinx von Giza« wurde sehr wahrscheinlich von Chephren nordwestlich seines Taltempels errichtet.

Steinbrüche
Geologisch ausgezeichnete Orte, an denen haltbare und leicht abbaubare Steinarten für den Bau von Pyramiden und Tempeln gebrochen wurden. Im Pyramidenbau wurden die Grabmäler immer in der Nähe größerer Steinbruchareale platziert, um Arbeits- und Transportleistungen zu minimieren.

Stele
Aufrecht stehende Stein- oder Holzplatte, die mit Dekorationen, Inschriften und Namen versehen wurde. Meist im Grabbau als eine Art Grabstein in Benutzung. Daneben viele historische Stelen, die zur Propaganda oder Selbstverherrlichung aufgestellt wurden.

Taltempel
Östlicher Zeremonialtempel, der zu den charakteristischen Aufbauten jeder Pyramidenanlage ab der 4. Dynastie gehörte. Er lag stets in der Nähe des königlichen Hafens im Tal und wurde wahrscheinlich zu bestimmten Riten während des königlichen Begräbnisses benutzt. Später integrierte man ihn vermutlich in den Verehrungskult.

Temenosmauer
Umfassungsmauer einer Pyramidenanlage, die das Grabmal von der Außenwelt hermetisch abschirmte. Neben dem normalen Eingang in den Pyramidenhof aus dem Totentempel heraus gab es noch einen östlichen Zugang ins heilige Areal, der von den Totenpriestern benutzt wurde.

Thot
Vielschichtige altägyptische Gottheit. Herr des Mondes, der Zeit, des Maßes, der Mathematik, der Schrift und der Wissenschaften. Er ist der Schutzgott der Schreiber und tritt im Neuen Reich im Totenkult auf. Er notiert als Beschützer von Osiris alle Taten der Verstorbenen beim Totengericht.

Totenglaube
Die Ägypter glaubten an ein Leben nach dem Tod. Für sie gehörten das Diesseits und das Jenseits untrennbar zusammen, bildeten eine Einheit innerhalb der von den Göttern erschaffenen Welt. Im Sterben sahen sie nur eine Zwischenphase ihres Daseins, nach dem ein zweites, ewiges Leben im Jenseits folgte. Der ägyptische König besaß das den Göttern gleichgestellte

Privileg der Unsterblichkeit, wurde nach seinem Tod selbst zum Gott und konnte eine Vermittlerrolle für sein Volk vor den Göttern ausüben, das somit selbst auf eine ewige Fortdauer im Jenseits hoffen konnte.

Totenkult

Für das Leben im Jenseits mussten Vorkehrungen getroffen werden, die über das eigentliche Begräbnis hinausgingen. Der Leichnam des Verstorbenen musste vor dem Verfall geschützt und mit den notwendigen Jenseitsbeigaben ausgestattet werden. Zusätzlich wurde die Errichtung eines geschützten und beständigen Grabbaus erforderlich, in dem die Seele des Verstorbenen weiterleben konnte. Das Grab wurde in einen komplexen Toten- und Verehrungskult einbezogen.

Totentempel

Zentrales architektonisches Element jeder Pyramidenanlage. Er liegt meist an der Ostseite des Grabmals und war über den Aufweg mit dem Taltempel verbunden. Totenpriester zelebrierten im Totentempel heilige Riten zu Ehren des verstorbenen Königs. Er war wohl die letzte Station bei der Begräbniszeremonie. Viele seiner Funktionen sind bis heute unklar.

Turastein

Beliebter Verkleidungs- und Dekorationsstein im Alten Reich. Er stammt aus der gleichnamigen Ortschaft südlich von Kairo und wurde vor allem aufgrund seines gleichfarbigen feinsandigen Äußeren und seiner hohen Verwitterungsresistenz bevorzugt. Große Mengen dieses Kalksteins verbaute man in den Verkleidungen der Pyramiden, unzählige Grab- und Gedenkstelen wurden aus Turakalk gefertigt.

Zählungen

Im Alten Reich in der Regel alle zwei Jahre stattfindende königliche Steuererhebungen, die heute als relative chronologische Richtgröße benutzt werden. Um ein Ereignis in der Regentschaft eines Königs zu bestimmen, wurde z. B. vom »vierten Mal der Zählung« gesprochen, was etwa dem achten Regierungsjahr entsprach.

Zirkumpolarsterne

Sterne, deren Winkelabstand vom Himmelspol kleiner ist als die Höhe des Pols über dem Beobachtungshorizont eines festen Standortes. Infolgedessen verschwinden sie während ihres täglichen scheinbaren Laufes nicht unter dem Horizont und sind für einen Beobachter das ganze Jahr über beobachtbar.

Anmerkungen

Teil I   Die Geburt eines Weltwunders

[1] Goyon, »Cheops-Pyramide«, S. 215.

[2] Kurzform von Chuefu(i) Chnum, »[Gott] Chnum, er schützt mich«. Nach »Lexikon der Ägyptologie«, Teil I, »Cheops«, S. 932.

[3] Seit geraumer Zeit wird auch ein Granitkopf im Museum von Brooklyn Cheops zugeordnet. Siehe Stadelmann, »Giza«, S. 225, Abb. 158.

[4] Reichseinigung etwa um 3100 v. Chr. (+/– 50 Jahre) nach Clayton, S. 16f.

[5] »Lexikon der Ägyptologie«, Teil III, »König«, S. 461, und »Königs-dogma«, S. 487.

[6] Tacke, S. 309

[7] »Lexikon der Ägyptologie«, Teil III, »König«, S. 461, und Teil VI, »Totenkult«, S. 664.

[8] Goedicke, S. 142. Zu Standarddarstellungen siehe auch Sasse/Haase, S. 24ff.

[9] Die heute akzeptierte grobe Einteilung der eigenständigen pharaoni-schen Geschichte Ägyptens (zwischen ca. 3050 v. Chr. und 343 v. Chr.) in 30 so genannte Dynastien stützt sich auf die Überlieferungen eines um 280 v. Chr. lebenden ägyptischen Priesters namens Manetho und indirekt auf einige altägyptische Königslisten. Eine genaue Fixierung der Er-eignisse der klassischen Pyramidenzeit ist Gegenstand aktueller Unter-suchungen. Alle Jahreszahlen in diesem Buch bilden Richtwerte, die um einige Jahrzehnte, vielleicht sogar ein Jahrhundert, von den tatsächlichen Datierungen abweichen können.

[10] Siehe Stadelmann, »Pyramiden«, S. 7ff.

[11] Goyon, »Cheops-Pyramide«, S. 17. Goyons selektive Art der Beschrei-bung der Cheops-Pyramide in seinem Buch »Le secret des batisseurs des grande pyramides ›Kheops‹« (1977) motivierte mich, in einigen Berei-chen eine ähnliche Vorgehensweise einzuschlagen.

[12] Siehe Stadelmann, »Beiträge«, S. 229ff.

[13] Zum Bau der Snofru-Pyramiden siehe Sasse/Haase, S. 38–45.

[14] Schneider, S. 100.

[15] Ab Mitte der 2. Dynastie benutzte man die in der Regel alle zwei Jahre stattfindenden königlichen Steuererhebungen als chronologische Richtgröße. Um ein Ereignis in der Regentschaft eines Königs zu bestimmen, wurde z. B. vom »vierten Mal der Zählung« gesprochen, was dem siebenten oder achten Regierungsjahr entsprach. Diese spezielle Art der Zählung bestimmte mit geringfügigen Variationen in der Schreibweise die Geschichtsschreibung der klassischen Pyramidenzeit. Siehe »Lexikon der Ägyptologie«, Teil I, »Abgaben und Steuern«, S. 3 ff.

[16] Spalinger, S. 283–285.

[17] Siehe Diskussionen in Stadelmann, »Beiträge«, S. 239, und »Giza«, S. 260.

[18] Stadelmann, »Beiträge«, S. 238.

[19] Nach Urkunde I, S. 18; Goyon, »Cheops-Pyramide«, S. 192. Zur Plateausuche siehe Sasse/Haase, S. 58.

[20] Lehner, »Satellite Pyramid«, S. 56

[21] Maraglioglio/Rinaldi, Bd. 4, S. 12 ff. Siehe auch Tafel 2, Fig. 3, 12–16.

[22] Stadelmann, »Giza«, S. 109.

[23] Schüssler, S. 196.

[24] Lauer, »Geheimnis«, S. 50.

[25] Goyon, »Die Cheops-Pyramide«, S. 117.

[26] Goyon, »Die Cheops-Pyramide«, S. 117.

[27] Schüssler, S. 196.

[28] Lauer, »Geheimnis«, S. 50.

[29] Stadelmann, »Pyramiden«, S. 132.

[30] Siehe Haase, »Banne«, S. 115 ff. oder Haase, »Felskern«, S. 8 ff.

[31] Siehe Goyon, »Cheops-Pyramide«, S. 32.

[32] Pitlik, S. 81 ff.

[33] Goyon, »Cheops-Pyramide«, S. 102.

[34] Siehe Lehner, »Khufu-Project«, S. 111 ff.

[35] Siehe Abitz, S. 61–81.

[36] Goyon, »Cheops-Pyramide«, S. 102.

[37] Der Kanalabschnitt südlich des Faijum wird von den Arabern »Bar Yussuf« genannt.

[38] Übersetzt nach Brunner-Traut, S. 49 ff.

[39] Exodus 14, 15–31.

[40] Goyon, »Cheops-Pyramide«, S. 98.

[41] Lehner, »Khufu-Project«, S. 120.

[42] Lehner, »Khufu-Project«, S. 133.

[43] Siehe Goyon, »Cheops-Pyramide«, S. 105.

[44] »Lexikon der Ägyptologie«, Teil I, »Arbeiterversorgung und -entlohnung«, S. 375 f.

[45] Lauer, »Grande Pyramide«, S. 127–142.

[46] »Lexikon der Ägyptologie«, Teil V, »Pyramidenstadt«, S. 10.

[47] Stadelmann, »Pyramiden«, S. 228 und »Lexikon der Ägyptologie«, Teil IV, »Pyramiden des Mittleren Reiches«, S. 1264.

[48] Schüssler, S. 328.

[49] Stadelmann, »Meidum und Dahschur«, S, 440, Anm. 20.

[50] Goyon, »Cheops-Pyramide«, S. 149.

[51] Herodot, 2. Buch, Abschnitt 124. Siehe auch Sasse/Haase, S. 197 ff.

[52] Verner, S. 69 und S. 72.

[53] »Lexikon der Ägyptologie«, Teil I, »Arbeiterabteilungen«, S. 371 ff.

[54] Verner, S. 74.

[55] Siehe Helck, »Wirtschaftsgeschichte«, S. 129 f.

[56] Verner, S. 76.

[57] Verner, S. 106.

[58] Wolf, S. 31

[59] Daressy, S. 161–214.

[60] Goyon, »Cheops-Pyramide«, S. 116.

[61] Vyse, S. 131 f. Benannt nach dem damaligen Generalkonsul Oberst Campbell.

[62] Siehe Thomas, S. 244–247.

[63] Heisel, S. 77. Zu den Bauplänen siehe auch Haase, »Banne«, S. 118.

[64] Heisel, S. 77.

[65] Erman, S. 11.

[66] Siehe Hornung, »Thot-Heiligtum«, S. 33–35.

[67] Heisel, S. 79.

[68] Gunn, S. 197 ff.

[69] »Lexikon der Ägyptologie«, Teil III, »Mathematik«, S. 1237.

[70] v. d. Waerden, S. 54. Siehe auch Goyon, »Cheops-Pyramide«, S. 74.

[71] Siehe Diskussion bei v. d. Waerden, S. 54–57.

[72] v. d. Waerden, S. 50.

[73] v. d. Waerden, S. 50. Siehe auch Goyon, »Cheops-Pyramide«, S. 74.

[74] Lauer, »Geheimnis«, S. 276 ff.

[75] v. d. Waerden, S. 50.

[76] Struwe, S. 181.

[77] Dorner, S. 46 ff.

[78] Siehe auch Diskussion bei Reineke, S. 74 f.

[79] Goyon, »Cheops-Pyramide«, S. 125 ff.

[80] Siehe Hinweise in Goyon, »Cheops-Pyramide«, S. 127.

[81] Goyon, »Cheops-Pyramide«, S. 125.

[82] Stadelmann, »Giza«, S. 111.

[83] Borchard, »Instrument«, S. 14.

[84] Die Bestätigung dieser Messwerte aus der Doktorarbeit von Josef Dorner erfolgte mit freundlicher Unterstützung von Rolf Krauss, Ägyptisches Museum Berlin-Charlottenburg.

[85] Siehe Argumentation bei Stadelmann, »Pyramiden«, S. 220.

[86] Die Bestätigung dieser Messwerte aus der Doktorarbeit von Josef Dorner erfolgte mit freundlicher Unterstützung von Rolf Krauss, Ägyptisches Museum Berlin-Charlottenburg.

[87] Krauss, R., Die Orientierung der Pyramiden, Vortrag: 15.11.1996 im Planetarium Mannheim.

[88] Edwards, S. 246 ff.

[89] Krauss, R., Die Orientierung der Pyramiden, Vortrag: 15.11.1996 im Planetarium Mannheim.

[90] Krauss, R., Die Orientierung der Pyramiden, Vortrag: 15.11.1996 im Planetarium Mannheim. Viele weitere Informationen zu diesem Thema gab R. Krauss dem Autor in persönlichen Gesprächen.

[91] Neugebauer, S. 1–3.

[92] Heisel, S. 76.

[93] Schmitt, S. 521–528.

[94] »Lexikon der Ägyptologie«, Teil VI, »Tempelgründung«, S. 385.

[95] Adly, S. 279–291.

[96] Stadelmann, »Snofru in Dahschur«, 2. Bericht, S. 226.

Teil II   Zwischen Himmel und Hölle

[1] Ricke, Band 2, S. 3.
[2] Klemm & Klemm, »Steinbrüche«, S. 53 und S. 194. Siehe auch Sasse/ Haase, S. 192 ff.
[3] Siehe Klemm & Klemm, »Herkunftsbestimmung«, S. 103–104.
[4] »Lexikon der Ägyptologie«, Teil V, »Steinbruch«, S. 1277 und Teil VI, »Technik«, S. 260.
[5] Siehe Klemm & Klemm, »Steinbrüche«, S. 94 ff.
[6] Siehe Klemm & Klemm, »Steinbrüche«, S. 260.
[7] Sasse/Haase, S. 192 f. Zur Verteilung der Steine auch S. 194.
[8] Sasse/Haase, S. 162 und S. 206 f. Auch mit freundlichem Hinweis von R. Gantenbrink.
[9] Moores, S. 140 ff.
[10] Lauer, S. 278 f. Siehe auch Goyon, »Cheops-Pyramide«, S. 72 f.
[11] Pi ist eine transzendente Zahl, lässt sich insbesondere nicht als Bruch von rationalen Zahlen darstellen. Pi besitzt somit unendlich viele, nicht periodisch auftretende Nachkommastellen.
[12] v. d. Waerden, S. 52.
[13] Neugebauer, S. 123.
[14] v. d. Waerden, S. 51 f.
[15] Stadelmann, »Pyramiden«, S. 110.
[16] Siehe Diskussion in Haase, »Banne«, S. 116, und Hanse, »Bemerkungen«, S. 48 ff.
[17] Siehe Stadelmann, »Pyramiden und Nekropole«, S. 259 ff.
[18] Stadelmann, »Snofru in Dahschur«, 2. Bericht, S. 235, und »Beiträge«, S. 233 f.
[19] Krauss, »Chronologie«, S. 10 f.
[20] Stadelmann, »Pyramiden«, S. 222.
[21] In der Regel lassen sich alle Abmessungen der Cheops-Pyramide – bis auf minimale, konstruktionsbedingte Fehler – in ganzzahligen Ellen-, Hand- oder Fingermaßen darstellen.
[22] Siehe für die folgenden Darstellungen auch Sasse/Haase, S. 70 ff.
[23] Stadelmann, »Pyramiden«, S. 107.
[24] Goyon, »Cheops-Pyramide«, S. 114.
[25] Stadelmann, »Giza«, S. 107.
[26] Stadelmann, »Giza«, S. 107.
[27] Siehe auch Sasse/Haase, S. 70 ff.
[28] Siehe Diskussion in Haase, »Banne«, S. 120 ff.
[29] Siehe Vergleichsrechnung in Haase, »Banne«, S. 121

[30] Nach Arnold, »Problem«, S. 19.

[31] Quibell, S. 6 f.

[32] Dreyer/Swelim, S. 83–95.

[33] Dreyer/Swelim, S. 90.

[34] Dreyer/Swelim, S. 93.

[35] Dreyer/Swelim, S. 92.

[36] Die Stufen-Pyramide von Zawyet el-Meitin ist bisher die einzige Pyramide Ägyptens, die auf dem Ostufer des Nil entdeckt wurde.

[37] Dreyer/Kaiser, S. 51 ff.

[38] Dreyer/Kaiser, S. 51 ff.

[39] Dreyer/Kaiser, S. 51 ff.

[40] Dreyer/Kaiser, S. 58.

[41] Lehner, »Khufu-Project«, S. 130 bis 131. Siehe auch Berechnungen in Haase, »Banne«, S. 122 f.

[42] Zugkraft $> G \cdot (\sin \alpha + \eta \cdot \cos \alpha)$ mit G: Gewicht der Transportlast, α: Steigungswinkel und η: Reibungskoeffizient. Siehe auch Goyon, »Cheops-Pyramide«, S. 93 ff., und Abitz, S. 61 ff.

[43] Gleitreibungszahl: 0,20 (Lederriemen auf Grauguß, gute Fettung). Siehe Abitz, S. 79.

[44] Siehe ähnliche Untersuchung zu den Königinnenpyramiden in Sasse/Haase; S. 205 ff.

[45] Hawass/Verner, S. 177–186.

[46] Hawass/Verner, S. 181.

[47] Lauer, »Geheimnis«, S. 248.

[48] »Lexikon der Ägyptologie«, Teil VI, »Technik: Seile und Stoffe«, S. 262.

[49] Lauer, »Geheimnis«; S. 251.

[50] Z. B. Rätsel gelöst. »So bauten die Ägypter die Pyramiden«, in: »B. Z.«, 22. 3. 1997, S. 39.

[51] Lauer, »Geheimnis«, S. 251.

[52] Lauer, »Geheimnis«, S. 251. Siehe auch Goyon, »Cheops-Pyramide«, S. 45.

[53] Herodot, »Historien«, 2. Buch, Abschnitt 125. Nach Lauer, »Geheimnis«, S. 250 f.

[54] »Lexikon der Ägyptologie«, Teil VI, »Technik: Kriegswesen«, S. 272.

[55] Nach Goyon, »Cheops-Pyramide«, S. 89.

Teil III   Der Bau des oberen Kammersystems

[1] Stadelmann, »Giza«, S. 117f.

[2] Haase, »Kammersystem«, S. 186ff.

[3] Stadelmann, »Giza«, S. 97

[4] Petrie, »Pyramids and Temples«, S. 184f.

[5] Lehner, »Hetep-heres«, S. 49ff.; Stadelmann, »Giza«, S. 166f.

[6] Stadelmann, »Giza«, S. 166.

[7] Lehner, »Khufu Project«, S. 109–143.

[8] Siehe Jánosi, »Königinnen«, S. 107.

[9] Siehe Diskussion in Hornung, »Pharaonenzeit«, S. 123.

[10] Siehe z. B. Goyon, »Cheops-Pyramide«, S. 212f.

[11] Goyon, »Cheops-Pyramide«, S. 212.

[12] Siehe auch Stadelmann, »Pyramiden«, S. 114f.

[13] Goyon, »Cheops-Pyramide«, S. 206.

[14] Goyon, »Cheops-Pyramide«, S. 95.

[15] Siehe auch Stadelmann, »Pyramiden«, S. 116.

[16] Stadelmann, »Pyramiden«, S. 113.

[17] Stadelmann, »Pyramiden«, S. 272.

[18] Goyon, »Cheops-Pyramide«, S. 154.

[19] Stadelmann, »Pyramiden«, S. 118.

[20] Stadelmann, »Pyramiden«, S. 118.

[21] Petrie, »Pyramids and Temples«, S. 136–137.

[22] Schüssler, S. 27.

[23] Siehe Diskussion in Sasse/Haase, S. 83ff.

[24] »Recent Discoveries in the Great Pyramid of Egypt. Ancient Egyptian Weigth«, in: »Nature«, Nr. 26, London 1872, S. 146–149. Siehe auch Bauval/Gilbert, S. 261ff.

[25] Stadelmann/Gantenbrink, S. 287.

[26] Stadelmann/Gantenbrink, S. 288.

[27] Siehe zu diesem Thema vor allem die Diskussion in Sasse/Haase, S. 127ff.

[28] Siehe Fotos in Haase, »Weitere Funde«, S. 330ff.

[29] Siehe zu diesem Abschnitt Sasse/Haase, S. 141 und Haase, »Banne«, S. 123.

[30] Sasse/Haase, S. 148ff. Gilt ebenfalls für die Luftschachtthese.

[31] Siehe hierzu Stadelmann, »Pyramiden«, S. 264–284

[32] Stadelmann, »Pyramiden«, S. 277f.

[33] Haase, »Horizont«, S. 112–118, Siehe auch Sasse/Haase, S. 169ff.

[34] Siehe Sasse/Haase, S. 158ff.

35 Goyon, »Cheops-Pyramide«, S. 160.

36 Goyon, »Cheops-Pyramide«, S. 160.

37 Stadelmann, »Giza«, S. 135.

38 Sasse/Haase, S. 209 ff.

39 Siehe Bauval/Gilbert, S. 189 ff.

40 Ich vermute, dass die einseitig orientierten Risse in der Grabkammer-
decke auf Senkungen zurückzuführen sind, die mit der Lage der nach
Süden verschobenen Grabkammer zusammenhängen.

41 Goyon, »Cheops-Pyramide«, S. 166.

42 Kerisel, S. 70 ff.

43 Stadelmann, »Pyramiden«, S. 119.

44 Reisner, S. 275. Vergleiche auch Lepsius, Blatt 1.

45 Reisner, S. 275, Anhang E und Plan XII.

46 Sitchin, S. 306 f.

47 Siehe Diskussion in Haase, »Cheops-Syndrom«, S. 159 ff.

48 Siehe z. B. Stadelmann, »Pyramiden«, Seite 117, Abb. 31 b.; vor allem
Stadelmann, »Giza«, S. 159, Abb. 99.

49 Haase, »Cheops-Syndrom«, S. 159 ff.

50 Schlott, S. 78 ff.

51 Siehe Haase, »Schatten«, S. 206 ff.; Haase, »Spurensuche«, S. 13 ff., und
Sasse/Haase, S. 209 ff.

52 Siehe Sasse/Haase, S. 210 und Haase, »Sternenzelt«, S. 356.

53 Klemm & Klemm, »Steinbrüche«, S. 321.

54 Klemm & Klemm, »Steinbrüche«, S. 321.

55 Klemm & Klemm, »Steinbrüche«, S. 313.

56 Es ist möglich, dass einige Bohrungen erst in der ägyptischen Spätzeit
oder in unserem Jahrtausend entstanden sind; der überwiegende Teil
stammt jedoch aus der Pyramidenzeit. Bei den Sarkophagen dienten sie
zum Verschlussmechanismus, ähnlich wie Fallsteine bei Gräbern der
dritten Dynastie mit Bohrungen versehen wurden, um durch sie Halteseile hindurchzuziehen. Die meisten Bohrungen in den Tempelanlagen
sind in Steinblöcken zu finden, die zwar oftmals nicht mehr an ihren
ursprünglichen Standorten liegen, jedoch aufgrund der markant
herausgearbeiteten Umgebungsstrukturen erkennen lassen, dass es sich
in den überwiegenden Fällen um Riegellöcher für die Tempeltüren handelt, wie schon die ersten Ausgrabungsberichte zu berichten wissen.
Siehe Haase, »Spurensuche«, S. 367 ff., und Sasse/Haase, S. 214 ff.

57 Bei Ausgrabungen in Abusir wurden Bohrkerne entdeckt. Siehe z. B. ein
Granit-Bohrkern in der Ausstellung des Kestner-Museums in Hannover,
Ägyptische Abteilung, Raum I, Vitrine: Vor- und Frühgeschichte, Inv.
Nr. 1957.70.

[58] Beispielsweise in der Mastaba des Beamten Ti (5. Dynastie) in Sakkara-
      Nord.
[59] Riederer, S. 163.
[60] Hartung, S. 107.
[61] Die Puntfahrten sind belegt seit der Herrschaft des Königs Sahure aus
      der 5. Dynastie, siehe Urk. I, 246, 4.
[62] Siehe auch Hinweise in Bauval/Hancock, S. 134 ff.

Teil IV   Der Horizont des Cheops

1   Lauer, »Geheimnis«, S. 134 und 162.
2   »Faszination Natur und Technik. Die neuen Türme von Babylon«, München 1996, S. 456.
3   Siehe Diskussion in Sasse/Haase, S. 183 ff.
4   Arnold, »Problem«, S. 15.
5   Siehe Stadelmann, »Pyramiden«, S. 223 f.; Goyon, »Cheops-Pyramide«, S. 39 ff.; Lauer, »Geheimnis«, S. 239 ff., und Arnold, »Building«, S. 1 ff. Siehe auch Sasse/Haase, S. 203 ff.
6   Riedl, S. 47 ff.; Pitlik, S. 83–86.
7   Abitz, S. 61 ff.
8   Illig/Löhner, S. 55 ff.
9   Arnold, »Building«, S. 280 ff.
10 Petrie, »Pyramids«, S. 135 f.
11 Goyon, »Cheops-Pyramide«, S. 170.
12 Stadelmann, »Pyramiden«, S. 134.
13 Goyon, »Cheops-Pyramide«, S. 171.
14 Stadelmann, »Pyramiden«, S. 226.
15 Stadelmann, »Pyramiden«, 1. Auflage, 1985, S. 223.
16 Goyon, »Cheops-Pyramide«, S. 176.
17 Reisner, »History«, Band 1, S. 11.
18 Goyon, »Cheops-Pyramide«, S. 176.
19 Tarrell, S. 36 ff.
20 Goyon »Grande Pyramide«, S. 405 ff.
21 Brinks, S. 17–23.
22 Siehe beispielsweise in Goyon, »Cheops-Pyramide«, S. 222.
23 Hassan, S. 153–155.
24 Hassan, S. 154.
25 Hassan, S. 153.
26 Lepsius, »Denkmäler«, Band 1, S. 27.
27 Hassan, S. 154 f.
28 Murray, Pl. XLIII.
29 Davies, S. 27, Pl. XII, S. 246.
30 Lepsius, »Denkmäler«, Band 2, S. 179 ff.
31 Stadelmann, »Giza«, S. 255.
32 Siehe auch Moores, S. 140 ff.
33 Stadelmann, »Pyramiden«, S. 121 f.
34 Vyse, S. 89.
35 Siehe die Diskussion in Jánosi, »Königinnen«, S. 14 ff.

[36] Reisner/Smith, S. 1 ff.

[37] Lehner, »Hetep-heres«, S. 49 ff.

[38] Jánosi, »Königinnen«, S. 19.

[39] Jánosi, »Königinnen«, S. 14 f.

[40] Offizielle Bezeichnung: Reisner 7101, siehe Reisner, S. 13–14.

[41] Siehe Diskussion in Helck, »Wirtschaftliche Bemerkungen«, S. 65 ff.

[42] Siehe Junker, Band IV oder Porter/Moss, Band III.

[43] Urk. I, 156–157. Siehe auch Goyon, »Cheops-Pyramide«, S. 200.

[44] Siehe »Lexikon der Ägyptologie«, Teil I, »Begräbnisritual«, S. 746 ff.;
Leca, S. 55 ff., und vor allem Goyon, »Cheops-Pyramide«, S. 193 ff. Über
die Probleme bei den Deutungen der Pyramidentempel im Rahmen des
Begräbnisses siehe auch Arnold, »Rituale und Pyramidentempel«, S. 1 ff.

[45] »Lexikon der Ägyptologie«, Teil I, »Bestattungsritual«, S. 752.

[46] »Lexikon der Ägyptologie«, Teil I, »Balsamierungshalle«, S. 615 f.

[47] Goyon, »Cheops-Pyramide«, S. 195 f.

[48] Leca, S. 78 f.

[49] Goyon, »Cheops-Pyramide«, S. 196 ff.

[50] Altenmüller, »Mww«, S. 1–11.

[51] »Lexikon der Ägyptologie«, Teil I, »Bestattungsritual«, S. 755 ff.

[52] Goyon, »Cheops-Pyramide«, S. 198.

[53] »Lexikon der Agyptologie«, Teil I, »Bestattungsritual«, S. 758 ff.

[54] Goyon, »Cheops-Pyramide«, S. 198 f.

[55] Jánosi, »Kultkapellen«, S. 146 ff.

[56] Aus den Pyramidentexten 794b, 1260a, 1711b: »Dein Erscheinen gehört dem 2. Mondmonatstag«.

[57] »Lexikon der Ägyptologie«, Teil V, «Pyramidentexte», S. 17.

[58] »Lexikon der Ägyptologie«, Teil V, «Pyramidentexte», S. 17.

[59] Lauer, »Geheimnisse«, S. 299 f.

[60] »Lexikon der Ägyptologie«, Teil I, »Astronomie«, S. 511

[61] Siehe Diskussion in Krauss, »Astronomie«, S. 8 ff.

[62] Diese Sichtweise gilt streng genommen erst ab dem Ende der 5. Dynastie, soll aber hier auch für die Zeit des Cheops als Arbeitshypothese pos-
tuliert werden. Weitere Forschungen werden diesen Ansatz bestätigen
oder widerlegen.

[63] Goedicke, S. 132.

[64] Goedicke, S. 132. Die Rolle der fünften Barke, die entlang des Aufweges
versenkt wurde, ist bislang völlig unbekannt und soll hier nicht weiter
betrachtet werden.

[65] Stadelmann, »Giza«, S. 163.

[66] Bei diesem Befund muss berücksichtigt werden, dass die südlichen
Barkengruben bis in dieses Jahrhundert unter Schutt und Geröll be-

graben lagen, während die östlichen schon lange frei zugänglich waren. Vielleicht haben die Zerstörungen durch Steinräuber an diesen Gruben den heute beobachteten Befund hervorgerufen.

67 Stadelmann, »Giza«, S. 163. Siehe auch Abubakr/Mustafa, S. 11.
68 Krauss, »Chronologie«, S. 4.
69 Abubakr/Mustafa, S. 10; 2. Abbildung rechts oben.
70 »Lexikon der Ägyptologie«, Teil III, »Königstotenkult«, S. 661.
71 Goyon, »Cheops-Pyramide«, S. 203.
72 »Lexikon der Ägyptologie«, Teil III, »Königstotenkult«, S. 661.
73 Siehe auch Wildung, S. 152 ff.
74 Wildung, S. 158.
75 Wildung, S. 158. Siehe Hinweise über Cheops' Ruf im nächsten Absatz in Wildung, S. 161.
76 Grimal, S. 545–551.
77 Schulze, S. 46.
78 Stadelmann, »Giza«, S. 177. Zur ersten Planung siehe Stadelmann, »Pyramiden«, S. 131 f.
79 Kaiser, S. 103 ff.
80 Schulze, S. 7.
81 Schulze, S. 38 f.
82 Zitiert aus Schulze, S. 18 f.
83 Schulze, S. 16.
84 Arnold, »Zerstörungsgeschichte«, S. 22.
85 Arnold, »Zerstörungsgeschichte«, S. 23.
86 Arnold, »Zerstörungsgeschichte«, S. 23.
87 Herodot, 2. Buch, Abschnitt 125.
88 Mariette, Plan 102 b und c.
89 Wildung, S. 182
90 Wildung, S. 182.
91 Wildung, S. 198.
92 Wildung, S. 178.
93 Daressy, S. 1 ff.
94 Wildung, S. 183.
95 Wreszinski, S. 176.
96 Herodot, 2. Buch, Abschnitt 124.
97 Herodot, 2. Buch, Abschnitt 127.
98 Herodot, 2. Buch, Abschnitt 124.
99 Diodor von Sizilien, Vol. I, Cambridge 1946, Kapitel 64, S. 5–7.
100 Strabon, »Geographie«, 17. Buch, Stuttgart 1851, S. 1448.
101 Plinius Secundus der Ältere, »Naturkunde«, 36. Buch, Abschnitt 75, Darmstadt 1992.

[102] Stadelmann, »Pyramiden«, S. 264.
[103] Stadelmann, »Pyramiden«, S. 265.
[104] Lauer, »Geheimnis«, S. 32.
[105] Nach Lauer, »Geheimnis«, S. 32.
[106] Siehe Belon, P., »Sammlung der merkwürdigsten Reisen in den Orient«, 4 Bände, 1792.

Literatur

Abitz, F., »Der Bau der großen Pyramide mit einem Schrägaufzug«, in: »Zeitschrift für Ägyptische Sprache und Altertumskunde«, Nr. 119, Wiesbaden 1992, S. 61–81.

Abubakr, A. M./Mustafa, A. Y., »The Funerary Boat of Khufu«, in: »Beiträge zur Bauforschung«, Nr. 12, Leiden 1971, S. 1–15.

Adly, S. el-, »Das Gründungs- und Weiheritual des ägyptischen Tempels von der frühgeschichtlichen Zeit bis zum Ende des Neuen Reiches«, Tübingen 1981.

Altenmüller, H., »Die Texte zum Begräbnisritual in den Pyramiden des Alten Reiches«, in: »Ägyptologische Abhandlungen«, Nr. 24, München 1972, S. 174–272.

Altenmüller, H., »Zur Frage der Mww«, in: »Studien für Altägyptische Kultur«, Nr. 2, Hamburg 1975, S. 1–11.

Alvarez, L., »Search for Hidden Chambers in the Pyramids«, in: »Science«, Nr. 167/1970, S. 832–839.

Arnold, D., »Building in Egypt. Pharaonic Stone Masonry«, Oxford 1991.

Arnold, D., »Rituale und Pyramidentempel«, in: »Mitteilungsblatt des Deutschen Archäologischen Instituts«, Abteilung Kairo, Nr. 33, Mainz 1977, S. 1–14.

Arnold, D., »Überlegungen zum Problem des Pyramidenbaus«, in: »Mitteilungsblatt des Deutschen Archäologischen Instituts«, Abteilung Kairo, Nr. 37, Mainz 1981, S. 15–37.

Arnold, D., »Zur Zerstörungsgeschichte der Pyramiden«, in: »Mitteilungsblatt des Deutschen Archäologischen Instituts«, Abteilung Kairo, Nr. 47, Mainz 1991, S. 21–26.

Barta, W., »Die Chronologie der 1. bis 5. Dynastie nach den Angaben des rekonstruierten Annalensteins«, in: »Zeitschrift für Ägyptische Sprache und Altertumskunde«, Nr. 108, Leipzig 1981, S. 11–33.

Barta, W., »Thronbesteigung und Krönungsfeier als unterschiedliche Zeugnisse königlicher Herrschaftsübernahme«, in: »Studien für Altägyptische Kultur«, Nr. 2, Hamburg 1980, S. 33–53.

Bauval, R./Gilbert, A., »Das Geheimnis des Orion«, München, 1995.

Bauval. R./Hancock, G., »Der Schlüssel zum Sphinx«, München 1996.

Belon, Pierre, »Sammlung der merkwürdigsten Reisen in den Orient«, 4 Bände, 1792.

Borchard, L., »Ein altägyptisches astronomisches Instrument«, in: »Zeitschrift für Ägyptische Sprache und Altertumskunde«, Leipzig 1899, S. 10–17.

Borchardt, L., »Einiges zur dritten Bauperiode der großen Pyramide bei Gise«, Berlin 1932.

Borchardt, L., »Gegen die Zahlenmystik an der großen Pyramide bei Gise«, Berlin 1922.

Borchardt, L., »Das Grabdenkmal des Königs Sahure«, Band 1, Leipzig 1910–13.

Brinks, J., »Die Stufenhöhen der Cheops-Pyramide – System oder Zufall?«, in: »Göttinger Miszellen«, Nr. 48, Göttingen 1981, S. 17–23.

Brunner-Traut, E., »Altägyptische Märchen«, Reinbek 1991.

Clarke, S./Engelbach, R., »Ancient Egyptian Masonry«, London 1930.

Clayton, P. A., »Die Pharaonen«, Düsseldorf 1995.

Cottrell, L., »Das Geheimnis der Königsgräber«, München 1989.

Daressy, G., »La Pierre de Palerme et la chronologie de l'Ancien Empire«, in: »Bulletin de l'Institut Fraçcais d'Archéologie Orientale«, Kairo, Nr. 12, Leiden 1916, S. 161–214.

Davies, Th., »Ptahhotep«, Band 1, S. 27, Pl. XII, S. 246.

Dorner, J., »Die Absteckung und astronomische Orientierung ägyptischer Pyramiden«, Dissertation, Innsbruck 1981.

Dorner, J., »Form und Ausmaße der Knickpyramide«, in: »Mitteilungsblatt des Deutschen Archäologischen Instituts«, Abteilung Kairo, Nr. 42, Mainz 1986, S. 43–58.

Dreyer, G./Kaiser, W., »Zu den kleinen Stufenpyramiden Ober- und Unterägyptens«, in: »Mitteilungsblatt des Deutschen Archäologischen Instituts«, Abteilung Kairo, Nr. 36, Mainz 1980, S. 43–95.

Dreyer, G./Swelim, N., »Die kleine Stufenpyramide von Abydos-Süd (Sinki) – Grabungsbericht«, in: »Mitteilungsblatt des Deutschen Archäologischen Instituts«, Abteilung Kairo, Nr. 38, Mainz 1982, S. 83–95.

Emery, W. B., »Great Tombs of the First Dynasty«, 3 Bände, Saqqara 1949–1958.

Edwards, I.E.S., »The Pyramids of Egypt«, London 1990.

Eggebrecht, A. (Hrsg.), »Das Alte Reich. Ägypten im Zeitalter der Pyramiden«, Katalog des Roemer- und Pelizaeus-Museums, Hildesheim 1986.

Erman, A. (Hrsg.), »Die Märchen des Papyrus Westcar«, Band 1, 1890.

Fakhry, A., »The Monuments of Sneferu at Dahschur«, Band 1, Kairo 1959.

Fakhry, A., »The Pyramids«, Chicago 1961.

Gardiner, A., »Geschichte des Alten Ägypten«, Augsburg 1994.

Goedicke, H., »Re-used Blocks from the Pyramid of Amenemhet I at Lisht«, Katalog des Metropolitan Museum of Art, New York 1971.

Goedicke, H., »Ein königliches Bestattungszertifikat: Pyramiden-Spruch 303«, in: »Studien zur Altägyptischen Kultur«, Nr. 22, Hamburg 1995, S. 131–143.

Goneim, Z., »Horus Sekhem-khet. The Unfinished Step Pyramid at Saqqara«, Band 1, Saqqara 1957.

Goyon, G., »Die Cheops-Pyramide«, Augsburg 1990.

Goyon, G., »Les rangs d'assises de la Grande Pyramide«, in: »Bulletin de l'Institut Français d'Archéologie Orientale«, Nr. 78, Leiden 1978, S. 405 ff.

Graefe, E., »Mittelägyptisch«, Wiesbaden 1994.

Grimal, N., »Travaux de L'IFAO en 1994–1995«, S. 545–551.

Haase, M., »Am Sternenzelt des Djedefre«, in: »Antike Welt«, Nr. 4/1997, S. 356.

Haase, M., »Bemerkungen zum Bau der Cheops-Pyramide«, in: »Scientific Ancient Skies«, Nr. 2/1995, S. 46–57.

Haase, M., »Brennpunkt Giza«, in: »G.R.A.L.«, Nr. 1/1994, S. 16–21.

Haase, M., »Cheops' Erben«, in: »G.R.A.L.«, Nr. 1/1997, S. 52–61.

Haase, M., »Das Cheops-Syndrom«, in: »G.R.A.L.«, Nr. 3/1996, S. 150–164.

Haase, M., »Das Geheimnis der ›Isis-Stele‹«, in: »G.R.A.L.«, Nr. 4/1996, S. 238–246.

Haase, M., »Das Rätsel der zwei Kammersysteme«, in: »G.R.A.L.«, Nr. 3/1997, S. 176–189.

Haase, M., »Der Felskern der Cheops-Pyramide«, in: »G.R.A.L.«, Nr. 1/1993, S. 5–13.

Haase, M., »Die Objekte aus dem nördlichen Schacht der Königinnenkammer«, in: »G.R.A.L.«, Nr. 4/1995, S. 230–232.

Haase, M., »Die Stufen zum Himmel«, in: »G.R.A.L.«, Nr. 5/1993, S. 170–172.

Haase, M., »Im Banne des Cheops«, in: Dopatka, U. (Hrsg.), »Sind wir allein?«, Düsseldorf 1996, S. 113–125.

Haase, M., »Im Inneren der Großen Pyramide«, in: »Ancient Skies«, Nr. 4/1996, S. 3–5.

Haase, M., »Im Schatten der Pyramiden«, in: »G.R.A.L.«, Nr. 3/1996, S. 202–210.

Haase, M., »Jenseits des Horizonts«, in: »G.R.A.L.«, Nr. 2/1995, S. 112–118.

Haase, M., »Spurensuche im Schatten der Pyramiden«, in: Däniken, E. v. (Hrsg.), »Das Erbe der Götter«, München 1997, S. 365–372, siehe auch in: »Ancient Skies«, Nr. 5/1996, S. 12–15.

Haase, M., »Steine für Cheops«, in: »G.R.A.L.«, Nr. 2/1997, S. 80–91.

Haase, M., »Weitere Funde im nördlichen Schacht der Königinnenkammer«, in: »G.R.A.L.«, Nr. 5/1995, S. 330–333.

Hartung, U., »Bemerkungen zur Chronologie der Beziehungen Ägyptens zu Südkanaan in spätprädynastischer Zeit«, in: »Mitteilungsblatt des Deutschen Archäologischen Instituts«, Abteilung Kairo, Nr. 50, Mainz 1994, S. 107–113.

Hassan, A., »Waren die Außenseiten der Pyramiden in Giza farbig?«, in: »Mitteilungsblatt des Deutschen Archäologischen Instituts«, Abteilung Kairo, Nr. 28,2, Mainz 1973, S. 153–155.

Hawass, Z./Verner, M., »Newly Discovered Blocks from the Causeway of Sahure«, in: »Mitteilungsblatt des Deutschen Archäologischen Instituts«, Abteilung Kairo, Nr. 52, Mainz 1996, S. 177–186.

Heisel, J. R, »Antike Bauzeichnungen«, Darmstadt 1993.

Helck, W., »Wirtschaftsgeschichte des Alten Ägypten im 3. und 2. Jahrtausend vor Chr.«, Köln 1975.

Herodot, »Historien«, Buch I und II, Übersetzt von A. Horneffer, Stuttgart 1971.

Hoffmeier, J. K., »The Use of Basalt in Floors of Old Kingdom Pyramid Temples«, in: »Journal of the American Rescarch Center in Egypt«, Nr. 30, Boston 1993, S. 117–123.

Hornung, E., »Die ›Kammer‹ des Thot-Heiligtums«, in: »Zeitschrift für Ägyptische Sprache und Altertumskunde«, Nr. 100, Leipzig 1973, S. 33–35.

Hornung, E., »Einführung in die Agyptologie«, Darmstadt 1984.

Hornung, »Geist der Pharaonenzeit«, München 1992.

Hornung, »Grundzüge der Ägyptischen Geschichte«, Darmstadt 1988.

Illig, H./Löhner, F., »Der Bau der Cheops-Pyramide«, Gräfelfing 1994.

Isler, M., »An Ancient Method of Finding an Extending Direction«, in: »Journal of the American Research Center in Egypt«, Nr. 26, Boston 1989, S. 191–206.

Isler, M., »The Gnomon in Egyptian Antiquity«, in: »Journal of the American Research Center in Egypt«, Nr. 28, Boston 1991, S. 155–185.

Jánosi, P., »Die Pyramidenanlagen der Königinnen«, Wien 1996.

Jánosi, P., »Bemerkungen zu den Nordkapellen des Alten Reiches«, in: »Studien zur Altägyptischen Kultur«, Nr. 22, Hamburg 1995, S. 145–168.

Junker, H., »Grabungen auf dem Friedhof des Alten Reiches bei den Pyramiden von Giza«, Bericht der Akademie der Wissenschaften in Wien, 12 Bände, Nr. 69–75, Wien/Leipzig 1929–1955.

Kaiser, W., »Zu den Sonnenheiligtümern der 5. Dynastie«, in: »Mitteilungsblatt des Deutschen Archäologischen Instituts«, Abteilung Kairo, Nr. 14, Berlin 1956, S. 104–116.

Kerisel, J., »La pyramide a travers les ages«, Paris 1991.

Kemp, J.K., »Ancient Egypt. Anatomy of a Civilization«, London 1991.

Kitchen, K.A., in: R Aström, »High, Middle or Low? Acts of an International Colloquium on Absolute Chronology held at the Univercity of Gothenburg«, Vol. III, London 1989.

Klemm, R., & Klemm, D.D., »Herkunftsbestimmung altägyptischen Steinmaterials«, in: »Studien zur Altägyptischen Kultur«, Nr. 7, Hamburg 1979.

Klemm, R., & Klemm, D.D., »Steine und Steinbrüche im Alten Ägypten«, Berlin 1993.

Koch, K., »Erwägungen zu den Vorstellungen über Seelen und Geister in den Pyramidentexten«, in: »Studien zur Altägyptischen Kultur«, Nr. 11, Hamburg 1984.

Krauss, R., »Astronomie in den Pyramidentexten«, in: »G.R.A.L.«, Nr. 1/1995, S. 8–16.

Krauss, R., »Chronologie und Pyramidenbau in der 4. Dynastie«, in: »Orientalia«, Nr. 66/1997

Krauss, R., Interview in: Haase, M., »Tore zu den Sternen«, in: »G.R.A.L.«, Nr. 2/1996, S. 88–97.

Krauss, R., »The Length of Sneferu's Reign and how long it took to build the ›Red Pyramid‹«, in: »The Journal of Egyptian Archaeology«, Nr. 82, Londen 1996, S. 43–50.

Krauss, R., »Sothis- und Monddaten. Studien zur astronomischen und technischen Chronologie Altägyptens«, München 1985.

Kurth, D., »Treffpunkt der Götter. Inschriften aus dem Tempel des Horus von Edfu«, München 1994.

Lauer, J.-Ph., »Das Geheimnis der Pyramiden«, München 1980.

Lauer, J.-Ph., »Die Königsgräber von Memphis«, Bergisch-Gladbach 1988.

Lauer, J.-Ph., »Remarques sur la planefication de la construction de la Grande Pyramide«, in: »Bulletin de l'Institut Français d'Archéologie Orientale«, Nr. 73, Leiden 1973, S. 127–142.

Lehner, M., »The ARCE Sphinx Project. A Preliminary Report«, in: »Journal of the American Research Center in Egypt«, Newsletter 112, Boston 1980.

Lehner, M., »The development of the Giza Necropolis. The Khufu Project«, in: »Mitteilungsblatt des Deutschen Archäologischen Instituts«, Abteilung Kairo, Nr. 41, Mainz 1985, S. 109–143.

Lehner, M., »The Pyramid Tomb of Hetep-heres and the Satellite Pyramid of Khufu«, in: »Sonderschriften des Deutschen Archäologischen Instituts«, Abteilung Kairo, Nr. 19, Mainz 1985.

Leca, A.-P., »Die Mumien«, Berlin 1984.

Lepsius, K. R., »Denkmäler aus Ägypten und Äthiopien«, Text, Hrsg. von E. Naville, 5 Bände, Leipzig 1897–1913.

»Lexikon der Ägyptologie«, 6 Bände, Wiesbaden 1975–86.

Maraglioglio, V., Rinaldi, C. A., »L'Architettura delle Piramidi Menfiti«, 7 Bände, Turin/Rapallo 1963–1977.

Moores, R. G., »Evidence for Use of a Stone-Cutting Drag Saw by the Fourth Dynasty Egyptians«, in: »Journal of the American Research Center in Egypt«, Nr. 28, Boston 1991, S. 139–148.

Moursi, M. I., »Die Hohenpriester des Sonnengottes von der Frühzeit Ägyptens bis zum Ende des Neuen Reiches«, in: »Münchner Ägyptologische Studien«, Berlin 1972.

Müller, W./Vogel, G., »dtv-Atlas zur Baukunst«, München 1974.

Murray, M. A., »Saqqara Mastaba«, Band 1, Kairo 1905.

Neugebauer, O., »The Origin of the Egyptian Calender«, in: »Journal of Near Studies«, Nr. 1, Chicago 1942.

Neugebauer, O., »On the Orientation of Pyramids«, in: »Centaurus«, Nr. 24/1980, S. 1–3.

Parker, R. A., »The Calenders of Ancient Egypt«, Chicago 1950.

Perring, J. S., »The Pyramids of Giseh«, London 1839–1842.

Petrie, W. M. Fl., »The Pyramide and Temples of Giseh«, London 1883.

Piankoff, A., »The Pyramide of Unas«, Princeton 1968, S. 3–13.

Pitlik, H., »Baustelle Cheops Pyramide«, in: »Göttinger Miszellen«, Nr. 129/1992, S. 83–86.

Porter, B./Moss, R. L. B., »Topographical Bibliography of Ancient Egyptian Hieroglyphic Texts, Reliefs and Paintings«, 7 Bände, Oxford 1927/52, 1960.

Quibell, J. E., »Hierakonpolis«, Band 1, Saqqara 1900

Quibell, J. E., »Archaic Mastabas«, Saqqara 1912–1914.

Reineke, W. E, »Gedanken zum vermeintlichen Alter der mathematischen Kenntnisse im Alten Ägypten«, in: »Zeitschrift für Ägyptische Sprache und Altertumskunde«, Nr. 105, Leipzig 1978, S. 74f.

Reisner, G. A., »A History of the Giza Necropolis«, 2 Bände, London 1942 und Cambridge 1955.

Ricke, H., »Bemerkungen zur ägyptischen Baukunst des Alten Reiches«, 2 Bände in: »Beiträge zur Ägyptischen Bauforschung und Altertumskunde«, Zürich 1944/Kairo 1950.

Riederer, J., »Archäologie und Chemie«, Berlin 1987.

Riedl, O., »Das Transportproblem beim Bau der großen Pyramiden«, in: »Göttinger Miszellen«, Nr. 52/1982, S. 67–73.

Rieth, A., »Zur Technik des Bohrens im Alten Ägypten«, in: »Mitteilungen des Instituts für Orientforschung«, Band 6, Berlin 1958, S. 180–186.

Robins, G./Shute, C., »The Rhind Mathematical Papyrus«, London, 1987.

Sasse, T./Haase, M., »Im Schatten der Pyramiden«, Düsseldorf 1997.

Schlott, A., »Schrift und Schreiber im Alten Reich«, München 1989.

Schmitt, B., »Zwei Gründungsbeigaben Thutmosis' III.«, in: »Studien der Altägyptischen Kultur«, Nr. 11, Hamburg 1984, S. 521–528.

Schulze, P., »Der Sturz des göttlichen Falken«, Bergisch Gladbach 1986.

Schüssler, K., »Die ägyptischen Pyramiden«, Köln 1992.

Sethe, K., »Die Totenliteratur der alten Ägypter«, in: »Sitzungsberichte der Preußischen Akademie der Wissenschaften«, Nr. 18, Berlin 1931, S. 520ff.

Sitchin, Z., »Stufen zum Kosmos«, München 1989.

Spalinger, A., »Dated Texts of the Old Kingdom«, in: »Studien der Altägyptischen Kultur«, Nr. 21, Hamburg 1994, S. 275–313.

Stadelmann, R./Alexanian, N./Ernst, H./Heindl, G./Raue, D., »Pyramiden und Nekropole des Snofru in Dahschur. Dritter Vorbericht über die Grabungen des Deutschen Archäologischen Instituts in Dahschur«, in: »Mitteilungsblatt des Deutschen Archäologischen Instituts«, Abteilung Kairo, Nr. 49, Mainz 1993, S. 259–294.

Stadelmann, R./Gantenbrink, R., »Die sogenannten Luftkanäle der Cheopspyramide«, in: »Mitteilungsblatt des Deutschen Archäologischen Instituts«, Abteilung Kairo, Nr. 50, Mainz 1994, S. 285–294.

Stadelmann, R., »Beiträge zur Geschichte des Alten Reiches. Die Länge der Regierung des Snofru«, in: »Mitteilungsblatt des Deutschen Archäologischen Instituts«, Abteilung Kairo, Nr. 43, 1986, S. 229–240.

Stadelmann, R., »Die ägyptischen Pyramiden«, Mainz 1991.

Stadelmann, R., »Die großen Pyramiden von Giza«, Graz 1990.

Stadelmann, R., »Die Pyramiden des Snofru in Dahschur. Erster Bericht über die Ausgrabungen an der nördlichen Steinpyramide«, in: »Mitteilungsblatt des Deutschen Archäologischen Instituts«, Abteilung Kairo, Nr. 38, 1982, S. 379–393.

Stadelmann, R., »Die Pyramiden des Snofru in Dahschur. Zweiter Bericht über die Ausgrabungen an der nördlichen Steinpyramide«, in: »Mitteilungsblatt des Deutschen Archäologischen Instituts«, Abteilung Kairo, Nr. 39, 1983, S. 225–241.

Stadelmann, R., »Khaefkhufu = Chephren. Beiträge zur Geschichte der 4. Dynastie«, in: »Studien der Altägyptischen Kultur«, Nr. 11, Hamburg 1984, S. 165–172.

Stadelmann, R., »Snofru und die Pyramiden von Meidum und Dahschur«, in: »Mitteilungsblatt des Deutschen Archäologischen Instituts«, Abteilung Kairo, Nr. 36, Mainz 1980, S. 437–449.

Tacke, N., »Die Entwicklung der Mumienmaske im Alten Reich«, in: »Mitteilungsblatt des Deutschen Archäologischen Instituts«, Abteilung Kairo, Nr. 52, Mainz 1996, S. 308–325.

Tarrell, J., »The great pyramide courses«, in: »Ancient Egypt«, London 1925.

Thomas, J. G. H., »Pharaos Volk«, München 1991.

»Urkunden des Ägyptischen Altertums«, begr. von Georg Steindorf, Abt. I, 1–4, Leipzig 1933.

Verner, M., »Zur Organisierung der Arbeitskräfte auf den Großbaustellen der Alten Reichs-Nekropolen«, in: Endersfelder, E., »Probleme der frühen Gesellschaftsentwicklung im Alten Ägypten, Berlin 1991, S. 63–91.

Vyse, H., »Operations carried out on the Pyramids of Gizeh«, 3 Bände, London 1840–1842.

Waerden, B. L. v. d., »Erwachende Wissenschaft. Ägyptische, Babylonische und Griechische Mathematik«, Stuttgart 1966, S. 54.

Werner, F., »Aus dem Dunkel der Zeit«, in: »G.R.A.L.«, Nr. 3/1994, S. 96–98.

Wildung, D., »Die Rolle ägyptischer Könige im Bewusstsein ihrer Nachwelt«, 1. Teil, in: »Münchner Ägyptologische Studien«, Nr. 17, Berlin 1969.

Wilkinson, R. H., »New Kingdom Astrononical Paintings and Methods of Finding and Extending Direction«, in: »Journal of the American Research Center in Egypt«, Nr. 28, Boston 1991, S. 149–154.

Wolf, W., »Die Welt der Ägypter«, Stuttgart 1966, S. 31

Yoshimura, S./Tonouchi, S./Nakagawa, T./Seki, K., »Non-Destructive Pyramid Investigation«, in: »Studies in Egyptian Culture«, Nr. 6, Tokio 1987; ohne Seki, K. in: »Studies in Egyptian Culture«, Nr. 8, Tokio 1988.

Danksagung

Mein erster und ganz herzlicher Dank geht an meine Frau Christine Mende, nicht nur, weil sie mir in den letzten Monaten den notwendigen Freiraum für die Erstellung dieses Buches ermöglichte, sondern vielmehr, weil sie mich liebevoll, unbeirrt und fachmännisch seit vielen Jahren auf die Pyramidenplateaus Ägyptens begleitet und mich bei meinen, zugegebenermaßen manchmal abenteuerlichen Forschungsarbeiten tatkräftig unterstützt. In diesem Zusammenhang danke ich auch meinen Eltern, Erika und Heinz Haase, und meinen Schwiegereltern, Barbara und Dagobert Mende, die mir bei meinem Vorhaben in vielerlei Hinsicht beistanden und mir im Kreise der Familie die notwendige Ruhe zum Arbeiten gaben.

Dies gilt ebenso für meine lieben Freunde und Reisegefährten, Tanja und Thomas Heinrich, Manuela und Michael Franzkowski, Markus Schulz und Beate Kirsten sowie Frank Werner, auf deren Gegenwart ich in letzter Zeit oftmals verzichten musste.

Meinen Freunden, Bekannten und Kollegen, mit denen ich in den letzten Jahren intensiv über Ägypten und die Pyramiden diskutierte, die sich für meine Arbeit interessieren und mir die eine oder andere wichtige Anregung für meine Forschungen gaben, sei ebenfalls herzlich gedankt: Rolf Krauss, Peter und Claudia Fiebag, Julia Müller, Jörg Dendl, Johannes Fiebag, Jörg Ritter und Petra Robohm, Ulrike Kutzer, Wolfgang Siebenhaar, Erich von Däniken, Rudolf Gantenbrink, Peter Krassa und Luc Bürgin.

Zu guter Letzt danke ich den Mitarbeitern des Herbig-Verlages, vor allem meinem Lektor Hermann Hemminger, für die Gestaltung, den Druck und die Veröffentlichung dieses Buches.

Michael Haase,
September 1997

Personenregister

Sachregister

416 Seiten, ISBN 3-7766-2147-8

Karl L. von Lichtenfels

Lexikon der Prophezeiungen

Die Geschichte der Zukunft

Das Lexikon zitiert und vergleicht 350 Endzeitvorhersagen

von der Antike bis zur Gegenwart und stellt damit das bis-

lang detaillierteste Werk zum Thema »Prophezeiungen« dar.

Herbig